金代墓葬的考古学研究

赵永军 ◎ 著

上海古籍出版社

本书获得国家社科基金一般项目（编号：16BKG017）的资助

目　录

第一章　绪论 / 1

第一节　金墓发现与研究简史 / 4
　　一、金墓早期著录与调查 / 4
　　二、金墓发现与研究 / 7
第二节　研究思路 / 27

第二章　金墓形制与结构 / 29

第一节　竖穴类墓 / 31
　　一、土坑墓 / 31
　　二、瓮棺墓 / 32
　　三、木棺墓 / 33
　　四、石棺墓 / 35
　　五、木椁墓 / 35
　　六、石椁墓 / 37
　　七、砖椁墓 / 39
　　八、砖石（合筑）椁墓 / 39
　　九、石函墓 / 41
第二节　室类墓 / 41
　　一、土洞墓 / 42
　　二、石室墓 / 44
　　三、砖室墓 / 46

四、砖石（混筑）室墓 / 50

　　五、崖洞墓（瘗窟）/ 52

第三章　金墓随葬器物研究 / 53

第一节　陶瓷器历时性分析 / 55

　　一、鸡腿坛 / 55

　　二、小口瓶（梅瓶）/ 57

　　三、长颈瓶 / 59

　　四、荷形口瓜棱瓶 / 59

　　五、执壶 / 61

　　六、无耳壶 / 62

　　七、双（三）系瓶 / 64

　　八、双系罐 / 64

　　九、瓜棱罐 / 67

　　十、罐 / 69

　　十一、碗 / 72

　　十二、钵 / 74

　　十三、盘 / 76

　　十四、盆 / 78

　　十五、釜（鏊锅）/ 79

　　十六、鼎 / 80

　　十七、鋬耳洗 / 82

　　十八、平底锅（熨斗）/ 84

　　十九、灯盏 / 84

　　二十、烛台 / 87

　　二十一、带盖罐 / 87

　　二十二、枕 / 89

第二节　其他随葬器物分析 / 94

　　一、铜镜 / 94

　　二、圆形铁镜 / 103

　　三、铁釜 / 103

　　　　四、铁（铜）三足釜 / 103

第四章　金墓墓葬装饰研究 / 107

　第一节　砖雕内容研究 / 109
　　　　一、墓主人图 / 109
　　　　二、"妇人启门"图 / 112
　　　　三、侍从、武士图 / 113
　　　　四、家居生活图 / 114
　　　　五、出行图 / 114
　　　　六、孝行图 / 116
　　　　七、八仙图 / 117
　　　　八、散乐图 / 117
　　　　九、百戏图 / 119
　　　　十、杂剧图 / 120
　　　　十一、祥瑞图 / 121
　　　　十二、建筑家居装饰图 / 123

　第二节　壁画内容研究 / 123
　　　　一、墓主人图 / 123
　　　　二、"妇人启门"图 / 126
　　　　三、侍从、武士图 / 126
　　　　四、家居生活图 / 126
　　　　五、出行图 / 127
　　　　六、孝行图 / 127
　　　　七、散乐图 / 129
　　　　八、百戏图 / 129
　　　　九、杂剧图 / 129
　　　　十、祥瑞图 / 131
　　　　十一、建筑家居装饰图 / 131
　　　　十二、天象图 / 131

　第三节　石刻画像内容研究 / 133
　　　　一、墓主人图 / 133

二、"妇人启门"图 / 134

　　三、侍从、武士图 / 134

　　四、家居生活图 / 134

　　五、出行图 / 135

　　六、散乐图 / 136

　　七、四神、动物、花草图 / 136

　　八、孝行图 / 136

第四节　相关画像题材内涵探讨 / 137

　　一、关于墓主人图 / 137

　　二、关于"妇人启门"图 / 139

　　三、关于孝行图 / 140

　　四、关于八仙图 / 142

　　五、关于杂剧图 / 143

　　六、关于出行图 / 144

第五章　金墓分区与分期 / 145

第一节　分区与分期总论 / 147

第二节　东北地区 / 149

　　一、基本状况 / 149

　　二、各期特征 / 150

　　三、历史背景与区域特征分析 / 151

第三节　华北长城沿线地区 / 154

　　一、基本状况 / 154

　　二、各期特征 / 155

　　三、历史背景与区域特征分析 / 157

第四节　晋中、冀中南地区 / 160

　　一、基本状况 / 161

　　二、各期特征 / 161

　　三、历史背景与区域特征分析 / 163

第五节　豫东、山东地区 / 166

　　一、基本状况 / 166

二、各期特征 / 166

　　三、历史背景与区域特征分析 / 168

第六节　晋南、豫西地区 / 169

　　一、基本状况 / 169

　　二、各期特征 / 170

　　三、历史背景与区域特征分析 / 172

第七节　陇东、陕西地区 / 175

　　一、基本状况 / 175

　　二、各期特征 / 176

　　三、历史背景与区域特征分析 / 177

第六章　金墓族别与葬俗 / 181

第一节　女真人墓 / 183

第二节　契丹人墓 / 188

第三节　汉人墓 / 191

　　一、Ⅰ区汉式墓葬制特征 / 191

　　二、Ⅱ区汉式墓葬制特征 / 192

　　三、Ⅲ区汉式墓葬制特征 / 192

　　四、Ⅳ区汉式墓葬制特征 / 193

　　五、Ⅴ区汉式墓葬制特征 / 193

　　六、Ⅵ区汉式墓葬制特征 / 193

第四节　相关葬俗考释 / 194

　　一、随葬铁牛、铁猪的习俗 / 194

　　二、墓内安置长生灯和金石的习俗 / 197

　　三、迁葬与合葬的习俗 / 198

第七章　金墓等级与社会阶层结构 / 203

第一节　神道碑和石像生 / 205

第二节　墓志和买地券 / 208

　　一、墓志 / 208

二、买地券 / 210

第三节　石椁墓等级 / 210

第四节　砖室墓等级 / 212

第五节　石室墓等级 / 214

第六节　其他类别墓葬 / 215

　　一、砖石（合筑）椁墓 / 215

　　二、砖石（混筑）室墓 / 216

　　三、土洞墓 / 216

　　四、石棺墓 / 216

　　五、石函墓 / 216

　　六、砖椁墓 / 217

　　七、木椁墓 / 217

　　八、木棺墓 / 217

　　九、土坑墓 / 217

第七节　佛教和道教人士墓葬 / 217

　　一、佛教人士（僧侣）墓葬 / 218

　　二、道教人士（道士）墓葬 / 220

第八章　结语 / 221

附表 / 226

参考文献 / 349

后记 / 369

第一章

绪论

公元10世纪以后，中国又进入一个社会快速变革、民族和文化加速融合与发展的历史时期。公元12世纪初，活动于我国东北地区白山、黑水之间的女真族迅速崛起，女真族完颜部统一各部落后，其首领完颜阿骨打于公元1115年在按出虎水畔（今阿什河）称帝，建立"金"国。之后的几年，金军迅猛向西、向南挺进，乘势占领了辽朝的大片土地，同时金又和北宋联合夹攻北方的辽朝。公元1125年（金天会三年、辽保大五年、北宋宣和七年），金军最终俘获辽天祚帝，辽国告亡。金灭辽国以后，挥军南下，大举进攻北宋。公元1127年（金天会五年、北宋靖康二年），金军攻陷北宋都城东京汴梁，掳走宋朝徽、钦二帝，北宋灭亡。至此金王朝占据了原辽国全境和北宋王朝统辖的北方大部地区。金王朝存在的时限自太祖完颜阿骨打于收国元年（1115年）立国起，至哀宗完颜守绪于天兴三年（1234年）被蒙古军队灭亡止，共历10帝120年，始终和据于南方地区的南宋王朝形成北、南对峙的政权格局（附表1.1）[1]。

金朝是一个由少数民族——女真族建立的以汉民族为主体、多民族共同组成的王朝政权，它继北朝、辽朝之后，再一次构建了南、北王朝分治中国的局面。金王朝鼎盛时期疆域广阔，《金史·地理志》记载："金之壤地封疆，东极吉里迷兀的改诸野人之境，北自蒲与路之北三千余里，火鲁火疃谋克地为边，右旋入泰州婆卢火所浚界壕而西，经临潢、金山，跨庆、桓、抚、昌、净州之北，出天山外，包东胜，接西夏，逾黄河，复西历葭州及米脂寨，出临洮府、会州、积石之外，与生羌地相错。复自积石诸山之南左折而东，逾洮州，越盐川堡，循渭至大散关北，并山入京兆，络商州，南以唐、邓西南皆四十里，取淮之中流为界，而与宋为表里。"[2] 从以上记载可以了解到金朝的疆域为：东临鄂霍次克海、日本海，北达外兴安岭，西部在今内蒙古包头、陕西北部、甘肃兰州一线，与西夏王朝接壤，南以秦岭、淮河一线与南宋王朝划界。除西北部与蒙古高原诸部落接壤之地早晚有伸缩外，其余概如旧。

金王朝作为中国历史上一个重要阶段，同其他王朝一样，也曾创造了灿烂而独特的民族文化，留下了丰富的物质文化遗存。有金一代的遗存主要有城址、墓葬、界壕、窖藏、塔寺及碑刻等，这些遗存是除文献记载之外唯一的物化的历史记述，成为考古学研究的重要内容。而墓葬作为当时社会生活及文化的载体，遗留数量多、分布广泛，并蕴涵着大量的人文历史和文化信息，更成为考古学研究的重要对象。因此金代墓葬的研究

---

[1] 本书表格较多，为保证阅读的连贯性与查阅的便捷性，将表格统一附于文末。
[2] （元）脱脱等撰：《金史》，中华书局，1975年。

在金代考古学研究中的作用与意义也就相当突出了。

金代墓葬，从历史意义和词语概念本义上理解，应指金朝统治时期金政权所辖区域内的所有墓葬。但局部边缘区域，如北部、西北部与俄罗斯、蒙古接壤之地，由于其特殊、复杂的遗存面貌及田野工作的局限，目前我们还很难将其辨识出来，本书亦难以将这些区域的相关资料全部收齐。因此本书研究范围的北部实际上只包括到黑龙江省所辖的黑龙江右岸、内蒙古北部地区。墓葬中的帝陵发现数量有限，目前对此类遗存的认识尚处于探索与考察研究阶段。近年虽对北京金代皇陵做了一些初步的勘探和试掘[1]，但对各皇陵布局、墓主人的确认以及所反映的金朝陵寝制度等，仍处于考证、推测阶段，所以本书并未纳入对帝陵墓葬的研究。在时间段上，金代墓葬应包括从金建国之公元1115年至其灭亡的公元1234年共120年的时间。但由于金政权有一个从出现、扩大到最终确立的发展过程，对于不同的地域其统治的时间略有先后。虽然金朝建国于收国元年（1115年），但各地区的实际情况并不完全一致。金灭辽于公元1125年，之前的一段时间里，长城以北大部分地区仍是辽统治区。同样，金于公元1127年攻克开封城，掳走徽、钦二帝，北宋灭亡。此前，华北、中原地区皆尚在北宋统治之下，仍用北宋年号，而非金朝年号。这样，几个地区在进入金朝的实际控制、统辖下的起讫时间稍有参差。因此，我们所说的"金代墓葬"之确切含义应该指金王朝实际占领辖区内的墓葬，不同地区的起始时间在后文将作进一步说明。

第一节 金墓发现与研究简史

一、金墓早期著录与调查

对于金代墓葬及相关遗存的关注，最早可追溯到对诸如墓址、墓志、墓碑等遗存的著录、记述等，时间可上溯到清代。主要表现为对东北地区"金源内地"发现的一些女真贵族墓葬等相关遗存的记录和考证，其文字一般较为简略。这些著录主要涉及早期发现的两座金代女真贵族墓葬的情况。

其一，"完颜希尹"墓。

清康熙二十三年（1684年）刊行的由董秉忠主修的三十二卷本《盛京通志》卷二十二之十七"陵墓"条载："完颜希尹墓，即叶鲁谷神。金章宗以希尹始制国字，加封

---

[1] 北京市文物研究所：《北京金代皇陵》，文物出版社，2006年。

赠立庙于上京纳里浑庄。岁时致祭。其墓应在今乌喇界内。旧址无考。"[1]

乾隆四十九年（1784年），由阿桂等重新纂修的一百三十卷本《钦定盛京通志》完成，卷一百零四《古迹五　附陵墓》载："完颜希尹墓，金章宗时，以其始造国书，因为立庙上京，岁祀之。墓在宁古塔境内。"[2]

乾隆四十九年（1784年）重修的《大清一统志》卷四十八《吉林·八》载："完颜希尹墓，《通志》：'金章宗时，以其始造国书，立庙上京，岁祀之。其墓在宁古塔境内。'"[3]此记载采用了《钦定盛京通志》的记述。

光绪十七年至二十六年间（1891—1900年）由长顺主修完成的《吉林通志》卷一百二十《金石志》载："金完颜希尹碑，……额题'大金尚书左丞相金源郡贞宪王完颜公神道碑'，篆书。在吉林府东北二百里小城子。"[4]

金毓黻在《辽东文献征略》卷四《金石下》之"金完颜希尹碑"条载："碑在今吉林省舒兰县东北小城子地方。《吉林通志》云，小城子在吉林城东北二百里，盖其时舒兰尚未设治，故专纪至吉林之里到。"[5]

其二，"完颜娄室"墓。

成书于清康熙二十三年（1684年）的高士奇《扈从东巡日录》之"四月乙酉"条载："……驻跸英儿门。去此百五十里，有大金壮义王娄室墓神道碑，……额篆'大金开府仪同三司金源郡壮义王完颜公神道碑'。"[6]

董秉忠主修的三十二卷本《盛京通志》卷二十二之十七"陵墓"条载："完颜娄室墓，船厂之西二百里薄屯山上有金源郡王墓，有石碑一，石人三，石羊二。按：碑为娄室墓。"[7]

清康熙年间杨宾撰写的《柳边纪略》卷之四载："船厂西二百里薄屯山，有金完颜娄室神道碑，……其阳篆二十字，作五行，文曰'大金开府仪同三司金源郡壮仪王完颜公神道碑'。碑书作楷书，……"[8]此书对碑书全文有完整的抄录。

阿桂等于乾隆四十二年（1777年）奉敕编撰而成的《满洲源流考》卷十二载："金完颜罗索（即娄室）碑，天会八年葬于济州之东南昂吉里。按：罗索墓，在今吉林城西北

---

[1]（清）董秉忠主修：《盛京通志》，清康熙二十三年（1684年）刊行。
[2]（清）阿桂等纂修：《钦定盛京通志》，辽海出版社，1997年。
[3]（清）穆彰阿、（清）潘锡恩等修纂，王文楚等点校：《大清一统志》，上海古籍出版社，2022年。
[4]（清）长顺主修：《吉林通志》，吉林文史出版社，1986年。
[5] 金毓黻：《辽东文献征略》，1927年。
[6]（清）高士奇：《扈从东巡日录》，《长白丛书初集》，吉林文史出版社，1986年。
[7]（清）董秉忠主修：《盛京通志》，清康熙二十三年（1684年）刊行。
[8]（清）杨宾：《柳边纪略》，《龙江三纪》，黑龙江人民出版社，1985年。

二百余里博屯山北，无名小山，此济州之东南界也。"[1]

长顺主修的《吉林通志》卷一百二十《金石志》载："金完颜娄室碑，碑旧在伊通州北伊通边门南，地名石碑泡。今已佚，尺寸无考。……碑已佚，此从《柳边纪略》中录之，是康熙中尚存也，《满洲源流考》引已不全，则其佚当在乾隆时矣。"[2]

成书于光绪十三年（1887年）的由曹廷杰撰写的《东三省舆地图说》中《石碑岭说》一节，有载："石碑岭，在吉林城西二百十余里伊通边门内，金娄室墓碑也，碑有'葬于济州之东南奥吉里'一语，查济州为黄龙府，即农安城。"[3]

1915年成书、1926年铅印的由双阳劝学所吴荣桂主编的《双阳县乡土志》附《古迹考》载："古坟二：一在石碑岭上（五区小河台北），石碑已无，只存碑座，半埋土中。石棺有二，一露土外，业经残破；一埋土中。民国元年经日人掘出，于棺中得金龟、宝剑、玉佩之属。立庙留祠，题为女真仪同三司左副元帅完颜公之神位。距今八百余年。"[4]

此外，在绥芬河流域还发现了"完颜忠（迪古乃）"的墓碑等遗物并有相关记述。

1886年清代学者吴大澂在《皇华纪程》中记载了一发现在绥芬河流域双城子附近的题额有篆书"大金开府仪同三司金源郡明毅王完颜公神道碑"共五行二十字的金代墓碑[5]，吴大澂对碑铭进行了释读，但并未考证出墓主。该碑首早在1870—1871年间即由俄国汉学家卡法罗夫发现。直至20世纪70年代以后，林沄先生和俄罗斯的拉里契夫分别考证出墓主为金代开国功臣完颜忠（迪古乃）[6]。

当时在双城子地区的尼古尔斯克附近发现墓室和墓碑，还有成组的石雕像，并出土石棺。1893年，俄罗斯的布谢于此石碑的北面又发掘有石棺[7]。

日本方面对金史及金代考古研究从20世纪初就开始了。早期的金史及考古研究特点与当时为配合日本侵华的政治背景有关，带有殖民色彩，是一种文化掠夺式的考察研究。相关方面的研究主要有：

1910年，日本人滨田耕作首次对长春石碑岭金完颜娄室家族墓进行了调查[8]。

---

[1]（清）阿桂等撰：《满洲源流考》，辽宁民族出版社，1988年。
[2]（清）长顺主修：《吉林通志》，吉林文史出版社，1986年。
[3]（清）曹廷杰：《东三省舆地图说》，《曹廷杰集》，中华书局，1985年。
[4] 吴荣桂主编：《双阳县乡土志》，1926年再版修订铅印本。
[5]（清）吴大澂：《皇华纪程》，《长白丛书（初集）》，吉林文史出版社，1986年。
[6] 华泉：《完颜忠墓神道碑与金代的恤品路》，《文物》1976年第4期；林沄：《完颜忠神道碑再考》，《北方文物》1992年第4期。
[7] 林沄：《完颜忠神道碑再考》，《北方文物》1992第4期。
[8]〔日〕滨田耕作：《南満洲に於ける考古學の研究》，《东亚考古学研究》，冈书院，1930年。

1912年，日本人盗掘了长春石碑岭墓葬，获得金、银、铁、玉、骨器等40余件[1]。

20世纪20年代，日本人鸟居龙藏于辽宁鞍山、千山一带，发掘了数座残毁的有石刻画像的石室墓[2]。

20世纪30年代，日本人园田一龟先后到长春石碑岭完颜娄室家族墓地、舒兰小城子完颜希尹家族墓地进行调查和测绘，并在墓地采集了一些文物。之后，于1941年发表的关于金代史迹的调查报告书中一并介绍了这两处墓地的情况[3]。

俄国对汉学及金代考古、历史的研究可上溯到沙俄时代，其主要是从考古地理方面入手，多在东北地区从事一些调查与测绘工作。20世纪30年代后期，俄国人曾在阿什河流域及阿城、宾县地区等进行过重点调查，发现了一些石雕像，以及石棺等葬具[4]。

新中国成立之前，中国的学者也对金墓等相关遗存进行过调查研究。其中具有代表性的是金毓黻先生于1930年对东北地区南部的辽金时代墓葬进行的调查和记述[5]。

二、金墓发现与研究

金墓的正式田野考古工作和研究开始于新中国成立之后。

新中国成立后，中央政府和各省区纷纷建立专门的考古科研、文物保护管理机构，开始了有计划的、大规模的考古调查、发掘工作。金墓的发掘与研究亦随之步入了新的、有序的发展轨道。根据不同时期的考古发现、发掘工作与研究情况，将金墓的考古学发现与研究过程分为三个阶段。

第一阶段：资料累积与起步研究阶段（20世纪50年代至70年代）

这一时期是金墓资料的积累与研究起步阶段，发现墓葬数量较少。绝大多数金墓是在配合基本经济建设及进行农业生产、生活劳作过程中发现的，随之进行了保护性清理发掘。发现地点遍及北方各省区。

山西：

1953年吕遵谔先生调查了1950年在垣曲东铺村发现并清理的1座出土有纪年方砖的

---

[1] 吴荣桂主编：《双阳县乡土志》，1926年再版修订铅印本。
[2] [日]鸟居龙藏：《鞍山苗圃墓群の发掘》，《西比利亚かち满蒙へ》，东京大阪屋号书店，1929年。
[3] "满洲国"古迹古物调查报告书》第四编《吉林·滨江两省に於ける金代の史迹》，1941年。
[4] [俄]B.C.斯塔里科夫著，高晓梅译：《哈尔滨附近金代墓地的最初发现》，《黑龙江文物丛刊》1984年第1期；[俄]L.M.雅克弗列夫著，佟希达译：《阿什河上游的金代墓葬》，《北方文物》1995年第1期（以上两文原文发表在《大陆科学院汇编》第4卷第3号，1940年6月英文版）。
[5] 金毓黻：《辽金旧墓记》，《东北丛刊》，1930年7月。

仿木构砖雕墓[1]，年代为"大定二十三年"（1183年）。

1956年在大同市西南郊十里铺村发掘4座竖穴土坑石函墓[2]，有3座墓有题记，年代为"大定四年"（1164年）。

1959年在孝义县下吐京村清理1座有墨书题记的仿木构砖雕墓[3]，年代为"承安三年"（1198年）。

1963年在太原市郊义井村清理1座仿木构砖室墓[4]，据墓内题记，年代为"大定十五年"（1175年）。

1963年在闻喜县小罗庄、下阳村发现6座仿木构砖雕墓和1座壁画墓[5]，其中3座墓有明确纪年。分别为：小罗庄M1为正隆年间（1156—1161年）、小罗庄M2为大定二十八年（1188年）、下阳村墓葬为明昌二年（1191年）。

1959年山西省文物管理委员会侯马工作站在侯马市西郊的牛村古城南发掘了2座"大安二年"（1210年）的仿木构砖雕墓[6]，墓主人身份明确，保存较好。之后，在该地点又陆续发掘的4座墓中[7]，其中1座有纪年为"大安四年"（1212年）。在牛村古城附近，1964年发掘"大定十三年"（1173年）仿木构砖雕墓1座（64H4M101）[8]；同年，发掘仿木构砖雕双室墓1座（64H4M102）[9]，墓内题记为"明昌七年"（1196年）；1965年先后发掘2座仿木构砖雕墓（65H4M102[10]、65H4M104[11]），均无纪年，但墓葬的构造、装饰同样精致。

1973年在大同市城西发掘1座"大定三十年"（1190年）仿木构砖室墓[12]，墓主人系金代道士，墓葬中出土了丰富的随葬品。20世纪70年代，在稷山县的马村、化峪镇、苗圃等地分别清理金墓15座，均为仿木构砖雕墓[13]。在襄汾县的荆村沟村[14]、上庄[15]、西

---

[1] 吕遵谔：《山西垣曲东铺村的金墓》，《考古通讯》1956年第1期。
[2] 山西云岗古物保养所清理组：《山西大同市西南郊唐、辽、金墓清理简报》，《考古通讯》1958年第6期。
[3] 山西省文物管理委员会、山西省考古研究所：《山西孝义下吐京和梁家庄金、元墓发掘简报》，《考古》1960年第7期。
[4] 戴尊德：《山西太原郊区宋、金、元代砖墓》，《考古》1965年第1期。
[5] 山西省考古研究所、山西省闻喜县博物馆：《山西省闻喜县金代砖雕、壁画墓》，《文物》1986年第12期。
[6] 山西省文管会侯马工作站：《侯马金代董氏墓介绍》，《文物》1959年第6期。
[7] 山西省文物管理委员会侯马工作站：《山西侯马金墓发掘简报》，《考古》1961年第12期。
[8] 山西省考古研究所侯马工作站：《侯马101号金墓》，《文物季刊》1997年第3期。
[9] 山西省考古研究所侯马工作站：《侯马102号金墓》，《文物季刊》1997年第4期。
[10] 山西省考古研究所侯马工作站：《侯马65H4M102金墓》，《文物季刊》1997年第4期。
[11] 山西省考古研究所：《山西侯马104号金墓》，《考古与文物》1983年第6期。
[12] 大同市博物馆：《大同金代阎德源墓发掘简报》，《文物》1978年第4期。
[13] 山西省考古研究所：《山西稷山金墓发掘简报》，《文物》1983年第1期。
[14] 山西省考古研究所：《山西襄汾金墓清理简报》，《文物》1989年第10期。
[15] 山西省考古研究所：《山西襄汾金墓清理简报》，《文物》1989年第10期。

郭[1]、贾庄[2]、南董[3]等地也相继发现并清理数座仿木构砖雕墓。

河北：

1958年，在新城县北场村发现2座有明确纪年的墓葬[4]。一座为时立爱夫妇合葬墓，为仿木构砖室墓，葬于皇统三年（1143年），墓分前后两室，前室有左右耳室。另一座为其子时丰墓，为砖石椁墓，从葬于皇统三年（1143年）。

20世纪50年代至70年代，河北的考古工作者多次对解放前发现于兴隆县梓木林子村的墓志和墓葬进行了调查，此墓系仿木构多室砖室墓[5]。据出土的契丹小字墓志考证，墓主人为契丹贵族萧仲恭，墓的年代为天德二年（1150年）。

1960年河北省文化局文物工作队在井陉县柿庄和北孤台村发掘墓葬14座，皆为仿木构砖室墓[6]。

另外，20世纪50年代，原河北省文物管理委员会对金代帝陵进行了初步调查[7]。这也是首次对普通墓葬之外的金代帝陵开展的考古工作。

山东：

1964—1965年在济南市区清理3座仿木构砖室墓[8]，其中1座有墨书题记，年代为"大金明昌岁次壬子"（1192年）。

1979年在高唐县城西北发掘了1座仿木构圆形砖砌单室墓[9]，出土墓志一方，知其年代为"承安二年"（1197年）。墓主人虞寅为五品官员。

河南：

1955年在安阳市北郊郭家湾发掘了5座单室土洞墓[10]。1958年在洛阳市西郊七星河村西北发掘了1座仿木构砖雕墓[11]。1973年在焦作市郊区发掘的4座墓葬，分别为石室墓和仿木构砖室墓[12]，其中王封公社王庄石室墓有题记，年代为"承安四年"（1199年）。而对于西冯封砖室墓，有人则根据该墓的结构特点等提出该墓非金墓，而应为元墓[13]。1978

---

[1] 山西省考古研究所：《山西襄汾金墓清理简报》，《文物》1989年第10期。
[2] 陶富海：《山西襄汾县的四座金元时期墓葬》，《考古》1988年第12期。
[3] 临汾地区丁村文化工作站：《山西襄汾县南董金墓清理简报》，《文物》1979年第8期。
[4] 河北省文化局文物工作队：《河北新城县北场村金时立爱和时丰墓发掘记》，《考古》1962年第12期。
[5] 郑绍宗：《兴隆县梓木林子发现的契丹文墓志铭》，《考古》1973年第5期。
[6] 河北省文化局文物工作队：《河北井陉县柿庄宋墓发掘报告》，《考古学报》1962年第2期。
[7] 北京市文物研究所：《北京金代皇陵》，文物出版社，2006年。
[8] 济南市博物馆：《济南市区发现金墓》，《考古》1979年第6期。
[9] 聊城地区博物馆：《山东高唐金代虞寅墓发掘简报》，《文物》1982年第1期。
[10] 周到：《河南安阳郭家湾小型金代墓》，《考古通讯》1957年第2期。
[11] 刘镇伟：《洛阳涧西金墓清理记》，《考古》1959年第12期。
[12] 河南省博物馆、焦作市博物馆：《河南焦作金墓发掘简报》，《文物》1979年第8期。
[13] 孙传贤：《焦作市西冯封村雕砖墓几个有关问题的探讨》，《中原文物》1983年第1期。

年在焦作市郊老万庄墓地又发掘2座仿木构砖室壁画墓[1]。

北京：

1959年在北京天坛公园内清理1座圆形砖室墓，年代大致为辽末金初[2]。1970年在丰台区丰台镇桥南，清理1座石椁墓，当时认定是辽墓，后有学者研究，提出该墓的年代为金代[3]。1973年在北京先农坛育才学校清理1座石椁墓[4]，出土了较多随葬品。

1974年在房山县长沟峪清理石椁墓1组5座[5]，正中主墓内木棺修饰华丽，出土11件精致的饰件。由于该墓群地点属于金陵的兆域内，因此被推断为坤厚陵。

1975年在通县城关公社砖厂清理石椁墓2座[6]，其中M1出土墓志一方，纪年为"大定十七年"（1177年），墓主人石宗璧为五品汉族官吏。

1978年在北京西郊香山附近的娘娘府清理1座石椁墓[7]，出土了墓志一方，据墓志载，年代为"泰和元年"（1201年），墓主人为女真贵族。

内蒙古：

1958年在内蒙古昭盟巴林左旗林东镇清理3座仿木构砖室墓[8]。

辽宁：

1956年在辽阳县金厂村发现3座有画像题材的石室墓[9]，当时定年为辽金时期。

1958年在锦西县大卧铺村清理2座有画像题材的石室墓[10]，当时定年为辽金时期。

1961年在辽宁朝阳师范学院内清理1座仿木构砖室壁画墓[11]，该墓年代为"大定二十四年"（1184年），墓主人为马令。

1972年在鞍山市千山镇汪家峪村发现1座有画像题材的石室墓[12]。

吉林：

1958年在扶余县西山屯发现1座石椁木棺墓[13]，墓中出土了较为丰富的随葬品。

---

[1] 河南省博物馆、焦作市博物馆：《焦作金代壁画墓发掘简报》，《河南文博通讯》1980年第4期。
[2] 北京市文物工作队：《北京天坛公园内发现古墓》，《考古》1963年第3期。
[3] 北京市文物管理处：《近年来北京发现的几座辽墓》，《考古》1972年第3期；北京市海淀区文化文物局：《北京市海淀区南辛庄金墓清理简报》（注释9），《文物》1988年第7期。
[4] 北京市文物管理处：《北京先农坛金墓》，《文物》1977年第11期。
[5] 张先得、黄秀纯：《北京市房山县发现石椁墓》，《文物》1977年第6期。
[6] 北京市文物管理处：《北京市通县金代墓葬发掘简报》，《文物》1977年第11期。
[7] 北京市文物研究所：《金代墓葬》，《北京考古四十年》，北京燕山出版社，1990年。
[8] 李逸友：《昭盟巴林左旗林东镇金墓》，《文物》1959年第7期。
[9] 王增新：《辽宁辽阳县金厂辽画象石墓》，《考古》1960年第2期。
[10] 雁羽：《锦西大卧铺辽金时代画象石墓》，《考古》1960年第2期。
[11] 辽宁省博物馆：《辽宁朝阳金代壁画墓》，《考古》1962年第4期。
[12] 鞍山市文化局、辽宁省博物馆：《辽宁鞍山市汪家峪辽画象石墓》，《考古》1981年第3期。
[13] 吉林省博物馆：《吉林省扶余县的一座辽金墓》，《考古》1963年第11期。

20世纪60年代,吉林省考古工作者对舒兰县小城子完颜希尹家族墓地做了调查。1962年吉林省博物馆组成考古队对完颜希尹家族墓地及地表神道碑等遗存进行了实测和著录,同时扩大了对墓地区域的了解,为以后的科学发掘提供了有利的线索[1]。1979年吉林省文物工作队先后两次对完颜希尹家族墓地做了更细致的调查[2],并将墓地划分为五个墓区,同时在试掘的2座墓葬中,出土了女真字碑等一批重要遗物。1980年吉林省文物工作队再次对完颜希尹家族墓地进行发掘[3],清理各类墓葬14座,对墓地分布状况又有了新认识。

黑龙江:

1973年黑龙江省考古工作者在绥滨县中兴村发掘12座土坑木椁墓[4]。1974年又在绥滨县奥里米村发掘25座土坑木椁墓、土坑木棺墓等[5]。这些墓的年代跨度较长,大致为金代早、中期。

甘肃:

1954年在兰州市中山林清理1座带左右耳室的砖雕墓[6]。

总体看,这一时期金墓发现的数量不是很多,但每个省区都有一些金墓被发现和发掘,其中也不乏学术意义重要的考古发现,尤其是一些出土有墓志、题记等纪年铭文墓葬的发现,为金墓的断代提供了准确的依据,并为初步判定金墓的特征,树立了可靠的标尺。

在1961年出版的《新中国的考古收获》一书中,徐苹芳先生对新中国成立十年来金墓的发现与研究作了初步的评述[7]。其中以晋南地区发现的砖雕墓为例,重点对砖室墓的结构特点进行了总结。

此后在1979年出版的《文物考古工作三十年》一书中,中原、北方的一些省(市、区)对建国三十年来金墓的发现分别进行了简要的概述[8]。

这一时期代表性的著述主要有:

1956年徐苹芳先生发表《宋元时代的火葬》,对宋辽金元时期流行的火葬墓进行了初

---

[1] 陈相伟:《完颜希尹家族墓地的调查和发掘》,《博物馆研究》1990年第3期。
[2] 徐翰瑄、庞志国:《金代左丞相完颜希尹家族墓调查试掘简报》,《中国考古集成·东北卷(18)》,北京出版社,1997年。
[3] 陈相伟:《完颜希尹家族墓地的调查和发掘》,《博物馆研究》1990年第3期。
[4] 黑龙江省文物考古工作队:《黑龙江畔绥滨中兴古城和金代墓群》,《文物》1977年第4期。
[5] 黑龙江省文物考古工作队:《松花江下游奥里米古城及其周围的金代墓群》,《文物》1977年第4期。
[6] 甘肃省文物管理委员会:《兰州中山林金代雕砖墓清理简报》,《文物参考资料》1957年第3期。
[7] 中国科学院考古研究所:《辽金元明》,《新中国的考古收获》,文物出版社,1961年。
[8] 文物编辑委员会:《文物考古工作三十年(1949—1979)》,文物出版社,1979年。

步的探讨[1]。文章分析了两种火葬方式，探讨了考古发现中常见的火葬墓的墓葬形制、葬具、随葬器物、墓主人身份及火葬墓流行的社会背景、原因等。该文是新中国成立以来最早对包括金代墓葬在内进行专门研究的文章，对后来进行该时期火葬习俗及丧葬的考古学研究具有重要的指导意义。徐苹芳先生等学者还根据对宋金墓葬中出土的杂剧砖雕、砖俑等，探讨了杂剧的产生、发展状况，分析了杂剧砖雕在墓葬中出现的社会原因[2]。1959年刘念兹先生依据山西侯马市董氏墓出土的戏台模型和陶俑，对早期戏剧的产生、发展情况进行了研究，认为董氏墓的五具陶俑是"戏剧的表演"，"是金院本的演出形式，是元杂剧的先驱"，并提出"13世纪初叶的金代，戏剧的造型艺术基本上已经形成"的学术观点[3]。这也是利用墓葬资料进行墓葬本身以外的研究的一种重要学术探讨，并成为当时的学术热点。此外，20世纪70年代，林沄先生对发现于绥芬河下游双城子古城附近的神道碑碑额上的文字首次进行了释读和考证，认定该碑系金朝初期开国重臣"完颜忠神道碑"[4]，碑文现已不存。在发现碑额的地点附近，还发现了石羊、石像、龟趺等石雕。这一考证，纠正并补充了一些史籍和学界的认识，对于正确认识该碑及寻找墓葬地点提供了准确依据。1992年林沄先生再次撰文，对"完颜忠神道碑"的发现与考释进行了更为详细的研究[5]。1979年赵光林等学者结合墓葬出土的瓷器，对金代瓷器进行了探索性研究[6]。该文将金代瓷器的发现分为两个时期、三个地区分别予以概括，并对金代瓷器的类型、纹饰、烧造工艺等进行总结。

这一时期金墓的研究性文章不多，且集中于丧葬习俗、出土遗物和碑文考释等方面。囿于材料所限，尚没有全面、系统的考察，更由于历史阶段人才的匮乏，对金墓的研究也没有给予足够重视。研究尚处于起步阶段。

第二阶段：初步研究阶段（20世纪80年代至90年代）

进入20世纪80年代以后，随着国家经济建设步伐的加快，田野考古工作的步伐也在加快，金墓的发现数量与日俱增。这一时期，又发现较多的有明确纪年的墓葬，而且墓葬类型增加，分布地区也在扩大。

较为重要的发现有：

---

[1] 徐苹芳：《宋元时代的火葬》，《文物参考资料》1956年第9期。
[2] 徐苹芳：《宋代的杂剧雕砖》，《文物》1960年第5期。
[3] 刘念兹：《中国戏曲舞台艺术在十三世纪初叶已经形成——金代侯马董氏墓舞台调查报告》，《戏剧研究》1959年第2期。
[4] 华泉：《完颜忠墓神道碑与金代的恤品路》，《文物》1976年第4期。
[5] 林沄：《完颜忠神道碑再考》，《北方文物》1992年第4期。
[6] 赵光林、张宁：《金代瓷器的初步探索》，《考古》1979年第5期。

1980年在甘肃省临夏南龙乡清理1座仿木构砖雕墓[1],墓中出土一方砖墓志,其年代为"大定十五年"(1175年)。1980年在河北蔚县城东发现1座方形砖室墓[2],出土买地砖券一方,根据券文所记,当时简报认定为元墓,后有学者重新考订其年代应为金朝"天德二年"(1150年)[3]。

1980年、1981年在北京丰台区米粮屯陆续发现4座墓葬[4],分别为石椁墓和砖椁墓。其中2座石椁墓出土有完整的石墓志,经考证分别为女真贵族乌古论窝论墓和乌古论元忠夫妇墓。乌古论窝论墓为迁葬墓,年代为"大定二十四年"(1184年)。乌古论元忠卒于"泰和元年"(1201年),与其妻鲁国大长公主合葬于"大安元年"(1209年)。

1981年在山西长治市故漳村发掘1座仿木构砖室墓[5]。墓内北壁墨书题记为"大定二十九年"(1189年)。1981年在山东滕县县城内发掘1座石椁木棺墓[6],该墓石椁利用了废弃的汉墓石椁,出土一方石墓志,纪年为"承安四年"(1199年)。

1983年在内蒙古敖汉旗英凤沟屯调查数座墓葬,其中1座(M2)发现石棺和碑形墓志石,其年代为"明昌七年"(1196年)[7]。1983年在山西长子县石哲村发掘1座仿木构砖室墓[8],墓内东壁墨书题记为"正隆三年"(1158年)。

1984年在山西省侯马市大李村南发掘1座仿木构砖雕墓[9],墓内南壁砖雕纪年"大定二十年"(1180年)。1984年在北京市平谷东高村巨家坟发掘1座石椁墓[10],从出土的石墓志记载看,墓主人为巨姓,卒于"泰和三年"(1203年)。

1984年在河北省崇礼县水晶屯村清理1座土洞石函墓[11],出土二方碑形墓志石,纪年为"大定十三年"(1173年)。

1985年在山西长治市北郊安昌村发掘1座仿木构砖室墓[12]。墓内南壁墨书题记为"明昌六年"(1195年)。

1985年在河南省辉县百泉村发掘1座仿木构砖室墓[13],墓室壁面上有墨书题记"崇庆

---

[1] 临夏回族自治州博物馆:《甘肃临夏金代砖雕墓》,《文物》1994年第12期。
[2] 蔚县博物馆:《河北省蔚县元代墓葬》,《考古》1983年第3期。
[3] 荣孟源:《元大德墓为金天德墓》,《考古》1983年第7期。
[4] 北京市文物工作队:《北京金墓发掘简报》,《北京文物与考古》第一辑,北京燕山出版社,1983年。
[5] 长治市博物馆:《山西长治市故漳金代纪年墓》,《考古》1984年第8期。
[6] 滕县博物馆:《山东滕县金苏玙墓》,《考古》1984年第4期。
[7] 敖汉旗文物管理所、邵国田:《内蒙古敖汉旗英凤沟金代墓地》,《文物》1987年第8期。
[8] 山西省考古研究所晋东南工作站:《山西长子县石哲金代壁画墓》,《文物》1985年第6期。
[9] 山西省考古研究所侯马工作站:《侯马大李金代纪年墓》,《文物季刊》1999年第3期。
[10] 杨学林:《北京平谷东高村巨家坟金代墓葬发掘简报》,《北京文物与考古》第四辑,北京燕山出版社,1994年。
[11] 贺勇:《河北崇礼县水晶屯发现一座金代石函墓》,《考古》1994年第11期。
[12] 长治市博物馆:《山西长治安昌金墓》,《文物》1990年第5期。
[13] 新乡地区文物管理委员会、辉县百泉文物管理所:《河南辉县百泉金墓发掘简报》,《考古》1987年第10期。

元年"（1212年）。

1986年发掘陕西省韩城县长方形砖室墓[1]，顶呈覆斗形，墓室内有5具葬具，系僧人丛葬墓，墓葬纪年为"大定十八年"（1178年）。

1987年在河南鹿邑县涡河船闸施工中发现5座墓葬，清理4座，为结构简单的砖室墓[2]，M2出土石墓志一方，纪年为"大定二十年"（1180年）。1987年在山西省朔州市朔城区清理1座砖室墓[3]，系僧人二次丛葬墓，陶棺上有铭文，并有墓志，年代为"大定十九年"（1179年）。

1988年在北京市海淀区南辛庄发现发掘2座石椁墓[4]，M1出土的一方石墓志，墓主人张□震，系汉族武官，卒于"贞元年间"（1153—1156年）。1988年在宁夏西吉县兴隆渔场发掘1座仿木构砖室墓[5]，据墓室结构判断年代为金代。1988年在山西省大同市南部云中大学发掘2座券顶砖室墓[6]，其中M2出土石墓志一方，为夫妇合葬墓，墓主人陈庆为下级官吏，夫妇合葬于"正隆四年"（1159年）。1988年在陕西省西安市北郊清理1座土洞墓[7]，据出土买地砖券记载，系夫妇合葬墓，年代为"明昌三年"（1192年）。1988年在河南省义马市新市区南郊发掘1座仿木构砖雕墓[8]，出土砖墓志一方，纪年"贞祐四年"（1216年）。1988年吉林省考古工作者对长春市石碑岭"完颜娄室"墓地进行了调查和发掘[9]，此墓在解放前已被破坏殆尽。这次发掘搞清了墓的形制和位置，系石椁墓，仅存墓圹部分，随葬品无存。1988年黑龙江省阿城市巨源乡城子村发现1座石椁木棺墓[10]，木棺盖正中钉"太尉开府仪同三司事齐国王"铭文银棺栓，朱漆木棺内葬男女二人，在男女死者头上有一墨书"太尉仪同三司事齐国王"木房券。据考证，墓主即金代齐国王完颜晏，卒于公元1162年。墓中男女二尸身着衣裳冠履等保存完整，这是金代服饰实物的首次出土。

1989年在辽宁朝阳重型机器厂清理2座石（砖）椁墓[11]，1999年在朝阳重型机器

---

[1] 任喜来、呼林贵：《陕西韩城金代僧群墓》，《文博》1988年第1期。
[2] 河南省文物考古研究所：《河南鹿邑涡河船闸金墓发掘简报》，《华夏考古》1994年第2期。
[3] 宁立新、雷云贵：《朔州市朔城区金代僧人丛葬墓发掘简报》，《山西省考古学会论文集（三）》，山西古籍出版社，2000年。
[4] 北京市海淀区文化文物局：《北京市海淀区南辛庄金墓清理简报》，《文物》1988年第7期。
[5] 宁夏文物考古研究所、西吉县文物管理所：《宁夏西吉县汉、金墓发掘简报》，《考古》1993年第5期。
[6] 大同市博物馆：《大同市南郊金代壁画墓》，《考古学报》1992年第4期。
[7] 倪志俊、韩国河、程林泉：《西安市北郊金代墓葬发掘简报》，《考古与文物》1991年第6期。
[8] 三门峡市文物工作队、义马市文物管理委员会：《义马市金代砖雕墓发掘简报》，《华夏考古》1993年第4期。
[9] 长春市文物管理委员会办公室：《长春市石碑岭金代墓地发掘简报》，《考古》1991年第4期。
[10] 黑龙江省文物考古研究所：《黑龙江阿城巨源金代齐国王墓发掘简报》，《文物》1989年第10期。
[11] 辽宁省文物考古研究所：《朝阳重型机器厂金墓》，《辽海文物学刊》1990年第2期。

厂又清理1座多边形石室石函墓[1]，推断年代为金代中晚期。1989年配合河南省焦作市电厂三期工程，发掘1座仿木构彩绘砖雕单室墓[2]，甬道东壁题记"大定二十九年"（1189年）。

1990年在山西省大同市内站前小桥街发掘1座仿木构砖室壁画墓[3]，该墓的石棺盖上刻有墓志铭文，墓主人徐龟卒于"正隆六年"（1161年）。1990年在山西省汾阳高级护理学校钻探并发掘8座仿木构砖雕墓[4]，墓葬分布散乱，无规律，推定年代为金代早期。

1992年在山西省孝义市新义东街发掘1座券顶砖室墓[5]，买地砖券铭文纪年为"大安元年"（1209年）。1992年在修武县郇封乡大位村发掘1座仿木构砖室墓[6]，墓中有较多的杂剧砖雕。1992年在河南省林县县城内发掘1座仿木构壁画砖室墓[7]，墓内甬道券顶有墨书题记，为"皇统三年"（1143年）。1992年在河南省三门峡市崤山西路清理3座北宋晚期至金代的僧人砖室墓[8]，其中M1纪年为"大定七年"（1167年）。1992年在辽宁省朝阳县联合乡清理1座土坑石函墓[9]，该墓出土了石经幢等重要文物，墓的年代为金代中晚期。

1993年在内蒙古敖汉旗老虎沟村发掘1座券顶砖室石棺墓[10]，较为重要的是墓中出土一方契丹小字石墓志。据墓志知，墓主人为契丹人，曾任博州防御使，卒于"大定十年"（1170年）。1993年在北京市门头沟区永定镇何各庄清理3座圆形单室砖室墓[11]，从出土器物特征推断年代为金代。1993年在山西省离石县马茂庄村发掘1座土洞墓[12]，墓内出土一方砖墓志，题记为"正隆四年"（1159年）。1993年在陕西省千阳县冉家沟清理1座仿木构砖雕壁画墓[13]，据出土买地砖券记载，年代为"明昌四年"（1193年）。

1994年在河南省孟津县麻屯镇清理了1座土洞墓[14]，墓内出土买地砖券纪年为"天德二岁"（1150年）。

---

[1] 朝阳市博物馆：《辽宁朝阳重型机器厂辽金墓》，《北方文物》2003年第4期。
[2] 焦作市文物工作队：《焦作电厂金墓发掘简报》，《中原文物》1990年第4期。
[3] 大同市博物馆：《山西大同金代徐龟墓》，《考古》2004年第9期。
[4] 山西省考古研究所、汾阳县博物馆：《山西汾阳金墓发掘简报》，《文物》1991年第12期。
[5] 孝义市博物馆：《山西孝义市发现一座金墓》，《考古》2001年第4期。
[6] 焦作市文物工作队、修武县文物管理所：《河南修武大位金代杂剧砖雕墓》，《文物》1995年第2期。
[7] 张增午：《河南林县金墓清理简报》，《华夏考古》1998年第2期。
[8] 三门峡市文物工作队：《三门峡市崤山西路发现三座古墓》，《华夏考古》1993年第4期。
[9] 辽宁省朝阳县文物管理所：《辽宁朝阳县联合乡金墓》，《华夏考古》1996年第3期。
[10] 朱志民：《内蒙古敖汉旗老虎沟金代博州防御使墓》，《考古》1995年第9期。
[11] 李华：《北京门头沟区永定镇金墓》，《北京文物与考古》第四辑，北京燕山出版社，1994年。
[12] 商彤流、王金元：《离石马茂庄发现一座金墓》，《文物季刊》1994年第1期。
[13] 宝鸡市考古队、千阳县文化馆：《陕西千阳发现金明昌四年雕砖画墓》，《文博》1994年第5期。
[14] 洛阳市文物工作队：《洛阳孟津县麻屯金墓发掘简报》，《华夏考古》1996年第1期。

1995年在河南省鹤壁市东头村发掘1座仿木构砖室墓[1],年代大约为金代中期。1995年河南省荥阳市广武镇插阎村发掘1座仿木构砖室墓[2],据石棺上的题刻知其年代为"泰和四年"(1204年)。

1996年在陕西省耀县董家河镇清理2座土洞墓[3],其中M2出土买地砖券记载,年代为"明昌四年"(1193年)。

1998年在山东省淄博市临淄区北金召村发现1座仿木构砖室壁画墓[4],该墓保存了完整的墓葬形制和精美的壁画。1998年山西省沁县西林东庄村发掘1座仿木构彩绘砖雕墓[5],墓中出土完整的二十四孝砖雕,没有明确纪年,年代推断为金代中期前后。1998年在辽宁省阜新市西山屯清理1座圆形砖室墓[6],墓内出土墓志石一方,记述年代为蒙古国癸巳年(1233年),表明当时该地区已被蒙古军队占领,但该墓仍可列为金代墓葬之属。

1999年1月和10月在山西屯留县李高乡宋村共发掘2座仿木构砖室壁画墓[7],其中1座西壁墨书题记为"天会十三年"(1135年)。1999年在配合朔黄铁路博野段刘家店取土施工中,河北省文物研究所在取土场内发掘了61座墓[8],全部为砖室墓,分布紧凑,排列有序。

山西省侯马市是发现砖雕墓数量较多的地区,20世纪90年代的主要发现有:1994年和1995年分别在牛村和晋光药厂各清理1座纪年墓[9],牛村M1年代为"天德三年"(1151年),晋光M1年代为"大安二年"(1210年)。1995年在侯马市花园街交电二级站院内清理1座仿木构砖室墓[10]。1996年在侯马市省建一公司机运站内清理1座仿木构砖室墓[11]。1999年在侯马市建工路北清理1座仿木构砖室墓[12]。

为了推进对帝陵的研究,1986—1989年,北京市文物研究所对金陵开始了正式的考古调查工作[13]。此次工作发现了一段御道及大量的汉白玉、花岗岩、青石等建筑构件,为

---

[1] 鹤壁市文物工作队:《鹤壁市东头村金墓发掘简报》,《中原文物》1996年第3期。
[2] 河南省文物考古研究所、荥阳市文保管所:《河南荥阳金墓发掘简报》,《华夏考古》1997年第3期。
[3] 铜川市考古研究所:《陕西耀县董家河金墓清理简报》,《文博》1998年第1期。
[4] 许淑珍:《山东淄博市临淄宋金壁画墓》,《华夏考古》2003年第1期。
[5] 商彤流、郭海林:《山西沁县发现金代砖雕墓》,《文物》2000年第6期。
[6] 阜新市博物馆:《辽宁阜新市发现一座金代墓葬》,《考古》2004年第9期。
[7] 山西省考古研究所、长治市博物馆:《山西屯留宋村金代壁画墓》,《文物》2003年第3期;山西省考古研究所、长治市博物馆:《山西屯留宋村金代壁画墓》,《文物》2008年第8期。
[8] 河北省文物研究所:《河北省博野县刘陀店宋金墓群发掘简报》,《河北考古文集(二)》,北京燕山出版社,2001年。
[9] 山西省考古研究所侯马工作站:《侯马两座金代纪年墓发掘报告》,《文物季刊》1996年第3期。
[10] 山西省考古研究所侯马工作站:《侯马市交电二级站金墓发掘报告》,《文物季刊》1998年第2期。
[11] 山西省考古研究所侯马工作站:《山西省建一公司机运站金墓发掘简报》,《文物季刊》1996年第3期。
[12] 侯马市文物局:《山西侯马建工路金墓发掘简报》,《考古与文物》2002年增刊·汉唐考古。
[13] 北京市文物研究所:《北京金代皇陵》,文物出版社,2006年。

进一步开展工作打下了良好的基础，一些发现为下一步的研究提供了线索。

除以上重要的考古发现以外，从 1980 年以后，关于金墓的考古学研究也出现了前所未有的繁荣局面。这一阶段主要研究成果可归纳为以下几个方面：

葬俗研究：

1982 年景爱先生发表《辽金时代的火葬墓》[1]，文中对辽金两代火葬墓的类型和出现时间等进行了总结，对火葬习俗在辽金时代盛行的原因及影响也做了分析。指出"辽金时代的火葬墓，首先是在契丹人、女真人中出现的，而后影响到汉族人"。

1984 年庞志国发表《略论东北地区金代石函葬》[2]，文中对于火葬墓这种特殊葬俗表现形式的石函葬做了初步的分析，认为石函葬在金代的兴起与佛教的火葬和佛教的兴盛有直接的联系，进而分析了石函葬在东北地区女真人中流行的文化渊源。

综述与区域研究：

1984 年由中国社会科学院考古研究所编著的《新中国的考古发现和研究》中《金元墓葬的发掘》一节，按时期、地区等，对金墓发现状况进行了梳理，指出了金墓的类别差异，并对个别墓葬的定年、性质等提出了独到的见解，同时，对新中国成立三十多年来金代墓葬的发现做了宏观而精要的总结[3]。

1986 年出版的《中国大百科全书·考古学》之《中国古代墓葬制度》条目，对中原地区的金墓做了简要概括，王仲殊先生指出："金代的墓葬，一方面是受辽墓的影响，而更多的则是继承北宋的墓制。"[4]

1988 年秦大树先生发表《金墓概述》[5]一文，对新中国成立以来发现的金墓进行了较为全面的总结。文中把金墓的发现分为四个区，一是长城以北的东北地区和内蒙古东部地区；二是河北、山西北部地区；三是河南、山东地区；四是晋南和关中地区。文中以正隆五年（1160 年）为界，将金墓分为前后两期。按地区划分为四种不同民族风格的墓葬类型，并进一步分为四个等级，即：二品以上高级官吏；五品以下普通官吏、贵族；地主、商人；一般平民。这是当时少有的一篇对金墓进行全面论述的文章，由于材料的限制，一些问题的探讨稍显不够深入。但文中还是提出了一些新认识，为以后的研究指出了方向、奠定了基础。该文在金墓的分区、分期和墓葬等级划分方面的研究均具有开创性，其主要观点对后来金墓的研究具有指导意义，是一篇非常重要的文章。

---

[1] 景爱：《辽金时代的火葬墓》，《东北考古与历史》第 1 辑，文物出版社，1982 年。
[2] 庞志国：《略论东北地区金代石函葬》，《黑龙江文物丛刊》1984 年第 4 期。
[3] 中国社会科学院考古研究所：《新中国的考古发现和研究》，文物出版社，1984 年。
[4] 中国大百科全书总编辑委员会《考古学》编辑委员会、中国大百科全书出版社编辑部：《中国大百科全书·考古学》，中国大百科全书出版社，1986 年。
[5] 秦大树：《金墓概述》，《辽海文物学刊》1988 年第 2 期。

20世纪80—90年代,还有一些文章,以区域为界,对某一地区的金墓进行了不同角度、不同层次的研究论述。主要有:刘红宇的《长春市周围的金代墓葬》(1987年)[1],史学谦的《试论山西地区的金墓》(1988年)[2],雷生霖的《黄河中下游地区宋金墓》(1994年)[3],安文荣的《长春市金墓初探》(1994年)[4],陈相伟的《试论东北、河北等地金代墓葬的类型和演变》(1997年)[5]。

专题研究:

1989年李健才发表《金代女真墓葬的演变》[6]一文,对金代女真人的墓葬类型和演变进行了分析探讨。文中将女真人使用的墓葬划分为四个类型。文中指出,从发掘的女真人的墓葬来看,有尸骨葬和火葬两种形式,而且火葬多于尸骨葬。无论火葬还是尸骨葬,多数都有棺椁之具。在东北发掘的墓葬可分为平民墓和贵族墓两种。该文是较早从族别的角度研究金墓的一篇文章。

1991年刘晓东等发表《试论金代女真贵族墓葬的类型及演变》[7],文中对以往金墓研究中涉及的分期问题、女真贵族墓葬的类型、年代及演变规律、渊源等进行了深入的探讨,提出了一些有说服力的新见,厘清了以往金墓考古研究中的一些模糊认识。文章明确把金墓分为三期:早期为金朝建国到海陵迁都以前,即公元1115年至1152年;中期为海陵贞元迁都到明昌以前,即公元1153年至1189年;晚期为明昌以后至金亡,即公元1190年至1234年。对于女真贵族墓葬,分为两大类,一类为无墓室建筑的墓葬,另一类为有墓室建筑的墓葬。文章认为,金代晚期女真贵族中所流行的有墓室墓很可能是由金代早、中期女真贵族中流行的有椁墓(主要是石椁墓)直接发展演变而成的。

1993年陈相伟发表《试论金代石椁墓》[8]一文,对金代石椁墓的类型和演变及相关问题做了论述。初步将石椁墓分为土圹石椁墓和砖圹石椁墓两大类,依据葬具的不同又进一步细分为几种形制类型。并认为,石椁墓是女真显贵特有,并且为汉族官员和契丹贵族普遍使用,它是在本族旧有墓葬习俗的基础上,吸收宋、辽墓葬形制加以改进,创造出的一种新型墓葬。

---

[1] 刘红宇:《长春市周围的金代墓葬》,《博物馆研究》1987年第2期。
[2] 史学谦:《试论山西地区的金墓》,《考古与文物》1988年第3期。
[3] 雷生霖:《黄河中下游地区宋金墓》,北京大学硕士学位论文,1994年。
[4] 安文荣:《长春市金墓初探》,《长春文物》第7辑,1994年。
[5] 陈相伟:《试论东北、河北等地金代墓葬的类型和演变》,《中国考古集成·东北卷(17)》,北京出版社,1997年。
[6] 李健才:《金代女真墓葬的演变》,《辽金史论集》第四辑,书目文献出版社,1989年。
[7] 刘晓东、杨志军、郝思德、李陈奇:《试论金代女真贵族墓葬的类型与演变》,《辽海文物学刊》1991年第1期。
[8] 陈相伟:《试论金代石椁墓》,《博物馆研究》1993年第1期。

1993年刘晓东先生又发表《金代土坑石椁墓及相关问题》[1]一文,对金代土坑石椁墓的分布区域、使用者身份、自身等级划分以及这种墓葬的形制渊源等问题,又做了进一步的考察与探讨,所论颇有深度。通过对考古发现材料的一一对比分析,认为石椁墓的使用者主要是女真贵族,石椁墓中,由六块石板构成的石椁,其墓主身份要相对低于十块石板构成的石椁的墓主的身份。对于金代女真贵族中流行的土坑石椁墓的渊源问题的认识,应着眼于东北民族自身。这种石椁墓的流行首先是以其自身的承继渊源关系为主,在规范化的进程中,受到了来自辽代石棺墓形制结构方面的某些影响。

1996年陈朝云发表《黄河中下游地区金代砖室墓探论》[2],文章对黄河中下游地区已发掘的一百多座仿木构砖室墓进行了研究,从墓葬类型、建筑结构、装饰特征以及与该地区北宋墓葬的关系等问题做了初步的探讨。文章认为黄河中下游地区的金代砖室墓,表现出了与宋代本地区砖室墓明显的因袭关系。在承继的同时,墓葬在整体布局和装饰手法上,与北宋相比又有了创新和发展。

1996年陈相伟先生发表《试论金代壁画墓》[3]一文,文章从壁画墓的分布、类型、壁画布局、内容等方面做了探讨。在分析壁画的布局和内容的同时,还进行了期段变化的纵向考察。

1998年申云艳等发表《金代墓室壁画分区与内容分类试探》[4]一文,文章把金代壁画墓的发现分为南、北两个地区来考察,对金代北部地区和南部地区墓室壁画的内容进行了分类,北部地区发现的壁画墓壁画内容大致分为四大类,南部地区发现的壁画墓壁画内容大致分为六大类。南、北地区墓室壁画内容有相同之处,也有差别。在对壁画内容比较研究的基础上,还对壁画墓出现的时间、原因及所反映的一些问题进行了有益的探讨。

关于金墓仿木构砖雕及砖雕内容的讨论,始终是学界的一个热点课题。这方面的代表性文章有:

1997年杨富斗先生等发表《金墓砖雕丛探》[5]一文,对山西金墓发现的砖雕所反映的内容进行了较为详细的论述分析。2000年廖奔发表《宋金元仿木结构砖雕墓及其乐舞装饰》一文[6],对仿木结构砖雕墓的演进及其乐舞装饰内容进行了专门探讨。

---

[1] 刘晓东:《金代土坑石椁墓及相关问题》,《青果集:吉林大学考古专业成立二十周年考古论文集》,知识出版社,1993年。
[2] 陈朝云:《黄河中下游地区金代砖室墓探论》,《郑州大学学报(哲学社会科学版)》1996年第1期。
[3] 陈相伟:《试论金代壁画墓》,《辽金史论集》第九辑,中州古籍出版社,1995年。
[4] 申云艳、齐瑜:《金代墓室壁画分区与内容分类试探》,《山东大学学报(哲学社会科学版)》1998年第2期。
[5] 杨富斗、杨及耕:《金墓砖雕丛探》,《文物季刊》1997年第4期。
[6] 廖奔:《宋金元仿木结构砖雕墓及其乐舞装饰》,《文物》2000年第5期。

1999年由山西省考古研究所杨富斗先生主编的《平阳金墓砖雕》[1]一书由山西人民出版社出版,该书将晋南金墓出土的砖雕以图文并茂的形式结集出版,书中除公布大量的精美砖雕图片外,还对砖雕这种特殊的建筑装饰从形式到内容等方面进行了详细的阐述说明。书中概括金墓的砖雕有浮雕、镂雕、圆雕等几种形式。其内容分为墓主人、杂剧、散乐百戏、八仙、二十四孝、吉祥饰物等六大类,对每类内容都展开了详细的考证注解。该书研究所论,不仅深化了金代砖雕墓研究的内涵、拓展了研究的视角,而且为相关学科多层面研究提供了丰富的实物参考资料。

20世纪90年代,一些发现金墓的主要地区,在对以往阶段性考古工作回顾的过程中,对各省区的金代墓葬的发现与研究也提出了总结性的认识。主要著述有:《北京考古四十年》(1990年)[2]《山西考古四十年》(1994年)[3]《河南考古四十年(1952—1992)》(1994年)[4]、《新中国考古五十年》(1999年)[5]等。

这一阶段,还有许多对于墓葬出土的墓志及碑铭进行考证、考释的文章,对于墓葬的年代、墓主人身份等相关问题都有积极的探索性研究。

由于材料的迅速积累,金墓的研究日益受到关注。总而言之,这一阶段的研究成果主要有三方面:第一,宏观方面,进行了区域墓葬的综合考察和分区分期研究;第二,着重对葬俗进行了考察,尤其是对火葬的出现和流行情况,从不同角度进行了探讨;第三,专题研究方面,研究的范围更为宽广,对所涉问题的探讨更为深入。以上三个方面的学术认识,初步建立了金墓的研究体系。

第三阶段:深入研究与深化认识阶段(21世纪初迄今)

这一阶段,配合基本建设进行考古发掘成为全国考古工作的中心任务之一。基建考古中,许多地区金墓的发现数量激增。除传统的金墓集中发现区如北京、山西、河北、河南、陕西等省区外,其他北方各省都有新发现,新资料的报道也越来越多。主要发现有:

2000年在北京磁器口发掘1座石椁墓[6],墓主人为吕恭,系汉族官吏墓葬。

2001年在河南省洛阳市道北史家屯西发掘1座仿木构砖室墓[7],虽未见随葬品,但墓室保存较好,墓壁有构图精美的砖雕和壁画。2001年在闻喜县中庄村西发掘1座仿木构

---

[1] 山西省考古研究所:《平阳金墓砖雕》,山西人民出版社,1999年。
[2] 北京市文物研究所:《北京考古四十年》,北京燕山出版社,1990年。
[3] 山西省考古研究所:《山西考古四十年》,山西人民出版社,1994年。
[4] 河南省文物考古研究所:《河南考古四十年(1952—1992)》,河南人民出版社,1994年。
[5] 文物出版社:《新中国考古五十年》,文物出版社,1999年。
[6] 王清林、王策:《磁器口出土的金代石椁墓》,《北京文物与考古》第五辑,北京燕山出版社,2002年。
[7] 洛阳市第二文物工作队:《洛阳道北金代砖雕墓》,《文物》2002年第9期。

砖雕彩绘墓[1]。2001年在辽宁省朝阳市召都巴镇发掘1座仿木构圆形砖室墓[2]，出土较多随葬品，推定年代为金代早期。

2002年在安徽濉溪县周大庄发掘46座砖室墓[3]，墓葬分布集中，排列有序，墓室分为单室、双室、多室三种。

2003—2005年，在北京亦庄经济技术开发区80号地、42号地发掘金墓9座[4]，包括多种墓葬形制。

2006年在河北省徐水县西黑山发掘墓葬21座[5]，有石室墓、砖室墓、砖石（混筑）室墓等数种类型。

2007年在北京石景山区鲁谷发掘10座石椁墓[6]，系汉族官吏吕延嗣家族墓地，多为火葬墓。

2008年在山西省汾阳市东龙观村发掘宋金时期墓葬27座[7]，为家族墓地，墓葬分布规划有序，有砖室墓和土洞墓两类。

2010年在山西省左权县石匣发掘11座土洞墓[8]，汾西县北掌发掘7座仿木构砖室墓[9]。2013年在山西省盂县皇后村发掘1座砖室壁画纪年墓[10]。2016年在山西省长子县南沟发掘1座前后双室砖室壁画墓[11]，壁画中有24幅孝行图。

此外，在20世纪80年代工作的基础上，2001—2002年，北京市文物研究所对金陵主陵区进行全面考古调查，并对主陵区进行勘察和试掘[12]。这也是第三次对金代皇陵开展的考古工作，这次工作基本搞清了主陵区地下遗存的具体位置、形制、结构等，先后发现和清理了主陵区石桥、神道、台址、大殿基址、排水沟等遗迹，为了解和认识金代陵寝制度积累了重要材料。

---

[1] 山西省考古研究所侯马工作站：《多姿多彩的金墓砖雕——闻喜中庄金墓》，《文物世界》2001年第6期。
[2] 朝阳市博物馆、朝阳市龙城区博物馆：《辽宁朝阳召都巴金墓》，《北方文物》2005年第3期。
[3] 安徽省文物考古研究所、濉溪县文物保护管理所：《安徽省濉溪县周大庄宋金墓葬》，《东南文化》2002年第11期。
[4] 北京市文物研究所：《北京亦庄考古发掘报告（2003—2005年）》，科学出版社，2009年。
[5] 南水北调中线干线工程建设管理局、河北省南水北调工程建设委员会办公室、河北省文物局：《徐水西黑山——金元时期墓地发掘报告》，文物出版社，2007年。
[6] 北京市文物研究所：《鲁谷金代吕氏家族墓葬发掘报告》，科学出版社，2010年。
[7] 山西省考古研究所、汾阳市文物旅游局、汾阳市博物馆：《汾阳东龙观宋金壁画墓》，文物出版社，2012年。
[8] 山西省考古研究所、左权县文物旅游局：《左权石匣墓地发掘报告》，《三晋考古》第四辑（下），上海古籍出版社，2012年。
[9] 山西省考古研究所：《汾西县北掌墓地发掘简报》，《三晋考古》第四辑（下），上海古籍出版社，2012年。
[10] 赵培青：《山西盂县皇后村宋金壁画墓》，《文物世界》2015年第1期。
[11] 山西省考古研究所、长治市外事侨务与文物旅游局、长子县文物旅游局：《山西长子南沟金代壁画墓发掘简报》，《文物》2017年第12期。
[12] 北京市文物研究所：《北京金代皇陵》，文物出版社，2006年。

这一阶段，人们对金墓的重要学术意义有了新的认识，对材料的报道数量有所增加，报道内容更加全面、完整。同时，由于可比性材料的增多，学者对以往一些年代不确切的墓葬进行了重新考释、修正。

2001年孟繁峰发表《河北宋、金墓壁画及柿庄壁画墓的时代》一文[1]，对河北宋金壁画墓进行了探讨，并将井陉县柿庄墓葬的年代更定为金代。

2005年方殿春发表《辽宁地区"行孝图"墓葬的讨论》一文[2]，对辽宁辽阳、鞍山等地发现的有画像题材的石室墓的年代定为"辽代"提出质疑，通过比对分析，指出该地区发现的有"行孝"内容的画像石刻的石室墓年代为金代。

2009年，冯恩学通过实地考察，结合文献史料和其他实物的对比，对多年来学界一直较为关注的吉林省舒兰县小城子墓地第2墓区石室墓出土的铁板进行了重新考证。2009年10月，在舒兰召开的"完颜希尹墓地开发与学术研究会"上，冯恩学宣读了《对完颜希尹墓地出土"铁券"性质的新认识》一文，后刊发于《边疆考古研究》[3]。文章否定了以往所谓的朝廷颁赐完颜希尹之"铁券"说，指出此铁板只是代替墓志或买地券的铁牌。

这一阶段，对金朝统治核心区域的墓葬有了更多的关注和研究，主要侧重区域内墓葬的分区分期的探讨以及对壁画内容的分类研究。有：刘耀辉的《晋南地区宋金墓葬研究》(2002年)[4]，马金花的《山西金代壁画墓初步研究》(2002年)[5]，卢青峰、张永清的《试论燕云地区金代墓葬》(2008年)[6]，丁利娜的《北京地区金代墓葬概述》(2009年)[7]、董新林的《长城以北地区金墓初探》(2014年)[8]等。同时，专题研究方面，研究的视角更为宽广，重点集中于对墓葬壁饰题材内容及内涵的考释。如对颇为流行的孝行图和杂剧图等一些特殊题材进行探讨，不仅采用了多样化的研究方法，学者们更加注意揭示其所体现的思想观念和社会学意义。如薛豫晓的《宋辽金元墓葬中"开芳宴"图象研究》[9]、袁泉的《宋金墓葬"猫雀"题材考》[10]、董新林的《北宋金元墓葬壁饰所见"二十四

---

[1] 孟繁峰:《河北宋、金墓壁画及柿庄壁画墓的时代》,《河北省考古文集(二)》,北京燕山出版社,2001年。
[2] 方殿春:《辽宁地区"行孝图"墓葬的讨论》,《博物馆研究》2005年第4期。
[3] 冯恩学:《对完颜希尹墓地出土"铁券"性质的新认识》,《边疆考古研究》第9辑,科学出版社,2010年。
[4] 刘耀辉:《晋南地区宋金墓葬研究》,北京大学硕士学位论文,2002年。
[5] 马金花:《山西金代壁画墓初步研究》,《文物春秋》2002年第5期。
[6] 卢青峰、张永清:《试论燕云地区金代墓葬》,《文物世界》2008年第6期。
[7] 丁利娜:《北京地区金代墓葬概述》,《文物春秋》2009年第4期。
[8] 董新林:《长城以北地区金墓初探》,《北方文物》2014年第3期。
[9] 薛豫晓:《宋辽金元墓葬中"开芳宴"图象研究》,四川大学硕士学位论文,2007年。
[10] 袁泉:《宋金墓葬"猫雀"题材考》,《考古与文物》2008年第4期。

孝"故事与高丽〈孝行录〉》[1]、邓菲的《关于宋金墓葬中孝行图的思考》[2]、张帆的《豫北和晋南宋金墓杂剧形象的比较研究》[3]等文章，成为近年来此类研究中的典范。这一时期，还出现了对金墓综合研究较为深入的探索，如卢青峰的《金代墓葬探究》（2007年）[4]，是一篇较为细致的硕士论文。

除以上文章之外，进入21世纪，还有论及金代墓葬的专著面世。其内容可分为两类。

一类是对墓葬的综合研究与总结。主要有：

2004年，秦大树撰写的《宋元明考古》一书由文物出版社出版[5]，书中第七章《金代陵墓的考古发现与研究》，专门对包括陵墓在内的金墓的发现与研究再次进行了全面总结和阐述，推进了对金墓的深化研究和认识。

2005年，董新林撰写的《中国古代陵墓考古研究》[6]一书由福建人民出版社出版，该书第七章第三节《金代墓葬的发现与研究》，对金墓的发现研究状况进行了历史性的回顾，并对新中国成立以来半个多世纪的考古发掘与研究进展做了简练的概括和点评。

另一类是对墓葬的拓展研究。在加强传统的考古学研究的同时，学者们也开始重视关于墓葬构造本身的艺术方面的研究和保护性研究，这些方面的研究更加突出了与自然科学的结合。从而反映了研究者对金墓研究内涵的提升及研究领域范围的拓展。重点有以下著述：

一部是2008年出版的由北京市文物研究所编著的《北京地区辽金墓葬壁画保护研究》[7]，该书在介绍了北京地区辽金墓葬壁画概况的基础上，系统论述了北京地区辽金墓葬壁画的制作工艺、制作材料及结构，对壁画的颜料、病害机理、保护及修复工艺等方面也做了较为详细的介绍。壁画在北京地区的金墓中是少有而珍贵的发现，对墓葬壁画进行全面的科学保护研究，更体现了此时期学术研究与科学保护相结合的思维理念。

一项是由王进先负责的《长治市宋金元墓室建筑艺术研究》[8]，该课题是国家文物局2002年度立项的文物保护科研课题。此研究课题，对20世纪70年代以来，在长治地区发现的宋金元各个时期的仿木结构墓进行了综合讨论与研究。主要对墓室建筑结构、各

---

[1] 董新林：《北宋金元墓葬壁饰所见"二十四孝"故事与高丽〈孝行录〉》，《华夏考古》2009年第2期。
[2] 邓菲：《关于宋金墓葬中孝行图的思考》，《中原文物》2009年第4期。
[3] 张帆：《豫北和晋南宋金墓杂剧形象的比较研究》，《中原文物》2009年第4期。
[4] 卢青峰：《金代墓葬探究》，郑州大学硕士学位论文，2007年。
[5] 秦大树：《宋元明考古》，文物出版社，2004年。
[6] 董新林：《中国古代陵墓考古研究》，福建人民出版社，2005年。
[7] 北京市文物研究所：《北京地区辽金墓葬壁画保护研究》，科学出版社，2008年。
[8] 王进先：《长治市宋金元墓室建筑艺术研究》，文物出版社，2015年。

部件做法、门窗装修、墓室建筑彩画及墓室装饰艺术等进行分析探讨。其中的金墓部分应是承上启下的重要一部分。

还有一部是2019年出版的由邓菲撰写的《中原北方地区宋金墓葬艺术研究》[1]。该书从丧葬艺术的视角，对宋金时期中原北方地区的仿木构砖室墓进行了综合研究，既考察了墓葬营建的工艺、流程，同时也分析了墓内主要的图像题材及其布局原则，以及每类题材的内涵和意义，进而发展到对整个墓室的解读。该著作突破了考古学研究的视角，是近年来宋金墓葬研究多学科结合的新范式，有重要的学术意义。

近年，由于考古学研究的逐步深化，对于以往田野资料报道的理念和做法给予重新审视，开始出现细化和全面报道的趋势。这一阶段有几部较为重要的关于金墓的田野考古发掘报告面世。

2005年，郑州市文物考古研究所编著的《郑州宋金壁画墓》[2]由科学出版社出版。该书详细报道了郑州地区的数座宋金时期砖室壁画墓的发掘材料，是全面、深入研究金代砖雕壁画墓的重要资料。该报告也是多年来少有的一部涉及金墓材料的田野考古专题报告。

2006年，由北京市文物研究所编著的《北京金代皇陵》[3]专题报告由文物出版社出版。该报告刊布了2001—2003年北京市文物研究所对大房山金代皇陵考古调查和试掘的阶段性成果。对研究金代女真墓葬、陵寝制度及演变等具有重要的意义。

2007年，由南水北调中线干线工程建设管理局、河北省南水北调工程建设委员会办公室、河北省文物局编著的《徐水西黑山——金元时期墓地发掘报告》[4]由文物出版社出版。该书以单座墓葬为单位全面报道了62座金元时期的墓葬遗存，其中金墓约20座。该墓地跨越时间长，墓葬规模不大，出土成套的器物组合，为金元时期的平民墓地。该书是近年来配合大型基本建设工程的田野发掘专题报告，该项资料的及时整理刊布，为进一步认识金代平民墓葬的构成、埋葬习俗及了解当时平民社会生活等提供了翔实的第一手资料。

2009年，北京市文物研究所编著的《北京龙泉务辽金墓葬发掘报告》[5]由科学出版社出版。书中按墓葬单位详尽报道了2005年配合门头沟区水担路工程建设而进行的考古发掘材料。龙泉务墓地是一处辽金时期（主要以辽墓为主）的平民墓地，面积较大。此次

---

[1] 邓菲：《中原北方地区宋金墓葬艺术研究》，文物出版社，2019年。
[2] 郑州市文物考古研究所：《郑州宋金壁画墓》，科学出版社，2005年。
[3] 北京市文物研究所：《北京金代皇陵》，文物出版社，2006年。
[4] 南水北调中线干线工程建设管理局、河北省南水北调工程建设委员会办公室、河北省文物局：《徐水西黑山——金元时期墓地发掘报告》，文物出版社，2007年。
[5] 北京市文物研究所：《北京龙泉务辽金墓葬发掘报告》，科学出版社，2009年。

发掘，发现并清理辽金墓葬 22 座。墓葬内出土的器物均以组合形式出现，种类、数量丰富。龙泉务辽金墓葬，为深入研究辽金时期平民的丧葬习俗、文化内涵提供了珍贵的实物资料，对解决辽金时期墓葬的分期与断代具有重要的意义。

2010 年，北京市文物研究所编著《大兴北程庄墓地：北魏、唐、辽、金、清代墓葬发掘报告》由科学出版社出版[1]。该报告报道了 14 座金墓的发现。

同年，北京市文物研究所编著的《鲁谷金代吕氏家族墓葬发掘报告》由科学出版社出版[2]。该报告报道了在北京石景山区鲁谷发掘 10 座石椁墓的详细情况。金代墓葬系汉族官吏吕延嗣家族墓地，多为火葬墓。

2010 年，北京市文物研究所编著的《密云大唐庄——白河流域古代墓葬发掘报告》由上海古籍出版社出版[3]。报告报道了 3 座金代砖室墓的基本情况。

2012 年，山西省考古研究所等单位编著的《汾阳东龙观宋金壁画墓》[4]由文物出版社出版。该书系统完整地报道了东龙观北区、东龙观南区、西龙观区、团城北区、团城南区等五个区域发掘清理的唐、宋、金、明、清代墓葬共 48 座。其主要的发掘成果集中出自东龙观北区和东龙观南区，发掘墓葬 27 座，可分为砖室墓及土洞墓两类，所属时代以宋金元时期为主。墓地"明堂"的发现和确认是该报告中最重要的内容之一，也是中国第一次经过科学发掘发现并确认的明堂遗迹，具有极高的学术价值。

2014 年，南水北调中线干线工程建设管理局、河北省南水北调工程建设领导小组办公室、河北省文物局编著《石家庄元氏、鹿泉墓葬发掘报告》出版[5]。报告报道涉及河北省鹿泉县西龙贵墓地 10 座金墓的主要发现。

其间，还有一些专题报告涉及金墓的发现。如北京市文物研究所编著的《京沪高铁北京段与北京新少年宫——考古发掘报告集》[6]、河南省文物局编著的《淅川下寨遗址——东晋至明清墓葬发掘报告》[7]和山西省考古研究所、临汾市文物旅游局编著的《临汾西赵——隋唐金元明清墓葬》[8]等。

2019 年，由郭永利著述的《甘肃境内宋金元墓葬的调查、整理与研究》经科学出版

---

[1] 北京市文物研究所：《大兴北程庄墓地：北魏、唐、辽、金、清代墓葬发掘报告》，科学出版社，2010 年。
[2] 北京市文物研究所：《鲁谷金代吕氏家族墓葬发掘报告》，科学出版社，2010 年。
[3] 北京市文物研究所：《密云大唐庄——白河流域古代墓葬发掘报告》，上海古籍出版社，2010 年。
[4] 山西省考古研究所、汾阳市文物旅游局、汾阳市博物馆：《汾阳东龙观宋金壁画墓》，文物出版社，2012 年。
[5] 南水北调中线工程建设管理局、河北省南水北调工程建设领导小组办公室、河北省文物局：《石家庄元氏、鹿泉墓葬发掘报告》，科学出版社，2014 年。
[6] 北京市文物研究所：《京沪高铁北京段与北京新少年宫——考古发掘报告集》，上海古籍出版社，2014 年。
[7] 河南省文物局：《淅川下寨遗址——东晋至明清墓葬发掘报告》，科学出版社，2016 年。
[8] 山西省考古研究所、临汾市文物旅游局：《临汾西赵——隋唐金元明清墓葬》，科学出版社，2017 年。

社出版[1]。该书在对甘肃省境内发现的宋金元墓葬进行详细调查基础上对墓葬进行了全面系统的整理与研究。包括对年代及画像砖题材、地域性特点等做了分析与比较，是研究该地区金墓的基础性资料。

另外，需要提及的是，作为一定历史阶段的考古工作总结和研究综述成果，由国家文物局组织全国各相关考古研究机构编写的《中国考古60年（1949—2009）》[2]于2009年出版。该著作全面回顾和总结了自新中国成立60年来中国考古学取得的辉煌成就以及各省市考古学研究获得的长足发展。与以往相比，此次著述编写更加全面，突出学术性，注重历史阶段成果的总结。

随着资料积累的丰富，自21世纪的第二个十年以来，集中出现一批以金墓为题材的硕士和博士论文。这些论文，或以区域墓葬分区分期为重点，如许若茜《山西金墓分区分期研究》[3]、罗丹《淮南地区宋金墓葬研究》[4]、任林平《晋中南地区宋金墓葬研究》[5]等；或以墓室装饰图像为对象，如胡志明《宋金墓葬孝子图像初探》[6]、席倩茜《晋南金墓砖雕中的戏曲图像研究》[7]、王丽颖《中国北方地区宋金墓葬中宴饮图装饰研究》[8]、王成《陕甘宁地区金代砖雕壁画墓图像装饰研究》[9]、孙帅杰《金代墓室壁画研究》[10]等；或以相关文化因素为着力点，如梁娜《女真墓葬中的萨满文化因素考察》[11]；或以单一墓地为集中考察，如顾聆博《完颜希尹家族墓地研究》[12]，等等。

《金代墓葬的区域性及相关问题研究》[13]是郝军军2016年完成的博士学位论文，该文着重从区域文化特征差异出发，对金代墓葬进行了全面研究，从宏观上对金墓的共性进行总结；从微观上探讨区域之间墓葬存在的文化交流。同时主要根据宋金时期流行的《地理新书》，研究金墓中存在的五音昭穆葬，分析了这种葬法的各种表现，揭示出其使用区域的基本情况。该文进一步深化了当前对金墓研究的广度和视角。

总体看，目前所处的第三阶段，人们越来越关注历史阶段的考古研究，因此对于金

---

［1］郭永利：《甘肃境内宋金元墓葬的调查、整理与研究》，科学出版社，2019年。
［2］国家文物局：《中国考古60年（1949—2009）》，文物出版社，2009年。
［3］许若茜：《山西金墓分区分期研究》，中央民族大学硕士学位论文，2011年。
［4］罗丹：《淮南地区宋金墓葬研究》，中央民族大学硕士学位论文，2011年。
［5］任林平：《晋中南地区宋金墓葬研究》，南京大学硕士学位论文，2012年。
［6］胡志明：《宋金墓葬孝子图像初探》，中央美术学院硕士学位论文，2010年。
［7］席倩茜：《晋南金墓砖雕中的戏曲图像研究》，山西大学硕士学位论文，2012年。
［8］王丽颖：《中国北方地区宋金墓葬中宴饮图装饰研究》，山西大学硕士学位论文，2013年。
［9］王成：《陕甘宁地区金代砖雕壁画墓图像装饰研究》，中央美术学院硕士学位论文，2017年。
［10］孙帅杰：《金代墓室壁画研究》，吉林大学硕士学位论文，2019年。
［11］梁娜：《女真墓葬中的萨满文化因素考察》，吉林大学硕士学位论文，2012年。
［12］顾聆博：《完颜希尹家族墓地研究》，吉林大学硕士学位论文，2012年。
［13］郝军军：《金代墓葬的区域性及相关问题研究》，吉林大学博士学位论文，2016年。

代考古及金墓的研究，学界给予更大的重视，课题意识更加浓厚。随着学科的发展，对于金墓材料的报道更为翔实、全面。同时，在前期研究的基础上，对于金墓各个方面的研究更为细致和深化。一些问题的探讨，通过和文献史料的比照，结合其他学科的相关成果，使金墓的研究视角更为宽广，内容更为丰富。

综上，新中国成立半个多世纪以来在金墓的考古发掘与研究方面取得了丰硕的成果。这些成果已引起学界的高度重视，并产生了较大的社会影响。但也应清楚地认识到，在墓葬发现日益增多的情况下，相较于大量发现的金墓材料及丰富内涵，目前的研究仍显得薄弱。基础研究亟待加强，多层面、多角度的专题研究和综合研究仍需要进一步拓展和提升。

第二节 研究思路

长期以来，金代考古一直是中国考古学研究的薄弱环节，尤其是金代墓葬的研究，基本处于一个缓慢行进的发展状态。特别是以往缺乏对金墓的整体面貌阐述和系统性研究，诸多问题尚需深入探讨。这既有主观思想认识上的原因，也有考古工作及客观因素的制约。近十几年来，随着我国社会发展的进步及经济建设步伐的加快，田野考古工作有了长足的进展，有关金墓发现的资料日益增多，从而使较为全面地对金墓进行总结和深化研究的条件臻于成熟。

由于考古学资料与研究现状所限，在长城以北的原辽朝统治区，考古发现的许多墓葬，若无明确纪年，有时很难明确判断究竟是金墓还是辽墓；同样，在长城以南的原宋朝统治区，若无明确纪年，也往往难以明确判断究竟是宋墓还是金墓。因此，许多情况下，一些考古报告常将一些不能准确判定的墓葬性质笼统地概括为"辽金时期""宋金时期"墓葬。这是制约金墓研究的一个主要方面。

目前，已发现金墓1 100余座[1]，已刊布的800余座墓葬中大多数遭到严重破坏，这给其年代的准确判定和形制、结构等特征的研究带来了很大的困难。为此，本书把能准确判定为金代的墓葬作为研究的基础和重点。

本书在全面收集现有材料和吸收已有研究成果的基础上，对金墓进行了全面的梳理，运用考古学方法，对金墓的类型、随葬器物、分期、分区、族别及葬俗、等级和社会阶层结构等进行综合研究，在此基础上，结合文献记载和相关史学研究成果，对金代的组

---

[1] 本书征引材料和文献，截至2019年12月。

织结构、人群构成、社会阶层等进行考古学观察和探讨。

本书拟达到以下三个目的：

一、通过对金墓资料的全面梳理及整合研究，运用考古类型学、文化因素分析法，从墓葬形制结构、随葬品、装饰纹样等分类、分期、分区入手，在构建的金墓时空框架内，对不同区域、不同时段、不同墓葬类型的结构特征进行比较研究并探讨其内在演变规律。

二、在墓葬形制、结构等研究基础之上，从墓葬族别的划分及葬俗方面，探索在金、宋长期对峙的特定历史背景下，不同区域的民族成份及文化发展、交流、融合的关系。

三、通过对墓葬形制、结构及随葬器物等文化因素的对比分析，进一步考察墓葬的等级及社会阶层结构，揭示金朝在文化、习俗、社会制度等方面的一些主体特征，以及其对宋、辽文化的承继和发展。

第二章 金墓形制与结构

从发现的情况看，金墓的形制较为多样，结构不一。一般情况下，研究者对于墓葬的分类，由于采取的标准、考察的角度的不同会形成不同的层次分类。另外，出于研究者对材料的把握和理解的差异，对于墓葬构造各部位名称并不统一。也就是说，同一类墓葬，不同的研究者往往会使用不同的名称，这就给再研究带来了不便，甚至在某种程度上造成了认识上的混乱。为此，本书将对发现的金墓形制与结构进行名谓概念上的界定与说明，同时一并予以规范。

通常情况下，墓葬分类的基本着眼点或考查因素应是墓葬本身的结构差异和形状的变化。为了从宏观上了解金墓的构造特点，本书依据目前已刊布的800余座金墓的总体建筑构造及外部形制、规模的不同，总体分为两大种，第一种墓的基本构造是土坑竖穴式，或在土坑内用木、石或砖等材料再构筑墓壁。这种墓没有墓门、墓道等构造，本书称之为"竖穴类墓"。第二种墓是模仿现实生活中的房屋等建筑形式而构筑的结构较为复杂的墓，一般设有墓室、墓门、甬道、墓道等，本书称之为"室类墓"。竖穴类墓与室类墓的主要区别在于前者表现为墓圹形式上的"开放性"，而后者则表现为墓葬构造形式上的"封闭性"。在两大种分类层次下，又依据墓葬构造材料及构筑方式的不同，分为若干类，其下再根据墓葬具体差异进一步划分型式（附表2.1）。归纳之，本书对墓葬的分类分为三个层次：第一层次为"种"，体现墓葬的外部形制差异；第二层次为"类"，体现墓葬构造材料的不同；第三层次为"型式"，体现墓葬本身的形状、大小等差异。

第一节　竖穴类墓

竖穴类墓的共同特点是具有一个长方形的"竖穴土圹"，其次依据有无葬具及葬具材质、构成的不同分为若干类。目前所见竖穴类墓可分九类，分别为：土坑墓、瓮棺墓、木棺墓、石棺墓、木椁墓、石椁墓、砖椁墓、砖石（合筑）椁墓、石函墓。

一、土坑墓

即土圹墓，由地面向下开掘出一长方形的土圹，在竖穴坑底直接放置尸体瘗葬，没有任何葬具。此类墓的发现较为零散，经发掘和报道的数量也不多，对于那些经过扰动，无法清楚辨别其葬具（主要是木棺）有无的墓葬，也一并归入此类。主要发现有：黑龙江省绥滨县中兴M2[1]；黑龙江省宁安市前莲花村墓葬1座[2]；黑龙江省林甸县四合乡渔场墓葬1座[3]；黑龙江省安达县小南山调查发现有墓葬30余座[4]，从报道情况分析，应以土坑墓为主；黑龙江省阿城双城村墓地也有发现，数量不清[5]；内蒙古四子王旗红格尔地区墓地宫胡洞M2—M15、潮洛温克钦M1、M3—M5（葬具不清）[6]；内蒙古准格尔旗西黑岱4座[7]；安徽省颍上县陈庄村1座[8]；河北省邯郸市连城别苑小区M8[9]；山东省沂水县教师进修学校M5[10]；山西省侯马市乔村西北M494[11]；河南省淅川县下寨M46[12]等。

从以上发现、发掘的60余座墓葬的总体情况看，土坑墓的平面基本为长方形，仅有1座墓的形状不规则，近似梯形。另外黑龙江省绥滨县中兴M1为平地瘗埋，有封土[13]；黑龙江省安达县小南山墓葬主要是调查材料，以土坑墓为多；黑龙江省阿城双城村墓葬多被破坏，情况不明，应有部分土坑墓；内蒙古四子王旗红格尔地区墓地宫胡洞、潮洛温克钦两墓地发现的墓葬保存状况较差，只有个别墓葬有葬具，多数葬具不清，亦将上述墓归入土坑墓一类。土坑墓的规模不等，大多数长度在2米左右，宽0.5米以上，深度不一。以尸骨葬（土葬）为主（附表2.2）。

二、瓮棺墓

瓮棺墓是指用陶瓮或陶罐的全部或部分作为敛聚尸体骨骸（或骨灰）之葬具的墓葬。这种墓数量少，发现的墓葬如下：黑龙江省阿城双城村墓地中有少量发现[14]；内蒙古四子王旗红格尔地区乌兰胡洞M1—M4[15]；河北省张北县清理一处骨灰埋葬坑穴，即土坑（瓮

---

[1] 黑龙江省文物考古工作队：《黑龙江畔绥滨中兴古城和金代墓群》，《文物》1977年第4期。
[2] 张庆国：《宁安市前莲花村金代墓葬清理简报》，《北方文物》2004年第4期。
[3] 林甸县文物管理所：《林甸县四合乡渔场金代墓葬调查简报》，《北方文物》1997年第2期。
[4] 安达县图书馆：《安达县昌德公社小南山墓群简介》，《黑龙江文物丛刊》1984年第2期。
[5] 阎景全：《黑龙江省阿城市双城村金墓群出土文物整理报告》，《北方文物》1990年第2期。
[6] 田广金：《四子王旗红格尔地区金代遗址和墓葬》，《内蒙古文物考古》1981年创刊号。
[7] 内蒙古师范大学历史文化学院、内蒙古自治区文物考古研究所：《内蒙古准格尔旗薛家湾镇巴润哈岱乡西黑岱墓地发掘简报》，《北方文物》2017年第2期。
[8] 贾庆元、高雷：《颍上县陈庄金代及清代墓群》，《中国考古学年鉴2006》，文物出版社，2007年。
[9] 邯郸市文物保护研究所：《邯郸市连城别苑古墓发掘简报》，《文物春秋》2004年第6期。
[10] 山东省沂水县博物馆：《山东沂水县金代墓葬》，《考古学集刊》第11集，中国大百科全书出版社，1997年。
[11] 山西省考古研究所：《侯马乔村墓地（1959—1996）》，科学出版社，2004年。
[12] 河南省文物局：《淅川下寨遗址——东晋至明清墓葬发掘报告》，科学出版社，2016年。
[13] 黑龙江省文物考古工作队：《黑龙江畔绥滨中兴古城和金代墓群》，《文物》1977年第4期。
[14] 阎景全：《黑龙江省阿城市双城村金墓群出土文物整理报告》，《北方文物》1990年第2期。
[15] 田广金：《四子王旗红格尔地区金代遗址和墓葬》，《内蒙古文物考古》1981年创刊号。

棺）墓[1]；山西省洪赵县坊堆村土坑瓮（罐）墓2座[2]；北京市大兴区北程庄4座[3]；山西省大同市和平社M47[4]等。

瓮棺墓的墓葬形制属土坑类，但以陶容器为葬具，是一种较特殊的埋葬形式，其土圹形制类似土坑墓，多数土圹的尺寸较小。目前发现的瓮棺墓全是火葬，均以陶瓮（罐）作为敛聚尸骨或骨灰的葬具（附表2.3）。

三、木棺墓

木棺墓是以木棺作为葬具的墓葬，一般木棺的平面呈纵长的梯形，一端较宽，一端略窄，长度约为2米。该类墓以尸骨葬（土葬）为主，个别为火葬。发现地点及墓葬主要有：黑龙江省绥滨县奥里米墓群[5]；黑龙江省阿城双城村墓群数量较集中[6]；吉林省镇赉县黄家围子M1—M7[7]；吉林省永吉县旧站M1（发现约30座，推测以木棺墓为主）[8]；内蒙古巴林左旗王家湾91BZWM1—M5[9]；内蒙古四子王旗红格尔地区宫胡洞M1、潮洛温克钦M2、乌兰胡洞M5等[10]；河北省邢台市邢台旅馆M38[11]；山西省洪赵县坊堆村有16座[12]；山西临汾市天马—曲村M6332[13]；河南省新乡市区M1、M2[14]（附表2.4）。

依据土坑平面形状不同，分二型。

A型：长方形。如内蒙古巴林左旗王家湾91BZWM5[15]，墓口长1.94米、宽0.8米、深0.8米。单人葬，仰身直肢葬（图2.1，1）。

B型：梯形。如吉林省镇赉县黄家围子M2[16]，墓口长2米、首端宽0.73米、尾端宽0.6米、深0.51米。单人葬，仰身直肢葬（图2.1，2）。

---

[1] 赵学锋：《张北清理一处金代骨灰埋葬坑穴》，《中国文物报》1998年12月13日。
[2] 山西省文物管理委员会：《山西洪赵县坊堆村古遗址墓群清理简报》，《文物参考资料》1955年第4期。
[3] 北京市文物研究所：《大兴北程庄墓地：北魏、唐、辽、金、清代墓葬发掘报告》，科学出版社，2010年。
[4] 大同市考古研究所：《大同和平社辽金墓群发掘简报》，《文物世界》2018年第5期。
[5] 黑龙江省文物考古工作队：《松花江下游奥里米古城及其周围的金代墓群》，《文物》1977年第4期。
[6] 阎景全：《黑龙江省阿城市双城村金墓群出土文物整理报告》，《北方文物》1990年第2期。
[7] 吉林省文物考古研究所：《吉林镇赉县黄家围子遗址发掘简报》，《考古》1988年第2期。
[8] 永吉县文管所：《吉林永吉旧站金代墓调查简报》，《北方文物》1989年第1期。
[9] 张景明：《内蒙古巴林左旗王家湾金代墓葬》，《考古》1999年第4期。
[10] 田广金：《四子王旗红格尔地区金代遗址和墓葬》，《内蒙古文物考古》1981年创刊号。
[11] 李敏、李恩玮、李军、李淑芹：《邢台旅馆汉唐宋墓葬的发掘》，《河北省考古文集（三）》，科学出版社，2007年。
[12] 山西省文物管理委员会：《山西洪赵县坊堆村古遗址墓群清理简报》，《文物参考资料》1955年第4期。
[13] 北京大学考古学系商周组、山西省考古研究所：《天马—曲村（1980—1989）》，科学出版社，2000年。
[14] 张新斌：《河南新乡市宋金墓》，《考古》1996年第1期。
[15] 张景明：《内蒙古巴林左旗王家湾金代墓葬》，《考古》1999年第4期。
[16] 吉林省文物考古研究所：《吉林镇赉县黄家围子遗址发掘简报》，《考古》1988年第2期。

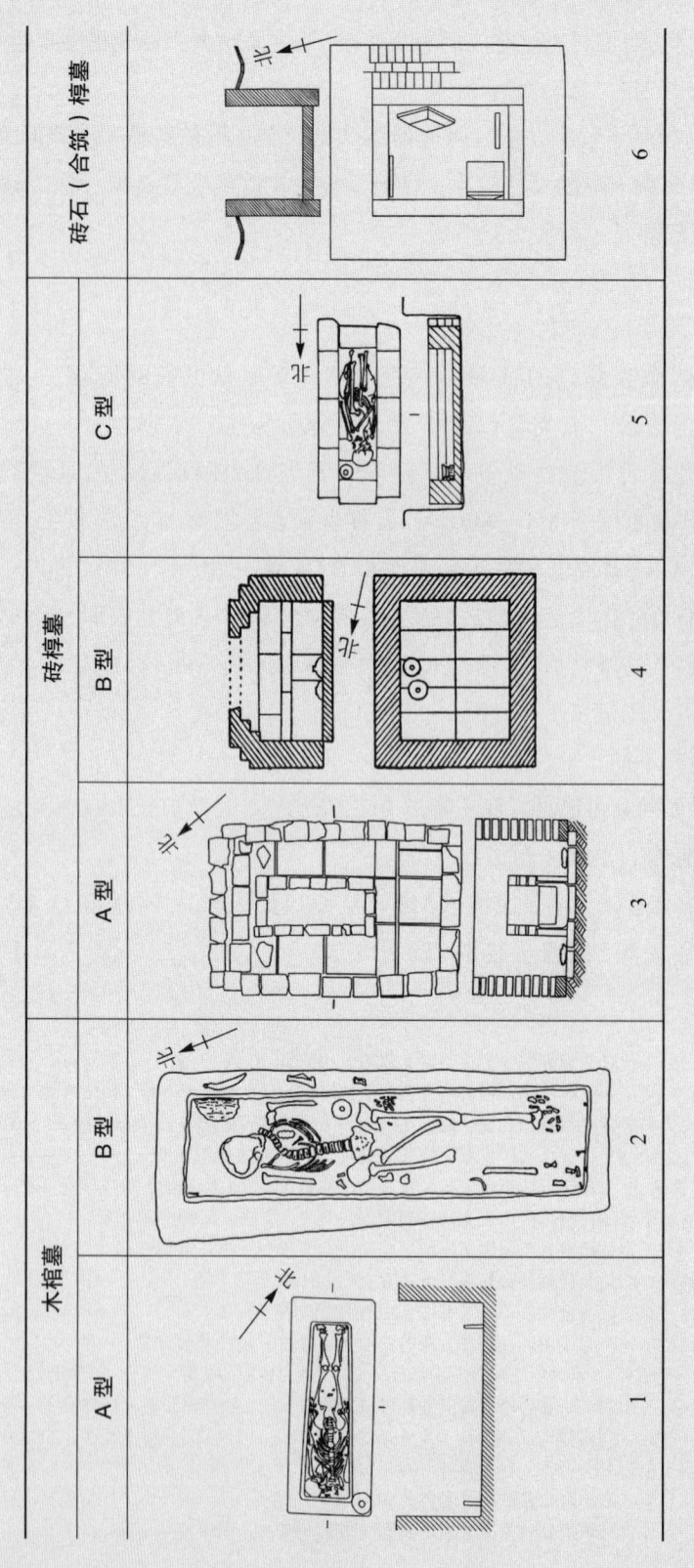

图 2.1 金代木棺墓、砖椁墓和砖石（合筑）椁墓

1. 内蒙古巴林左旗王家湾 91BZWM5 2. 吉林省镇赉县黄家围子 M2 3. 辽宁省朝阳重型机器厂 1989M2
4. 内蒙古巴林左旗林东镇 M2 5. 河北省邯郸市连城别苑 M7 6. 河北省新城县北场村时丰墓

34

四、石棺墓

石棺墓和石椁墓的形制、尺寸及构造方式都有区别。石棺墓的形制、大小和木棺墓大致相同，遂称之为"石棺墓"。多数石棺是由棺身、棺盖构成。棺身、棺盖分别以整块石材凿成。这类墓和石函墓构造相似，不同的是石棺的尺寸要大一些，其形制更接近木棺的形状。有尸骨葬，也有火葬。石棺墓发现数量较少，发现地点和墓葬主要有：山西省长治市1座[1]；河北省滦平县北李营乡大福沟村1座[2]；山西省永和县可托村1座[3]；内蒙古敖汉旗英风沟M5[4]（附表2.5）。

依据石棺整体形制差别，分三型。

A型：口大底小、平面呈梯形的石棺。依棺身形状差异，又分二亚型。

Aa型：榻形棺底。如山西省长治市石棺墓（图2.2，1）。

Ab型：船形棺底。如河北省滦平县北李营乡大福沟村墓（图2.2，2）。

B型：口小底大、平面呈梯形的石棺。如山西省永和县可托村墓，石棺由棺盖、棺身、棺底、棺座组成（图2.2，3）。

C型：上下同宽、平面呈长方形的石棺。如内蒙古敖汉旗英风沟M5（图2.2，4）。

五、木椁墓

严格意义上的木椁墓是棺椁双层葬具的墓葬。椁之构造一般为长方箱形，椁板四角以凹槽榫卯方式连接，椁内再置木棺及随葬品。这类墓在黑龙江省绥滨县中兴墓群[5]、黑龙江省绥滨县奥里米墓群[6]有发现。两处墓地的木椁墓在简报里多以"木棺墓"称之，已有学者质疑此类墓的结构并进行了比较详细的分析[7]，认为以上两处墓地的部分墓葬应为"木椁墓"，本书赞同这种分析。这两处墓地发现的木椁的尺寸都较大，椁板长度为3—4米、宽约2米。椁板四壁镶在长方形的土坑四壁上。由于这些墓多数被扰动，很难辨析其内是否都有木棺。只有少数墓可辨有棺、椁痕迹。有些墓圹内可能就只存在单层椁，而没有棺。从这些墓的土圹的规格、葬具的尺寸、结构分析，以"木椁墓"称之较

---

[1] 王进先：《山西长治市发现金代石棺》，《考古》1986年第2期。
[2] 滦平县文物保管所：《河北滦平北李营乡发现石棺墓》，《文物春秋》1991年第3期。
[3] 解希恭、阎金铸：《山西永和县出土金大安三年石棺》，《文物》1989年第5期。
[4] 敖汉旗文物管理所：《内蒙古敖汉旗英风沟金代墓地》，《文物》1987年第8期。
[5] 黑龙江省文物考古工作队：《黑龙江畔绥滨中兴古城和金代墓群》，《文物》1977年第4期。
[6] 黑龙江省文物考古工作队：《松花江下游奥里米古城及其周围的金代墓群》，《文物》1977年第4期。
[7] 刘晓东、杨志军、郝思德、李陈奇：《试论金代女真贵族墓葬的类型及演变》，《辽海文物学刊》1991年第1期。

图 2.2 金代石棺墓

1. 山西省长治市石棺墓 2. 河北省滦平县北李营乡大福沟村墓 3. 山西省永和县可托村墓 4. 内蒙古敖汉旗英凤沟 M5

为妥当。黑龙江省哈尔滨市新香坊墓群 M4[1]也属此类墓。从发现的情况看，该类墓包括了尸骨葬和火葬两种形式。但其火葬形式又区别于一般意义上的火葬，它是在下葬后连同棺椁一同"火葬"（附表 2.6）。

六、石椁墓

石椁的构造和木椁的构造方式是相同的。该类墓用数块石板搭砌四壁，石板多系榫卯状凹凸相连接；有的则以石块、石条等垒砌四壁。底、盖常用石板或石条铺盖。椁内放置葬具。该类墓包括尸骨葬和火葬两种形式。此类墓发现数量较多。发现地点主要集中于黑龙江、吉林、辽宁、北京等地（附表 2.7）。

依据构筑椁室石材及筑法的不同，分二型。

A 型：以修凿平整的数块大石板构筑四壁。此型墓的构造，以及使用的石板数量存在差别。依目前发现的墓葬构筑椁室所用石板数量多少，又分六式。

Ⅰ式：使用六块石板构筑。此型墓数量多。如北京市海淀区南辛庄 M2[2]，四壁、底、盖各用一块石板，四壁以榫卯结构相连接。椁长 2.43 米、宽 1.36 米、高 1.2 米（图 2.3，1）。

Ⅱ式：使用十块石板构筑。如黑龙江阿城城子村完颜晏墓[3]，该墓有一大一小两具石椁，结构相同。大石椁四壁由四块完整的花岗岩石板组成，以半榫卯结构相连接。椁盖、底均由三块花岗岩石板并联平铺而成。以石灰勾缝。四壁石板内侧有凿刻纹饰。椁长 2.8 米、宽 1.9 米、高 1.5 米（图 2.3，2）。

Ⅲ式：使用十四块石板构筑。如北京市丰台区米粮屯乌古论元忠夫妇墓[4]，四壁各由两块汉白玉石板组成，底、盖各由三块青石条组成。四角立横断面呈"S"形的石柱，分别卡住两侧的椁板。椁长 3.9 米、宽 3.1 米、高 2.2 米（图 2.3，3）。

Ⅳ式：使用八块石板构筑。如北京市磁器口吕恭墓[5]，四壁由四块石板立砌，底、盖各用两块石板构成。四壁以榫卯结构相连接。椁长 2.2 米、宽 2.1 米、高 1.3 米（图 2.3，4）。

Ⅴ式：使用十七块石板构筑。如辽宁省铁岭县前下塔子墓[6]，四壁由六块石板组成，底由八块、盖由三块石板构成。四壁以榫卯结构相连接。椁长 3 米、宽 1.45 米、高 1.1 米（图 2.3，5）。

---

[1] 安路：《哈尔滨新香坊金墓发掘综述》，《黑龙江史志》1984 年第 2 期。
[2] 北京市海淀区文化文物局：《北京市海淀区南辛庄金墓清理简报》，《文物》1988 年第 7 期。
[3] 黑龙江省文物考古研究所：《黑龙江阿城巨源金代齐国王墓发掘简报》，《文物》1989 年第 10 期。
[4] 北京市文物工作队：《北京金墓发掘简报》，《北京文物与考古》第一辑，北京燕山出版社，1983 年。
[5] 王清林、王策：《磁器口出土的金代石椁墓》，《北京文物与考古》第五辑，北京燕山出版社，2002 年。
[6] 铁岭市博物馆、铁岭县文物管理所：《铁岭县前下塔子金墓》，《辽海文物学刊》1988 年第 2 期。

图 2.3 金代石椁墓

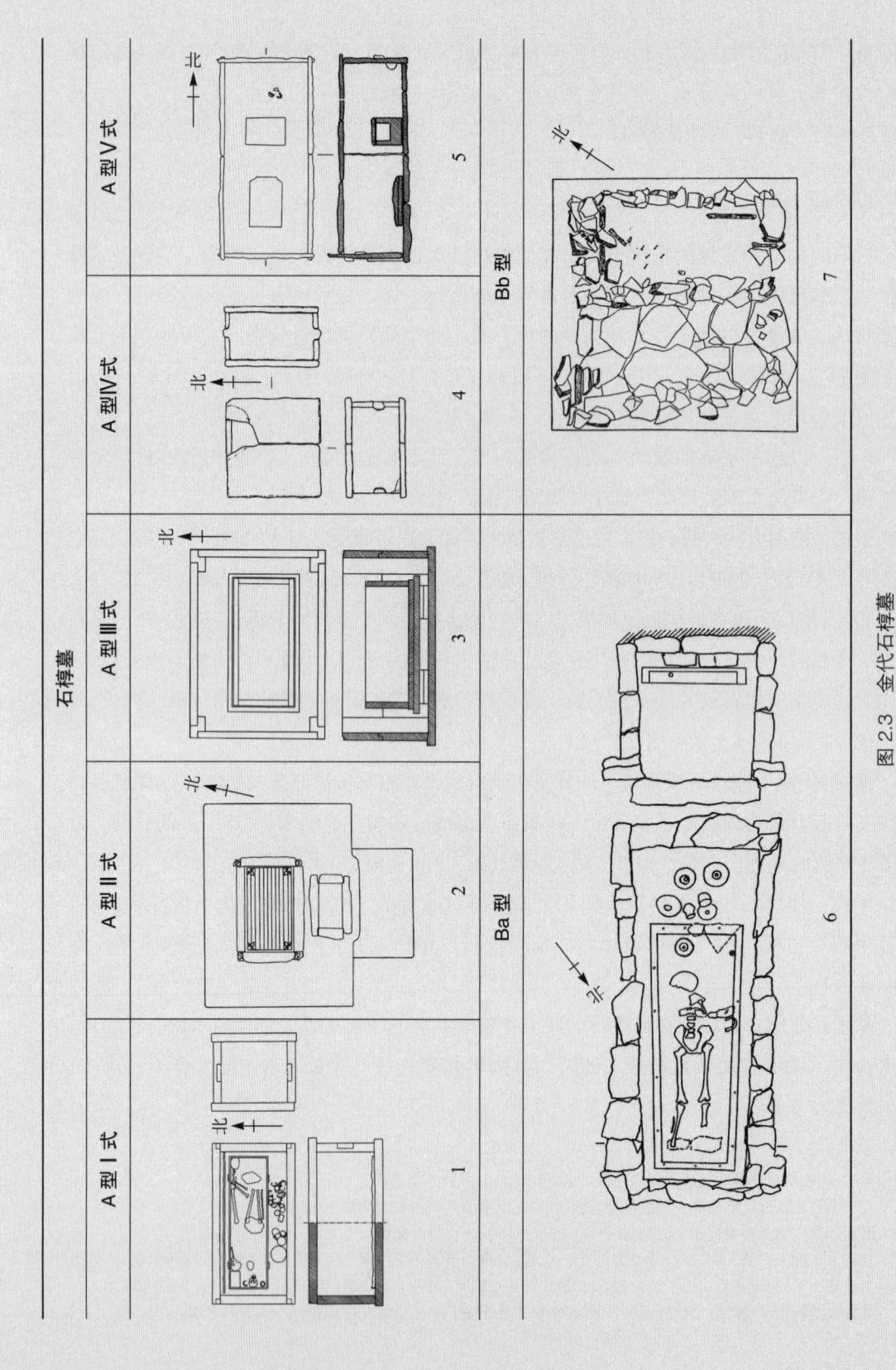

1. 北京市海淀区南辛庄 M2 2. 黑龙江省阿城县完颜晏墓 3. 北京市丰台区米粮屯乌古论元忠夫妇墓 4. 北京市磁器口吕恭墓 5. 辽宁省铁岭县前下塔子墓 6. 辽宁省朝阳重型机器厂 1989M1 7. 黑龙江省绥滨县奥里米 1974M5

Ⅵ式：使用七块石板构筑。如山东省滕县苏瑀墓[1]，四壁用四块石板围成，上盖三块石板。四壁上有刻划纹饰。四壁以榫卯结构相连接。椁长2.2米、宽0.97米。

B型：以石块或经过修凿的石条垒砌四壁。依据椁室数量多少，分二亚型。

Ba型：单椁室。如辽宁省朝阳重型机器厂1989M1[2]，平面呈长方形。四壁砌石五层，下三层立砌，上二层平砌出沿，内壁平斜，墓底铺石板一层，顶部用大石条封盖。椁室长2.7米、一端宽1.07米、一端宽0.95米、高1.38米（图2.3，6）。

Bb型：双椁室。仅一例，即黑龙江省绥滨县奥里米1974M5[3]，平面呈方形。石块砌筑四壁，椁室正中间用石块垒砌隔开，分为二室。西侧墓底铺石板，东侧无石板铺底。椁室外壁总长3.8米、内壁长3米、残高0.9米（图2.3，7）。

七、砖椁墓

土坑砖椁墓的构成是：在竖穴内，用砖垒砌四壁，墓底用砖铺砌，形成椁室。其内置木棺，也有的没有木棺，直接放置尸骨。顶部用石板铺盖或以砖起券封顶。该类墓基本分大小两种，大者长1.5米、宽1米以上；小者长、宽1.5米以下。有尸骨葬和火葬两种形式。该类墓分布地点零散（附表2.8）。

根据椁室顶部构造不同，分三型。

A型：顶部以大石板封盖。此型墓椁室尺寸比B型、C型墓大。如辽宁省朝阳重型机器厂1989M2[4]，椁呈长方形，长2.02米、宽1.32米、高0.75米（图2.1，3）；北京丰台区米粮屯M2[5]，椁呈长方形，长3.1米、宽1.92米、高1.35米。

B型：顶部以砖起券垒砌，形成券顶。此型墓多系小墓。如内蒙古巴林左旗林东镇M2[6]，椁呈长方形，长0.86米、宽0.68米（图2.1，4）。

C型：顶部以砖平置盖顶。此型墓系小墓，多为单人葬或二次葬。如河北省邯郸市连城别苑M7[7]，椁呈长方形，内长1米、宽0.29米、高0.19米（图2.1，5）。

八、砖石（合筑）椁墓

所谓砖石（合筑）椁墓，其构造和形制与砖椁墓、石椁墓基本是一致的，不同的只

---

[1] 滕县博物馆：《山东滕县金苏瑀墓》，《考古》1984年第4期。
[2] 辽宁省文物考古研究所：《朝阳重型机器厂金墓》，《辽海文物学刊》1990年第2期。
[3] 黑龙江省文物考古工作队：《松花江下游奥里米古城及其周围的金代墓群》，《文物》1977年第4期。
[4] 辽宁省文物考古研究所：《朝阳重型机器厂金墓》，《辽海文物学刊》1990年第2期。
[5] 北京市文物工作队：《北京金墓发掘简报》，《北京文物与考古》第一辑，北京燕山出版社，1983年。
[6] 李逸友：《昭盟巴林左旗林东镇金墓》，《文物》1959年第7期。
[7] 邯郸市文物保护研究所：《邯郸市连城别苑古墓发掘简报》，《文物春秋》2004年第6期。

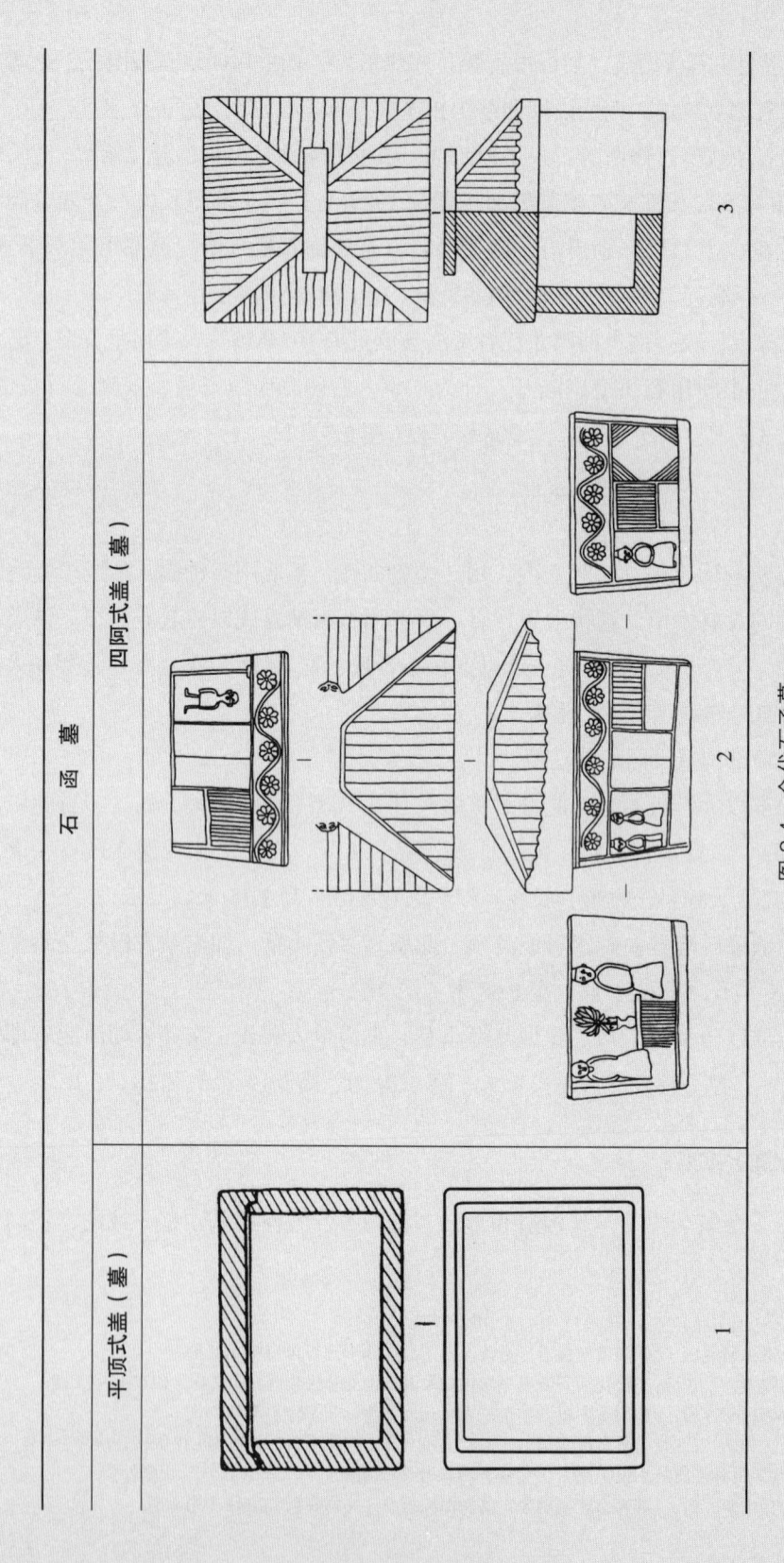

图 2.4 金代石函墓
1. 内蒙古敖汉旗英凤沟 M2　2. 河北省滦南县石函墓　3. 辽宁省朝阳县联合乡墓

是本书所指的砖石（合筑）椁墓为双层椁壁，其外壁用砖砌筑，内壁用石板围筑，其他构造则相似。顶部多以石板封盖。这类墓的构造是较为独特的，研究者往往以砖室墓或砖室（石椁）墓称之，本书将之另归一类。此类墓发现很少，发现地点有河北省新城县北场村时丰墓[1]；吉林省舒兰县小城子完颜希尹家族墓地第3墓区M1[2]；吉林省舒兰县小城子完颜希尹家族墓地砖石混筑石椁墓2座[3]，具体情况不详（附表2.9）。此类墓以河北省新城县北场村时丰墓较为典型，椁呈长方形，长2.89米、宽2.33米、残高约1.5米（图2.1，6）。

九、石函墓

石函墓是一种较为特殊的墓葬，这类墓是以石函为葬具直接瘗埋在土圹内的一种墓葬形式，多有火葬痕迹。石函由两部分组成，即用整块的石材分别雕凿出盖、身（箱）两部分。石函多数为长方形，少数为正方形。石函盖，有的有子母口，有的无子母口（附表2.10）。

石函墓，许多情况下是偶然发现的，土圹的深度、长、宽等尺寸很少有详细报道，所以不甚清楚。有关石函的形制特征，许多报道缺失图照，文字又过于简略，尚难以进行类型分析。综合考察，依函盖形状之差别，有悬山式、歇山式、卷棚式、四阿式、盝顶式、覆斗式、平顶式等。目前材料报道较为详细的墓葬主要有以下几例。

平顶式盖：如内蒙古敖汉旗英凤沟M2[4]，函身呈长方形（图2.4，1）。

四阿式盖：如河北省滦南县1座[5]，函身呈长方形（图2.4，2）；辽宁省朝阳县联合乡墓[6]，函身呈正方形（图2.4，3）。

盝顶式盖：如山西省大同市西南郊十里铺村M11—M14[7]，函身均为长方形。

第二节　室类墓

室类墓的构筑方法是：先掘土为圹，挖到一定深度，横向挖出洞室或以砖、石等材

---

[1] 河北省文化局文物工作队：《河北新城县北场村金时立爱和时丰墓发掘记》，《考古》1962年第12期。
[2] 徐翰煊、庞志国：《金代左丞相完颜希尹家族墓调查试掘简报》，《中国考古集成·东北卷（18）》，北京出版社，1997年。
[3] 陈相伟：《完颜希尹家族墓地的调查和发掘》，《博物馆研究》1990年第3期。
[4] 敖汉旗文物管理所：《内蒙古敖汉旗英凤沟金代墓地》，《文物》1987年第8期。
[5] 李树伟、杜志军：《滦南县出土金代石函》，《文物春秋》2001年第2期。
[6] 辽宁省朝阳县文物管理所：《辽宁朝阳县联合乡金墓》，《华夏考古》1996年第3期。
[7] 山西云岗古物保养所清理组：《山西大同市西南郊唐、辽、金墓清理简报》，《考古通讯》1958年第6期。

料砌筑墓室。室类墓的组成结构是：由墓室、甬道、墓门、墓道等多个部分组成，整体结构仿拟地面建筑之房屋。目前所见室类墓可分五类，分别为：土洞墓、石室墓、砖室墓、砖石（混筑）室墓、崖洞墓（瘗窟）。在砖室墓中，包括一些石室墓，常有多个墓室，一般分前室、中室、后室和耳室。为统一起见，按照有学者对辽墓中同类墓的研究，把位于中轴线上的墓室（前室、中室、后室）称为正室，正室中有棺床（尸床）且面积最大的墓室称为主室[1]，正室两侧的称为侧室或耳室。

一、土洞墓

在土圹竖穴的底部向一侧横向挖出土洞作为墓室，墓内壁不用建筑材料。墓葬由墓道、墓门、墓室组成，有些在洞室与墓道间还设短甬道，墓门往往用砖、石或土坯封堵。绝大多数为尸骨葬，个别为火葬。这类墓主要发现于陕西、山西、河北、河南、山东等少数地区（附表 2.11）。

依据墓道结构及形制的不同，分二型。

A 型：竖穴式墓道。发现数量以此型墓居多。据墓室平面形状不同，又可划分为四亚型。

Aa 型：墓室平面呈方形（长方形）。如陕西省耀县董家河 97YDM2[2]，由墓道、墓室组成，墓室长 2.4 米、宽 1.25—1.4 米、高 1.5 米。墓道竖穴式，上口长 2 米、宽 1—1.05 米、深 3.86 米；底部平整，长 2 米、宽 1.1—1.24 米。以土坯垒砌封门（图 2.5，1）。

Ab 型：墓室平面呈梯形。如河南省荥阳市城关 XJM7[3]，由墓道、甬道、墓室组成，墓室长 2.7 米、宽 2.4—2.9 米、残高 1.4 米，弧形顶。墓道竖穴式，长 3 米、宽 1.3 米、深 6.1 米。以砖垒砌封门（图 2.5，2）。

Ac 型：墓室平面呈椭圆形（圆形）。如陕西省西安市孟村 II M10[4]，由墓道、甬道、墓室组成，墓室平面呈椭圆形，进深约 3.2 米、南宽约 0.9 米、北宽 1.4 米、中部最宽处 1.7 米，弧形顶，最高约 1.3 米。墓道竖穴式，长 1.82 米、宽 0.5—0.66 米、深 4.3 米。以土坯垒砌封门（图 2.5，3）。

Ad 型：并列双墓室，共用一墓道，平面呈"Y"形。山西省左权县石匣墓地 M26[5]，东西并列双墓室，东室长 1.74 米、前宽 0.94 米、后宽 1.05 米、前高 0.8 米、后高 0.6 米；

---

[1] 冯恩学：《辽墓初探》，吉林大学博士学位论文，1995 年。
[2] 铜川市考古研究所：《陕西耀县董家河金墓清理简报》，《文博》1998 年第 1 期。
[3] 河南省文物考古研究所、荥阳市文物保管所：《河南荥阳金墓发掘简报》，《华夏考古》1997 年第 3 期。
[4] 陕西省考古研究院：《西安南郊孟村宋金墓发掘简报》，《考古与文物》2010 年第 5 期。
[5] 山西省考古研究所、左权县文物旅游局：《左权石匣墓地发掘报告》，《三晋考古》第四辑（下），上海古籍出版社，2012 年。

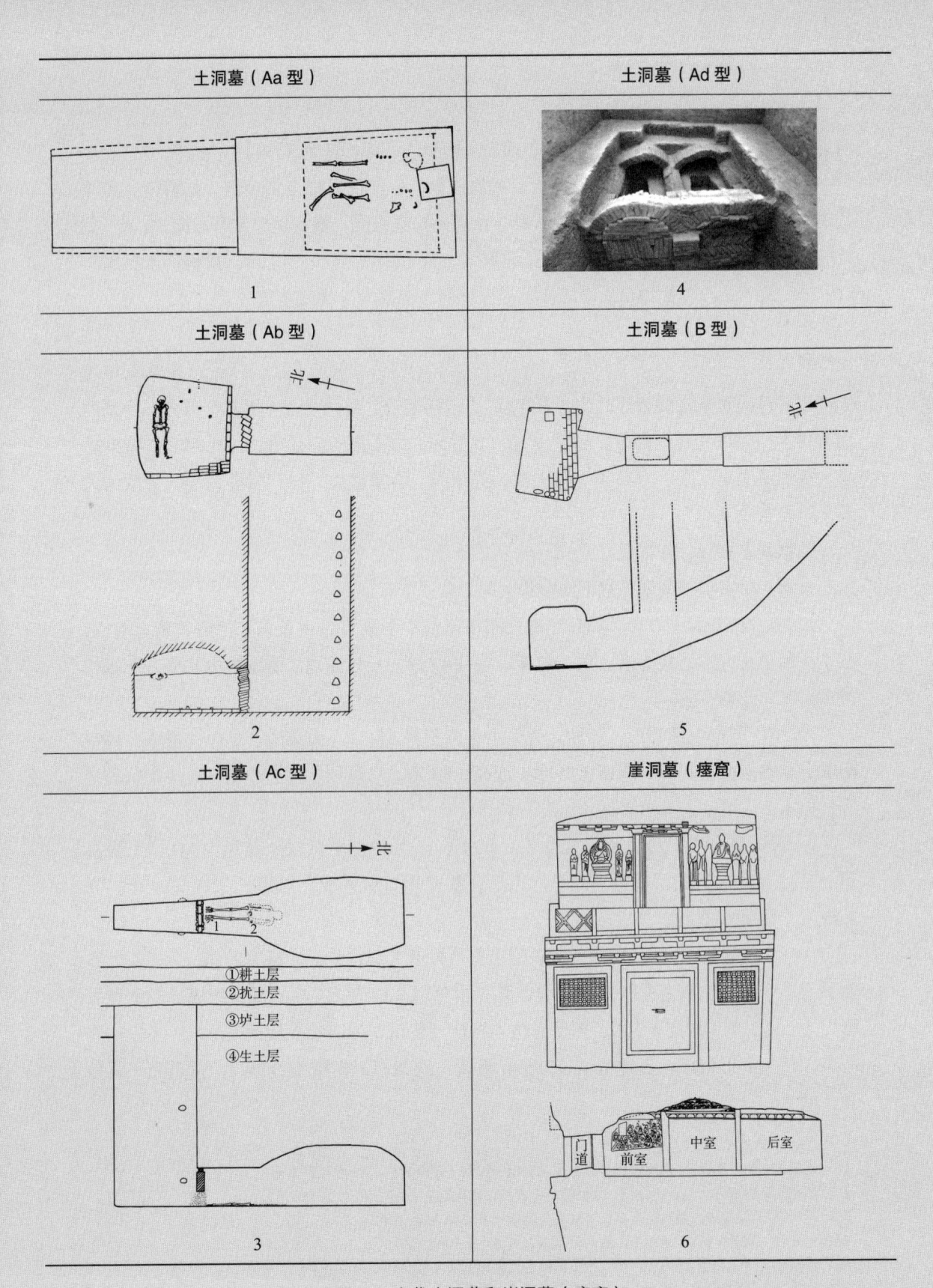

土洞墓（Aa型）	土洞墓（Ad型）
1	4
土洞墓（Ab型）	土洞墓（B型）
2	5
土洞墓（Ac型）	崖洞墓（瘗窟）
3	6

图 2.5　金代土洞墓和崖洞墓（瘗窟）

1. 陕西省耀县董家河 97YDM2　2. 河南省荥阳市城关 XJM7　3. 陕西省西安市孟村ⅡM10
4. 山西省左权县石匣墓地 M26　5. 河南省孟津县麻屯 C8M1159　6. 陕西省甘泉县阳山崖洞墓

43

西室长2米、前宽1米、后宽1.3米、前高0.8米、后高0.68米（图2.5，4）。

B型：斜坡式或阶梯式墓道。此型墓数量少，目前仅发现个别墓例。如河南省孟津县麻屯C8M1159[1]，该墓由墓道、天井、甬道、墓室组成，墓室呈长方形，长2.9米、宽1.9米、壁高2米、穹窿状顶。墓道呈斜坡式，长12米、宽1—1.1米。甬道口未见封口（图2.5，5）。山东省淄博市后李官庄墓地发现的土洞墓为阶梯式墓道[2]。

二、石室墓

以石材构筑墓室的墓称之为"石室墓"，包括墓道、墓门、墓室等数个部分。个别的墓有仿木构雕饰和石刻画像。墓室内有的有棺床，以石砌筑，还有的为土筑，以石砌边缘。墓顶形制有平顶、穹窿顶、攒尖顶、券顶等。石室墓中，以尸骨葬为多，少数为火葬（附表2.12）。

依据墓室多寡，分二型。

A型：单室墓。又据墓室平面形状不同，分三个亚型。

Aa型：长方形或方形。如辽宁省辽阳市隆昌中学墓[3]，由墓门、甬道、墓室组成，墓室平面呈长方形，长2米、宽1.63米、高1.49米，石板盖顶。墓室内沿北壁有土筑长方形棺床，外砌石板。

Ab型：圆形或椭圆形。如河北省平山县两岔村M4[4]。由墓道、墓门、甬道、墓室组成，墓室平面呈圆形，直径2.25米、通高1.83米，穹窿顶。墓室一侧有石块砌筑的半圆形棺床，内填砂土（图2.6，1）。

Ac型：多边形（六边形、八边形、十边形）。如内蒙古敖汉旗英凤沟M1[5]。由墓道、墓门、墓室组成，墓室平面呈八边形，墓壁用石块砌成，对边长3.35—3.4米、高3.45米，券顶（图2.6，2）。

B型：多室墓。1座，即山西省长治市安昌村南ZAM8[6]。主墓室的前、后、左、右侧共有七个耳室。该墓是一座多人合葬墓，由墓门、甬道、主室、耳室组成，主室呈方形，边长2.3米、总高3.2米，四壁有仿木构雕刻建筑，为四角弧坡攒尖墓顶。主室中有石砌"凹"字形棺床。各耳室呈长方形，皆以三块条石纵向搭筑券形顶。甬道为平石盖顶（图2.6，3）。

---

[1] 洛阳市文物工作队：《洛阳孟津县麻屯金墓发掘简报》，《华夏考古》1996年第1期。
[2] 山东省文物考古研究所：《山东20世纪的考古发现和研究》，科学出版社，2005年。
[3] 李庆发：《辽阳隆昌两座辽金墓》，《辽海文物学刊》1986年第2期。
[4] 河北省文物研究所：《河北平山县两岔宋墓》，《考古》2000年第9期。
[5] 敖汉旗文物管理所：《内蒙古敖汉旗英凤沟金代墓地》，《文物》1987年第8期。
[6] 商彤流：《长治市安昌村出土的金代墓葬》，《艺术史研究》第6辑，中山大学出版社，2004年。

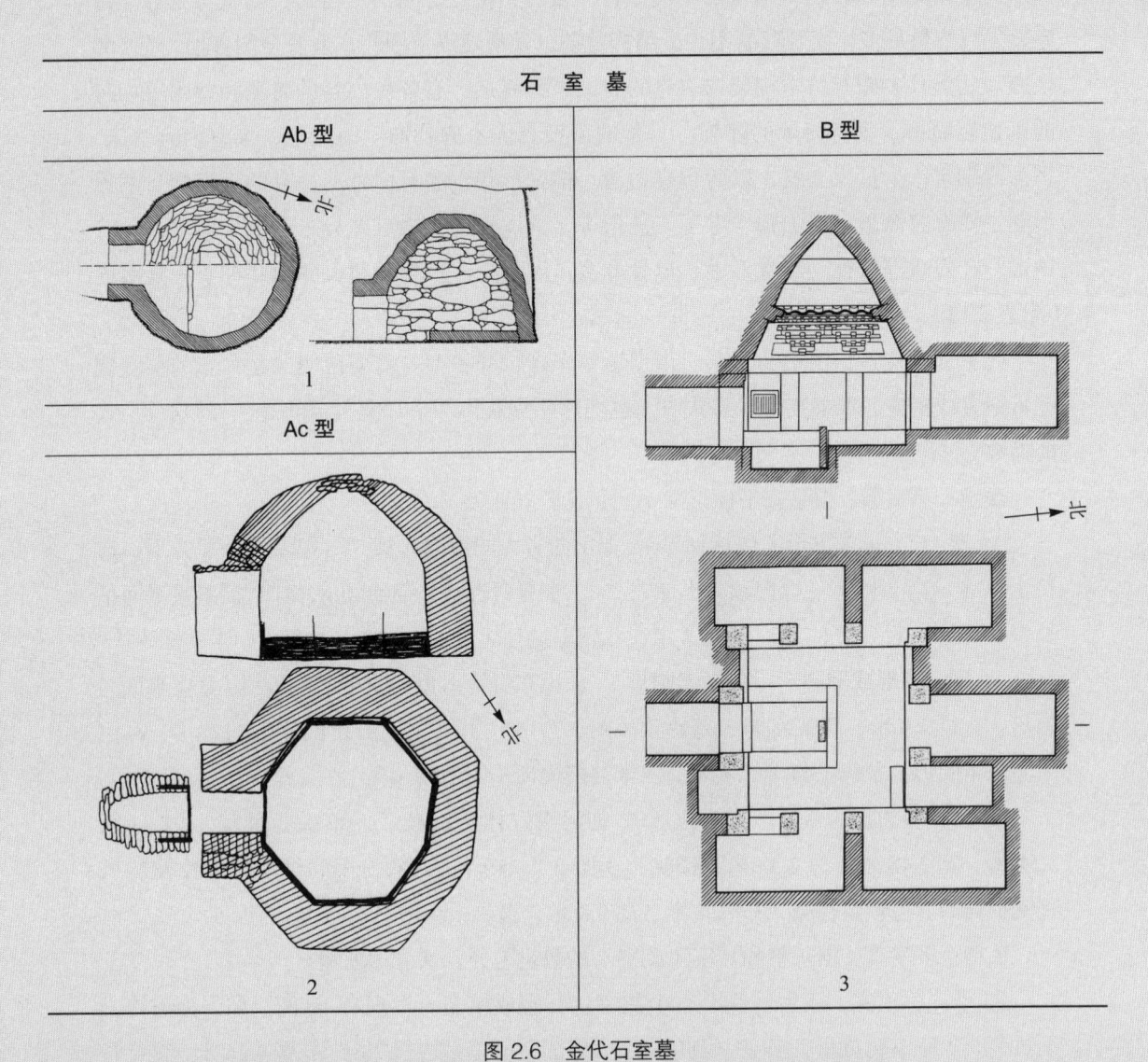

图 2.6 金代石室墓
1. 河北省平山县两岔村 M4 2. 内蒙古敖汉旗英凤沟 M1 3. 山西省长治市安昌村南 ZAM8

三、砖室墓

砖室墓是指以砖构筑墓室的一类墓，一般包括墓道、墓门、甬道、墓室等部分。砖室墓发现数量最多，而且形制不一，结构复杂。发现地点范围广，遍及全国各地，有500余座。此类墓多砌有仿木构装饰，有的装饰繁缛复杂，有各种内容的砖雕和壁画等；有的则比较简单，仅有简单的雕饰。少量的墓没有仿木构装饰。一般地，墓室内有棺床，多为砖砌筑，少量为土筑，以砖包砌边缘。棺床形状也略有区别。还有的无棺床。墓顶形制主要有穹窿顶、攒尖顶、券顶、盝顶等，具体构造又略有差异。墓道分斜坡式、阶梯式、竖穴式等数种。砖室墓中，尸骨葬多，火葬少，尸骨葬和火葬常并存于一墓室内（附表2.13）。

砖室墓的构造情况最为复杂。依据墓室多寡，分二型。需要说明的是，有的墓室侧壁带壁龛或棺龛。本书在划分型式时，也把这些龛看作"小耳室"，作为统一的划分型式的指数。

A型：单室墓。据墓室平面形状不同，又分三亚型。

Aa型：长方形或方形（包括梯形）。如山西省大同市徐龟墓[1]，墓室平面呈方形，边长1.68米、高2.18米，穹窿顶（图2.7，1）。宁夏西吉县兴隆渔场XJM1[2]，墓室平面呈长方形，长2米、宽1.7米、高2.8米，八角形盝顶（图2.7，2）。

Ab型：圆形或椭圆形（包括半圆形）。如山东省济南市实验中学M2[3]，墓室平面呈圆形，直径2.3米、高1.95米，穹窿顶（图2.7，3）。山东省龙口市阎家店M27[4]，墓室平面呈半圆形，长径1.44米、短径1.2米，攒尖顶（图2.7，4）。

Ac型：多边形（六边形、八边形）。如河南省林县LM2[5]，墓室平面为八边形，长2.51米、宽2.48米、高2.58米，攒尖顶（图2.7，5）。山西省汾阳高级护理学校M2[6]，墓室平面为六边形，径宽2.3—2.5米、高3.4米，攒尖顶（图2.7，6）。

B型：多室墓。据正室和耳室（侧室）的数量差异，又分六亚型。

Ba型：一正室，正室一侧有一个侧室、耳室或棺龛。发现有10例。如山西省绛县下村墓[7]，正室为方形，正室一侧有一个方形侧室。正室边长2.6米、高4.26米，侧室长

---

[1] 大同市博物馆：《山西大同市金代徐龟墓》，《考古》2004年第9期。
[2] 宁夏文物考古研究所、西吉县文物管理所：《宁夏西吉县汉、金墓发掘简报》，《考古》1993年第5期。
[3] 济南市博物馆：《济南市区发现金墓》，《考古》1979年第6期。
[4] 山东省文物考古研究所、龙口市博物馆：《山东龙口市阎家店遗址发掘简报》，《华夏考古》2004年第3期。
[5] 张增午：《河南林县金墓清理简报》，《华夏考古》1998年第2期。
[6] 山西省考古研究所、汾阳县博物馆：《山西汾阳金墓发掘简报》，《文物》1991年第12期。
[7] 运城行署文化局、绛县博物馆：《山西绛县下村发现一座砖雕墓》，《考古》1993年第7期。

图 2.7 金代砖室墓（A型）

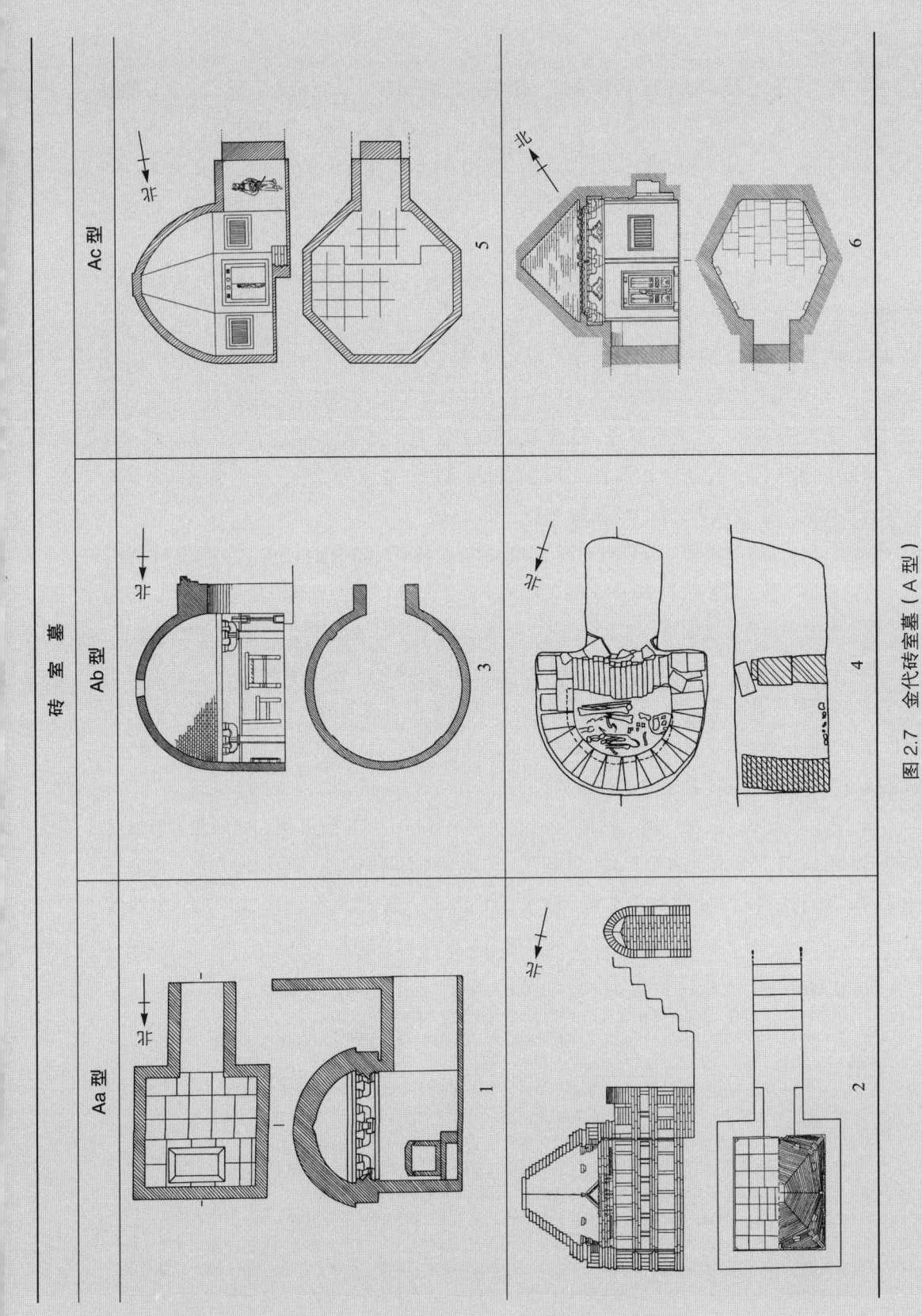

1. 山西省大同市徐龟墓 2. 宁夏西吉县兴隆渔场 XJM1 3. 山东省济南市实验中学 M2
4. 山东省龙口市南阎家店 M27 5. 河南省林县 LM2 6. 山西省汾阳高级护理学校 M2

1.8米、宽1.7米（图2.8，1）。山西省侯马市牛村古城M29[1]，正室为方形，正室一侧有一个长方形侧室。正室边长为2.15米、高3.65米，侧室长2.1米、宽0.58米。山西省长子县小关村墓[2]，正室为方形，边长2.5米、高3.84米，耳室长0.67米、宽0.58米、高0.52米（图2.8，2）。甘肃省清水县董湾村墓[3]，主室方形，边长2.4米、高3米，棺龛开在墓室东壁中下部，正对甬道，长1.85米、宽0.8米。

Bb型：一正室，正室两侧、三侧有耳室或壁龛。发现有11例。如山西省长治市故漳村墓[4]，正室近方形，正室两侧各有一个长方形耳室。正室长2.75米、宽2.5米、高4.56米，耳室长1.85米、宽0.9米、高1.98米（图2.8，3）。甘肃省兰州市中山林M001[5]，正室为长方形，正室两侧各有一个长方形耳室。山西省长治市魏村墓[6]，墓室的北、东、西三壁各有三个方形壁龛。主室长1.99米、宽1.75米、高3.17米，壁龛宽0.43米、高0.45米（图2.8，4）。山西省长子县石哲村墓[7]，正室为方形，正室后壁两角各有一个方形壁龛。正室长2.5米、高3.36米。

Bc型：二正室，无耳室。发现有6例。如山西省侯马市西郊64H4M102[8]，前室为方形，后室亦为方形。前、后室边长2.3米、高3.92米（图2.8，5）。山西省襄汾县南董墓[9]，前室为方形，后室为长方形。前室长2.2米、宽1.85米、高3.4米，后室长2.65米、宽2.2米。

Bd型：并列双室。发现少，北京市大兴区生物医药基地1例，即M10[10]。其他集中于安徽省濉溪县周大庄墓地，墓室面积较小。墓室呈左右或前后并列。发现有4例。如周大庄M7[11]，由两墓门和左右两个墓室组成，叠涩式封顶。左室长0.78米、宽0.29米；右室长0.78米、宽0.42米（图2.8，6）。

Be型：二正室，前室一侧、两侧有一个或两个耳室。发现有5例。如河北省新城县北场村时立爱墓[12]，前室为长方形，后室为八边形，前室两侧各有一个圆形耳室。前室长4.65米、宽3.8米，耳室直径2.8米，后室长5.45米、宽4.75米（图2.8，7）。山西省

---

[1] 山西省文物管理委员会侯马工作站：《山西侯马金墓发掘简报》，《考古》1961年第12期。
[2] 长治市博物馆：《山西长子县小关村金代纪年壁画墓》，《文物》2008年第10期。
[3] 北京大学中国考古学研究中心、甘肃省文物考古研究所：《甘肃省清水县贾川乡董湾村金墓》，《考古与文物》2008年第4期。
[4] 长治市博物馆：《山西长治市故漳金代纪年墓》，《考古》1984年第8期。
[5] 甘肃省文物管理委员会：《兰州中山林金代雕砖墓清理简报》，《文物参考资料》1957年第3期。
[6] 长治市博物馆：《山西长治市魏村金代纪年彩绘砖雕墓》，《考古》2009年第1期。
[7] 山西省考古研究所晋东南工作站：《山西长子县石哲金代壁画墓》，《文物》1985年第6期。
[8] 山西省考古研究所侯马工作站：《侯马102号金墓》，《文物季刊》1997年第4期。
[9] 临汾地区丁村文化工作站：《山西襄汾县南董金墓清理简报》，《文物》1979年第8期。
[10] 北京市文物研究所：《北京市大兴区生物医药基地金元墓葬发掘简报》，《北京文博文丛》2012年第3辑。
[11] 安徽省文物考古研究所、濉溪县文物保护管理所：《安徽省濉溪县周大庄宋金墓葬》，《东南文化》2002年第11期。
[12] 河北省文化局文物工作队：《河北新城县北场村金时立爱和时丰墓发掘记》，《考古》1962年第12期。

图 2.8 金代砖室墓（B型）

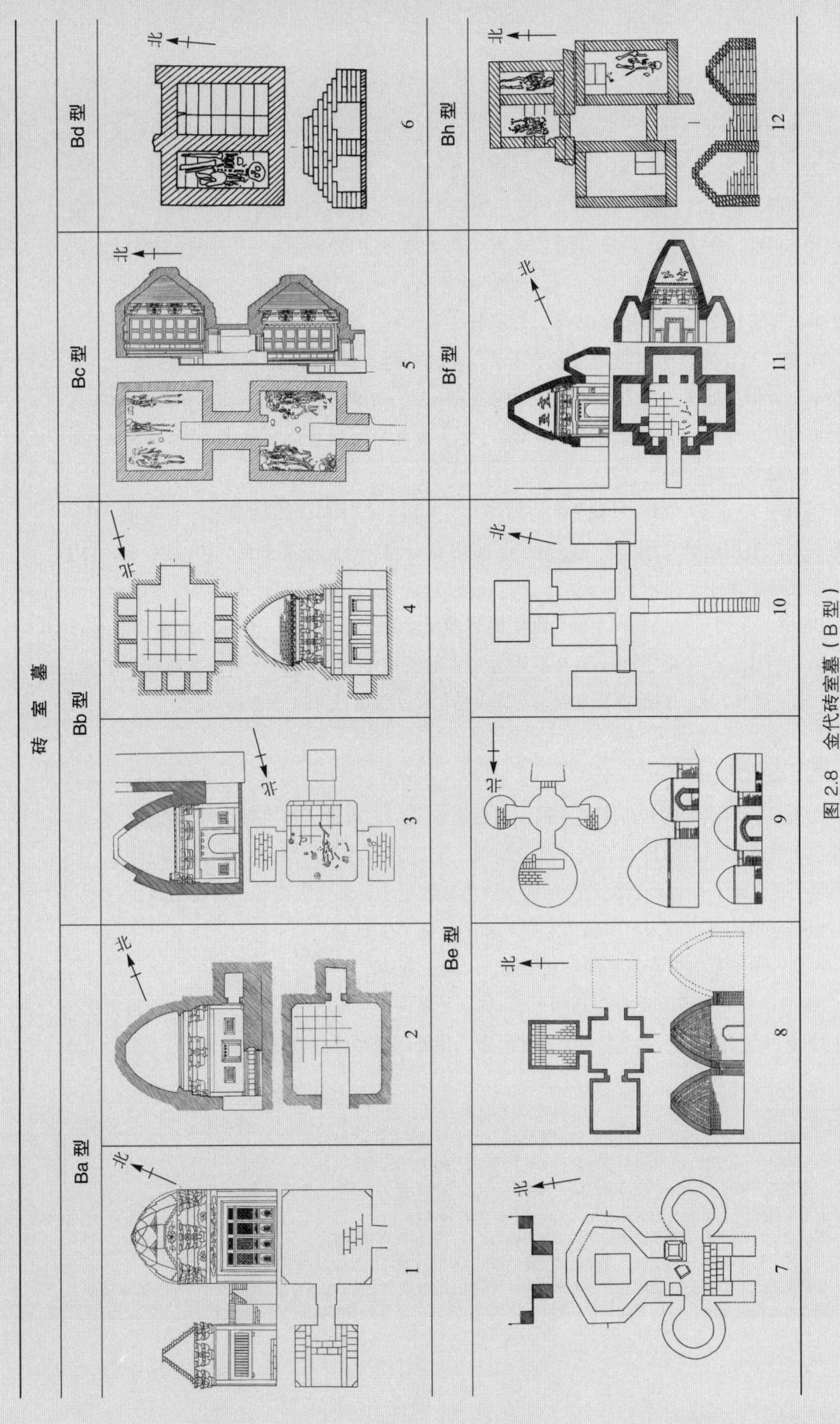

1. 山西省绛县下村墓 2. 山西省长子县小关村墓 3. 山西省长治市故漳村墓 4. 山西省长治市魏村墓 5. 山东省淄博市临淄区北金召村墓 6. 安徽省濉溪县周大庄 M7 7. 河北省新城县北场村时立爱墓 8. 山西省襄汾县西郭村 65XXM1 9. 山西省长治市安昌村东北墓 10. 山西省新绛县南范庄墓 11. 山西省长治市安昌村东北墓 12. 安徽省濉溪县周大庄 M6

襄汾县西郭村 65XXM1[1]，前室为方形，后室为长方形，前室两侧各有一个方形耳室。前室长 2.92 米、宽 2.82 米、高 3.8 米，后室长 2.64 米、宽 2.42 米、高 3.8 米（图 2.8，8）。山东省淄博市临淄区北金召村墓[2]，前、后室均为圆形，前室两侧各有一个圆形耳室。前室直径 1.8 米、高 2 米，后室直径 2.76 米、高 2.92 米（图 2.8，9）。山西省新绛县南范庄墓[3]，前室近方形，后室为长方形，前室两侧各有一个长方形耳室。前室长 2.65 米、宽 2.52 米，耳室长 2.16 米、宽 1.05 米，后室长 2 米、宽 1.18 米（图 2.8，10）。

Bf 型：二正室，前室两侧有多个耳室。发现 1 例，即山西省长治市安昌村墓[4]。前室略呈正方形，后室为长方形，前室两侧各有一大一小两个长方形耳室，甬道两侧各有一个长方形小耳室。前室长 2.25 米、宽 2.1 米、高 4 米，后室长 1.76 米、宽 0.87 米、高 1.7 米（图 2.8，11）。

Bg 型：三正室。目前发现 2 例。即河北省兴隆县梓木林子萧仲恭墓[5]，为前、中、后三室墓。山西运城发现 1 座三室墓[6]，室内有壁画。这两座墓未见具体报道，墓室构成、形状等不详。

Bh 型：并列三室。发现 1 例。即安徽省濉溪县周大庄 M6[7]，由东、西两个前室和一个后室组成。三个墓室相连但互不相通。后室长 0.75 米、宽 0.65 米；左前室长 1 米、宽 0.5 米、高 0.7 米；右前室长 0.96 米、宽 0.51 米、高 0.52 米（图 2.8，12）。

四、砖石（混筑）室墓

此类墓的形制结构和砖室墓相同，由墓道、墓门、甬道、墓室数个部分组成。区别之处在于其所用材料由砖和石块两部分构成，墓室底部或其他部分一般由石块砌筑，上部接续用砖垒砌，形成砖石混筑的结构。这类墓数量少，多为尸骨葬（附表 2.14）。

根据墓室情况，分为单室墓（A 型）和多室墓（B 型）。

A 型：单室墓。据墓室平面形状不同，又分二亚型。

Aa 型：长方形或方形（包括梯形）。如河北省井陉县柿庄 M9[8]，墓室平面近方形，长 2.32 米、宽 2.14 米、高 2.7 米。方锥形顶，顶外部有须弥式建筑（图 2.9，1）。

---

[1] 山西省考古研究所：《山西襄汾金墓清理简报》，《文物》1989 年第 10 期。
[2] 许淑珍：《山东淄博市临淄宋金壁画墓》，《华夏考古》2003 年第 1 期。
[3] 山西省考古研究所：《山西新绛南范庄、吴岭庄金元墓发掘简报》，《文物》1983 年第 1 期。
[4] 长治市博物馆：《山西长治安昌金墓》，《文物》1990 年第 5 期。
[5] 郑绍宗：《兴隆县梓木林子发现的契丹文墓志铭》，《考古》1973 年第 5 期。
[6] 韩世荣、马志刚：《山西运城发现金代砖室彩绘墓》，《中国文物报》2001 年 9 月 28 日。
[7] 安徽省文物考古研究所、濉溪县文物保护管理所：《安徽省濉溪县周大庄宋金墓葬》，《东南文化》2002 年第 11 期。
[8] 河北省文化局文物工作队：《河北井陉县柿庄宋墓发掘报告》，《考古学报》1962 年第 2 期。

图 2.9 金代砖石（混筑）室墓

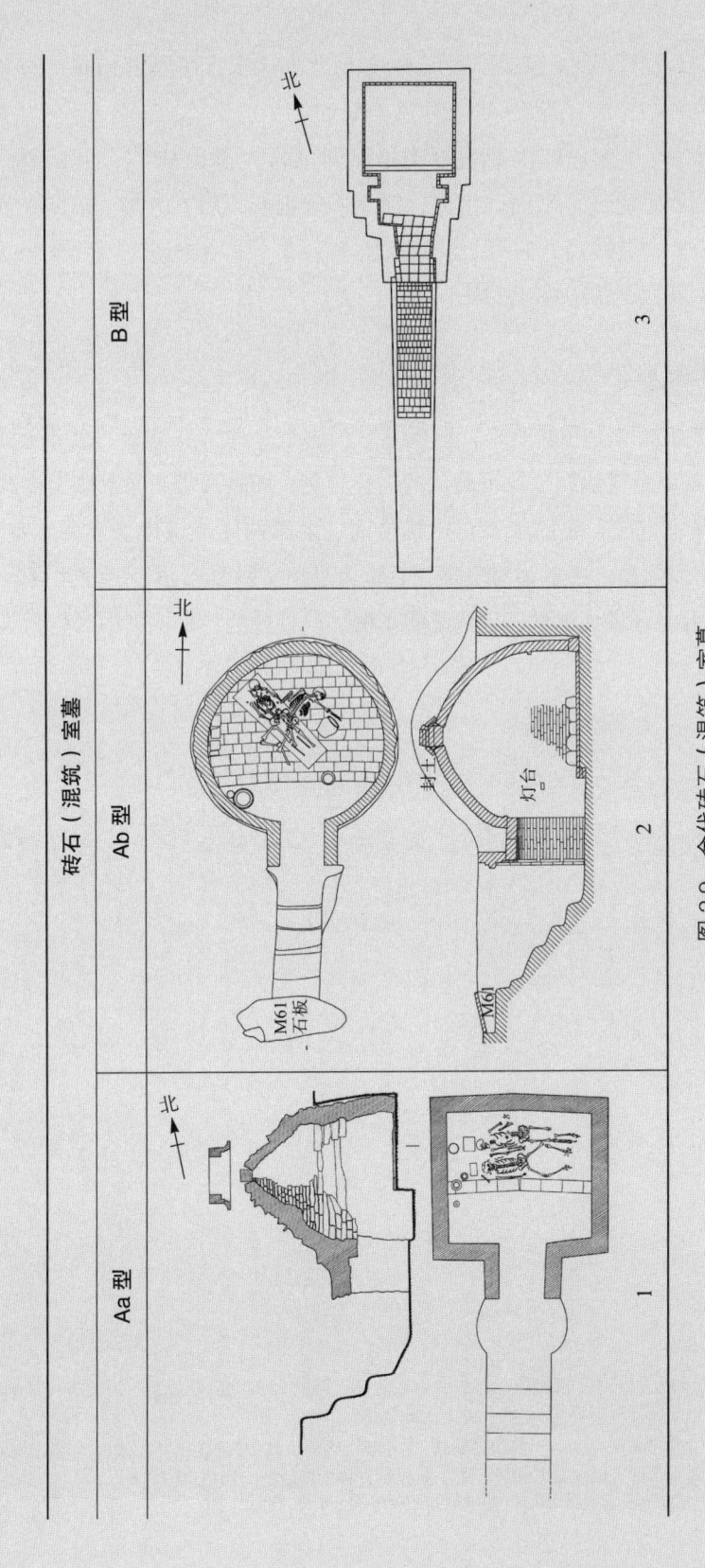

1. 河北省井陉县柿庄 M9 2. 河北省徐水县西黑山 M46 3. 内蒙古喀喇沁旗两家村大黑山墓

Ab 型：圆形或椭圆形（包括半圆形）。如河北省徐水县西黑山 M46[1]，墓室平面呈圆形，直径 2.69—2.85 米、高 2.3 米。券顶（图 2.9，2）。

B 型：多室墓。1 座，即内蒙古喀喇沁旗两家村大黑山墓[2]。由墓道、甬道、前室、东西壁龛、后室组成。平面凸字形，前室不规则形，后室方形。前室东西长 1.8—2 米、南北宽 1.6 米、壁残高 0.5—1.2 米；东西各一龛，高 0.55 米、宽 0.4 米、进深 0.36 米；后室边长 3 米、残高 0.6—1.2 米（图 2.9，3）。

五、崖洞墓（瘗窟）

此类墓葬是在崖壁上开凿洞穴，形成墓室。这是一种特殊类型的墓葬形式，又可称之为"瘗窟"。目前金代崖洞墓发现确认的仅有 1 例，即陕西省甘泉县阳山崖洞墓[3]。由前廊、门道、窟室组成，窟前雕有仿木构楼阁，前廊两侧雕佛道像龛。墓室为前、中、后三室，前室为弧形顶，中室为穹窿顶，后室为平顶（图 2.5，6）。室内凿有"凹"字形棺台（床），棺台上有多具已腐朽且扰乱的木棺。尸骨散乱，辨识其中 8 具为男性、14 具为女性（附表 2.15）。

---

[1] 南水北调中线干线工程建设管理局、河北省南水北调工程建设委员会办公室、河北省文物局：《徐水西黑山——金元时期墓地发掘报告》，文物出版社，2007 年。
[2] 内蒙古自治区文物考古研究所、赤峰市博物馆：《赤峰市喀喇沁旗美林镇两家村大黑山金墓发掘简报》，《内蒙古文物考古文集——配合国家基本建设专集》第四辑，科学出版社，2013 年。
[3] 张燕、李安福：《陕西甘泉县金代瘗窟清理简报》，《文物》1989 年第 5 期。

第二章

金墓随葬器物研究

总体考察，金墓的随葬器物不算丰富。其一，是由于发现的墓葬多已遭到不同程度的盗扰和破坏；其二，和其他时期的墓葬相比，金代不崇尚厚葬的习俗，所以随葬器物种类和组合比较单一。本章遴选了一些出现频率较高的器物，参照一些墓葬的纪年，试做类型学的历时性排比，使之作为金墓分期的一个参照依据。需要说明的是，这种类型学的型式排比，只是表现器物的一种时代特点，体现器物出现的早晚顺序。

第一节　陶瓷器历时性分析

所有质地的器物中，瓷器和陶器占大宗，且器形变化具有时代特征。由于瓷器和陶器中的一些器类在形制上是基本一致的，往往一种器物既有瓷质者，又有陶质者。因此本章将瓷器和陶器放在一起进行类型学的历时性考察。金墓常见的典型器类有鸡腿坛、小口瓶（梅瓶）、长颈瓶（玉壶春瓶）、荷形口瓜棱瓶、执壶、无耳壶、双（三）系瓶、双系罐、瓜棱罐、罐、碗、钵、盘、盆、釜（鏊锅）、鼎、錾耳洗、平底锅（熨斗）、枕等。

一、鸡腿坛

因形如鸡腿而得名，也称鸡腿瓶。小口，上腹部略鼓，下腹部较瘦长，圈足或平底。器身常饰凸弦纹。以瓷质者为多，也有少量陶质者。依据器身变化分二型。

A 型：器身腹部圆鼓，上粗下细。据腹部变化分三式。

Ⅰ式：小口圆唇，短颈丰肩，肩以下急收，圈足。如河南省林县 LM2∶3[1]，褐釉，器身外饰凸弦纹。口径 3 厘米、腹径 18 厘米、底径 10 厘米、高 37 厘米（图 3.1，1）。

Ⅱ式：小口圆唇，束颈，圈足。如山西省大同市南郊云中大学 M1∶5[2]，黑釉，器身外通体饰凸弦纹。口径 5 厘米、底径 7.6 厘米、高 37 厘米（图 3.1，2）。

Ⅲ式：小口尖圆唇，短颈，长圆腹，矮圈足。如内蒙古武川县乌兰窑子 M2∶6[3]，绿釉，肩腹部饰凸弦纹。口径 4.5 厘米、底径 7.5 厘米、高 35.1 厘米（图 3.1，3）。

B 型：器身腹部略鼓，通体瘦长。据器身肥瘦和腹部变化分三式。

---

[1] 张增午：《河南林县金墓清理简报》，《华夏考古》1998 年第 2 期。
[2] 大同市博物馆：《大同市南郊金代壁画墓》，《考古学报》1992 年第 4 期。
[3] 乌兰察布盟文物工作站：《内蒙古武川县乌兰窑子金墓清理简报》，《考古》1989 年第 8 期。

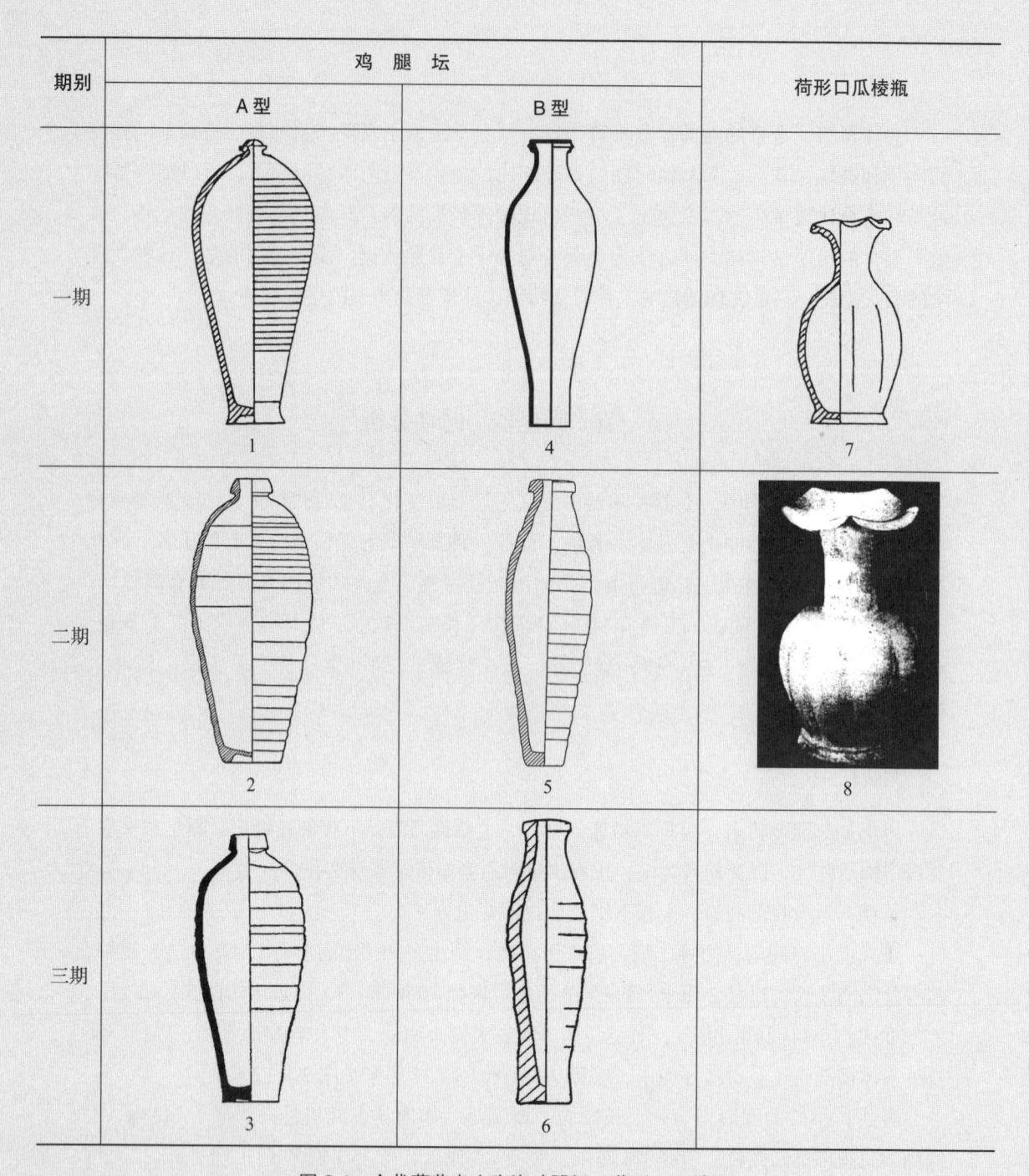

期别	鸡腿坛 A型	鸡腿坛 B型	荷形口瓜棱瓶
一期	1	4	7
二期	2	5	8
三期	3	6	

图 3.1 金代墓葬出土陶瓷鸡腿坛、荷形口瓜棱瓶

1. A型Ⅰ式鸡腿坛（河南省林县 LM2∶3） 2. A型Ⅱ式鸡腿坛（山西省大同市南郊云中大学 M1∶5）
3. A型Ⅲ式鸡腿坛（内蒙古武川县乌兰窑子 M2∶6）
4. B型Ⅰ式鸡腿坛（河北省迁安市小王庄 98QXM1∶1） 5. B型Ⅱ式鸡腿坛（山西省大同市南郊云中大学 M1∶4）
6. B型Ⅲ式鸡腿坛（北京市平谷东高村巨家坟 M∶13） 7. Ⅰ式荷形口瓜棱瓶（河南省林县 LM2∶5）
8. Ⅱ式荷形口瓜棱瓶（河南省三门峡市崤山西路 M1∶2）

Ⅰ式：平沿方唇，侈口，束颈，平底。如河北省迁安市小王庄 98QXM1：1[1]，黑褐色釉泛绿，釉不及底。口径 6.3 厘米、底径 8.6 厘米、高 43 厘米（图 3.1，4）。

Ⅱ式：方唇，束颈，小平底。如山西省大同市南郊云中大学 M1：4[2]，酱黄色釉，器身外通体饰凸弦纹。口径 6.7 厘米、底径 6 厘米、高 40 厘米（图 3.1，5）。

Ⅲ式：方唇，细长颈，小平底。如北京市平谷东高村巨家坟 M：13[3]，黑酱色釉，器身腹以下饰凸弦纹。口径 4.5 厘米、腹径 7.6 厘米、底径 5.3 厘米、高 26.8 厘米（图 3.1，6）。

二、小口瓶（梅瓶）

此瓶的一般特征是：小口、短颈、丰肩、瘦底、圈足。因口小只能插梅枝故又名梅瓶。以瓷器居多，个别为陶器。依据器身变化分二型。

A 型：器身较瘦长。根据肩腹部变化分二式。

Ⅰ式：小口，尖唇，短颈，垂肩，深斜弧腹，圈足。如河南省孟津县麻屯 C8M1159：3[4]，白釉。口径 3.8 厘米、底径 8.2 厘米、高 28.6 厘米（图 3.2，9）。

Ⅱ式：小侈口，圆唇，短颈，丰肩，深斜腹，圈足。如山西省汾阳高级护理学校 M5：11[5]，陶质，外壁饰暗弦纹，肩部刷漆。口径 4.5 厘米、底径 8.4 厘米、高 36.2 厘米（图 3.2，10）。

B 型：器身矮胖、腹部圆鼓。根据肩腹部变化分三式。

Ⅰ式：小口，尖唇，短颈，斜肩，鼓腹，圈足。如河南省孟津县麻屯 C8M1159：1[6]，白釉。口径 4.2 厘米、底径 8.6 厘米、高 23.4 厘米（图 3.2，11）。

Ⅱ式：小口，圆唇，短束颈，丰肩，鼓腹，矮圈足。如北京市通县三间房村 M2 出土[7]，黑釉，泛蓝且有棕色斑点。口径 4 厘米、腹径 12 厘米、底径 7.5 厘米、高 20.8 厘米（图 3.2，12）。

Ⅲ式：小口，圆唇，短束颈，丰肩，鼓腹，底部收缩变细。如河北省曲阳县涧磁村 M9：1[8]，外施黑釉不及底，釉面粗涩。口径 5.5 厘米、腹径 18 厘米、底径 10 厘米、高 29.5 厘米（图 3.2，13）。

---

[1] 迁安市博物馆：《迁安小王庄金代墓葬清理简报》，《文物春秋》2006 年第 3 期。
[2] 大同市博物馆：《大同市南郊金代壁画墓》，《考古学报》1992 年第 4 期。
[3] 杨学林：《北京平谷东高村巨家坟金代墓葬发掘简报》，《北京文物与考古》第四辑，北京燕山出版社，1994 年。
[4] 洛阳市文物工作队：《洛阳孟津县麻屯金墓发掘简报》，《华夏考古》1996 年第 1 期。
[5] 山西省考古研究所、汾阳县博物馆：《山西汾阳金墓发掘简报》，《文物》1991 年第 12 期。
[6] 洛阳市文物工作队：《洛阳孟津县麻屯金墓发掘简报》，《华夏考古》1996 年第 1 期。
[7] 北京市文物管理处：《北京市通县金代墓葬发掘简报》，《文物》1977 年第 11 期。
[8] 河北省文化局文物工作队：《河北曲阳涧磁村发掘的唐宋墓葬》，《考古》1965 年第 10 期。

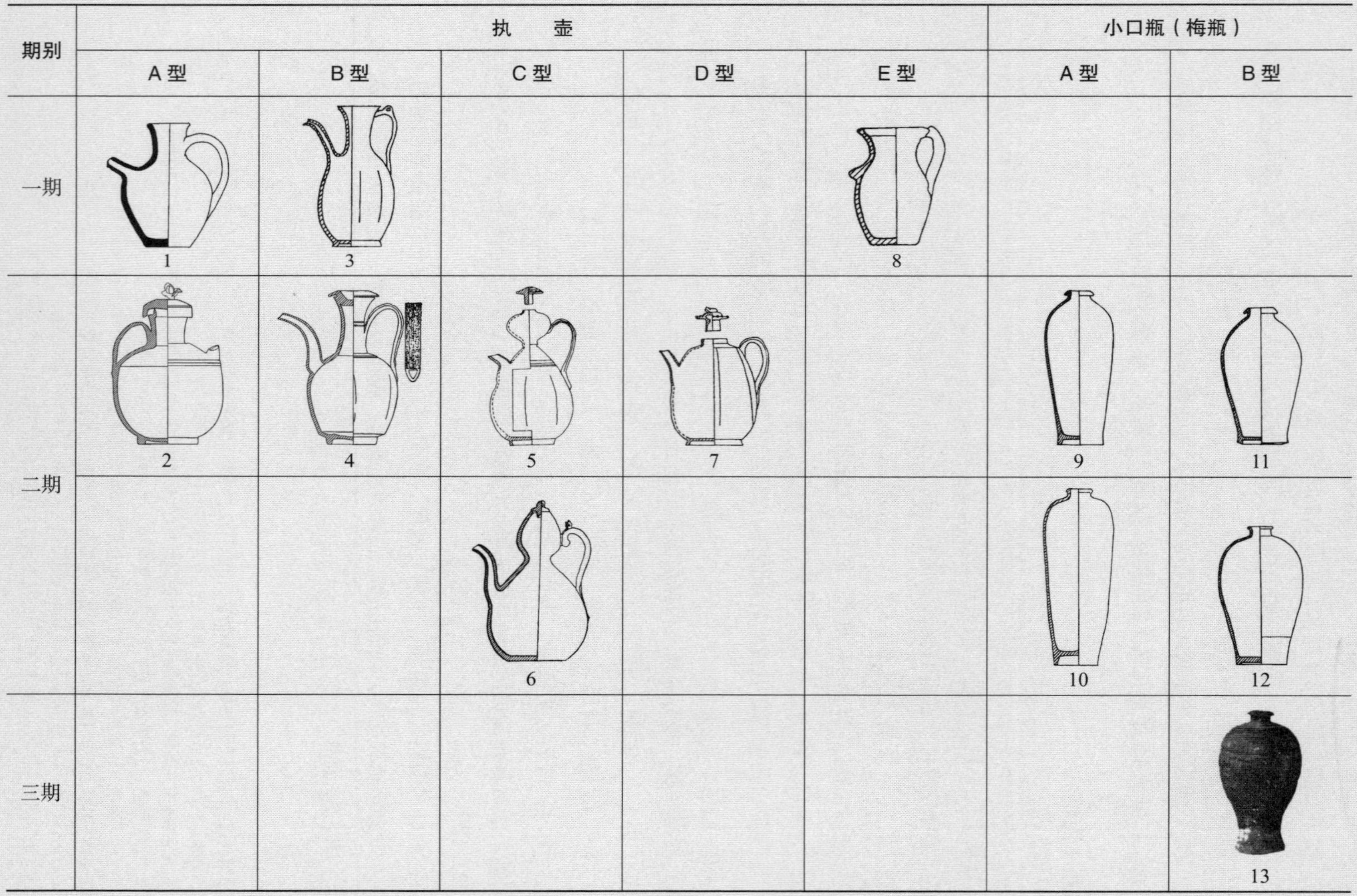

图3.2 金代墓葬出土陶瓷执壶、小口瓶（梅瓶）

1. A型Ⅰ式执壶（辽宁省朝阳市召都巴M:19） 2. A型Ⅱ式执壶（山西省大同市南郊云中大学M1:8） 3. B型Ⅰ式执壶（河南省林县LM2:6） 4. B型Ⅱ式执壶（山西省大同市南郊云中大学M2:9） 5. C型Ⅰ式执壶（北京市海淀区南辛庄M2出土） 6. C型Ⅱ式执壶（北京市丰台区米粮屯乌古论窝论墓出土） 7. D型执壶（北京市海淀区南辛庄M1出土） 8. E型执壶（山西省汾阳高级护理学校M5:11） 9. A型Ⅰ式小口瓶（河南省孟津县煤屯C8M1159:3） 10. A型Ⅱ式小口瓶（山西省三间房村M2出土） 11. B型Ⅰ式小口瓶（北京市通县三间房村M2出土） 12. B型Ⅱ式小口瓶（北京市通县煤屯C8M1159:1） 13. B型Ⅲ式小口瓶（河北省曲阳县涧磁村M9:1）

三、长颈瓶

此瓶的一般特征为：撇口、长细颈、圆腹、圈足。单体瓶又名玉壶春瓶或玉壶春壶。以瓷器为主。依据器身变化分三型。

A型：细长颈，圆垂腹。据颈腹部变化分二式。

Ⅰ式：腹部肥大，下垂。如辽宁朝阳师范学校墓出土[1]，陶胎，外施翠绿釉。侈口，尖圆唇，细长颈，圈足。口径5.8厘米、腹径10厘米、底径6.4厘米、高23.8厘米（图3.3，1）。

Ⅱ式：颈以下渐广，腹径靠下，底部内收。如内蒙古库伦旗后柜村墓出土[2]，呈淡绿闪青釉色。敞口，圆唇，细颈，圈足微外撇，底略外凸。颈、肩、腹部各饰两周弦纹，弦纹之间饰两层花草，纹饰为釉下彩，黑褐色。口径7.5厘米、腹径15.8厘米、底径8.7厘米、高27厘米（图3.3，2）。

B型：细颈，圆鼓腹。据颈腹部变化分二式。

Ⅰ式：敞口，尖唇，细长颈，圆腹、圈足。如辽宁朝阳重型机器厂1989M1:1[3]，豆绿色釉不及底，底心外凸。口径6.3厘米、腹径17.3厘米、底径7.8厘米、高31.4厘米（图3.3，3）。

Ⅱ式：敞口，圆唇，细短颈，颈以下渐广，腹部肥大，呈球状隆起，圈足外撇，底微外凸。如内蒙古库伦旗后柜村墓出土[4]，内外壁挂釉，釉色淡绿泛黄。口径6.4厘米、腹径16.2厘米、底径8厘米、高25厘米（图3.3，4）。

C型：葫芦形，细颈，圆鼓腹。如辽宁省沈阳市小北街M1:1[5]，圆唇，小口，折沿，圈足。黑褐釉，外壁施釉不及底。口径4.3厘米、下腹径18.5厘米、底径9.5厘米、高34厘米（图3.3，5）。

四、荷形口瓜棱瓶

此瓶的主要特征是：荷花形口、长颈、瓜棱状腹、圈足。均为瓷器。据腹部变化分二式。

Ⅰ式：敞口，长束颈，弧鼓腹，圈足。如河南省林县LM2:5[6]，白釉。口径10.2厘

---

[1] 辽宁省博物馆：《辽宁朝阳金代壁画墓》，《考古》1962年第4期。
[2] 于宝东：《内蒙古库伦旗后柜金元时期墓葬》，《北方文物》1992年第2期。
[3] 辽宁省文物考古研究所：《朝阳重型机器厂金墓》，《辽海文物学刊》1990年第2期。
[4] 于宝东：《内蒙古库伦旗后柜金元时期墓葬》，《北方文物》1992年第2期。
[5] 沈阳市文物考古研究所：《沈阳市小北街金代墓葬发掘简报》，《考古》2006年第11期。
[6] 张增午：《河南林县金墓清理简报》，《华夏考古》1998年第2期。

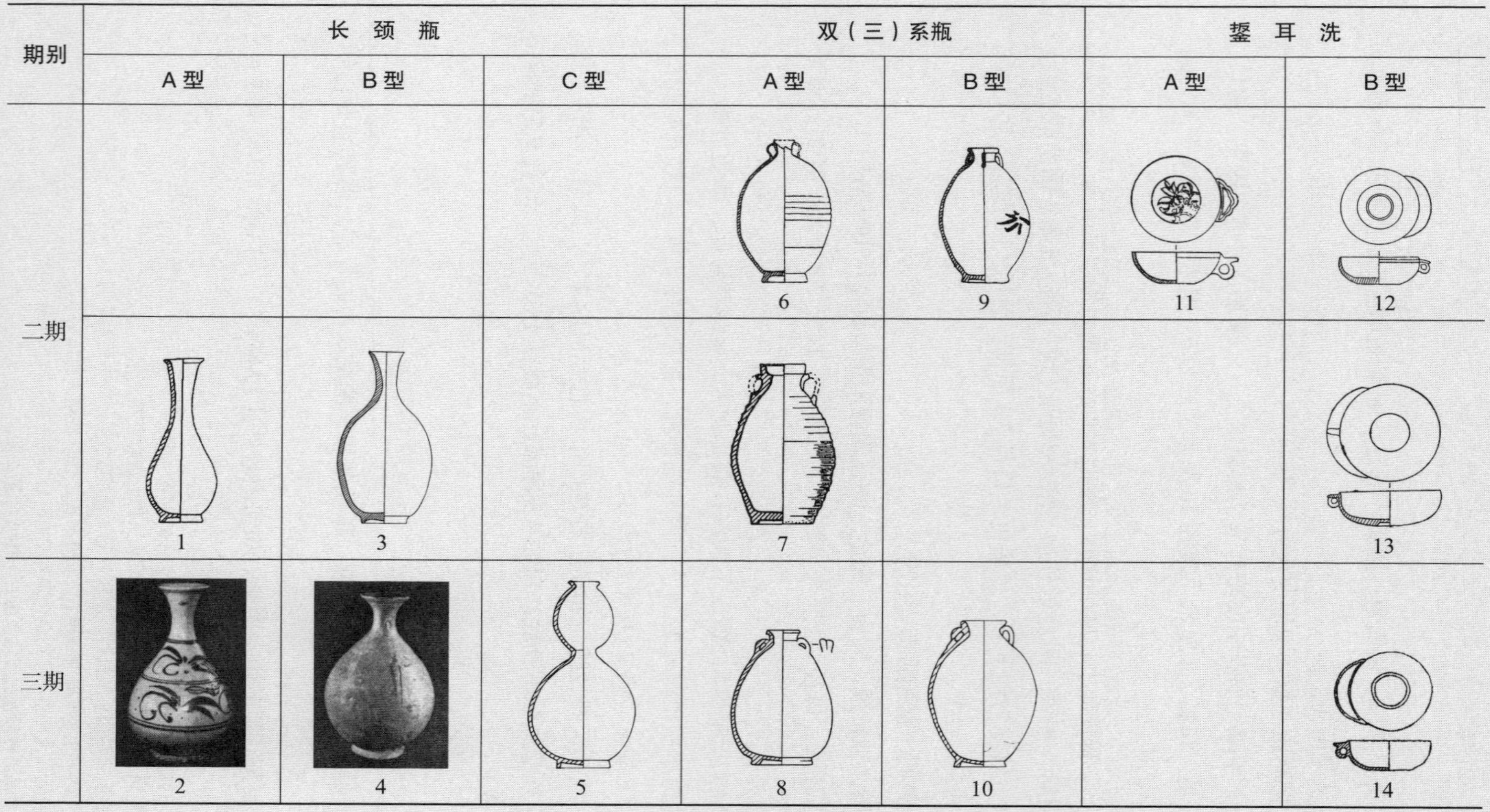

期别	长颈瓶 A型	长颈瓶 B型	长颈瓶 C型	双（三）系瓶 A型	双（三）系瓶 B型	鋬耳洗 A型	鋬耳洗 B型
二期	1	3		6	9	11	12
三期	2	4	5	7, 8	10		13, 14

图 3.3 金代墓葬出土陶瓷长颈瓶、双（三）系瓶、鋬耳洗

1. A型Ⅰ式长颈瓶（辽宁省朝阳师范学校墓出土） 2. A型Ⅱ式长颈瓶（内蒙古库伦旗后柜村墓出土） 3. B型Ⅰ式长颈瓶（辽宁省朝阳重型机器厂1989M1:1） 4. B型Ⅱ式长颈瓶（内蒙古库伦旗后柜村墓出土） 5. C型长颈瓶（辽宁省巴林左旗王家湾91BZWM4:3） 6. A型Ⅰ式双（三）系瓶（北京市亦庄X42号地M8:1） 7. B型Ⅱ式双（三）系瓶（内蒙古巴林左旗王家湾91BZWM1:1） 8. A型Ⅲ式双（三）系瓶（山西省侯马市西郊64H4M102:1） 9. B型Ⅱ式双（三）系瓶（山西省大同市南郊云中大学M2:4） 10. B型Ⅲ式双（三）系瓶（辽宁省沈阳市小北街M2:1） 11. A型鋬耳洗（北京市通县三间房村M1出土） 12. B型Ⅰ式鋬耳洗（北京市丰台区米粮屯乌古论窝论墓出土） 13. B型Ⅱ式鋬耳洗（北京市丰台东高村巨家坟M:1） 14. B型Ⅲ式鋬耳洗（北京市平谷东高村巨家坟M:1）

米、腹径 12.8 厘米、底径 9 厘米、高 13.6 厘米（图 3.1，7）。

Ⅱ式：敞口，长颈，圆鼓腹，圈足。如河南省三门峡市崤山西路 M1∶2[1]，白釉，足部露胎。口径 9.5 厘米、腹径 12 厘米、底径 8 厘米、高 18 厘米（图 3.1，8）。

五、执壶

以瓷器为主，个别为陶器。依据形态差异分五型。

A 型：小口，细颈，鼓腹。据器腹等的变化分二式。

Ⅰ式：敞口，细长颈，长鼓腹。如辽宁省朝阳市召都巴 M∶19[2]，陶质。圆唇，一侧肩设一短流，另一侧颈部与腹部设一曲柄，平底。口径 4.8 厘米、底径 5 厘米、高 14.4 厘米（图 3.2，1）。

Ⅱ式：侈口，短细颈，腹部浑圆。如山西省大同市南郊云中大学 M1∶8[3]，外施白釉。子母口，有带钮盖，流缺，颈部与腹部间设带状柄，柄外侧饰两道竖向凹弦纹，肩饰两道凹弦纹，圈足。口径 3 厘米、腹径 12 厘米、底径 6.7 厘米、高 16.3 厘米（图 3.2，2）。

B 型：小口，细长颈，瓜棱状鼓腹。据器腹等的变化分二式。

Ⅰ式：敞口，束颈，弧长腹。如河南省林县 LM2∶6[4]，白釉。一侧肩部设曲状细长流，另一侧唇沿下与肩部间设宽带状柄，上部置一小桥形系，圈足。口径 6.2 厘米、腹径 12.2 厘米、底径 7.2 厘米、高 22.3 厘米（图 3.2，3）。

Ⅱ式：敞口，长束颈，矮鼓腹。如山西省大同市南郊云中大学 M2∶9[5]，内外施白釉。有盖，一侧肩部设曲状细长流，另一侧颈部与肩部间设带状柄，柄外侧有曲线纹，圈足。口径 4.7 厘米、腹径 10 厘米、底径 5.6 厘米、高 17.4 厘米（图 3.2，4）。

C 型：小口，葫芦形身。据器身及流的变化分二式。

Ⅰ式：短流，上身扁，下身弧长。如北京市海淀区南辛庄 M2 出土[6]，白釉。蘑菇形盖，上下腹间设三棱形曲柄，下身呈瓜棱状，圈足。口径 1.6 厘米、下身腹径 8.6 厘米、底径 4.5 厘米、高 15.6 厘米（图 3.2，5）。

Ⅱ式：曲长流，上身弧长，下身略扁。如北京市丰台区米粮屯乌古论窝论墓出土[7]，浅青灰色釉。有盖，盖上有扁圆环钮，上下腹间粘接一曲柄，柄上部附立一菱形穿孔系，

---

[1] 三门峡市文物工作队：《三门峡市崤山西路发现三座古墓》，《华夏考古》1993 年第 4 期。
[2] 朝阳市博物馆、朝阳市龙城区博物馆：《辽宁朝阳召都巴金墓》，《北方文物》2005 年第 3 期。
[3] 大同市博物馆：《大同市南郊金代壁画墓》，《考古学报》1992 年第 4 期。
[4] 张增午：《河南林县金墓清理简报》，《华夏考古》1998 年第 2 期。
[5] 大同市博物馆：《大同市南郊金代壁画墓》，《考古学报》1992 年第 4 期。
[6] 北京市海淀区文化文物局：《北京市海淀区南辛庄金墓清理简报》，《文物》1988 年第 7 期。
[7] 北京市文物工作队：《北京金墓发掘简报》，《北京文物与考古》第一辑，北京燕山出版社，1983 年。

大平底。口径 3.1 厘米、下身腹径 17 厘米、底径 9.3 厘米、高 28.4 厘米（图 3.2，6）。

D 型：小口，短颈，弧鼓腹。如北京市海淀区南辛庄 M1 出土[1]，白釉，泛黄。直口，荷叶形盖，折肩，瓜棱状弧腹，腹下部微鼓，肩腹部附一个三棱形曲柄，圈足。口径 2.5 厘米、下身腹径 8.4 厘米、底径 5.5 厘米、高 12 厘米（图 3.2，7）。

E 型：非实用器，为仿陶瓷明器。侈口，束颈，弧腹，口径大于底径。如北京市大兴区小营 M1：9[2]，泥质灰陶。一侧口沿至腹部贴附一执柄，另一侧上腹有一无孔短锥状嘴，平底。口径 8.2 厘米、腹径 11.4 厘米、底径 5.4 厘米、高 14.6 厘米（图 3.2，8）。

六、无耳壶

以瓷器为主，少量为陶器。依据形态差异分四型。

A 型：长束颈，鼓腹。如辽宁朝阳重型机器厂 1999M2：3[3]，黑色釉。敞口，尖唇，圈足外撇。口径 5.6 厘米、腹径 8.1 厘米、底径 6 厘米、高 12.6 厘米（图 3.4，1）。

B 型：短束颈，圆鼓腹。据器身变化分二式。

Ⅰ 式：短颈，鼓肩。如北京市磁器口 M1：6[4]，白色釉。侈口，尖圆唇，斜弧腹，大平底，底略内凹。口径 4.2 厘米、腹径 9.7 厘米、底径 7.8 厘米、高 9.7 厘米（图 3.4，2）。

Ⅱ 式：束颈，鼓腹。如内蒙古武川县乌兰窑子 M1：1[5]，外壁施白釉。微作盘口，尖圆唇，长圆鼓腹，矮圈足。口径 6 厘米、腹径 15.5 厘米、底径 8 厘米、高 20 厘米（图 3.4，3）。

C 型：短颈，折肩，鼓腹。据器身变化分二式。

Ⅰ 式：直颈，溜肩，鼓腹。如河北省怀安县下王屯墓出土[6]，酱色釉。直口，圆唇，腹部间隔饰二组凹弦纹，矮圈足。口径 6 厘米、腹径 22 厘米、底径 12 厘米、高 24 厘米（图 3.4，4）。

Ⅱ 式：束颈，折肩，弧鼓腹。如北京市平谷东高村巨家坟 M：9[7]，外施黑酱釉，圈足无釉。敞口，圆唇，肩部有一道棱，腹下部折收。口径 1.8 厘米、腹径 7.3 厘米、底径 4.6 厘米、高 7 厘米（图 3.4，5）。

---

[1] 北京市海淀区文化文物局：《北京市海淀区南辛庄金墓清理简报》，《文物》1988 年第 7 期。
[2] 王清林、朱志刚、刘凤亮：《大兴区小营出土金代墓葬》，《北京文物与考古》第六辑，民族出版社，2004 年。
[3] 朝阳市博物馆：《辽宁朝阳重型机器厂辽金墓》，《北方文物》2003 年第 4 期。
[4] 王清林、王策：《磁器口出土的金代石椁墓》，《北京文物与考古》第五辑，北京燕山出版社，2002 年。
[5] 乌兰察布盟文物工作站：《内蒙古武川县乌兰窑子金墓清理简报》，《考古》1989 年第 8 期。
[6] 张家口地区文管所：《河北怀安下王屯壁画墓发掘简报》，《考古》1990 年第 3 期。
[7] 杨学林：《北京平谷东高村巨家坟金代墓葬发掘简报》，《北京文物与考古》第四辑，北京燕山出版社，1994 年。

期别	A型	B型	C型	D型
一期				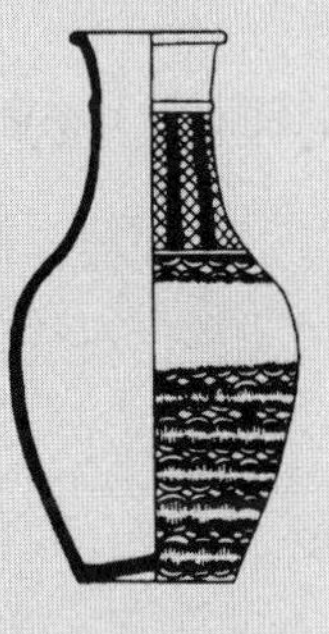 6
二期		 2	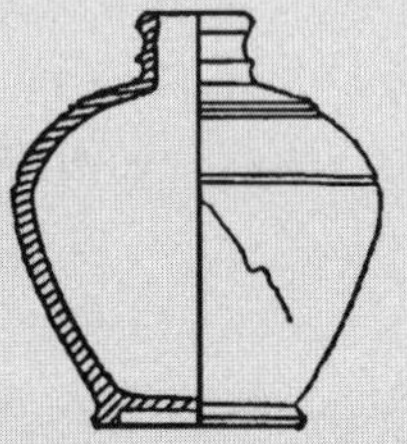 4	
三期	 1	 3	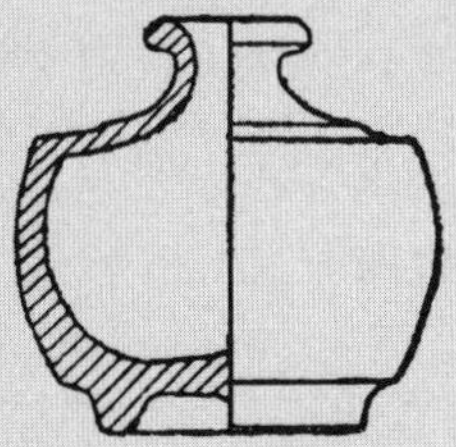 5	

图 3.4 金代墓葬出土陶瓷无耳壶

1. A型（辽宁省朝阳重型机器厂 1999M2∶3） 2. B型Ⅰ式（北京市磁器口 M1∶6）
3. B型Ⅱ式（内蒙古武川县乌兰窑子 M1∶1） 4. C型Ⅰ式（河北省怀安县下王屯墓出土）
5. C型Ⅱ式（北京市平谷东高村巨家坟 M∶9） 6. D型（辽宁省朝阳市召都巴 M∶1）

D 型：长颈，弧长腹。如辽宁省朝阳市召都巴 M：1[1]，泥质灰陶。口微侈，圆唇，溜肩，平底内凹。颈与肩部两条凸弦纹间饰压磨网格暗纹，并用粗竖条压磨暗纹间隔。肩部凸弦纹下饰两周滚轮压印的梳篦纹，腹下部满饰梳篦纹。口径 11.2 厘米、腹径 20.8 厘米、底径 11.2 厘米、高 39 厘米（图 3.4，6）。

七、双（三）系瓶

多为瓷器。据器耳数量分二型。

A 型：双系。据器腹变化分三式。

Ⅰ式：小口，短颈，长弧腹。如内蒙古巴林左旗王家湾 91BZWM4：3[2]，腹部以上施绿釉。溜肩，圈足。颈部饰双桥形系，腹部饰六道凹弦纹。口部残、腹径 15 厘米、底径 7.4 厘米、高 24 厘米（图 3.3，6）。

Ⅱ式：小盘口，短颈，长腹，腹径略靠下。如北京市亦庄 X42 号地 M8：1[3]，上半部施黑酱釉。溜肩，圈足。颈肩部饰双桥形系，腹上部饰凹弦纹。口径 4.3 厘米、腹径 10 厘米、底径 6 厘米、高 15.7 厘米（图 3.3，7）。

Ⅲ式：小口，短颈，垂腹。如山西省侯马市西郊 64H4M102：1[4]，酱釉。侈口，方唇，圈足。颈下部饰双宽桥形系。口径 4.2 厘米、腹径 12.7 厘米、底径 7.8 厘米、高 17.7 厘米（图 3.3，8）。

B 型：三系。据器腹变化分二式。

Ⅰ式：小口，短颈，长弧腹。如内蒙古巴林左旗王家湾 91BZWM1：1[5]，腹部以上施白釉。溜肩，圈足。颈部饰三个桥形系，系上各饰三道竖凸弦纹。腹部绘两组褐色花草纹。口径 5 厘米、腹径 15 厘米、底径 8 厘米、高 23.5 厘米（图 3.3，9）。

Ⅱ式：小口，短颈，圆鼓腹。如辽宁省沈阳市小北街 M2：1[6]，黑釉夹杂褐色斑。侈口，圆唇，圈足。颈肩部饰三个桥形系。口径 6.4 厘米、腹径 17 厘米、底径 9 厘米、高 24 厘米（图 3.3，10）。

八、双系罐

瓷器和陶器均有一定数量。依据形态差异分六型。

---

[1] 朝阳市博物馆、朝阳市龙城区博物馆：《辽宁朝阳召都巴金墓》，《北方文物》2005 年第 3 期。
[2] 张景明：《内蒙古巴林左旗王家湾金代墓葬》，《考古》1999 年第 4 期。
[3] 北京市文物研究所：《北京亦庄考古发掘报告（2003—2005 年）》，科学出版社，2009 年。
[4] 山西省考古研究所侯马工作站：《侯马 102 号金墓》，《文物季刊》1997 年第 4 期。
[5] 张景明：《内蒙古巴林左旗王家湾金代墓葬》，《考古》1999 年第 4 期。
[6] 沈阳市文物考古研究所：《沈阳市小北街金代墓葬发掘简报》，《考古》2006 年第 11 期。

A 型：敛口，折腹。据器身等变化分二式。

Ⅰ式：斜颈，器身中部折腰。如山东省沂水县教师进修学校 M4∶1[1]，外壁施白釉，腹下部未施釉，内壁施浅色釉。尖唇，矮圈足。唇外侧饰双系，肩部绘草叶纹。口径 7.5 厘米、腹径 12.5 厘米、底径 5.4 厘米、高 9.8 厘米（图 3.5，1）。

Ⅱ式：斜颈，折腰处较Ⅰ式略向上移。如天津市静海县东滩头 M10∶1[2]，外壁腹以上施黑釉。尖圆唇，圈足。颈上部有双系。口径 10 厘米、腹径 17 厘米、底径 5.6 厘米、高 13.5 厘米（图 3.5，2）。

B 型：敛口，圆鼓腹。据器身等变化分二式。

Ⅰ式：斜颈，圆鼓腹。如辽宁省朝阳市召都巴 M∶11[3]，酱绿釉未及底。方唇，假圈足略内凹。腹部饰凸弦纹。口径 10 厘米、腹径 18.8 厘米、底径 7 厘米、高 17 厘米（图 3.5，3）。

Ⅱ式：直颈，扁鼓腹。如山东省沂水县教师进修学校 M3∶1[4]，外壁施褐釉未及底，内壁施黑釉。尖唇，圈足。颈肩部饰双系。口径 10.5 厘米、腹径 13.7 厘米、底径 6.5 厘米、高 10 厘米（图 3.5，4）。

C 型：直口，短直颈，浅鼓腹。据器身等变化分二式。

Ⅰ式：鼓腹。如河南省荥阳市城关 XJM7∶5[5]，内外壁施黑釉未及底。圆唇，圈足。颈肩部饰双宽系。口径 17 厘米、腹径 20.6 厘米、底径 10 厘米、高 15.5 厘米（图 3.5，5）。

Ⅱ式：弧腹。如河南省新乡市区 M1∶1[6]，内外壁施酱釉未及底。圆唇，矮圈足。颈肩部饰双曲系。口径 14 厘米、腹径 16.4 厘米、底径 9.8 厘米、高 10.5 厘米（图 3.5，6）。

D 型：微敛口，长颈，深鼓腹。据器身等变化分二式。

Ⅰ式：上腹鼓，下腹弧收。如河北省徐水县西黑山 M27∶2[7]，外壁施黑釉未及底，口沿无釉。圆唇，圈足。颈肩部饰双系。口径 10.4 厘米、腹径 14.3 厘米、底径 6.5 厘米、高 13.8 厘米（图 3.5，7）。

Ⅱ式：上腹弧，下腹略鼓。如北京市平谷东高村巨家坟 M∶2[8]，内外壁施釉，底足无釉。圆唇，圈足。口沿下至肩部饰双系。口径 7.4 厘米、腹径 10.6 厘米、底径 5.8 厘

---

[1] 山东省沂水县博物馆：《山东沂水县金代墓葬》，《考古学集刊》第 11 集，中国大百科全书出版社，1997 年。
[2] 邱明：《河北静海东滩头发现宋金墓》，《考古》1995 年第 1 期。
[3] 朝阳市博物馆、朝阳市龙城区博物馆：《辽宁朝阳召都巴金墓》，《北方文物》2005 年第 3 期。
[4] 山东省沂水县博物馆：《山东沂水县金代墓葬》，《考古学集刊》第 11 集，中国大百科全书出版社，1997 年。
[5] 郑州市文物工作队、荥阳县文物保管所：《河南荥阳城关发现两座金墓》，《华夏考古》1990 年第 4 期。
[6] 张新斌：《河南新乡市宋金墓》，《考古》1996 年第 1 期。
[7] 南水北调中线干线工程建设管理局、河北省南水北调工程建设委员会办公室、河北省文物局：《徐水西黑山——金元时期墓地发掘报告》，文物出版社，2007 年。
[8] 杨学林：《平谷东高村巨家坟金代墓葬发掘简报》，《北京文物与考古》第四辑，北京燕山出版社，1994 年。

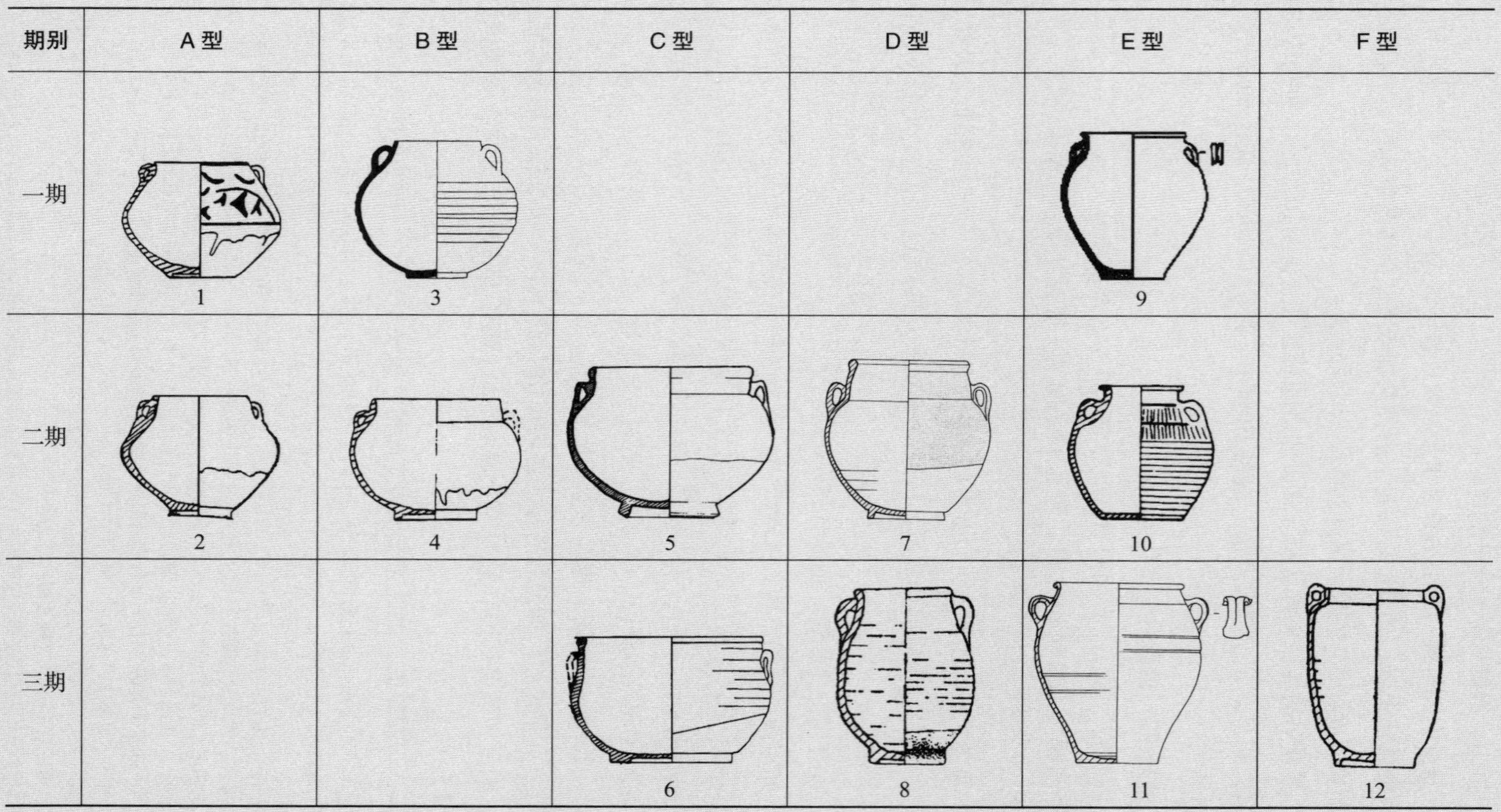

期别	A型	B型	C型	D型	E型	F型
一期	1	3				
二期	2	4	5	7	9	
三期			6	8	10, 11	12

图 3.5 金代墓葬出土陶瓷双系罐

1. A型Ⅰ式（山东省沂水县教师进修学校 M4:1） 2. A型Ⅱ式（山东省沂水县教师进修学校 M3:1） 3. B型Ⅰ式（辽宁省朝阳市召都巴 M:11） 4. B型Ⅱ式（山东省沂水县教师进修学校 M27:2） 5. C型Ⅰ式（河南省荥阳市城关 XJM7:5） 6. C型Ⅱ式（河南省新乡市区 M1:1） 7. D型Ⅰ式（河北省徐水县西黑山 M27:2） 8. D型Ⅱ式（北京市平谷东高村巨家坟 M:2） 9. E型Ⅰ式（河北省迁安市小王庄98QXM1:6） 10. E型Ⅱ式（河南省三门峡市崤山西路 M1:9） 11. E型Ⅲ式（河北省徐水县西黑山 M20:1） 12. F型（北京市平谷东高村巨家坟 M:11）

米、高 13.9 厘米（图 3.5，8）。

E 型：侈口，短束颈，深鼓腹。据器身等的变化分三式。

Ⅰ式：腹部弧圆。如河北省迁安市小王庄 98QXM1：6[1]，泥质陶。圆唇，平底。肩部有两桥形系。口径 18.5 厘米、底径 11 厘米、高 26.5 厘米（图 3.5，9）。

Ⅱ式：腹部圆鼓。如河南省三门峡市崤山西路 M1：9[2]，泥质灰陶。圆唇，平底。肩部有双桥形系，腹上部饰竖绳纹，下腹部有弦纹。口径 15.6 厘米、腹径 24.6 厘米、底径 15.7 厘米、高 25.2 厘米（图 3.5，10）。

Ⅲ式：鼓腹，腹以下收小。如河北省徐水县西黑山 M20：1[3]，泥质灰陶。圆唇，平底。肩部有双桥形系，腹部有凹弦纹。口径 19.8 厘米、腹径 25.2 厘米、底径 12.4 厘米、高 27.8 厘米（图 3.5，11）。

F 型：直口，深弧腹。如北京市平谷东高村巨家坟 M：11[4]，内上壁及外壁施青白釉。尖唇，短肩，圈足。口肩部饰双系，位置高于口沿。口径 7.5 厘米、腹径 9.7 厘米、底径 5.8 厘米、高 13.4 厘米（图 3.5，12）。

九、瓜棱罐

此类器的一般特征为：器腹饰以纵向的凹弦纹而形似瓜棱。以陶器居多，少量为瓷器。依整体形态差异分六型。其中 A 型、B 型、C 型、D 型为陶质，E 型、F 型为瓷质。

A 型：短束颈，鼓腹。据器身等的变化分二式。

Ⅰ式：扁鼓腹。如黑龙江省绥滨县中兴 M5：5[5]，泥质灰陶。敞口，重唇，平底。颈下戳印一道由菱形块组成的条带纹。口径 20.1 厘米、腹径 35 厘米、底径 21.2 厘米、高 23.8 厘米（图 3.6，1）。

Ⅱ式：圆鼓腹。如黑龙江省绥滨县中兴 M7 出土[6]，泥质灰陶。敞口，方唇，平底。肩饰由三角及菱形块组成的横条纹带。口径 12.8 厘米、腹径 26.7 厘米、底径 13.6 厘米、高 23 厘米（图 3.6，2）。

B 型：长束颈，圆鼓腹。如黑龙江省绥滨县中兴 M12：7[7]，泥质灰陶。敞口，圆唇，

---

[1] 迁安市博物馆：《迁安小王庄金代墓葬清理简报》，《文物春秋》2006 年第 3 期。
[2] 三门峡市文物工作队：《三门峡市崤山西路发现三座古墓》，《华夏考古》1993 年第 4 期。
[3] 南水北调中线干线工程建设管理局、河北省南水北调工程建设委员会办公室、河北省文物局：《徐水西黑山——金元时期墓地发掘报告》，文物出版社，2007 年。
[4] 杨学林：《北京平谷东高村巨家坟金代墓葬发掘简报》，《北京文物与考古》第四辑，北京燕山出版社，1994 年。
[5] 黑龙江省文物考古工作队：《黑龙江畔绥滨中兴古城和金代墓群》，《文物》1977 年第 4 期。
[6] 黑龙江省文物考古工作队：《黑龙江畔绥滨中兴古城和金代墓群》，《文物》1977 年第 4 期。
[7] 黑龙江省文物考古工作队：《黑龙江畔绥滨中兴古城和金代墓群》，《文物》1977 年第 4 期。

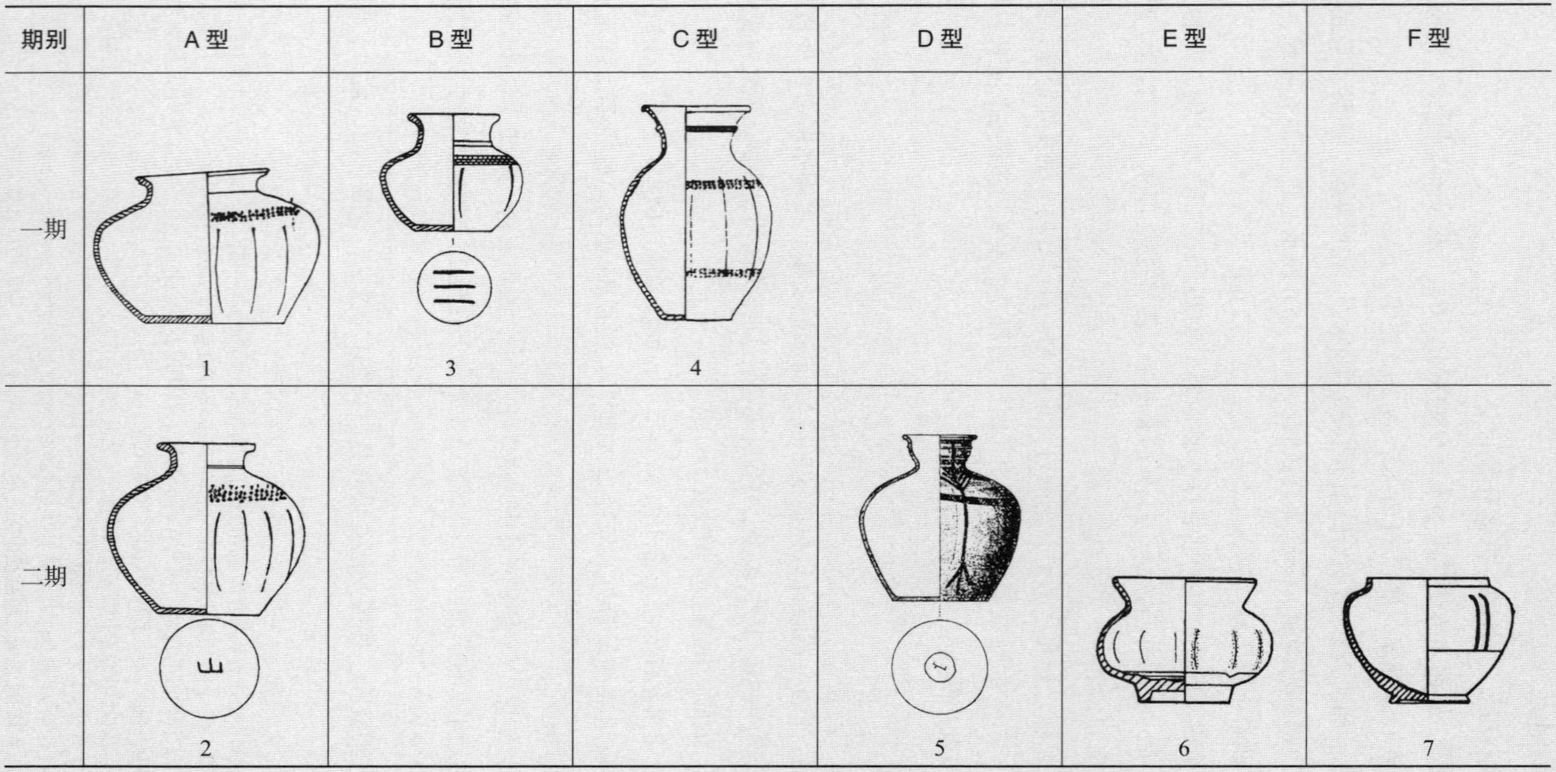

期别	A型	B型	C型	D型	E型	F型
一期	1	3	4			
二期	2			5	6	7

图 3.6 金墓出土陶瓷瓜棱罐

1. A型Ⅰ式（黑龙江省绥滨县中兴 M5∶5） 2. A型Ⅱ式（黑龙江省绥滨县中兴 M7 出土） 3. B型（河北省邯郸市连城别苑 M7∶2）
4. C型（黑龙江省阿城双城村三队出土） 5. D型（黑龙江省绥滨县中兴 M9 出土） 6. E型（河北省邯郸市连城别苑 M7∶2）
7. F型（北京市通县三间房村 M2 出土）

平底。肩部饰有压印纹。口径12厘米、腹径18.8厘米、底径10.4厘米、高16.4厘米（图3.6，3）。

C型：长束颈，弧长腹。如黑龙江省阿城双城村三队出土，标本A892[1]，泥质灰陶。敞口，圆唇，平底。颈部饰两道凸弦纹，腹上下部各有两周排印斜线纹。口径15.6厘米、腹径22.3厘米、底径10.5厘米、高32.2厘米（图3.6，4）。

D型：葫芦形小口，矮鼓腹。如黑龙江省绥滨县中兴M9出土[2]，泥质灰陶。葫芦形敞口，圆唇，大平底。腹部绘有八株褐红色小树的图案。饰两道凸弦纹。口径17.3厘米、腹径22.3厘米、底径21.9厘米、高37.5厘米（图3.6，5）。

E型：扁圆鼓腹，圈足。如河北省邯郸市连城别苑M7:2[3]，施白釉至下腹。侈口，圆唇，圈足。口径9.6厘米、腹径11.6厘米、底径6厘米、高8.5厘米（图3.6，6）。

F型：敛口，折鼓腹。如北京市通县三间房村M2出土[4]，黑釉。方唇，矮圈足。口径7厘米、腹径12厘米、底径7.5厘米、高8厘米（图3.6，7）。

十、罐

瓷器和陶器均有一定数量。依据形态差异分六型。

A型：束颈，鼓腹。据器身等的变化分二式。

Ⅰ式：中腹部圆鼓，腹下急收。如山西省平定县西关村M2出土[5]，泥质灰陶。侈口，圆唇，小平底。口径8厘米、腹径11厘米、底径4.4厘米、高9.6厘米（图3.7，1）。

Ⅱ式：上腹外鼓，腹以下急收。如北京市通县三间房村M1出土[6]，泥质灰陶。侈口，圆唇，小平底。口径8厘米、腹径9厘米、底径3厘米、高9.5厘米（图3.7，2）。

B型：短颈，圆鼓腹。据器身等变化分三式。

Ⅰ式：中腹弧鼓。如河南省林县LM2:4[7]，白釉。侈口，圆唇，假圈足。绘褐彩牡丹花卉纹。口径16.3厘米、腹径20.5厘米、底径9.5厘米、高20厘米（图3.7，3）。

Ⅱ式：中腹扁圆鼓。如河北省唐县砖室墓出土[8]，外施白釉，泛黄，不及底。直口，方唇，圈足微外撇。口径8厘米、腹径11.6厘米、底径5.2厘米、高9.2厘米（图3.7，4）。

---

[1] 阎景全：《黑龙江省阿城市双城村金墓群出土文物整理报告》，《北方文物》1990年第2期。
[2] 黑龙江省文物考古工作队：《黑龙江畔绥滨中兴古城和金代墓群》，《文物》1977年第4期。
[3] 邯郸市文物保护研究所：《邯郸连城别苑古墓发掘简报》，《文物春秋》2004年第6期。
[4] 北京市文物管理处：《北京市通县金代墓葬发掘简报》，《文物》1977年第11期。
[5] 山西省考古研究所、阳泉市文物管理委员会、平定县文物管理所：《山西平定宋、金壁画墓简报》，《文物》1996年第5期。
[6] 北京市文物管理处：《北京市通县金代墓葬发掘简报》，《文物》1977年第11期。
[7] 张增午：《河南林县金墓清理简报》，《华夏考古》1998年第2期。
[8] 李文龙：《河北唐县发现金代墓葬》，《文物春秋》1992年第1期。

Ⅲ式：圆腹，大底。如山西省侯马市西郊64H4M102：5[1]，黄釉，侈口，圆唇，圈足。口径9.6厘米、腹径13.8厘米、底径7.1厘米、高11.4厘米（图3.7，5）。

C型：敛口，鼓腹。据器身等变化分二式。

Ⅰ式：扁圆鼓腹。如山西省大同市徐龟墓M：11[2]，内外壁施褐釉，外壁不及底。尖唇，圈足。口径6.5厘米、腹径9.6厘米、底径5厘米、高7.7厘米（图3.7，6）。

Ⅱ式：上腹折鼓。如北京市通县三间房村M2出土[3]，黑釉。尖唇，圈足。口径7厘米、腹径10厘米、底径4厘米、高9厘米（图3.7，7）。

D型：小口，深鼓腹。据器身等变化分二式。

Ⅰ式：弧鼓腹。如山西省汾阳高级护理学校M3：1[4]，陶质。敛口，平底。口径2.6厘米、腹径8.2厘米、底径4厘米、高8.7厘米（图3.7，8）。

Ⅱ式：折鼓腹。如山西省汾阳高级护理学校M5：13[5]，陶质。敛口，平底。口径2.2厘米、腹径8.4厘米、底径3.4厘米、高8.4厘米（图3.7，9）。

E型：短颈，深弧腹。据器身等变化分三式。

Ⅰ式：折弧腹。如北京市大兴区小营M1：7[6]，泥质灰陶。侈口，圆唇，平底。口径10.7厘米、腹径12.1厘米、底径5.9厘米、高14厘米（图3.7，10）。

Ⅱ式：斜弧腹。如北京市磁器口M1：3[7]，黑色釉。侈口，圆唇，平底，底略内凹。口径8厘米、腹径13厘米、底径7.6厘米、高19.6厘米（图3.7，11）。

Ⅲ式：斜直腹。如北京市平谷东高村巨家坟M：8[8]，内外壁施青白釉，圈足底无釉。侈口，圆唇，肩部、下腹折收，圈足。口径7.8厘米、腹径9.9厘米、底径5.2厘米、高12.4厘米（图3.7，12）。

F型：束颈，深鼓腹。据器身等变化分二式。

Ⅰ式：腹中部圆鼓，口径和底径略等。如河南省新乡市M11：10[9]，内外壁施酱釉。侈口，尖唇，唇面有凹槽，平底。腹部饰一周凹弦纹，下有三周弦痕。口径5.5厘米、腹径10厘米、底径4.8厘米、高15.3厘米（图3.7，13）。

---

[1] 山西省考古研究所侯马工作站：《侯马102号金墓》，《文物季刊》1997年第4期。
[2] 大同市博物馆：《山西大同市金代徐龟墓》，《考古》2004年第9期。
[3] 北京市文物管理处：《北京市通县金代墓葬发掘简报》，《文物》1977年第11期。
[4] 山西省考古研究所、汾阳县博物馆：《山西汾阳金墓发掘简报》，《文物》1991年第12期。
[5] 山西省考古研究所、汾阳县博物馆：《山西汾阳金墓发掘简报》，《文物》1991年第12期。
[6] 王清林、朱志刚、刘凤亮：《大兴区小营出土金代墓葬》，《北京文物与考古》第六辑，民族出版社，2004年。
[7] 王清林、王策：《磁器口出土的金代石椁墓》，《北京文物与考古》第五辑，北京燕山出版社，2002年。
[8] 杨学林：《北京平谷东高村巨家坟金代墓葬发掘简报》，《北京文物与考古》第四辑，北京燕山出版社，1994年。
[9] 张新斌：《河南新乡市宋金墓》，《考古》1996年第1期。

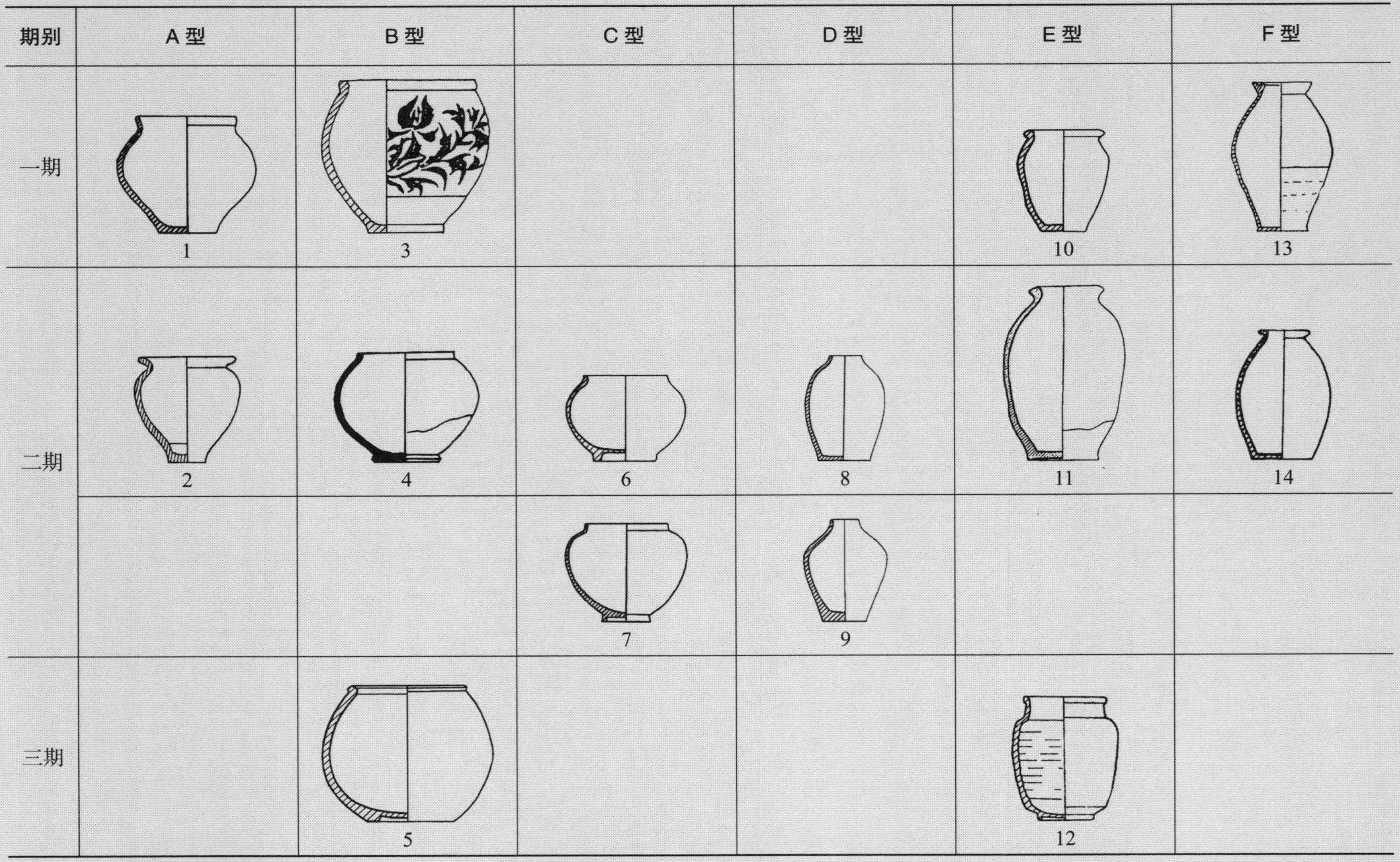

图 3.7 金代墓葬出土陶瓷罐

1. A型Ⅰ式（山西省平定县西关村M2出土） 2. A型Ⅲ式（北京市通县三间房村M1出土） 3. B型Ⅰ式（河南省林县LM2:4） 4. B型Ⅱ式（河北省唐县佗室墓出土） 5. B型Ⅲ式（山西省侯马市西郊64H4M102:5） 6. C型Ⅰ式（山西省大同市徐龟墓M:11） 7. C型Ⅱ式（山西省汾阳高级护理学校M3:1） 8. D型Ⅰ式（北京市通县三间房村M2出土） 9. D型Ⅱ式（山西省汾阳高级护理学校M5:13） 10. E型Ⅰ式（北京市大兴区小营M1:7） 11. E型Ⅱ式（北京市磁器口M1:3） 12. E型Ⅲ式（北京市平谷东高村巨家坟M:8） 13. F型Ⅰ式（河南省新乡市M11:10） 14. F型Ⅱ式（北京市先农坛育才学校墓出土）

Ⅱ式：腹中部圆弧，口径略小于底径。如北京先农坛育才学校墓出土[1]，内外壁施青釉，外壁釉不及底。侈口，尖唇，溜肩，平底。口径6.5厘米、腹径12.5厘米、底径7.5厘米、高17厘米（图3.7，14）。

十一、碗

以瓷器为主。依据形态差异分四型。

A型：弧腹。据器壁、口部等变化分三式。

Ⅰ式：腹壁弧折。如内蒙古巴林左旗王家湾M2：1[2]，外施酱色釉至圈足，内施白釉，泛青。敞口，圆唇，小圈足。口径19.4厘米、底径5.8厘米、高7.8厘米（图3.8，1）。

Ⅱ式：腹壁弧曲。如河北省邯郸市北张庄M7：3[3]，外施黑色釉至圈足，内施白釉。敞口，圆唇，小圈足。口径18.6厘米、底径5.3厘米、高6.9厘米（图3.8，2）。

Ⅲ式：腹壁圆弧。如辽宁省朝阳重型机器厂1999M2：4[4]，外施白色釉不及底。敞口，尖唇，圈足。口径15.4厘米、底径6.4厘米、高6.4厘米（图3.8，3）。

B型：直腹。据器壁等变化分四式。

Ⅰ式：腹壁直。如辽宁省朝阳市召都巴M：5[5]，施白色釉不及底。敞口，圆唇，矮圈足。口径15.4厘米、底径5.8厘米、高4.5厘米（图3.8，4）。

Ⅱ式：腹壁微直。如山西省侯马市牛村94H5M1：2[6]，乳白釉。敞口，圆唇，圈足。内壁凹弦纹以下阴刻有双鱼及水波纹。口径19.5厘米、底径5.7厘米、高7.2厘米（图3.8，5）。

Ⅲ式：器上壁微敛。如内蒙古敖汉旗英凤沟M1出土[7]，白色釉。微敛口，尖圆唇，圈足。口径13厘米、底径4厘米、高5厘米（图3.8，6）。

Ⅳ式：器上壁内敛。如山西省侯马市西郊64H4M102：2[8]，白色釉。敛口，尖圆唇，圈足。口径16.5厘米、底径5.6厘米、高6.3厘米（图3.8，7）。

C型：葵瓣形口，斜弧腹。如河北省迁安市小王庄98QXM1：3[9]，胎呈灰白色，釉色灰白泛黄，薄涩无光，口沿及腹部有垂泪痕，外壁下部露胎。敞口，圈足，内底有一涩圈，外壁刮削痕明显，内壁模饰六凸棱。口径21.8厘米、底径6.8厘米、高7.8厘米

---

[1] 北京市文物管理处：《北京先农坛金墓》，《文物》1977年第11期。
[2] 张景明：《内蒙古巴林左旗王家湾金代墓葬》，《考古》1999年第4期。
[3] 河北省文物研究所、邯郸市文物管理处：《河北邯郸北张庄金墓发掘简报》，《文物春秋》2001年第1期。
[4] 朝阳市博物馆：《辽宁朝阳重型机器厂辽金墓》，《北方文物》2003年第4期。
[5] 朝阳市博物馆、朝阳市龙城区博物馆：《辽宁朝阳召都巴金墓》，《北方文物》2005年第3期。
[6] 山西省考古研究所侯马工作站：《侯马两座金代纪年墓发掘报告》，《文物季刊》1996年第3期。
[7] 敖汉旗文物管理所：《内蒙古敖汉旗英凤沟金代墓地》，《文物》1987年第8期。
[8] 山西省考古研究所侯马工作站：《侯马102号金墓》，《文物季刊》1997年第4期。
[9] 迁安市博物馆：《迁安小王庄金代墓葬清理简报》，《文物春秋》2006年第3期。

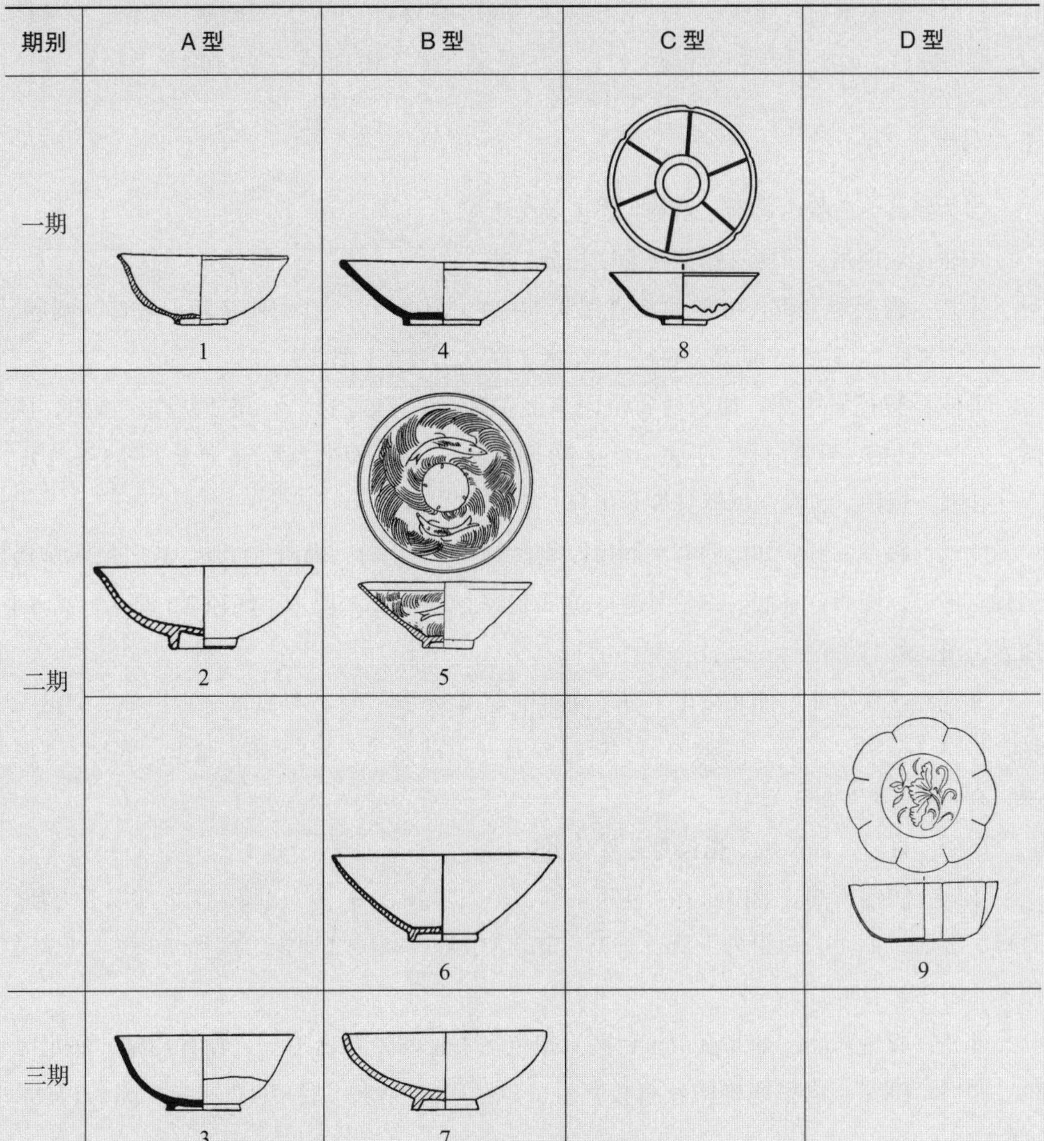

期别	A型	B型	C型	D型
一期	1	4	8	
二期	2	5		
		6		9
三期	3	7		

图3.8 金代墓葬出土瓷碗

1. A型Ⅰ式（内蒙古巴林左旗王家湾M2∶1） 2. A型Ⅱ式（河北省邯郸市北张庄M7∶3）
3. A型Ⅲ式（辽宁省朝阳重型机器厂1999M2∶4） 4. B型Ⅰ式（辽宁省朝阳市召都巴M∶5）
5. B型Ⅱ式（山西省侯马市牛村94H5M1∶2） 6. B型Ⅲ式（内蒙古敖汉旗英凤沟M1出土）
7. B型Ⅳ式（山西省侯马市西郊64H4M102∶2） 8. C型（河北省迁安市小王庄98QXM1∶3）
9. D型（北京市通县三间房村M1出土）

（图 3.8，8）。

D 型：葵瓣形口，弧腹。如北京市通县三间房村 M1 出土[1]，器胎薄，侈口，矮实圈足，瓷质细白，内底刻莲花荷叶纹。口径 18.5 厘米、底径 10 厘米、高 7 厘米（图 3.8，9）。

十二、钵

多为瓷器，少量为陶器。依据形态差异分五型。

A 型：短束颈，折腹。据器身等变化分二式。

Ⅰ式：腹径居上部。如黑龙江省绥滨县中兴 M12：12[2]，泥质灰陶。敞口，圆唇，鼓肩，大平底。口径 16 厘米、底径 12 厘米、高 9.2 厘米（图 3.9，1）。

Ⅱ式：腹径居中部。如山西省汾阳高级护理学校 M5：14[3]，泥质灰陶。敞口，圆唇，内壁有凹槽，鼓腹内收，平底。口径 9.9 厘米、底径 4.4 厘米、高 5.6 厘米（图 3.9，2）。

B 型：短颈，弧腹。据器身等变化分二式。

Ⅰ式：腹壁弧圆。如山西省大同市徐龟墓 M：4[4]，白、褐两色绞胎，内外壁满施透明釉。侈口，圆唇，平底。口沿外有一道凹弦纹。口径 16.7 厘米、底径 9.5 厘米、高 6.4 厘米（图 3.9，3）。

Ⅱ式：腹壁折曲。如北京市平谷东高村巨家坟 M：7[5]，内外壁满施青白釉，口沿无釉。侈口，圆唇，平底，底微内凹。口沿外有一道凹弦纹。口径 10.6 厘米、底径 6.2 厘米、高 4.4 厘米（图 3.9，4）。

C 型：直口，浅弧腹。据器身等变化分二式。

Ⅰ式：腹壁折曲。如山西省大同市南郊云中大学 M1：9[6]，白釉，腹下部以下无釉。直口，圆唇，圈足。口沿外上腹部饰有三道凹弦纹。口径 12 厘米、底径 7.3 厘米、高 5 厘米（图 3.9，5）。

Ⅱ式：腹壁弧圆。如北京市丰台区米粮屯乌古论窝论墓出土[7]，淡青白釉，底足无釉。圆唇，圈足。内壁底饰印花折枝牡丹。口径 17.1 厘米、底径 4.2 厘米、高 6.2 厘米（图 3.9，6）。

D 型：敛口，深弧腹。据器身等变化分三式。

---

[1] 北京市文物管理处：《北京市通县金代墓葬发掘简报》，《文物》1977 年第 11 期。
[2] 黑龙江省文物考古工作队：《黑龙江畔绥滨中兴古城和金代墓群》，《文物》1977 年第 4 期。
[3] 山西省考古研究所、汾阳县博物馆：《山西汾阳金墓发掘简报》，《文物》1991 年第 12 期。
[4] 大同市博物馆：《山西大同金代徐龟墓》，《考古》2004 年第 9 期。
[5] 杨学林：《北京平谷东高村巨家坟金代墓葬发掘简报》，《北京文物与考古》第四辑，北京燕山出版社，1994 年。
[6] 大同市博物馆：《大同市南郊金代壁画墓》，《考古学报》1992 年第 4 期。
[7] 北京市文物工作队：《北京金墓发掘简报》，《北京文物与考古》第一辑，北京燕山出版社，1983 年。

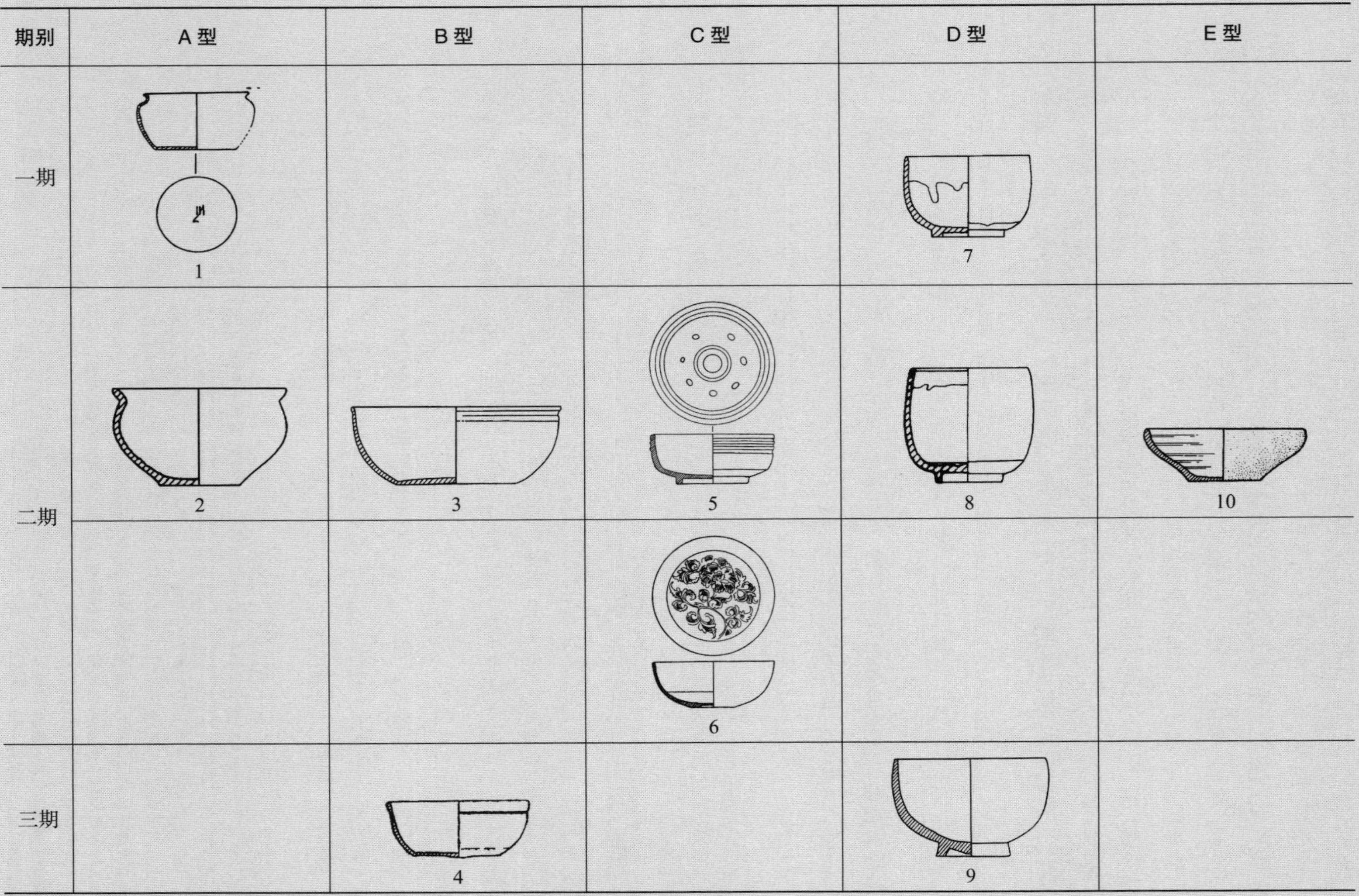

期别	A型	B型	C型	D型	E型
一期	1				
二期	2	3, 4	5, 6	7, 8	
三期				9	10

图3.9 金代墓葬出土陶瓷钵

1. A型Ⅰ式（黑龙江省绥滨县中兴M12：12） 2. A型Ⅱ式（山西省汾阳护理学校M5：14） 3. B型Ⅰ式（山西省大同市徐龟墓M：4） 4. B型Ⅱ式（北京市平谷区东高村巨家坟M：7） 5. C型Ⅱ式（山西省大同市南郊云中大学M1：9） 6. C型Ⅱ式（北京市丰台区米粮屯乌古论窝论墓出土） 7. D型Ⅰ式（河北省邯郸市龙城小区M14：4） 8. D型Ⅱ式（河北省邯郸市北张庄M6：1） 9. D型Ⅲ式（辽宁省朝阳重型机器厂1989M1：5） 10. E型（北京市门头沟区永定镇何各庄砖室墓出土）

75

Ⅰ式：腹壁直折。如河北省邯郸市龙城小区M14∶4[1]，白釉。尖圆唇，圈足。口径12.8厘米、底径7.5厘米、高8.8厘米（图3.9，7）。

Ⅱ式：腹壁微内弧折。如河北省邯郸市北张庄M6∶1[2]，内壁仅口沿和底部施釉，外壁施釉未及底。尖唇，圈足。口径11.3厘米、底径6.4厘米、高11.6厘米（图3.9，8）。

Ⅲ式：腹壁圆弧。如辽宁省朝阳重型机器厂1989M1∶5[3]，施墨绿色釉未及底。尖唇，圈足微外撇，底下凹。口径10.8厘米、底径5.3厘米、高7.3厘米（图3.9，9）。

E型：敛口。折弧腹。如北京市门头沟区永定镇何各庄砖室墓出土[4]，泥质灰陶。圆唇，下腹内收，平底。内壁饰八道凹弦纹。口径10.5厘米、底径5厘米、高3.8厘米（图3.9，10）。

十三、盘

绝大多数为瓷器。依据形态差异分五型。

A型：斜壁，大平底。据器壁等变化分二式。

Ⅰ式：壁较外侈。如河南省林县LM2∶12[5]，白釉。口径11厘米、底7.1厘米、高2厘米（图3.10，1）。

Ⅱ式：壁外侈大。如内蒙古敖汉旗老虎沟M1出土[6]，内外壁施白釉，泛黄，口沿无釉。口径8.8厘米、底径6.2厘米、高1.3厘米（图3.10，2）。

B型：折腹，圈足。据器壁等变化分三式。

Ⅰ式：腹壁外敞。如河南省林县LM2∶11[7]，内外施白釉，外施釉不及底。圈足内墨书一"福"字。口径16厘米、底径6.2厘米、高4厘米（图3.10，3）。

Ⅱ式：腹壁外敞大。如北京市先农坛育才学校墓出土[8]，白釉。盘内中部有一周凹弦纹。口径16厘米、底径6厘米、高2.7厘米（图3.10，4）。

Ⅲ式：腹壁弯折，外敞大。如辽宁省朝阳重型机器厂1999M2∶7[9]，器表施白色半釉。口径17.4厘米、底径6.4厘米、高4.8厘米（图3.10，5）。

C型：斜直腹，圈足。据器壁等变化分二式。

---

[1] 邯郸市文物保护研究所：《邯郸市龙城小区墓葬发掘简报》，《文物春秋》2004年第6期。
[2] 河北省文物研究所、邯郸市文物管理处：《河北邯郸北张庄金墓发掘简报》，《文物春秋》2001年第1期。
[3] 辽宁省文物考古研究所：《朝阳重型机器厂金墓》，《辽海文物学刊》1990年第2期。
[4] 李华：《北京门头沟区永定镇金墓》，《北京文物与考古》第四辑，北京燕山出版社，1994年。
[5] 张增午：《河南林县金墓清理简报》，《华夏考古》1998年第2期。
[6] 朱志民：《内蒙古敖汉旗老虎沟金代博州防御使墓》，《考古》1995年第9期。
[7] 张增午：《河南林县金墓清理简报》，《华夏考古》1998年第2期。
[8] 北京市文物管理处：《北京先农坛金墓》，《文物》1977年第11期。
[9] 朝阳市博物馆：《辽宁朝阳重型机器厂辽金墓》，《北方文物》2003年第4期。

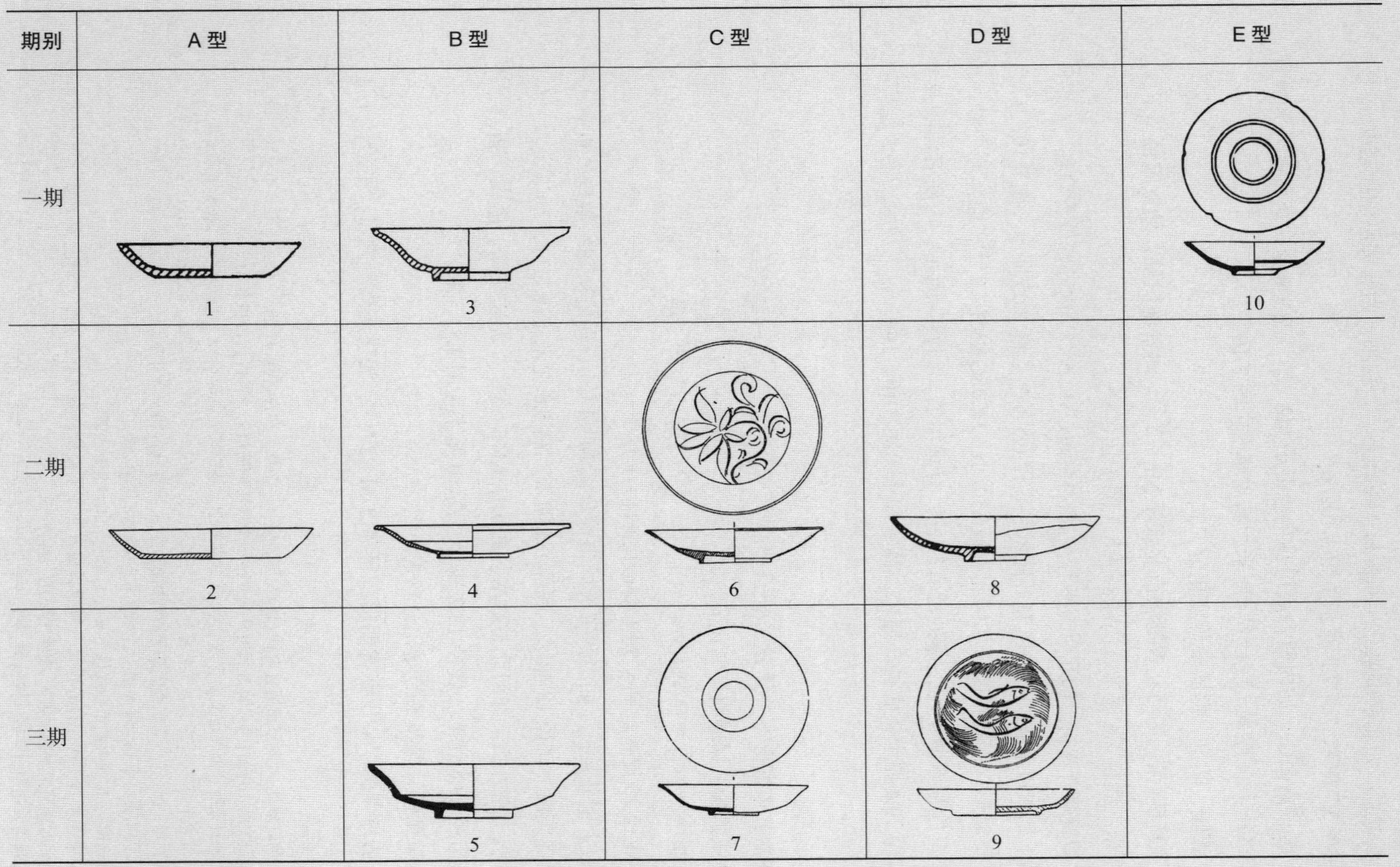

图 3.10　金代墓葬出土瓷盘

1. A 型 I 式（河南省林县 LM2∶12）　2. A 型 II 式（内蒙古敖汉旗老虎沟 M1 出土）　3. B 型 I 式（河南省林县 LM2∶11）
4. B 型 II 式（北京市先农坛育才学校墓出土）　5. B 型 III 式（辽宁省朝阳重型机器厂 1999M2∶7）　6. C 型 I 式（北京市通县三间房村 M2 出土）
7. C 型 II 式（内蒙古武川县乌兰窑子 M2∶2）　8. D 型 I 式（河北省邯郸市北张庄 M6∶2）
9. D 型 II 式（北京市平谷东高村巨家坟 M∶5）　10. E 型（河北省迁安市小王庄 98QXM1∶2）

Ⅰ式：腹壁直。如北京市通县三间房村 M2 出土[1]，白釉。内底饰阴刻莲花纹。口径 15 厘米、底径 5.7 厘米、高 2.2 厘米（图 3.10，6）。

Ⅱ式：腹壁略微弧。如内蒙古武川县乌兰窑子 M2：2[2]，内壁施白黄釉，外施淡青釉不及底。口径 18.4 厘米、底径 6.4 厘米、高 4 厘米（图 3.10，7）。

D 型：弧腹，圈足。据器壁等变化分二式。

Ⅰ式：腹壁微弧。如河北省邯郸市北张庄 M6：2[3]，内壁施白釉，外壁施釉至下腹。口径 22.8 厘米、底径 6.6 厘米、高 4.8 厘米（图 3.10，8）。

Ⅱ式：腹壁略有弯折。如北京市平谷东高村巨家坟 M：5[4]，内外壁施青白釉，口沿无釉。内底釉下刻双鱼水波纹。口径 11.6 厘米、底径 6.5 厘米、高 2.05 厘米（图 3.10，9）。

E 型：葵瓣形口，斜折腹。如河北省迁安市小王庄 98QXM1：2[5]，通体施白釉，釉面光亮，外壁施釉厚薄不均，厚处泛青绿色，有垂泪痕。圆唇，圈足，内底有涩圈及叠烧粘疤。口径 20.4 厘米、底径 7 厘米、高 5 厘米（图 3.10，10）。

十四、盆

多为陶器。依据形态差异分二型。

A 型：浅弧腹。据器壁等变化分三式。

Ⅰ式：腹壁微斜直。如河南省林县 LM2：1[6]，泥质灰陶。敞口，板沿，平底。口径 41.5 厘米、底径 25 厘米、高 9.5 厘米（图 3.11，1）。

Ⅱ式：腹上壁外弧折。如山西省大同市徐龟墓 M：13[7]，泥质灰陶。敞口，折沿，平底。内壁有螺旋纹。口径 18 厘米、底径 8.5 厘米、高 5.6 厘米（图 3.11，2）。

Ⅲ式：腹上壁外弧。如河北省徐水县西黑山 M46：4[8]，泥质灰陶。敞口，折沿，平底略内收。口径 29.8 厘米、底径 13.2 厘米、高 10 厘米（图 3.11，3）。

B 型：深弧腹。据器壁等变化分三式。

Ⅰ式：腹壁斜弧。如辽宁省朝阳市召都巴 M：27[9]，泥质灰陶。敞口，平沿，平底。

---

[1] 北京市文物管理处：《北京市通县金代墓葬发掘简报》，《文物》1977 年第 11 期。
[2] 乌兰察布盟文物工作站：《内蒙古武川县乌兰窑子金墓清理简报》，《考古》1989 年第 8 期。
[3] 河北省文物研究所、邯郸市文物管理处：《河北邯郸北张庄金墓发掘简报》，《文物春秋》2001 年第 1 期。
[4] 杨学林：《北京平谷东高村巨家坟金代墓葬发掘简报》，《北京文物与考古》第四辑，北京燕山出版社，1994 年。
[5] 迁安市博物馆：《迁安小王庄金代墓葬清理简报》，《文物春秋》2006 年第 3 期。
[6] 张增午：《河南林县金墓清理简报》，《华夏考古》1998 年第 2 期。
[7] 大同市博物馆：《山西大同金代徐龟墓》，《考古》2004 年第 9 期。
[8] 南水北调中线干线工程建设管理局、河北省南水北调工程建设委员会办公室、河北省文物局：《徐水西黑山——金元时期墓地发掘报告》，文物出版社，2007 年。
[9] 朝阳市博物馆、朝阳市龙城区博物馆：《辽宁朝阳召都巴金墓》，《北方文物》2005 年第 3 期。

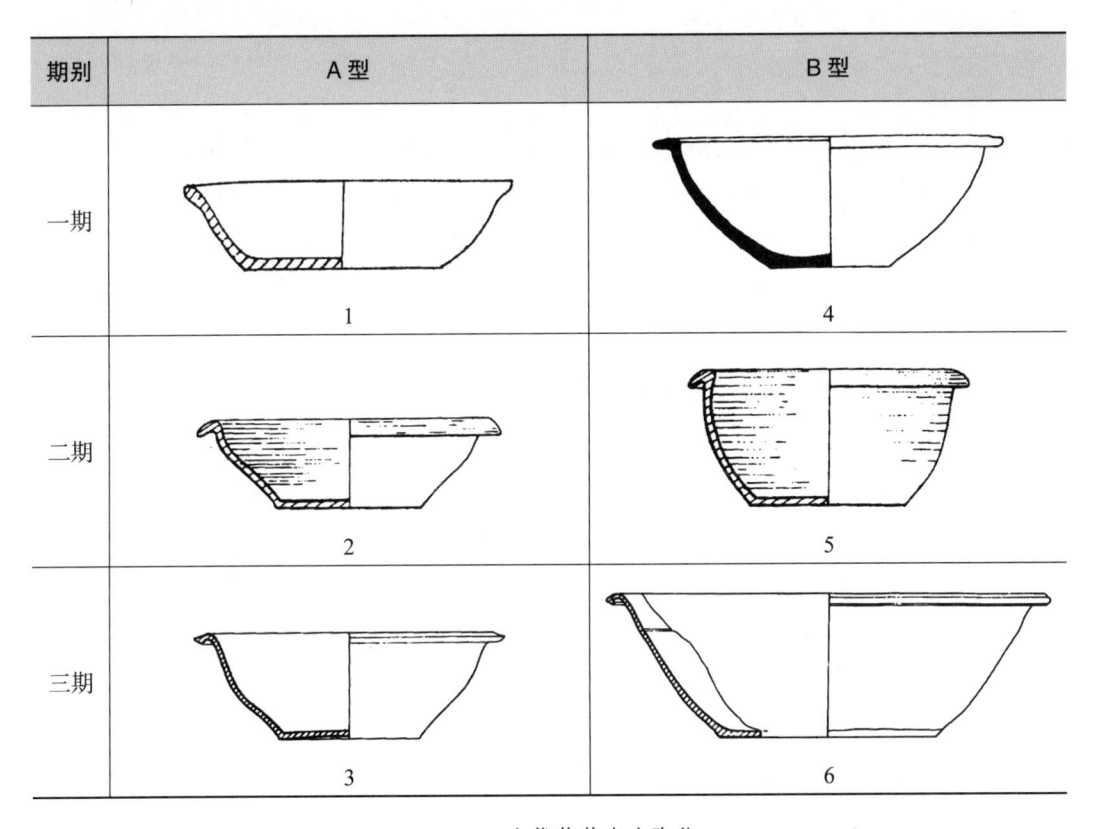

期别	A 型	B 型
一期	1	4
二期	2	5
三期	3	6

图 3.11　金代墓葬出土陶盆
1. A 型 Ⅰ 式（河南省林县 LM2∶1）　2. A 型 Ⅱ 式（山西省大同市徐龟墓 M∶13）
3. A 型 Ⅲ 式（河北省徐水县西黑山 M46∶4）　4. B 型 Ⅰ 式（辽宁省朝阳市召都巴 M∶27）
5. B 型 Ⅱ 式（山西省大同市徐龟墓 M∶14）　6. B 型 Ⅲ 式（河北省徐水县西黑山 M46∶26）

口径 24.6 厘米、底径 8.6 厘米、高 9.1 厘米（图 3.11，4）。

Ⅱ 式：腹壁圆弧。如山西省大同市徐龟墓 M∶14[1]，泥质灰陶。敞口，折沿，平底。口径 15.5 厘米、底径 8.6 厘米、高 7.5 厘米（图 3.11，5）。

Ⅲ 式：腹壁斜直。如河北省徐水县西黑山 M46∶26[2]，泥质灰陶。敞口，卷沿，平底。内壁有一周凹弦纹。口径 62.4 厘米、底径 30.4 厘米、高 19.2 厘米（图 3.11，6）。

十五、釜（鍪锅）

均为陶器。依据形态差异分为二型。

A 型：腹部为一周凸棱鍪沿。据器壁等变化分五式。

---

〔1〕 大同市博物馆：《山西大同市金代徐龟墓》，《考古》2004 年第 9 期。
〔2〕 南水北调中线干线工程建设管理局、河北省南水北调工程建设委员会办公室、河北省文物局：《徐水西黑山——金元时期墓地发掘报告》，文物出版社，2007 年。

Ⅰ式：折腹。长颈，如辽宁省朝阳市召都巴 M：25[1]，泥质灰陶。敛口，平底微内凹。口径10厘米、底径7厘米、高8.2厘米（图3.12，1）。

Ⅱ式：折弧腹。如北京市大兴区小营 M1：10[2]，泥质灰陶，口部有红彩。敛口，平底。上部有两周凹弦纹。口径8.2厘米、底径4.7厘米、高7厘米（图3.12，2）。

Ⅲ式：斜弧腹。如北京市门头沟区永定镇何各庄砖室墓出土[3]，泥质灰陶。直口，平底。颈部有一周凹弦纹和一周凸弦纹。口径8.2厘米、底径4.6厘米、高6.2厘米（图3.12，3）。

Ⅳ式：鼓腹。如陕西省咸阳市瑞祥小区土洞墓出土[4]，泥质灰陶。敛口，小平底。口部有三周凹弦纹。口径9.3厘米、底径3.5厘米、高7.8厘米（图3.12，4）。

Ⅴ式：弧腹。如陕西省西安市北郊医疗设备厂墓出土[5]，泥质灰陶。敛口，小平台底。上部有两周凹弦纹。口径11厘米、底径5.6厘米、高7.5厘米（图3.12，5）。

B型：腹部为分隔的匕状凸棱錾手。据器壁等变化分二式。

Ⅰ式：弧鼓腹。如山西省大同市徐龟墓 M：16[6]，泥质灰陶。敛口，平底。口径5厘米、底径3厘米、高3.3厘米（图3.12，6）。

Ⅱ式：斜弧腹。如北京市通县三间房村 M1 出土[7]，泥质灰陶。微敛口，平底。口径9厘米、底径4.6厘米、高5.5厘米（图3.12，7）。

十六、鼎

均为陶器。依据形态差异分为四型。

A型：器身为罐形。据器身等变化分二式。

Ⅰ式：长束颈。如河南省新乡市 M11：11[8]，泥质陶，内外施白衣。敞口，鼓腹，矮乳丁足。口径9.4厘米、高8.8厘米（图3.13，1）。

Ⅱ式：短束颈。如北京市通县三间房村 M1 出土[9]，泥质灰陶。敞口，弧鼓腹，腹有两耳，平底，圆柱状足。口径7厘米、高7.3厘米（图3.13，2）。

B型：器身为釜形。据器身等变化分三式。

[1] 朝阳市博物馆、朝阳市龙城区博物馆：《辽宁朝阳召都巴金墓》，《北方文物》2005年第3期。
[2] 王清林、朱志刚、刘风亮：《大兴区小营出土金代墓葬》，《北京文物与考古》第六辑，民族出版社，2004年。
[3] 李华：《北京门头沟区永定镇金墓》，《北京文物与考古》第四辑，北京燕山出版社，1994年。
[4] 咸阳文物考古研究所：《咸阳瑞祥小区发现的金墓》，《文博》2004年第5期。
[5] 倪志俊、韩国河、程林泉：《西安市北郊金代墓葬发掘简报》，《考古与文物》1991年第6期。
[6] 大同市博物馆：《山西大同市金代徐龟墓》，《考古》2004年第9期。
[7] 北京市文物管理处：《北京市通县金代墓葬发掘简报》，《文物》1977年第11期。
[8] 张新斌：《河南新乡市宋金墓》，《考古》1996年第1期。
[9] 北京市文物管理处：《北京市通县金代墓葬发掘简报》，《文物》1977年第11期。

期别	釜（鏊锅） A型	釜（鏊锅） B型	平底锅（熨斗）
一期	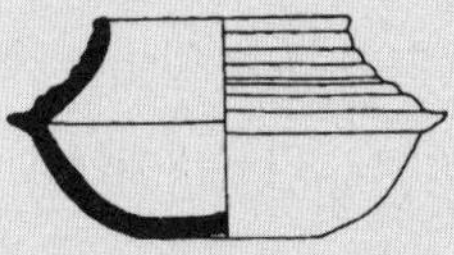 1 / 2		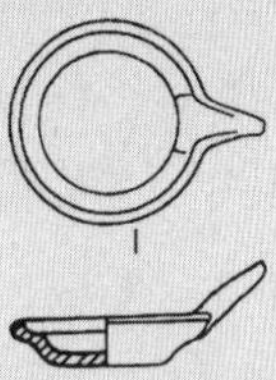 8
二期	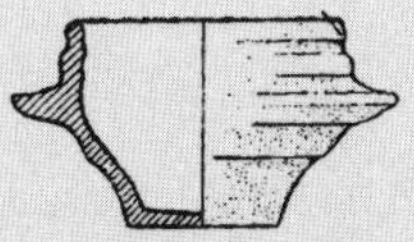 3 / 4	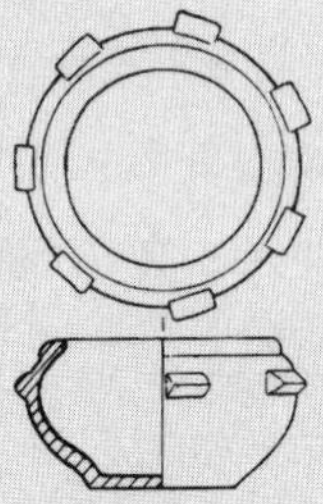 6 / 7	 9
三期	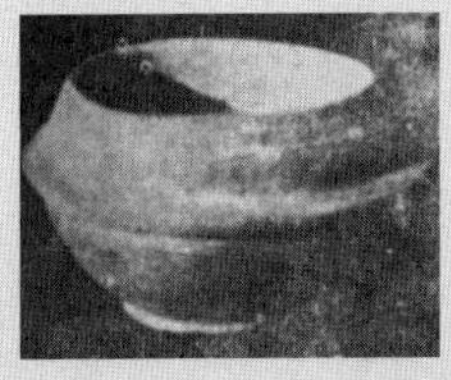 5		

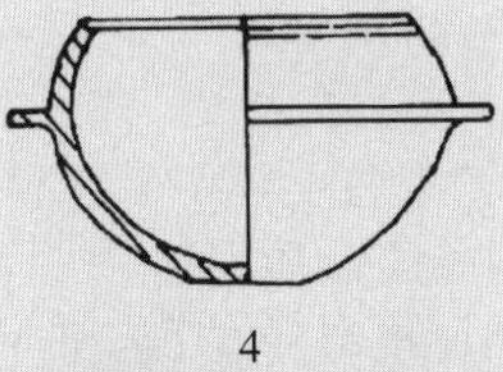

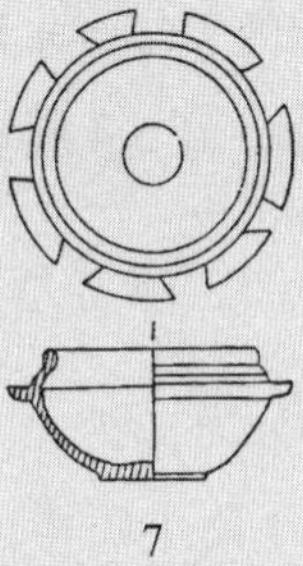

图3.12 金代墓葬出土陶釜（鏊锅）、平底锅（熨斗）

1. A型Ⅰ式釜（辽宁省朝阳市召都巴M:25） 2. A型Ⅱ式釜（北京市大兴区小营M1:10）
3. A型Ⅲ式釜（北京市门头沟区永定镇何各庄砖室墓出土） 4. A型Ⅳ式釜（陕西省咸阳市瑞祥小区土洞墓出土）
5. A型Ⅴ式釜（陕西省西安市北郊医疗设备厂墓出土） 6. B型Ⅰ式釜（山西省大同市徐龟墓M:16）
7. B型Ⅱ式釜（北京市通县三间房村M1出土） 8. Ⅰ式平底锅（北京市大兴区小营M1:19）
9. Ⅱ式平底锅（北京市门头沟区永定镇何各庄砖室墓出土）

Ⅰ式：斜弧腹。如北京市大兴区小营 M1∶11[1]，泥质灰陶。直口，平底，锥状足。口外颈有三道凸弦纹，口外颈及折沿处施红彩。口径 8.8 厘米、高 8.2 厘米（图 3.13，3）。

Ⅱ式：曲弧腹。如北京市通县三间房村 M1 出土[2]，泥质灰陶。侈口，矮锥状足。口径 9 厘米、高 7.5 厘米（图 3.13，4）。

Ⅲ式：直弧腹，出现四足。如北京市门头沟区永定镇何各庄砖室墓出土[3]，泥质灰陶。直口，平底，微下弧，四长锥状足。口外颈有二道凹弦纹。口径 8 厘米、高 8 厘米（图 3.13，5）。

C 型：器身为盆形。据器身等变化分三式。

Ⅰ式：腹壁稍直，沿部有二桥形耳。如辽宁省朝阳市召都巴 M∶21[4]，泥质灰陶。侈口，平底，微内凹，棱柱状足。口径 15.8 厘米、高 10 厘米（图 3.13，6）。

Ⅱ式：腹壁稍侈，足微外撇。如辽宁省朝阳市召都巴 M∶22[5]，泥质灰陶。侈口，平底，棱柱状足。口径 18.8 厘米、高 8.4 厘米（图 3.13，7）。

Ⅲ式：腹壁稍侈，足直立。如北京市大兴区小营 M1∶8[6]，泥质灰陶，内施红彩。侈口，平底，矮锥状足。口径 14 厘米、高 7.5 厘米（图 3.13，8）。

D 型：器身为盘形。据器足变化分二式。

Ⅰ式：足部稍内收。如北京市大兴区小营 M1∶15[7]，泥质灰陶，内施红彩。敞口，平底，矮锥状足。平唇上有三道凹弦纹。口径 14.8 厘米、高 4.7 厘米（图 3.13，9）。

Ⅱ式：足部微外撇。如北京市门头沟区永定镇何各庄砖室墓出土[8]，泥质灰陶。敞口，平底，矮锥状足。口径 12 厘米、高 3.4 厘米（图 3.13，10）。

十七、錾耳洗

多为瓷器。依据錾耳形态差异分为二型。

A 型：三角花瓣形錾耳，錾耳下附小环耳。如山西省大同市南郊云中大学 M2∶4[9]，白釉。敞口，平底。内底饰划花莲花纹和凹弦纹。口径 12 厘米、底径 4.6 厘米、高 4.5 厘米（图 3.3，11）。

---

[1] 王清林、朱志刚、刘风亮：《大兴区小营出土金代墓葬》，《北京文物与考古》第六辑，民族出版社，2004 年。
[2] 北京市文物管理处：《北京市通县金代墓葬发掘简报》，《文物》1977 年第 11 期。
[3] 李华：《北京门头沟区永定镇金墓》，《北京文物与考古》第四辑，北京燕山出版社，1994 年。
[4] 朝阳市博物馆、朝阳市龙城区博物馆：《辽宁朝阳召都巴金墓》，《北方文物》2005 年第 3 期。
[5] 朝阳市博物馆、朝阳市龙城区博物馆：《辽宁朝阳召都巴金墓》，《北方文物》2005 年第 3 期。
[6] 王清林、朱志刚、刘风亮：《大兴区小营出土金代墓葬》，《北京文物与考古》第六辑，民族出版社，2004 年。
[7] 王清林、朱志刚、刘风亮：《大兴区小营出土金代墓葬》，《北京文物与考古》第六辑，民族出版社，2004 年。
[8] 李华：《北京门头沟区永定镇金墓》，《北京文物与考古》第四辑，北京燕山出版社，1994 年。
[9] 大同市博物馆：《大同市南郊金代壁画墓》，《考古学报》1992 年第 4 期。

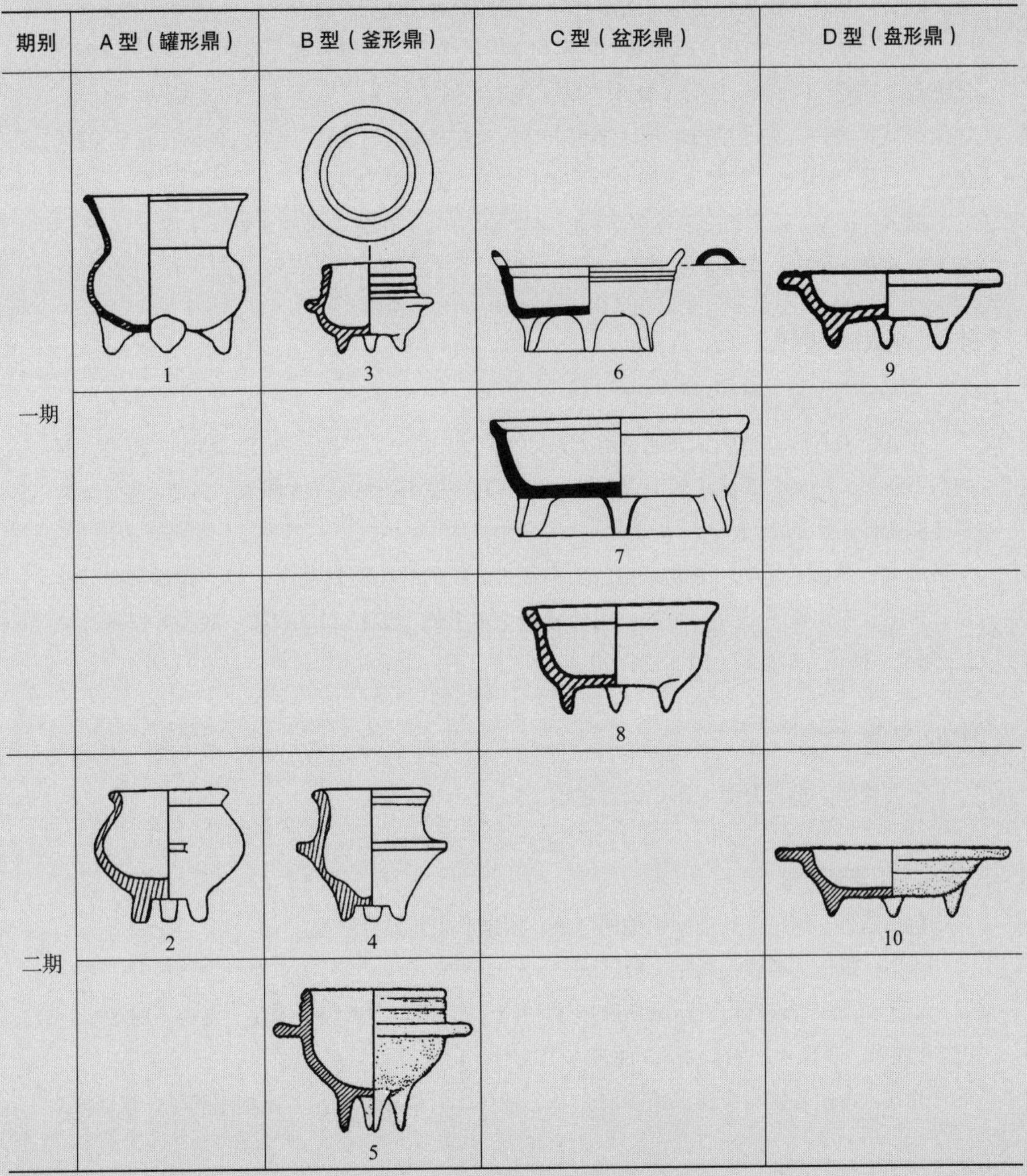

期别	A型（罐形鼎）	B型（釜形鼎）	C型（盆形鼎）	D型（盘形鼎）
一期	1	3	6 7 8	9
二期	2	4 5		10

图3.13 金代墓葬出土陶鼎

1. A型Ⅰ式（河南省新乡市 M11：11） 2. A型Ⅱ式（北京市通县三间房村 M1 出土）
3. B型Ⅰ式（北京市大兴区小营 M1：11） 4. B型Ⅱ式（北京市通县三间房村 M1 出土）
5. B型Ⅲ式（北京市门头沟区永定镇何各庄砖室墓出土） 6. C型Ⅰ式（辽宁省朝阳市召都巴 M：21）
7. C型Ⅱ式（辽宁省朝阳市召都巴 M：22） 8. C型Ⅲ式（北京市大兴区小营 M1：8）
9. D型Ⅰ式（北京市大兴区小营 M1：15） 10. D型Ⅱ式（北京市门头沟区永定镇何各庄砖室墓出土）

B 型：半月形錾耳，錾耳下附小环耳。据器壁等变化分三式。

Ⅰ式：微敛口。如北京市通县三间房村 M1 出土[1]，青绿色釉。平底。口沿外有两周凹弦纹。口径 11 厘米、底径 6 厘米、高 4 厘米（图 3.3，12）。

Ⅱ式：直口。如北京市丰台区米粮屯乌古论窝论墓出土[2]，淡青白色釉，底足无釉。圈足。口径 16 厘米、底径 4.6 厘米、高 5.1 厘米（图 3.3，13）。

Ⅲ式：侈口。如北京市平谷东高村巨家坟 M：1[3]，内外壁满施黄釉。平底。口径 4.5 厘米、底径 2 厘米、高 3.4 厘米（图 3.3，14）。

十八、平底锅（熨斗）

均为陶器。据器身变化分二式。

Ⅰ式：斜直腹，长柄。如北京市大兴区小营 M1：19[4]，泥质灰陶。侈口，折沿，腹内沿下凸起，平底。圆棱状柄手直上翘。口径 10.8 厘米、底径 6.8 厘米、高 2.5 厘米、柄长 5.3 厘米（图 3.12，8）。

Ⅱ式：弧腹，短柄。如北京市门头沟区永定镇何各庄砖室墓出土[5]，泥质灰陶。侈口，折沿，腹内沿下凸起，平底。圆棱状柄手微上翘。口径 11.2 厘米、底径 6 厘米、高 2.2 厘米、柄长 1.8 厘米（图 3.12，9）。

十九、灯盏

皆为瓷器，常见有黑、酱、白等釉色。

（一）黑釉灯盏

包括酱色、绿色等其他深色釉的灯盏。依据形态差异分三型。

A 型：敞口，弧腹，圈足。分二式。

Ⅰ式：山西省侯马市机运站 96H16M1 出土[6]，敞口，弧腹，圈足。足内不施釉。口径 7.2 厘米、底径 4.2 厘米、高 3 厘米（图 3.14，1）。

Ⅱ式：山西省侯马市建工路墓出土[7]，敞口，斜弧腹，圈足。足内不施釉。口径 8.5

---

[1] 北京市文物管理处：《北京市通县金代墓葬发掘简报》，《文物》1977 年第 11 期。
[2] 北京市文物工作队：《北京金墓发掘简报》，《北京文物与考古》第一辑，北京燕山出版社，1983 年。
[3] 杨学林：《北京平谷东高村巨家坟金代墓葬发掘简报》，《北京文物与考古》第四辑，北京燕山出版社，1994 年。
[4] 王清林、朱志刚、刘风亮：《大兴区小营出土金代墓葬》，《北京文物与考古》第六辑，民族出版社，2004 年。
[5] 李华：《北京门头沟区永定镇金墓》，《北京文物与考古》第四辑，北京燕山出版社，1994 年。
[6] 山西省考古研究所侯马工作站：《山西省建一公司机运站金墓发掘简报》，《文物季刊》1996 年第 3 期。
[7] 侯马市文物局：《山西侯马建工路金墓发掘简报》，《考古与文物》2002 年汉唐考古增刊。

厘米、高 2.4 厘米（图 3.14，2）。

B 型：口微敛，浅腹。分二式。

Ⅰ式：山西省汾阳高级护校 M8：6[1]，口微敛，斜直腹，底略内凹。口径 6.7 厘米、高 2.2 厘米（图 3.14，3）。

Ⅱ式：北京市门头沟区永定镇何各庄砖室墓出土[2]，茶叶末釉泛黄绿色。口微敛，弧腹，实圈足。口径 9.4 厘米、底径 4.4 厘米、高 3 厘米（图 3.14，4）。

C 型：山西省侯马市牛村 94H5M1：1[3]，敛口，尖唇，唇沿上辟一置油捻的豁口，斜直腹，圈足。口径 7.3 厘米、底径 6.6 厘米、高 3.2 厘米（图 3.14，5）。

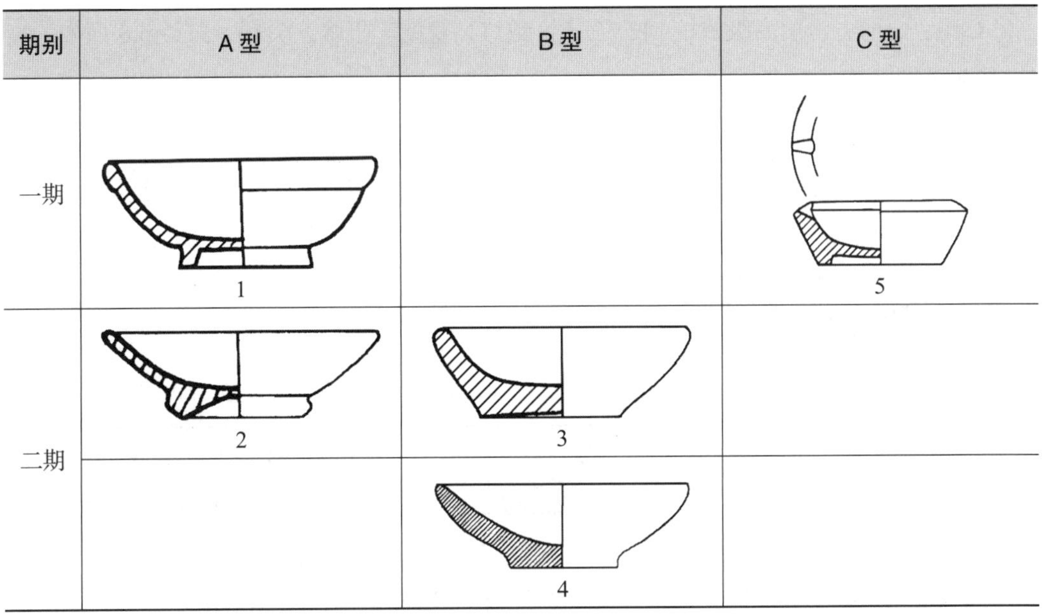

期别	A 型	B 型	C 型
一期	1		5
二期	2	3	
		4	

图 3.14　金代墓葬出土黑釉灯盏

1. A 型Ⅰ式（山西省侯马市机运站 96H16M1 出土）　2. A 型Ⅱ式（山西省侯马市建工路墓出土）
3. B 型Ⅰ式（山西省汾阳高级护校 M8：6）　4. B 型Ⅱ式（北京市门头沟区永定镇何各庄砖室墓出土）
5. C 型（山西省侯马牛村 94H5M1：1）

（二）白釉灯盏

依据形态差异分三型。

A 型：敞口，斜直腹。分二式。

---

[1] 山西省考古研究所、汾阳县博物馆：《山西汾阳金墓发掘简报》，《文物》1991 年第 12 期。
[2] 李华：《北京门头沟区永定镇金墓》，《北京文物与考古》第四辑，北京燕山出版社，1994 年。
[3] 山西省考古研究所侯马工作站：《侯马两座金代纪年墓发掘报告》，《文物季刊》1996 年第 3 期。

Ⅰ式：河北省邯郸市连城别苑 M4∶1[1]，敞口，方厚唇，斜壁，浅腹，圈足。内施满釉，外下部无釉。口径10.4厘米、底径4.2厘米、高2.8厘米（图3.15，1）。

Ⅱ式：山西省侯马市晋光 95H12M1∶2[2]，敞口，圆唇，斜直腹，圈足。口径9.4厘米、底径3.8厘米、高2.8厘米（图3.15，2）。

B型：敞口，斜弧腹。分二式。

Ⅰ式：山西省汾阳高级护校 M2∶4[3]，圆唇，斜弧腹，圆凹底。口径8.4厘米、高2.6厘米（图3.15，3）。

Ⅱ式：山西省侯马市 64H4M102∶11[4]，圆唇，斜弧腹，圈足。口径8.7厘米、底径3.3厘米、高3.3厘米（图3.15，4）。

C型：山西省汾阳高级护校 M2∶3[5]，敛口，直壁，折腹，尖底。口径5.6厘米、高1.9厘米（图3.15，5）。

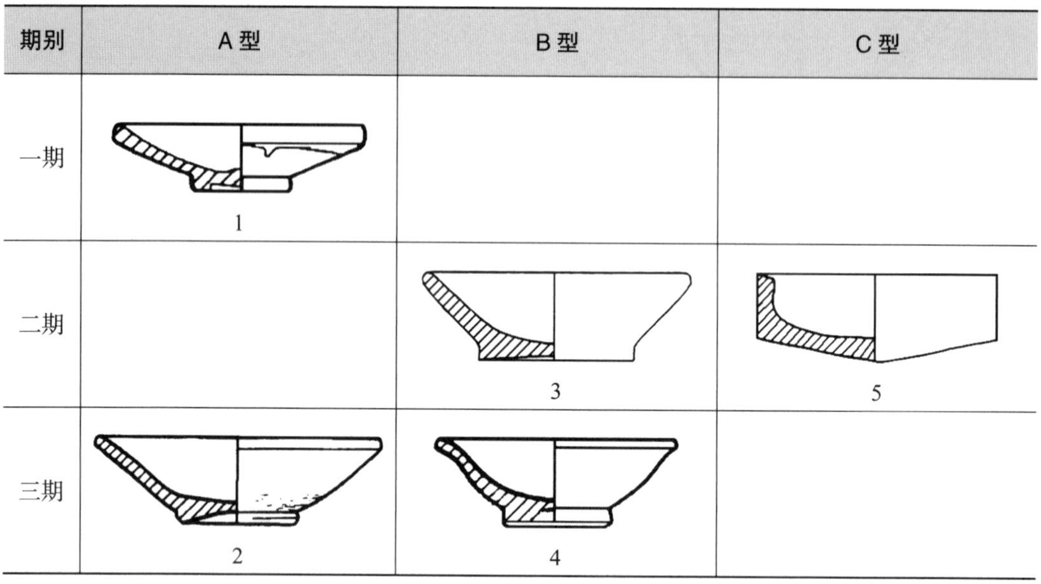

期别	A型	B型	C型
一期	1		
二期		3	5
三期	2	4	

图 3.15　金代墓葬出土白釉灯盏
1. A型Ⅰ式（河北省邯郸市连城别苑 M4∶1）　2. A型Ⅱ式（山西省侯马市晋光 95H12M1∶2）
3. B型Ⅰ式（山西省汾阳高级护校 M2∶4）　4. B型Ⅱ式（山西省侯马市 64H4M102∶11）
5. C型（山西省汾阳高级护校 M2∶3）

---

[1]　邯郸市文物保护研究所：《邯郸市连城别苑古墓发掘简报》，《文物春秋》2004年第6期。
[2]　山西省考古研究所侯马工作站：《侯马两座金代纪年墓发掘报告》，《文物季刊》1996年第3期。
[3]　山西省考古研究所、汾阳县博物馆：《山西汾阳金墓发掘简报》，《文物》1991年第12期。
[4]　山西省考古研究所侯马工作站：《侯马102号金墓》，《文物季刊》1997年第4期。
[5]　山西省考古研究所、汾阳县博物馆：《山西汾阳金墓发掘简报》，《文物》1991年第12期。

二十、烛台

均为陶质，或为釉陶。依据形状差异分两型。

A型：由支架和烛台两部分组成。支架为四叶状足，盘形台面；烛台底、腹部堆花作仰莲，中心有一管状托座。依支架差异又分二式。

Ⅰ式：支架的四足略短而斜直。山西省大同市南郊云中大学 M2∶5[1]，黄绿釉。烛台直径9.9厘米、通高12厘米（图3.16，1）。

Ⅱ式：支架的四足略长，外撇呈圆弧状。山西省大同市南郊云中大学 M1∶11[2]，黄绿釉。烛台直径9.5厘米、通高14.7厘米（图3.16，2）。

B型：形似豆形器，上部外沿贴附一周角锥状钮。甘肃省临夏南龙乡王吉墓出土[3]，泥质灰陶。口径15.4厘米、底径18厘米、高26厘米（图3.16，3）。

二十一、带盖罐

均为泥质灰陶，依据整体形状不同分八型。

A型：依器形差异，分三式。

Ⅰ式：辽宁省朝阳召都巴墓M∶7[4]，盖为笠状束子口。口微侈，外卷沿，短直颈，深鼓腹，最大径在上部，平底。素面。口径16厘米、底径11.6厘米、高32厘米（图3.17，1）。

Ⅱ式：山西省长治市安昌村南ZAM8出土[5]，盖为笠状束子口。侈口，短直颈，深鼓腹，最大径在中部，平底。素面。口径8厘米、通高19.6厘米（图3.17，2）。

Ⅲ式：山西省长治市安昌村东北砖室墓出土[6]，盖为笠状束子口。侈口，束颈，深鼓腹，最大径在中部，平底。素面。口径7厘米、底径5.4厘米、通高20.4厘米（图3.17，3）。

B型：依器形差异，分二式。

Ⅰ式：河北省蔚县高院墙村墓出土[7]，盖上部似葫芦形，中部有一周变形荷叶，其下分布四个几何形镂孔，镂孔下为一周附加堆纹，束子口。平卷沿，微鼓腹，下腹斜直，平底。素面。罐通体施白衣，器表施黑红色彩绘。口径14厘米、底径11厘米、高25.2厘米（图3.17，4）。

---

[1] 大同市博物馆：《大同市南郊金代壁画墓》，《考古学报》1992年第4期。
[2] 大同市博物馆：《大同市南郊金代壁画墓》，《考古学报》1992年第4期。
[3] 临夏回族自治州博物馆：《甘肃临夏金代砖雕墓》，《文物》1994年第12期。
[4] 朝阳市博物馆、朝阳市龙城区博物馆：《辽宁朝阳召都巴金墓》，《北方文物》2005年第3期。
[5] 商彤流：《长治市安昌村出土的金代墓葬》，《艺术史研究》第6辑，中山大学出版社，2004年。
[6] 长治市博物馆：《山西长治安昌金墓》，《文物》1990年第5期。
[7] 蔚县博物馆：《河北蔚县高院墙村金墓》，《文物春秋》1991年第3期。

年代	A 型	B 型
中期	1 2	3

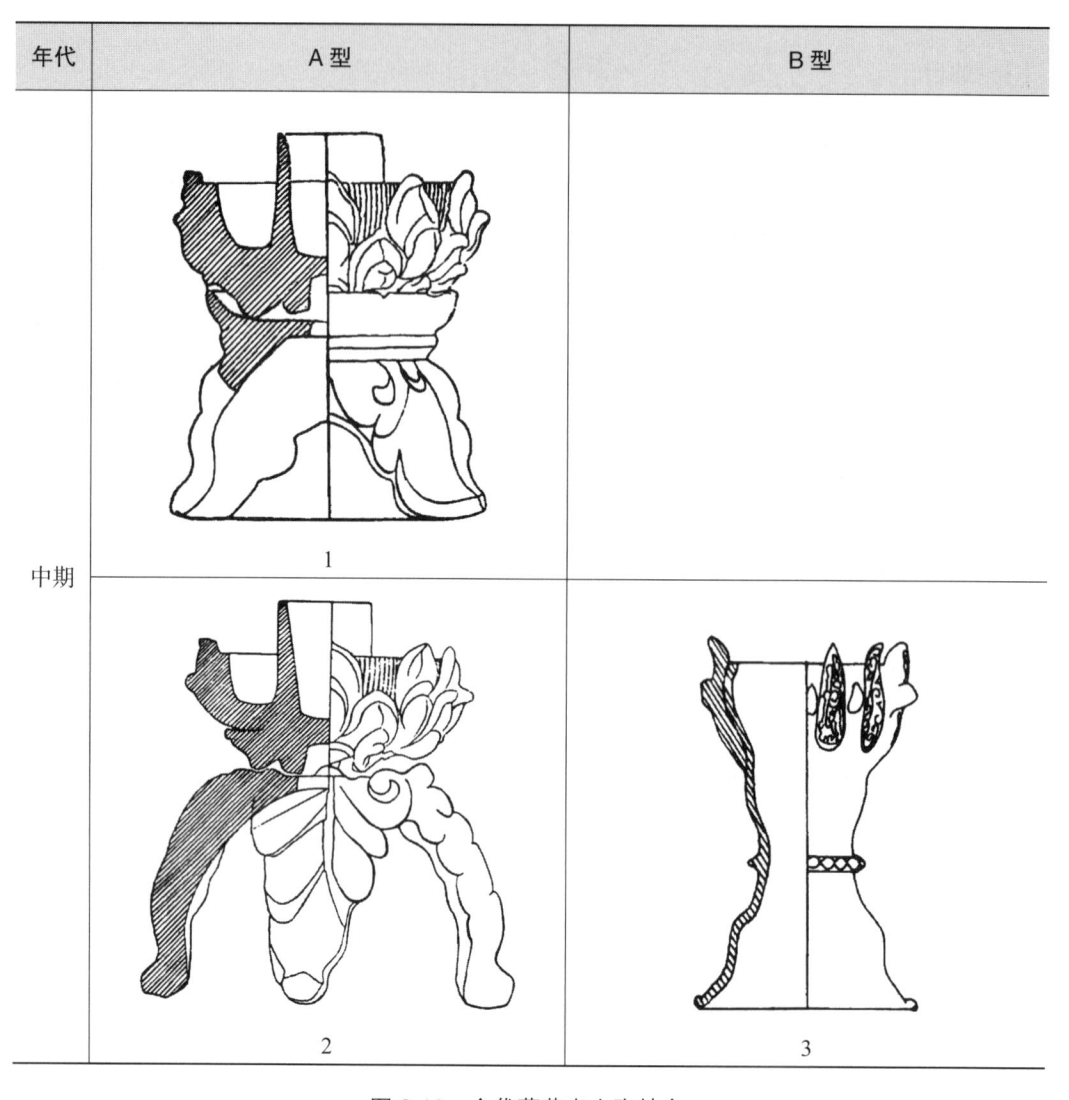

图 3.16　金代墓葬出土陶烛台
1. A 型 I 式（山西省大同市南郊云中大学 M2∶5）　2. A 型 II 式（山西省大同市南郊云中大学 M1∶11）
3. B 型（甘肃省临夏南龙乡王吉墓出土）

II 式：河北省蔚县高院墙村墓出土[1]，盖与 I 式同。平卷沿，直颈，圆鼓腹，平底。颈肩部有一周凸弦纹，上腹部对称贴附四个模制的圆形兽首图案。口径 15 厘米、底径 14 厘米、高 33.5 厘米（图 3.17，5）。

C 型：山西省朔县 M109∶2[2]，盖呈圆锥突状。小口，折肩，直腹，平底。肩腹相接

---

[1] 蔚县博物馆：《河北蔚县高院墙村金墓》，《文物春秋》1991 年第 3 期。
[2] 宁立新：《山西朔县金代火葬墓》，《文物》1987 年第 6 期。

处饰一周凸棱，腹部饰三周双线弦纹，一侧中部饰八枚乳丁，每两枚乳丁间以刻划细线相连，似象征门户。腹径38厘米、通高40厘米（图3.17，6）。

D型：山西省朔县M106∶1[1]，盖为笠状束子口。侈口，鼓腹，平底。肩部饰数周暗弦纹。口径24厘米、腹径33厘米、底径21厘米、高22.5厘米（图3.17，7）。

E型：北京市门头沟区永定镇何各庄砖室墓出土[2]，盖顶中部隆起，呈锥突状，四周微平。侈口，束颈，上腹圆鼓，下腹内收，平底。素面。口径11.6厘米、底径5.8厘米、高10.8厘米（图3.17，8）。

F型：山西省沁县西林东庄墓出土[3]，盖呈螺壳形状，中空，圆锥状钮。侈口，短颈，鼓腹，平底。素面。口径10.8厘米、底径11.2厘米、通高22.2厘米（图3.17，9）。

G型：依器盖差异，分二式。

Ⅰ式：山西省汾阳高级护校M5∶21[4]，盖身四周突起，中部呈圆锥状凸起。束子口较短。直口，鼓腹，平底。口径9.6厘米、腹径13.3厘米、通高14.2厘米（图3.17，10）。

Ⅱ式：山西省汾阳高级护校M1∶3[5]，盖身四周突起，中部微凸起。束子口较长。直口，鼓腹，平底。口径8.8厘米、腹径11.6厘米、通高11.1厘米（图3.17，11）。

H型：辽宁省朝阳师范学校墓出土[6]，盖呈笠形，乳突状钮。直口，直腹，平底。腹部有两周凹弦纹。口径11.5厘米、高13.25厘米（图3.17，12）。

二十二、枕

多为瓷质，依据整体形态差别，分八型。

A型：长方形。

山东省沂水县教师进修学校M2∶3[7]，长方形，外施绿釉，底胎白色，两头微翘，中部枕面对向内凹。枕面线绘牡丹花朵图案，前后两侧面饰微凸花纹，外饰曲线菱形框。左右两端方形，枕面饰微凸花草纹。长16.3厘米、宽8.5厘米、中高7.6厘米、两端高10厘米（图3.18，1）。

河北省平山县两岔村M1∶1[8]，长方形，两端上翘，中间内凹，平底。釉白泛灰黄，

---

[1] 宁立新：《山西朔县金代火葬墓》，《文物》1987年第6期。
[2] 李华：《北京门头沟区永定镇金墓》，《北京文物与考古》第四辑，北京燕山出版社，1994年。
[3] 商彤流、郭海林：《山西沁县发现金代砖雕墓》，《文物》2000年第6期。
[4] 山西省考古研究所、汾阳县博物馆：《山西汾阳金墓发掘简报》，《文物》1991年第12期。
[5] 山西省考古研究所、汾阳县博物馆：《山西汾阳金墓发掘简报》，《文物》1991年第12期。
[6] 辽宁省博物馆：《辽宁朝阳金代壁画墓》，《考古》1962年第4期。
[7] 山东省沂水县博物馆：《山东沂水县金代墓葬》，《考古学集刊》第11集，中国大百科全书出版社，1997年。
[8] 河北省文物研究所：《河北平山县两岔宋墓》，《考古》2000年第9期。

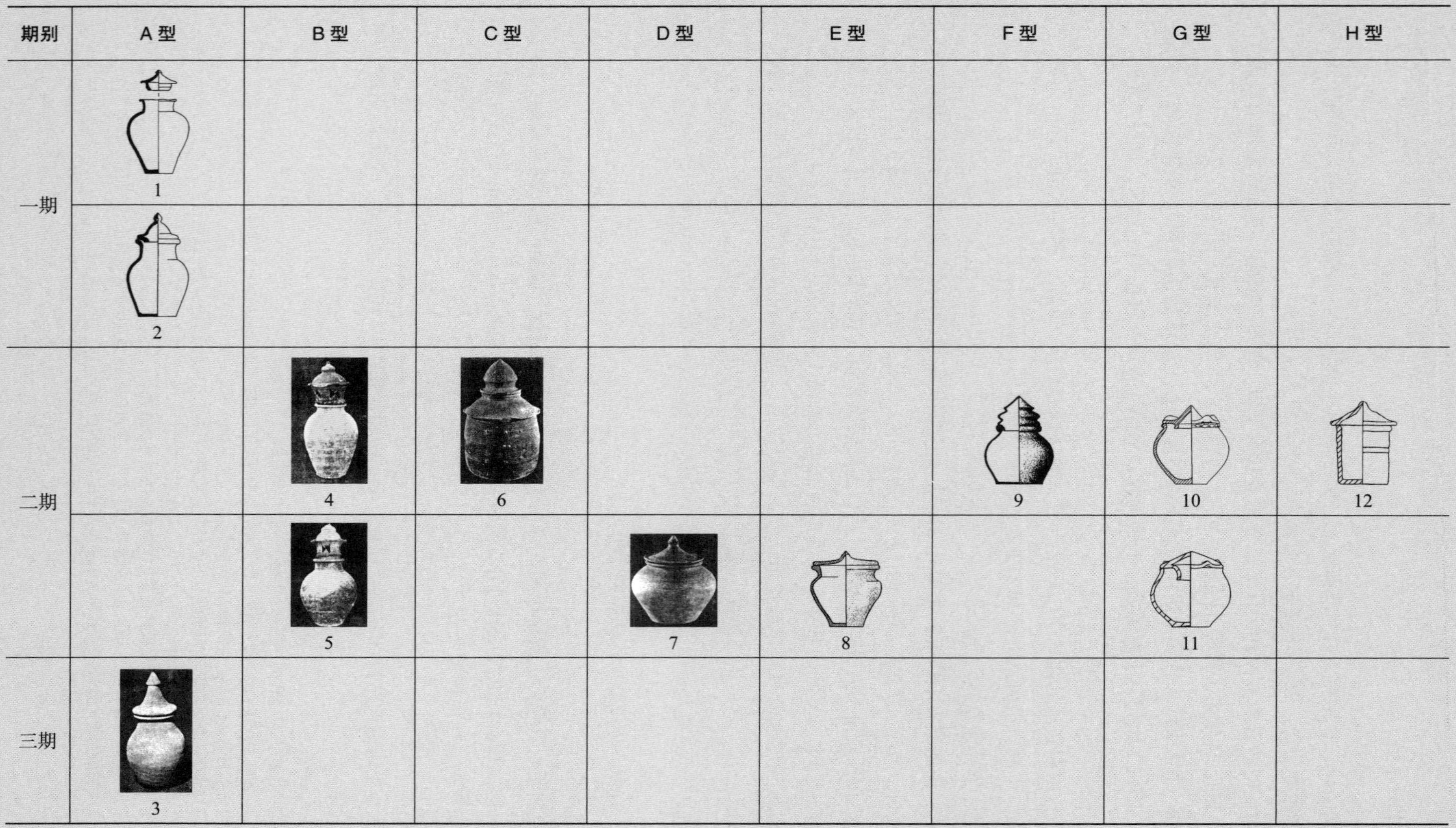

期别	A型	B型	C型	D型	E型	F型	G型	H型
一期	1　　2							
二期		4　　5	6	7	8	9	10　11	12
三期	3							

图3.17　金代墓葬出土陶带盖罐

1. A型Ⅰ式（辽宁省朝阳召都巴墓M∶7） 2. A型Ⅱ式（山西省长治市安昌村南ZAM8出土） 3. A型Ⅲ式（山西省长治市安昌村东北砖室墓出土）
4. B型Ⅰ式（河北省蔚县高院墙村墓出土） 5. B型Ⅱ式（河北省蔚县高院墙村墓出土） 6. C型（山西省朔县M109∶2） 7. D型（山西省朔县M106∶1）
8. E型（北京市门头沟区永定镇何各庄村砖室墓出土） 9. F型（山西省沁县西林东庄墓出土） 10. G型Ⅰ式（山西省朝阳高级护校M5∶21）
11. G型Ⅱ式（山西省汾阳高级护校M1∶3） 12. H型（辽宁省朝阳师范学校墓出土）

底面无釉，有四个出气孔分布各角。枕面双细线方框内戳印团花七行半，侧壁和前壁分别模印水纹和花纹。前长 26.7 厘米、高 9.7—12.1 厘米、后长 28.6 厘米、高 13.1—15.7 厘米、侧长 23 厘米（图 3.18，2）。

河北省井陉县柿庄 M9∶1[1]，长方形，两端上翘，中间略凹。枕面印双鱼纹，侧面印牡丹、海龙、球纹。长 23.5 厘米、宽 19 厘米、高 11.5 厘米（图 3.18，3）。

河北省井陉县柿庄 M9∶2[2]，长方形，两端上翘，中间略凹。枕面画牡丹，四周为卷草，侧面印缠枝牡丹和童子玩莲纹样。长 20.5 厘米、宽 12.5 厘米、高 8.5 厘米（图 3.18，4）。

河北省井陉县柿庄 M7∶1[3]，长方形，两端上翘，中间略凹，青白釉。枕面画牡丹，侧面印龟背纹。长 20 厘米、宽 11.5 厘米、高 9.3 厘米（图 3.18，5）。

山西省长治市故漳村墓出土[4]，长方形，残。黄绿釉，枕面阴刻双线弧形轮廓线。外侧面雕以"福禄寿星"图案。中部为一只鹿，鹿头部有一"福"字，两旁各一寿星。画面内填卷草纹样（图 3.18，6）。

山西省襄汾县南董村墓出土[5]，长方形，内空，中部略平，白色粗胎，上半部至枕面施乳白色釉。面上刻双线为框，内刻行书文字，为"青山依旧在，不见古今人"。长 32 厘米、枕面头宽 16 厘米、腰宽 15 厘米、高 15 厘米（图 3.18，7）。

B 型：八边形。

河北省邯郸市龙城小区 M14∶5[6]，八边形，左右两端微上翘，中间略凹，且前部略低于后部。器表施白釉绘黑彩，底部无釉。枕面上依八角形外沿绘有一粗一细的双线边框，线条分段连接，略向内弧。边框内为行楷书题词一首，首行题词牌名"乌夜啼"，后五行为"天涯苦，苦迟留，去无由，过了伤春时序又悲秋。红日晚，碧云乱，思悠悠，怕到黄昏前后五更头"。周壁绘卷草纹，线条流畅。枕底有横式阳文"张家记"戳印。枕面长 28—29.5 厘米、底宽 18 厘米、高 8—10 厘米（图 3.18，8）。

陕西省咸阳市瑞祥小区土洞墓出土[7]，长八边形，一侧内凹，前低后高，上大下小。通体施米黄色釉，底部无釉。枕后壁左下端有一小圆孔。枕面阴刻草书"风吹前院竹，雨洒后庭花"。枕面长 33 厘米、宽 16.5 厘米、前高 8.6 厘米、后高 15 厘米（图 3.18，9）。

山西省侯马市乔村 M482∶3[8]，近似八边形，前端内凹，前低后高。枕面施釉一层，

---

[1] 河北省文化局文物工作队：《河北井陉县柿庄宋墓发掘报告》，《考古学报》1962 年第 2 期。
[2] 河北省文化局文物工作队：《河北井陉县柿庄宋墓发掘报告》，《考古学报》1962 年第 2 期。
[3] 河北省文化局文物工作队：《河北井陉县柿庄宋墓发掘报告》，《考古学报》1962 年第 2 期。
[4] 长治市博物馆：《山西长治市故漳金代纪年墓》，《考古》1984 年第 8 期。
[5] 临汾地区丁村文化工作站：《山西襄汾县南董金墓清理简报》，《文物》1979 年第 8 期。
[6] 邯郸市文物保护研究所：《邯郸市龙城小区墓葬发掘简报》，《文物春秋》2004 年第 6 期。
[7] 咸阳市文物考古研究所：《咸阳瑞祥小区发现的金墓》，《文博》2004 年第 5 期。
[8] 山西省考古研究所：《侯马乔村墓地（1959—1996）》，科学出版社，2004 年。

釉色呈浅黄色，隐显绿彩，呈细小的开片状，枕面周边饰阴线一周，内饰行书"为惜落花慵扫地，爱怜明月懒胡窗"。周壁施绿釉，釉色泛黄。后侧偏右有一圆形气孔。长27.6厘米、宽14.6厘米、前高7.4厘米、后高8.4厘米（图3.18，10）。

山西省汾阳市东龙观M5∶2[1]，枕面呈八边形，绿釉划花牡丹纹，枕面较宽，四周出棱。长34厘米、顶宽22.4厘米、高10.4—14厘米（图3.18，11）。

C型：圆形。

山西省稷山县马村M6∶1[2]，近似圆形，白釉。面刻牡丹花。直径24.6厘米、前高8.6厘米、后高10.4厘米（图3.18，12）。

山西省汾阳高级护校M5∶1[3]，略呈圆形，枕面微凹，上绘黑色花草。径长24.3厘米、高13厘米（图3.18，13）。

陕西省韩城县安居寨墓出土[4]，扁圆形，枕面中部较低，枕中空，侧面上部有一小孔，可供盛水取凉。枕面呈乳白色，稍泛黄色。枕面刻饰折枝花，周围用珍珠纹衬地。枕底无釉，墨书"大定十六年七月十一日仁记"。径长24.3—25.5厘米、高9—11.5厘米（图3.18，14）。

D型：椭圆形。

山西省长治市安昌村ZAM8∶11[5]，椭圆形，前低后高，枕面微凹，边缘有残缺。枕面画枯墨色山峦。长21厘米、宽18厘米、高8.4—12厘米（图3.18，15）。

辽宁省朝阳市北方航空飞行大队M1∶44[6]，椭圆形，前低后高，左右两侧弧起，中间微凹，无沿，直壁，平底。枕面刻划卷枝草叶纹，外沿饰两周边框。长26.4厘米、宽18.2厘米、高9.6—12.2厘米（图3.18，16）。

河北省邢台旅馆M38∶1[7]，椭圆形，两端微翘，中部稍凹，且前低后高。灰白胎，施绿釉，局部露胎。枕面刻划缠枝牡丹纹，侧面模印缠枝纹，前印一不甚清晰的"福"字；后印一仰头飞奔的雄鹿，背上驮一"福"字。底面中部有一通气孔。长26.8厘米、宽19.9厘米、高10.6—12.6厘米（图3.18，17）。

河北省邯郸市北张庄M5∶1[8]，椭圆形，枕面出檐，侧壁近垂直。白地黑花装饰。枕面饰莲荷雀鸟纹，侧壁饰连续卷草纹。长38.5厘米、宽27.3厘米、前高9.3厘米、后高

---

[1] 山西省考古研究所、汾阳市文物旅游局、汾阳市博物馆：《汾阳东龙观宋金壁画墓》，文物出版社，2012年。
[2] 山西省考古研究所：《山西稷山金墓发掘简报》，《文物》1983年第1期。
[3] 山西省考古研究所、汾阳县博物馆：《山西汾阳金墓发掘简报》，《文物》1991年第12期。
[4] 任喜来、呼林贵：《陕西韩城金代僧群墓》，《文博》1988年第1期。
[5] 商彤流：《长治市安昌村出土的金代墓葬》，《艺术史研究》第6辑，中山大学出版社，2004年。
[6] 朝阳博物馆：《辽宁朝阳市金代纪年墓葬的发掘》，《考古》2012年第3期。
[7] 李敏、李恩玮、李军、李淑芹：《邢台旅馆汉唐宋墓葬的发掘》，《河北省考古文集（三）》，科学出版社，2007年。
[8] 河北省文物研究所、邯郸市文物管理处：《河北邯郸北张庄金墓发掘简报》，《文物春秋》2001年第1期。

饰缠枝莲花图案。长 33 厘米、宽 27 厘米、高 15.5 厘米（图 3.18，28）。

I 型：兽形。

山西省岚县北村砖室墓出土[1]，三彩，上部为绿色荷叶形面，下部为一只老虎横卧，怀抱小虎，两脚微翘（图 3.18，29）。

以上各类器物特征时段变化可归纳为附表 3.1。

第二节 其他随葬器物分析

除陶瓷器外，其他随葬器物有铜、铁、银、金、玉、石、木等质地。其中较常见的有铜镜、铁（铜）釜等，形态（纹饰）富于变化，试举例分析。

一、铜镜

铜镜数量较多，但许多报道较为简略，未详细说明铜镜的具体形状、尺寸等。本书仅依据有详细文字、图片者进行分析。依据铜镜形状分七型（图 3.19；附表 3.2）。

A 型：圆形镜。

四乳四螭镜

黑龙江省林甸县四合渔场墓出土[2]，圆形，宽素缘。半球形钮，连弧纹钮座。钮座外是一周斜线纹，斜线纹外为一细凸弦纹。主题纹饰由三部分组成，其一为乳丁纹，四个乳丁基本上等距排列，四螭分布在四乳之间顺时针绕钮座排列，螭背向内成回曲状，四螭与乳丁间有大小不同、形态各异的鸟纹。在镜的左面两乳丁间的螭背处有一直径 0.78 厘米的细凸弦纹，内铸"笪"字押记。直径 10.48 厘米（图 3.19，20）。

八乳规矩纹镜

北京市大兴区生物医药基地 M10∶5[3]，内圆饰八乳，其间饰缠肢，内圆饰斜纹一周，外圆饰锯齿纹一周。直径 13.6 厘米（图 3.19，21）。

瑞兽铭文镜

河北省迁安市开发区 M3∶49[4]，圆形，球形钮，双弦纹钮座，窄缘。主题纹饰为四

---

[1] 山西省吕梁市文物技术开发中心：《岚县北村金墓发掘简报》，《文物世界》2010 年第 5 期。
[2] 林甸县文物管理所：《林甸县四合乡渔场金代墓葬调查简报》，《北方文物》1997 年第 2 期。
[3] 北京市文物研究所：《北京市大兴区生物医药基地金元墓葬发掘简报》，《北京文博文丛》2012 年第 3 辑。
[4] 河北省唐山市文物管理处、迁安市文物管理所：《河北省迁安市开发区金代墓葬发掘清理报告》，《北方文物》2002 年第 4 期。

13厘米、侧高13.5厘米（图3.18，18）。

山西省平定县西关M2出土2件[1]，椭圆形，前低后高，枕面微凹。一件为豆绿釉荷花卷草纹枕，长27厘米、宽21厘米、高16厘米（图3.18，19）；一件为黑褐釉，画牡丹卷叶纹，长25厘米、宽19厘米、高14厘米（图3.18，20）。

河南省三门峡市崤山西路M1∶1[2]，略呈椭圆形，一端略凹。绿釉，中部为压印的荷花图案，边缘为一周卷叶。长38厘米、宽24厘米、厚12厘米（图3.18，21）。

山西省汾阳高级护校M5∶2[3]，略呈椭圆形，枕面略凹，上绘黑色花草。长29.6厘米、高14.4厘米（图3.18，22）。

河北省井陉县柿庄M4∶1[4]，近似椭圆形，青白釉，枕面中部绘鹿和芝草，四边以梅花及圆圈形作花边，直径12.5—21.5厘米、高8厘米（图3.18，23）。

E型：弧角椭圆形。

山西省孝义市M1∶5[5]，近似椭圆形，四角内弧，立面弧形，平底。枕面上饰花卉，枕底有"高枕无忧"四字。长22—23厘米、宽15—17厘米、高8—13厘米（图3.18，24）。

F型：扇形。

山西省侯马市65H4M102出土[6]，略呈扇形，略残。枕面饰童子戏莲图。长28.5厘米、最宽处18厘米、高8.5厘米（图3.18，25）。

G型：葵花形。

河北省井陉县柿庄M3∶8[7]，葵花形，枕面中心绘棕黑色双鹿，上面饰云朵，四边饰芝草，直径22.5—25.5厘米（图3.18，26）。

H型：扁菱花形。

河北省邯郸市北张庄M7∶1[8]，呈菱花形，下端外弧。枕面与侧面圆曲相接。白地黑花，壁饰连续卷草纹，枕面有叶纹边饰，内行书瘦金体文字，残见"江上晚"三字。长31.2厘米、最大宽23.2厘米、前高9.3厘米、后高11.5厘米、侧高13.5厘米（图3.18，27）。

北京市海淀区南辛庄M2出土[9]，呈菱花形，下端略凹。黄白色胎，绿色铅釉，枕面

---

[1] 山西省考古研究所、阳泉市文物管理委员会、平定县文物管理所：《山西平定宋、金壁画墓简报》，《文物》1996年第5期。
[2] 三门峡市文物工作队：《三门峡市崤山西路发现三座古墓》，《华夏考古》1993年第4期。
[3] 山西省考古研究所、汾阳县博物馆：《山西汾阳金墓发掘简报》，《文物》1991年第12期。
[4] 河北省文化局文物工作队：《河北井陉县柿庄宋墓发掘报告》，《考古学报》1962年第2期。
[5] 孝义市博物馆：《山西孝义市发现一座金墓》，《考古》2001年第4期。
[6] 山西省考古研究所侯马工作站：《侯马65H4M102金墓》，《文物季刊》1997年第4期。
[7] 河北省文化局文物工作队：《河北井陉县柿庄宋墓发掘报告》，《考古学报》1962年第2期。
[8] 河北省文物研究所、邯郸市文物管理处：《河北邯郸北张庄金墓发掘简报》，《文物春秋》2001年第1期。
[9] 北京市海淀区文化文物局：《北京市海淀区南辛庄金墓清理简报》，《文物》1988年第7期。

兽，各兽间饰枝叶纹。近缘处有一周铭文，即"赏得秦王镜，判不惜千金，非关欲照胆，持是自明心"，共20字。直径13.8厘米（图3.19，19）。

瑞兽纹镜

黑龙江省林甸县四合渔场墓出土[1]，圆形，不规则长形钮，圆钮座。主题纹饰为四乳四兽相间排列，四乳为椭圆形不规则浮雕，四兽绕钮座逆时针均匀排列，其中相对两兽呈向前奔跑状，另相对两兽为边跑边回首相望，四兽均为浮雕图案，形象生动逼真。主题纹饰外有一周宽凸弦纹环，圆环与缘之间的外区是一周锈蚀严重、辨认不清的图案。直径13.22厘米（图3.19，12）。

山西省岚县北村砖室墓出土[2]，2件大小基本相同，半圆钮。

盘龙纹镜

黑龙江省林甸县四合渔场墓出土[3]，圆形，宽平素缘。球状钮，钮座略凹。主题纹饰为一条逆时针绕钮座的盘龙于波涛之中，颇有翻江倒海之势。盘龙与波涛均为浮雕图案。主题纹饰外为两周凸弦纹，凸弦纹之间是一周篦齿纹，凸弦纹与缘之间是一周三角形纹饰。直径12.4厘米（图3.19，18）。

辽宁省阜新市南瓦村墓出土[4]，圆形，宽边，半球状钮。内有三道凸弦纹，中间有浮雕四条龙，龙头呈三角形，细颈，有爪和尾。直径13.5厘米。

仙人龙虎铭文镜

辽宁省沈阳市小北街M2：6[5]，圆形，圆钮圆座，宽缘，外侧有一周螭龙纹。缘内侧有一周齿状纹，内区有龙、虎对峙及仙人图案，其外侧铸有一周铭文。铭文为"尚方作镜，杜氏所造，湅冶铜锡，佳而且好，辟邪天禄，奇守并□，万里□间，□□□有，服此镜者，富贵长寿，男列王侯，女夫□□子"。内区外缘也有齿状纹。直径15厘米（图3.19，34）。

龙虎纹镜

陕西省西安市西影路李居柔墓M1：30[6]，半球形钮，座外为半浮雕龙虎纹饰带，外区为铭文带，共28字，"青盖作竟（镜）自有纪，辟去不羊（祥）宜古市，长保二亲利孙子，君吏高官寿命久"。再外是一圈放射短线带。外廓边轮錾刻铭文13字，内容为"录□司官造""山阴县官温宜于□"。直径9.4厘米（图3.19，22）。

---

[1] 林甸县文物管理所：《林甸县四合乡渔场金代墓葬调查简报》，《北方文物》1997年第2期。
[2] 山西省吕梁市文物技术开发中心：《岚县北村金墓发掘简报》，《文物世界》2010年第5期。
[3] 林甸县文物管理所：《林甸县四合乡渔场金代墓葬调查简报》，《北方文物》1997年第2期。
[4] 赵振生：《阜新市郊南瓦金代墓葬》，《中国考古集成·东北卷（17）》，北京出版社，1997年。
[5] 沈阳市文物考古研究所：《沈阳市小北街金代墓葬发掘简报》，《考古》2006年第11期。
[6] 陕西省考古研究院：《陕西西安金代李居柔墓发掘简报》，《考古与文物》2017年第2期。

三凤纹镜

内蒙古巴林左旗白音戈洛墓出土[1]，圆形，圆钮，宽缘。绕钮饰三只飞凤，同向而飞。边缘上錾刻有"卅年八月日（押）"字样。直径13.1厘米（图3.19，26）。

庭院仙鹤纹镜

北京市大兴区生物医药基地M11：14[2]，内饰太湖石、蕉叶及神态各异仙鹤6只。直径19.3厘米（图3.19，7）。

龟鹤花卉纹镜

黑龙江省林甸县四合渔场墓出土[3]，圆形，窄缘。半球状钮，无钮座。钮两边各有一插着类似牡丹花的花瓶，两花瓶外下侧与缘之间各有一枚元宝和一朵梅花，两相对称。钮下部靠缘处有两枚钱币浮雕，两枚钱币重叠一小部分。钱币与左侧梅花之间是一龟形图案，龟为逆时针走向。钮的上方似一朵祥云，祥云以上至缘之间是一翔鹤，呈逆时针飞行。直径6.86厘米（图3.19，27）。

龟鹤人物镜

河北省井陉县北孤台M4：6[4]，圆形，饰龟鹤人物。直径6厘米。

人物故事镜

黑龙江省安达县小南山墓群出土[5]，残，图案不完整，不可辨。直径9.5厘米（图3.19，29）。

双鱼纹镜

黑龙江省安达县小南山墓群出土[6]，圆形，半球状钮。两侧各有一鱼，摇头摆尾。直径11厘米（图3.19，28）。

花鸟连珠纹镜

黑龙江省阿城阿南变电站M2出土[7]，图案为花鸟连珠纹，边缘有"上京巡院"字样的刻款押记（图3.19，8）。

宝相花纹镜

山东省沂水县教师进修学校M2：5[8]，圆形，桥形钮，圆钮座。座外饰团花六朵，为莲花，花朵间用珠纹点缀，素缘。直径13.5厘米（图3.19，1）。

---

[1] 丁勇：《内蒙古博物馆馆藏金代铜镜浅谈》，《内蒙古文物考古》1996年第1期。
[2] 北京市文物研究所：《北京市大兴区生物医药基地金元墓葬发掘简报》，《北京文博文丛》2012年第3辑。
[3] 林甸县文物管理所：《林甸县四合乡渔场金代墓葬调查简报》，《北方文物》1997年第2期。
[4] 河北省文化局文物工作队：《河北井陉县柿庄宋墓发掘报告》，《考古学报》1962年第2期。
[5] 安达县图书馆：《安达县昌德公社小南山墓群简介》，《黑龙江文物丛刊》1984年第2期。
[6] 安达县图书馆：《安达县昌德公社小南山墓群简介》，《黑龙江文物丛刊》1984年第2期。
[7] 黑龙江省文物考古研究所：《黑龙江阿城发现金代墓葬》，《中国文物报》2019年8月9日。
[8] 山东省沂水县博物馆：《山东沂水县金代墓葬》，《考古学集刊》第11集，中国大百科全书出版社，1997年。

花卉纹镜

山西省离石县马茂庄墓出土[1]，圆形，宽平素外缘。束腰桥形钮，钮座为八分半圆形，又围一周九分花瓣图案。内区饰有浅浮雕的缠枝牡丹花四朵。直径11.5厘米（图3.19，2）。

山西省汾阳高级护校M5:10[2]，圆形，桥形钮，周围有菊花纹，外一周为菱花组成的齿形图案。直径20.3厘米（图3.19，3）。

河南省安阳市小任家庄M27出土[3]，半圆形钮，花瓣形钮座，外饰花卉纹，近缘饰珠点纹一周。直径24.5厘米（图3.19，15）。

飞禽花卉纹镜

河北省崇礼县水晶屯M1:4[4]，圆形，半球形钮。镜背上刻有"□州官□"检验押记。环绕钮浮雕一只大雁、一只蜻蜓和两只蝴蝶，作展翅高飞状，其间还浮雕有两朵喇叭花。直径10.4厘米（图3.19，10）。

柿蒂连弧纹镜

山西省侯马市建工路墓出土[5]，圆形，宽平缘，桥形钮。钮座外围连珠纹一周，其外为八角柿蒂形图案。最外圈为一周装饰的文字符号。直径12.8厘米（图3.19，24）。

万字纹镜

北京市海淀区南辛庄M2出土[6]，圆形，背面有廓，半球形钮。以钮为中心饰双线"卍"字图形。其外为一周双环纹。直径15.6厘米（图3.19，17）。

辽宁省阜新市南瓦村墓出土[7]，圆形，半球形钮。沿内折成方沿，边缘有一周连珠纹和一道凸弦纹，中间抹角方形凸线内饰双线"卐"字。直径13厘米。

四神铭文镜

河南省新乡市M11:13[8]，圆形，半球形钮。内区为凸起的四神图案，其外为一周铭文与纹饰组成的图案，铭文字迹难辨，外区为直平行线纹。直径9.3厘米（图3.19，16）。

海仙灵兽铭文镜

山西省平定县西关M1出土[9]，圆形，宽平缘，桥形钮。内区纹饰为波浪及海仙灵兽。

---

[1] 商彤流、王金元：《离石马茂庄发现一座金墓》，《文物季刊》1994年第1期。
[2] 山西省考古研究所、汾阳县博物馆：《山西汾阳金墓发掘简报》，《文物》1991年第12期。
[3] 安阳市文物考古研究所、北京大学考古文博学院：《河南安阳小任家庄金代砖雕壁画墓发掘简报》，《文物》2019年第2期。
[4] 贺勇：《河北崇礼县水晶屯发现一座金代石函墓》，《考古》1994年第11期。
[5] 侯马市文物局：《山西侯马建工路金墓发掘简报》，《考古与文物》2002年汉唐考古增刊。
[6] 北京市海淀区文化文物局：《北京市海淀区南辛庄金墓清理简报》，《文物》1988年第7期。
[7] 赵振生：《阜新市郊南瓦金代墓葬》，《中国考古集成·东北卷（17）》，北京出版社，1997年。
[8] 张新斌：《河南新乡市宋金墓》，《考古》1996年第1期。
[9] 山西省考古研究所、阳泉市文物管理委员会、平定县文物管理所：《山西平定宋、金壁画墓简报》，《文物》1996年第5期。

外区有一周铭文"青盖作竟自有纪,辟去不羊宜古市,长保二亲利子孙,为吏高官寿命久"。边缘上錾刻"官丘"二字。直径9厘米（图3.19,9）。

四乳对禽铭文镜

辽宁省沈阳市五爱墓地M37出土[1]，圆钮，镜面中部凸起一圈带主题纹饰，夹于两圈弦纹间，四乳把主题纹饰分成四部分，两乳间均有一对禽鸟。各对禽均夹有一字相对，锈蚀未能辨识，素宽缘。直径10.1厘米（图3.19,30）。

鸾兽葡萄镜

黑龙江省安达县小南山墓群出土[2]，圆形，图案分三重，钮外一凸起环棱内有四头海兽，并有七串葡萄等距离地排列其中。凸棱外侧有形态各异的六只飞鸟，各鸟间有葡萄纹。最外侧为海浪图案。直径11厘米（图3.19,4）。

辽宁省辽阳市北园墓出土[3]，圆形，扁钮。直径12.7厘米（图3.19,6）。

海兽葡萄镜（又称海马葡萄镜）

黑龙江省阿城双城村墓出土[4]，圆形，圆钮，宽缘，局部稍有锈痕。纹饰分为二区，外区由一周乳丁、铭文及兽形图案间隔组成；内区饰瑞兽葡萄纹。镜边缘錾刻"懿州县记官"刻款及押记。直径10.8厘米、缘厚0.5厘米（图3.19,11）。

山西省大同市阎德源墓出土[5]，圆形，半圆钮，中心为海兽葡萄纹。直径10.7厘米（图3.19,5）。

山东省滕县苏瑀墓出土[6]，圆形，高浮雕图案。直径10厘米（图3.19,13）。

北京市大兴区生物医药基地M8:5[7]，内圈饰六兽，外圈内饰瑞兽及鸟共六组，各圆内饰葡萄及枝蔓。直径17.8厘米（图3.19,14）。

内蒙古敖汉旗小柳条沟墓出土[8]，圆形，兽形钮，缘凸起，内饰海兽葡萄纹。直径28.2厘米。

八卦镜

山西省闻喜县小罗庄M5出土[9]，圆形。直径11.5厘米。

---

[1] 沈阳市文物考古研究所：《沈阳市五爱墓群发掘报告》，《沈阳考古文集》第5集，科学出版社，2015年。
[2] 安达县图书馆：《安达县昌德公社小南山墓群简介》，《黑龙江文物丛刊》1984年第2期。
[3] 辽阳市文物管理所：《辽阳发现辽墓和金墓》，《文物》1977年第12期。
[4] 韩锋：《阿城市双城村发现一座金代墓葬》，《北方文物》2006年第2期。
[5] 大同市博物馆：《大同金代阎德源墓发掘简报》，《文物》1978年第4期。
[6] 滕县博物馆：《山东滕县金苏瑀墓》，《考古》1984年第4期。
[7] 北京市文物研究所：《北京市大兴区生物医药基地金元墓葬发掘简报》，《北京文博文丛》2012年第3辑。
[8] 王建国：《敖汉旗小柳条沟金代墓葬》，《内蒙古文物考古》1986年总第4期。
[9] 山西省考古研究所、山西省闻喜博物馆：《山西省闻喜县金代砖雕、壁画墓》，《文物》1986年第12期。

凸弦纹镜

黑龙江省林甸县四合渔场墓出土[1]，圆形，窄斜弧缘，半球状钮，无钮座。镜背中腹有一道凸弦纹。直径7.47厘米（图3.19，27）。

辽宁省沈阳市八王寺2005DBYⅠM5∶1[2]，圆钮，三角缘，背面饰一道凸弦纹。直径13.4厘米（图3.19，31）。

日光镜

河南省洛阳市涧西墓出土[3]，圆形，系仿制汉代日光镜，边缘刻"官□"二字。直径13厘米。

素面镜

黑龙江省林甸县四合渔场墓出土[4]，圆形，宽平素缘，半球状钮，无钮座，靠缘处为一周凹弦纹。直径9.9厘米（图3.19，37）。

吉林省镇赉县黄家围子M2∶2[5]，圆形，宽缘，圆钮。直径7.8厘米（图3.19，32）。

山西省大同市阎德源墓出土[6]，圆形，半圆钮，边缘刻六字。直径32.1厘米（图3.19，35）。

甘肃省临夏王吉墓出土[7]，圆形，中心钻一孔，孔周有铁锈痕。直径10.9厘米（图3.19，33）。

辽宁省朝阳市北方航空飞行大队M1∶25[8]，直径12.1厘米；M1∶45，直径22.2厘米。两件形制相同，圆形，背面周缘起棱，小钮（图3.19，23）。

甘肃省和政县张家庄墓出土[9]，桥形钮，背面有外缘。直径12厘米（图3.19，25）。

北京市朝阳区王四营乡M6∶1[10]，圆形，无钮，宽平缘。直径20.3厘米。

山东省沂水县教师进修学校M1∶3[11]，圆形，圆钮。直径10.8厘米。

甘肃定西教育学院砖室墓出土[12]，桥形钮，圆缘。直径11厘米。

---

[1] 林甸县文物管理所：《林甸县四合乡渔场金代墓葬调查简报》，《北方文物》1997年第2期。
[2] 沈阳市文物考古研究所：《沈阳八王寺地区考古发掘报告》，辽海出版社，2011年。
[3] 刘镇伟：《洛阳涧西金墓清理记》，《考古》1959年第12期。
[4] 林甸县文物管理所：《林甸县四合乡渔场金代墓葬调查简报》，《北方文物》1997年第2期。
[5] 吉林省文物考古研究所：《吉林镇赉县黄家围子遗址发掘简报》，《考古》1988年第2期。
[6] 大同市博物馆：《大同金代阎德源墓发掘简报》，《文物》1978年第4期。
[7] 临夏回族自治州博物馆：《甘肃临夏金代砖雕墓》，《文物》1994年第12期。
[8] 朝阳博物馆：《辽宁朝阳市金代纪年墓葬的发掘》，《考古》2012年第3期。
[9] 临夏回族自治州博物馆：《和政县张家庄金代砖雕墓清理简报》，《陇右文博》2013年第2期。
[10] 北京市文物研究所：《北京华能热电厂墓地发掘简报》，《北京文博》2009年第3期。
[11] 山东省沂水县博物馆：《山东沂水县金代墓葬》，《考古学集刊》第11集，中国大百科全书出版社，1997年。
[12] 定西市安定区博物馆：《定西金代仿木彩绘砖墓》，《甘肃省博物馆学术论文集》，三秦出版社，2006年。

B 型：亚字形镜。

双凤纹镜

河北省平山县两岔村 M2：1[1]，平面呈亚字形，桥形小钮，以钮为中心，向外放出相互叠压的叶瓣构成菊花形钮座，宽素缘，沿亚字形边缘围以亚字形连珠带。主题纹样为双凤展翅环绕，头饰花冠，隔钮相对，尾部隐于花中。图案用浅细浮雕。直径 12.9 厘米（图 3.19，38）。

花草纹镜

山西省大同市南郊云中大学 M2：21[2]，平面呈亚字形，镜体很薄，镜面平整，桥形钮。环绕钮有花草纹六簇，外饰一周连珠纹。直径 10.4 厘米（图 3.19，39）。

缠枝花草纹镜

内蒙古武川县乌兰窑子 M2：1[3]，平面呈亚字形，小圆钮。镜背面鎏银，由四朵相同的花瓣组成一组缠枝花草图案，边缘沿亚字形边框弯曲排列有连珠纹一周。左边缘刻有检验押记。直径 10.8 厘米（图 3.19，40）。

C 型：菱花形镜。

花叶纹镜

山西省汾阳高级护校 M5：20[4]，桥形钮，周围有花叶纹，外饰一周乳丁。直径 12.1 厘米（图 3.19，41）。

花卉纹镜

山西省汾阳高级护校 M2：7[5]，桥形钮，方形钮座，中心为菊花纹，四角各一朵六瓣小花，框外饰四朵牡丹花，再外为一周波纹带。直径 16.5 厘米（图 3.19，42）。

河南省安阳市小任家庄 M27 出土[6]，半圆形钮，钮座残，外饰花卉纹，近缘饰珠点纹一周。直径 20.7 厘米（图 3.19，48）。

牡丹纹镜

山西省侯马市 64H4M102：4[7]，八瓣菱花形，花瓣形钮座，座外饰双线大方格，四内角填小花瓣，方格外饰一周牡丹花，外两周弦纹圈内为一周水波纹，缘上刻押记。直径 16.4 厘米（图 3.19，43）。

---

[1] 河北省文物研究所：《河北平山县两岔宋墓》，《考古》2000 年第 9 期。
[2] 大同市博物馆：《大同市南郊金代壁画墓》，《考古学报》1992 年第 4 期。
[3] 乌兰察布盟文物工作站：《内蒙古武川县乌兰窑子金墓清理简报》，《考古》1989 年第 8 期。
[4] 山西省考古研究所、汾阳县博物馆：《山西汾阳金墓发掘简报》，《文物》1991 年第 12 期。
[5] 山西省考古研究所、汾阳县博物馆：《山西汾阳金墓发掘简报》，《文物》1991 年第 12 期。
[6] 安阳市文物考古研究所、北京大学考古文博学院：《河南安阳小任家庄金代砖雕壁画墓发掘简报》，《文物》2019 年第 2 期。
[7] 山西省考古研究所侯马工作站：《侯马 102 号金墓》，《文物季刊》1997 年第 4 期。

连枝花卉纹镜

山西省襄汾县贾庄墓出土[1]，菱花形，中心饰连枝花卉纹。镜边缘刻有两行字："泰和四年襄陵官匠""襄陵县验记官（押）"。直径13.4厘米（图3.19，44）。

摩羯祥云纹镜

河南省鹤壁市东头村M3:13[2]，八瓣菱花形，半球形小钮，主纹为一摩羯，头部似龙，张口怒目，额有角，颈上鬃毛飘立，鸟翅，鳞身，鱼尾。全形呈飞腾之态，盘绕于祥云之中。直径9.8厘米（图3.19，45）。

二龙卷草纹镜

山西省孝义市下吐京墓出土[3]，菱花形，长方形钮，周围雕一周卷草纹，钮与卷草纹之间作二龙，边缘錾刻三字（图3.19，46）。

龙纹镜

山东省滕县苏瑀墓出土[4]，纹饰为两条翻腾于云间的无角龙。直径10厘米（图3.19，47）。

铭文镜

山西省绛县裴家堡墓出土[5]，有篆铭："清素传家，永用宝鉴。"

圆弧纹镜

甘肃省临夏红园路砖室墓出土[6]，半球形钮，近缘处饰一周圆弧纹。直径12厘米。

D型：葵花形镜。

缠枝牡丹镜

河南省修武县大位村墓出土[7]，八瓣葵花形，小钮，缠枝牡丹图案。直径12.5厘米（图3.19，49）。

六瓣花卉纹镜

河南省郑州市中博股份有限公司M11:1[8]，桥形钮，钮外饰两周连珠纹，内区饰四朵花卉图案，外区饰六朵团花牡丹纹。宽素缘，缘上刻"郑州司候司官""匠"等铭文。直径13.3厘米（图3.19，53）。

---

[1] 陶富海：《山西襄汾县的四座金元时期墓葬》，《考古》1988年第12期。
[2] 鹤壁市文物工作队：《鹤壁市东头村金墓发掘简报》，《中原文物》1996年第3期。
[3] 山西省文物管理委员会、山西省考古研究所：《山西孝义下吐京和梁家庄金、元墓发掘简报》，《考古》1960年第7期。
[4] 滕县博物馆：《山东滕县金苏瑀墓》，《考古》1984年第4期。
[5] 张德光：《山西绛县裴家堡古墓清理简报》，《考古通讯》1955年第4期。
[6] 临夏州博物馆、临夏市博物馆：《临夏市红园路金代砖雕墓清理简报》，《陇右文博》2011年第1期。
[7] 焦作市文物工作队、修武县文物管理所：《河南修武大位金代杂剧砖雕墓》，《文物》1995年第2期。
[8] 郑州市文物考古研究院：《河南中博股份有限公司宋金墓发掘简报》，《中原文物》2009年第6期。

八卦卷草纹镜

山西省侯马市64H4M102：7[1]，八瓣葵花形。圆形钮，花瓣钮座外两周弦纹圈内为一周连珠纹，其外环绕八卦纹，八卦纹外又有两周弦纹，内圈一周连珠纹，连珠圈外饰卷草纹，缘上刻押记。直径17.6厘米（图3.19，50）。

湖州镜

北京市通县三间房村M1出土[2]，六瓣葵花形。鼻状钮。镜背铸有"湖州真正石念二叔照子"长方形框双行戳记，并在边缘刻"通州司使司官（押）"铭刻。直径11厘米（图3.19，52）。

素面镜

山西省汾阳高级护校M1：9[3]，六瓣葵花形，桥形钮。直径17.9厘米（图3.19，51）。

E型：桃形镜。

北京市平谷东高村巨家坟M：13[4]，桃形，桥形钮，边缘起棱。素面。长12.9厘米、宽10.2厘米（图3.19，54）。

F型：钟形镜。

河南省林县LM2：23[5]，形似钟形，素面，边为圆棱沿。长15.8厘米、宽10.4厘米（图3.19，55）。

G型：有柄镜。据镜身形状差别分三亚型。

Ga型：镜身为圆形。

松鹤仙人镜

吉林省镇赉县黄家围子M7：1[6]，柄残，镜身为圆形，无钮。主题图案为：一株参天的古松前上方有一轮红日，古松下有一高髻长髯仙翁，后随一童子，其前为奔向仙人的麒麟和回首眺望仙人的仙鹤。柄宽2厘米、镜面直径9.8厘米（图3.19，56）。

妇童戏兽镜

河北省迁安市开发区M3：38[7]，镜身为圆形，镜背一妇人身着罗裙，右手倒执团扇，扇柄指向一前面男童。中间有一兽。上有飞鹤、云朵、花、树。镜柄上部绘有月牙卷云，下部绘一立兽。柄长6.8厘米、柄宽1.7厘米、镜面直径8厘米（图3.19，57）。

---

[1] 山西省考古研究所侯马工作站：《侯马102号金墓》，《文物季刊》1997年第4期。
[2] 北京市文物管理处：《北京市通县金代墓葬发掘简报》，《文物》1977年第11期。
[3] 山西省考古研究所、汾阳县博物馆：《山西汾阳金墓发掘简报》，《文物》1991年第12期。
[4] 杨学林：《北京平谷东高村巨家坟金代墓葬发掘简报》，《北京文物与考古》第四辑，北京燕山出版社，1994年。
[5] 张增午：《河南林县金墓清理简报》，《华夏考古》1998年第2期。
[6] 吉林省文物考古研究所：《吉林镇赉县黄家围子遗址发掘简报》，《考古》1988年第2期。
[7] 河北省唐山市文物管理处、迁安文物管理所：《河北省迁安市开发区金代墓葬清理报告》，《北方文物》2002年第4期。

卧鹿纹镜

河南省安阳市郭家湾 M2 出土[1]，镜身为圆形，背面镜把槽形，镜面雕一只茸角长的鹿，伏卧在一棵树下。柄长 7 厘米、镜面直径 7.5 厘米。

Gb 型：镜身为葵花形。

鸳鸯飞雁纹镜

山西省平定县西关村 M2 出土[2]，长柄，镜身为八瓣葵花形，纹饰为池塘水波、荷花莲叶，一对鸳鸯游嬉，一双大雁飞翔。素缘上刻划"验记□□"。长条形手柄上为荷花莲叶纹。镜身直径 10.5 厘米（图 3.19，58）。

Gc 型：镜身为连弧状桃形。

有柄童子采莲镜

黑龙江省绥滨县中兴墓群 M7 出土[3]，长柄，镜身为连弧状桃形。通长 14.1 厘米（图 3.19，59）。

二、圆形铁镜

山西省曲沃县天马—曲村 M6250 出土 1 件[4]。

三、铁釜

此类器和陶器中的陶釜性质相同，器形相似，亦称鍪锅。据形态变化分二式。

Ⅰ式：尖圜底。如山西省大同市南郊云中大学 M2:13[5]，敛口，深腹，斜弧壁。肩部有四个鋬。口径 19 厘米、高 12 厘米（图 3.20，1）。

Ⅱ式：小圜平底。如山西省大同市徐龟墓 M:21[6]，敛口，深腹，圆弧壁。肩部有六个鱼尾形鋬手，底部略凸出小平底。口径 11.5 厘米、高 8.3 厘米（图 3.20，2）。

四、铁（铜）三足釜

此类器和陶器中的 B 型鼎性质相同，器形相类。以铁质居多，个别为铜质。依据足部形态差异分三型。

---

[1] 周到：《河南安阳郭家湾小型金代墓》，《考古通讯》1957 年第 2 期。
[2] 山西省考古研究所、阳泉市文物管理委员会、平定县文物管理所：《山西平定宋、金壁画墓简报》，《文物》1996 年第 5 期。
[3] 黑龙江省文物考古工作队：《黑龙江畔绥滨中兴古城和金代墓群》，《文物》1977 年第 4 期。
[4] 北京大学考古学系商周组、山西省考古研究所：《天马—曲村（1980—1989）》，科学出版社，2000 年。
[5] 大同市博物馆：《大同市南郊金代壁画墓》，《考古学报》1992 年第 4 期。
[6] 大同市博物馆：《山西大同市金代徐龟墓》，《考古》2004 年第 9 期。

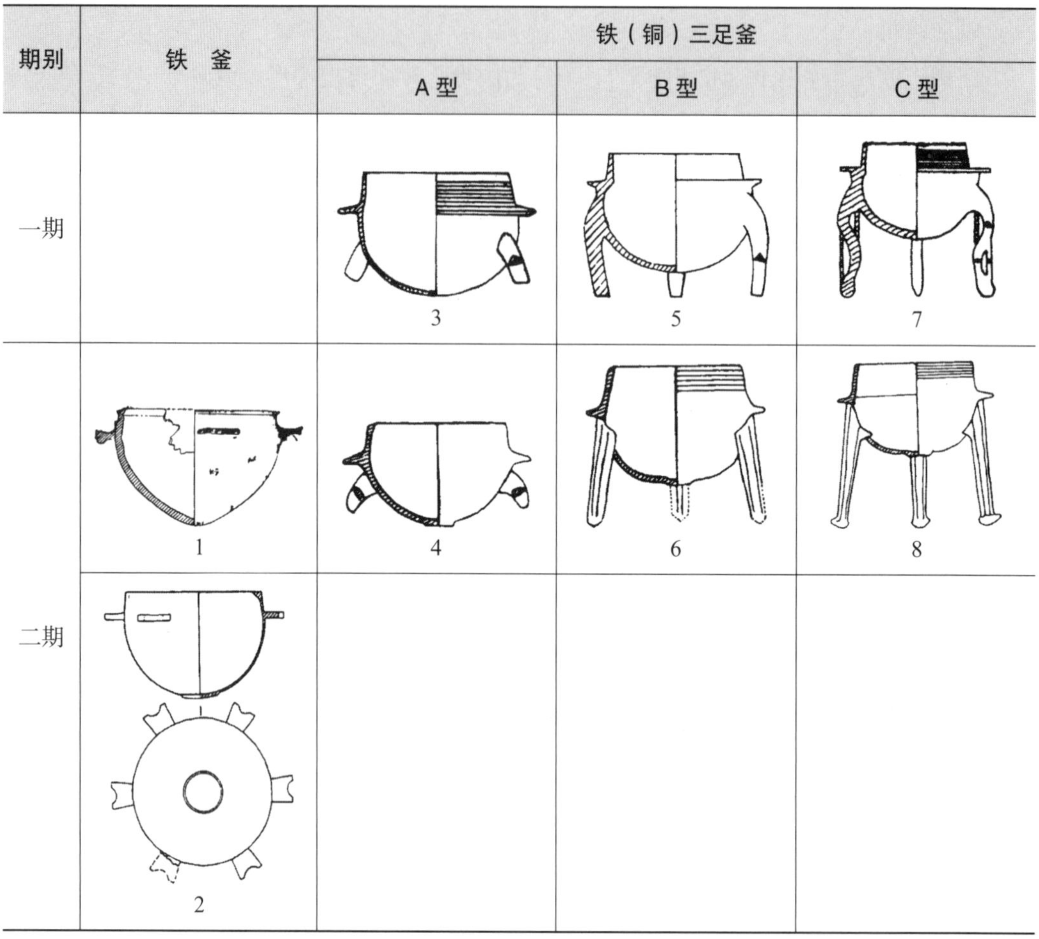

期别	铁釜	铁（铜）三足釜		
		A型	B型	C型
一期		3	5	7
	1	4	6	8
二期	2			

图 3.20　金代墓葬出土铁釜、铁（铜）三足釜

1. Ⅰ式铁釜（山西省大同市南郊云中大学 M2∶13）　2. Ⅱ式铁釜（山西省大同市徐龟墓 M∶21）
3. A 型Ⅰ式铁（铜）三足釜（黑龙江省阿城双城村四队出土）
4. A 型Ⅱ式铁（铜）三足釜（黑龙江省绥滨县中兴 M6∶3）
5. B 型Ⅰ式铁（铜）三足釜（黑龙江省阿城双城村四队出土）
6. B 型Ⅱ式铁（铜）三足釜（黑龙江省绥滨县中兴 M5∶2）
7. C 型Ⅰ式铁（铜）三足釜（黑龙江省阿城双城村三队出土）
8. C 型Ⅱ式铁（铜）三足釜（黑龙江省绥滨县中兴 M5∶1）

A 型：短足。据器腹变化分二式。

Ⅰ式：圜底。如黑龙江省阿城双城村四队出土，标本 A794[1]，微敛口，口沿外有一周錾沿，圆鼓腹，短三棱柱足。口沿外饰数道弦纹。口径 16.4 厘米、高 12.9 厘米（图 3.20，3）。

Ⅱ式：小圜平底。如黑龙江省绥滨县中兴 M6∶3[2]，微敛口，口沿外有一周錾沿，

---

[1] 阎景全：《黑龙江省阿城市双城村金墓群出土文物整理报告》，《北方文物》1990 年第 2 期。
[2] 黑龙江省文物考古工作队：《黑龙江畔绥滨中兴古城和金代墓群》，《文物》1977 年第 4 期。

腹部斜收，小兽足。口径15.6厘米、高11.9厘米（图3.20，4）。

B型：中长足。据器腹变化分二式。

Ⅰ式：圜底。如黑龙江省阿城双城村四队出土，标本A1090[1]，微敛口，口沿外有一周錾沿，圆鼓腹，三棱柱足，较长，呈弧状。口径15厘米、高16厘米（图3.20，5）。

Ⅱ式：小圜平底。如黑龙江省绥滨县中兴M5∶2[2]，微敛口，口沿外有一周錾沿，腹部圆收，底近平，略凸，扁足，较长直。口沿外饰数道弦纹。口径15.6厘米、高18.2厘米（图3.20，6）。

C型：长足。据器腹变化分二式。

Ⅰ式：圜底。如黑龙江省阿城双城村三队出土，标本A956[3]，微敛口，口沿外有一周錾沿，圆鼓腹，扁柱足呈"S"形。口沿外饰数道弦纹。口径13厘米、高18.5厘米（图3.20，7）。

Ⅱ式：小圜平底。如黑龙江省绥滨县中兴M5∶1[4]，微敛口，口沿外有一周錾沿，腹部圆收，底近平，略凸，兽蹄足，斜长直。口沿外饰数道弦纹。口径17.4厘米、高23.4厘米（图3.20，8）。

---

[1] 阎景全：《黑龙江省阿城市双城村金墓群出土文物整理报告》，《北方文物》1990年第2期。
[2] 黑龙江省文物考古工作队：《黑龙江畔绥滨中兴古城和金代墓群》，《文物》1977年第4期。
[3] 阎景全：《黑龙江省阿城市双城村金墓群出土文物整理报告》，《北方文物》1990年第2期。
[4] 黑龙江省文物考古工作队：《黑龙江畔绥滨中兴古城和金代墓群》，《文物》1977年第4期。

第四章

金墓墓葬装饰研究

砖室墓在金墓的形制类型中占有相当的比重，也是金墓中结构颇为复杂的一种墓葬形式。更为重要的是大部分砖室墓中有壁画、砖雕等装饰，也有个别的石室墓、砖石椁墓以及石棺墓等其他类型的墓葬中发现存在雕刻画像或壁画等装饰内容，这为我们解读当时的社会生活、历史文化等提供了最直接的素材。砖雕与壁画一般装饰于墓室的四壁、顶部以及甬道两侧。大多数情况下，砖室墓中，砖雕和壁画装饰并非孤立使用，而是互为补充，但两种技法的装饰在墓葬中的构成情况不尽相同。大致分为两种情况：其一是全部为壁画装饰，或以壁画为主、局部填充砖雕；其二是以砖雕为主，同时辅以或多或少的彩绘壁画。本章略对墓葬中的砖雕、壁画及石刻画像内容进行考察。

第一节　砖雕内容研究

砖雕装饰的砖室墓主要发现于山西中南部、河北中南部、河南、山东、陕西、甘肃、宁夏等地区。砖雕内容有如下几种题材类别。

一、墓主人图

所谓墓主人图，表现形式一般是在墓室的后壁（或其他壁面）装饰墓主人夫妇图像，有表现墓主人夫妇宴饮者，也有墓主人夫妇对坐、并坐者。本书将这类表现墓主人夫妇宴饮、对坐、并坐或并立的题材命名为墓主人图。据墓主人形象及画面表现内容，将砖雕题材归纳为四种。

第一种：夫妇宴饮图。主要表现形式是：中间置一桌，桌上摆放器皿和果品等，墓主人夫妇对坐于桌子两侧的椅子上进行宴饮。

典型如山西省侯马市64H4M102[1]，墓后室北壁，雕墓主人宴饮图。中间设一方桌，上有莲瓣形大碗及鱼柄汤匙，又置两盖碗于托子之上，桌下置两个酒坛，其一倒置，其一饰盖。墓主人夫妇分坐于东西两椅上。男主人头裹软巾，领下垂须，身着圆领袍，内着交领衣，腰束带，左手持盏欲饮。女主人高髻方额插簪饰，耳穿圆环，身着罗裙，袖手静坐。墓主人夫妇身后雕侍童、侍女分立于踏床之上（图4.1，1）。

还有一些宴饮图中，布局、人物等的位置及表现方式与上述稍有不同。

---

[1]　山西省考古研究所侯马工作站：《侯马102号金墓》，《文物季刊》1997年第4期。

山西省汾阳高级护校 M5[1]，墓室西壁正中墓主人夫妇两人并排端坐于椅上，面前置案，上置二盏。

山西省孝义市下吐京墓[2]，北壁雕房屋一间，两边为菱花形的隔扇门，中间有几，男主人坐于桌左侧，女主人坐于桌后。几右侧站立一中年侍女，双手捧杯向主人送去。

河北省井陉县柿庄 M4[3]，西壁塑宴饮图，上似屋檐，正中砌一桌二椅，桌上置瓷罐。右椅坐一男子，左椅坐一妇人，当为墓主人。男主人身后站立一男侍，女主人身后站立一女侍，双手捧一圆盒。此图中的人物均为泥塑俑，而非砖雕。

第二种：夫妇对坐图。主要表现形式是：中间置一桌或几，桌或几上摆放花卉等，墓主人夫妇对坐于桌、几两侧的椅子上。

典型如山西省侯马市 65H4M102[4]，墓室北壁，形似厅堂，两侧各有一扇四抹格子门。堂中间上雕卷帘，中间设一曲足花几，几上雕出盛开的牡丹花一盆。几下雕一只家猫，嘴中叼一只麻雀。墓主人夫妇足踩脚榻对坐两旁椅上。男主人头裹软巾，身着圆领窄袖长衫，腰系丝绦，双手持念珠。女主人高髻方额插簪饰，身着罗裙，外罩对襟长衣，袖手静坐。侍童、侍女分列墓主人夫妇两侧。侍童叉手而立，侍女左手持铜镜，右手抚弄镜钮长绸（图4.1，2）。

山西省侯马市 65H4M104[5]，墓室北壁，雕墓主人夫妇图。中间为一曲足桌，上置一盆盛开的牡丹花。墓主人夫妇足踩脚榻，男主人三绺胡髯，头戴软巾，着圆领窄袖长袍，腰系丝绦，左手置于膝上，右手持一串念珠；女主人方额挽髻，上着窄袖衫，下系百褶裙，右手置膝，左手捧经卷。墓主人身后左右各有侍童、侍女恭立侍候。

第三种：夫妇并坐图。主要表现形式是：墓主人夫妇并肩坐于椅子上。

山西省稷山县马村 M4[6]，北壁门楼内部的墙上，砌有一壁龛，龛内两侧各贴砌板门一扇，内置墓主人夫妇像与男女侍从。墓主人夫妇并坐于椅上，男主人头戴幞头，着圆领窄袖长衫，腰系丝绦。女主人方额高髻，内穿交领衬衣，下系长裙，外罩对襟长衫。男童女婢，恭侍两旁（图4.1，3）。

河南省义马市南郊 M156[7]，东壁为两幅雕像。墓主人夫妇对坐于椅上。左侧为老妇，

---

[1] 山西省考古研究所、汾阳县博物馆：《山西汾阳金墓发掘简报》，《文物》1991年第12期。
[2] 山西省文物管理委员会、山西省考古研究所：《山西孝义下吐京和梁家庄金、元墓发掘简报》，《考古》1960年第7期。
[3] 河北省文化局文物工作队：《河北井陉县柿庄宋墓发掘报告》，《考古学报》1962年第2期。
[4] 山西省考古研究所侯马工作站：《侯马65H4M102金墓》，《文物季刊》1997年第4期。
[5] 山西省考古研究所：《山西侯马104号金墓》，《考古与文物》1983年第6期。
[6] 山西省考古研究所侯马工作站：《山西稷山马村4号金墓》，《文物季刊》1997年第4期。
[7] 三门峡市文物工作队、义马市文物管理委员会：《义马市金代砖雕墓发掘简报》，《华夏考古》1993年第4期。

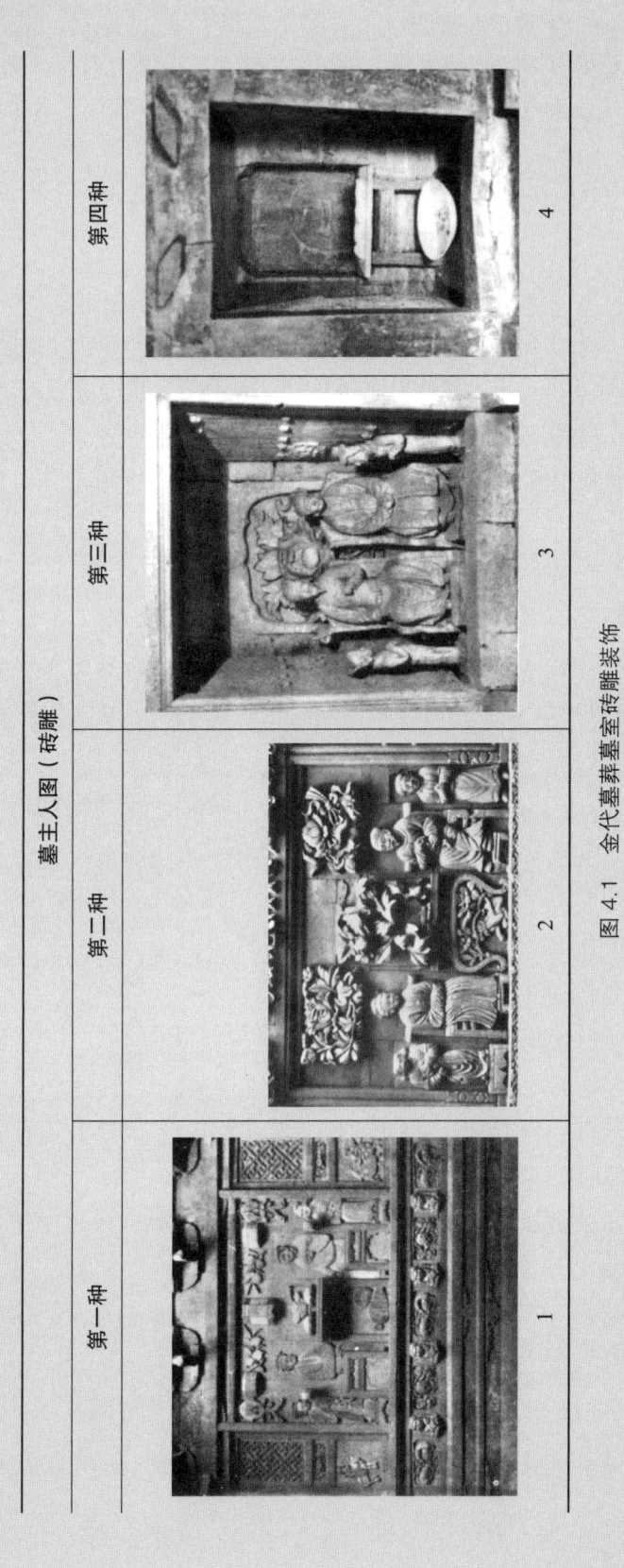

墓主人图（砖雕）			
第一种	第二种	第三种	第四种
1	2	3	4

图 4.1 金代墓葬墓室砖雕装饰

1. 山西省侯马市 64H4M102　2. 山西省侯马市 65H4M102　3. 山西省稷山县马村 M4　4. 山西省侯马市牛村 94H5M1

111

头梳髻别簪，身着花边对襟窄袖衫，双手相袖坐于椅上。右侧为老翁，留有长须，头戴尖顶软帽，身着圆领长袖袍，腰束软带，双足着靴，左手掩于袖内，右手抬起，执一串念珠坐于椅上。

第四种：男主人图。与以上三种图不同的是，此种只表现男主人一人端坐的形象，而无女主人形象。

如山西省侯马市牛村94H5M1[1]，北壁正中明间辟门，门内后壁砌一壶门状龛，龛内阴线刻男主人袖手正坐于椅上，头戴小帽，腰束带，内着右衽衣，外罩圆领宽袖长衫。墓主人前置一高足长方桌，桌上置碗及食品等物，桌前地上置一瓷碗。东西两次间男、女侍从分别立于主人身后一侧（图4.1，4）。

墓主人砖雕题材集中流行于山西中南部地区，河南西部有少例。

二、"妇人启门"图

所谓"妇人启门"，其表现形式是：板门两扇，其一微掩，一妇人位于两门之间，或探出上半身，或一侧身全露，站立于开启的门间。砖雕妇人形象，多和门雕刻于一体，也有的单独以立体泥俑形式出现。这类图以妇人站立门间侧身的形象最为常见。

甘肃省临夏南龙乡王吉墓[2]，北壁为双扇板门，门微启，有妇人探出半身，门扇中偏上位置饰衔环兽面。两侧为单开隔扇门，格心、裙板雕花卉（图4.2，1）。

山西省闻喜县小罗庄M1[3]，北壁上两侧各砌一扇格子门，中间砌一门框，内装半掩格子门两扇，门缝中有一女子探头张望。

除以上外，还有其他相类似的砖雕图像。

山西省长治市安昌村南ZAM2[4]，南壁有一幅砖雕的板框门扉，半掩的门间站立一抱婴的妇人（图4.2，2）。

河南省温县西关村91WXM1[5]，东壁上板门呈半开状，一妇人仅露右半身，头束髻，怀抱花瓶，站立门缝间。

山西省孝义县下吐京墓[6]，东壁雕妇人半启门。四扇隔扇门，中间靠北端的一扇半

---

[1] 山西省考古研究所侯马工作站：《侯马两座金代纪年墓发掘报告》，《文物季刊》1996年第3期。
[2] 临夏回族自治州博物馆：《甘肃临夏金代砖雕墓》，《文物》1994年第12期。
[3] 山西省考古研究所、山西省闻喜县博物馆：《山西闻喜县金代砖雕、壁画墓》，《文物》1986年第12期。
[4] 商彤流：《长治市安昌村出土的金代墓葬》，《艺术史研究》第6辑，中山大学出版社，2004年。
[5] 罗火金、王再建：《河南温县西关宋墓》，《华夏考古》1996年第1期。
[6] 山西省文物管理委员会、山西省考古研究所：《山西孝义下吐京和梁家庄金、元墓发掘简报》，《考古》1960年第7期。

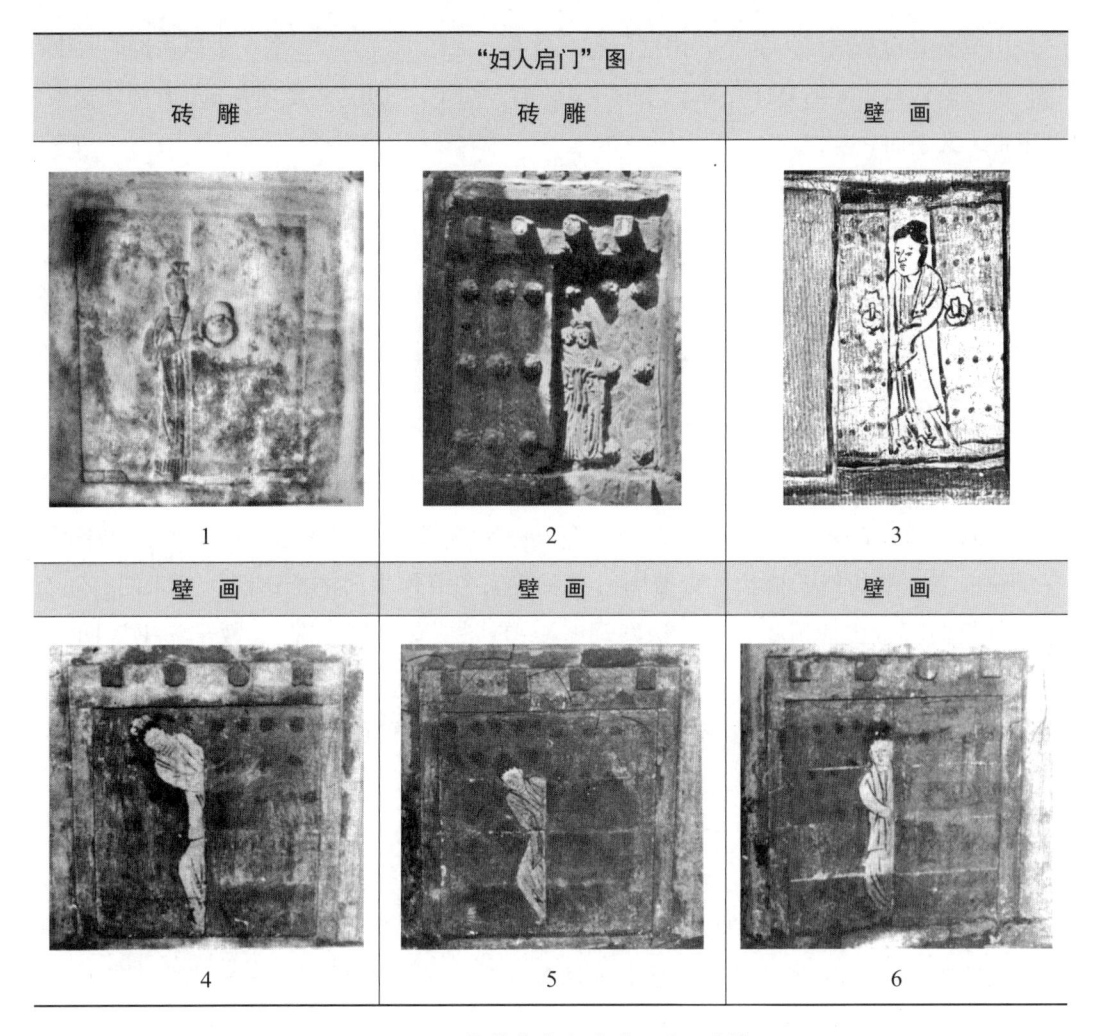

"妇人启门"图		
砖　雕	砖　雕	壁　画
1	2	3
壁　画	壁　画	壁　画
4	5	6

图 4.2　金代墓葬墓室砖雕、壁画装饰
1. 甘肃省临夏南龙乡王吉墓　2. 山西省长治市安昌村南 ZAM2　3. 山东省济南市大官庄 M1
4. 河南省林县 LM2 北壁　5. 河南省林县 LM2 西壁　6. 河南省林县 LM2 东壁

开，有一妇人半身露于门外，右手牵一幼童。

妇人启门砖雕图，以山西中南部发现最多。河南、河北、陕西、甘肃有少例。

三、侍从、武士图

此类题材常饰于墓门两侧壁、甬道两侧壁及墓门等位置。有侍者的形象，也有手持兵器的武士或手举仪仗的卫士等人物形象。还有一种情况，就是在一壁上，专门雕出隔扇板门，两侧再饰侍卫或力士等。武士的形象为男子，侍者的形象有男有女，或两男，或一男一女，还有的为数男数女。

山西省襄汾县荆村沟墓[1]，南壁门左右各有一穿铠甲、头戴缨盔、手执兵器的武士。

山西省侯马市64H4M101[2]，门外甬道两侧，各雕一门吏，头戴莲花冠，着圆领长袍，腰束带，叉手而立。

河南省伊川县沙元村2003LYGSM1[3]，北壁中央为双扇板门，门两侧各雕一人物，左侧为一站立男子，拱手，髡发。右侧为一站立女子，头饰双髻，插簪，双手捧盏于胸前。

此种主要饰于门两侧的砖雕侍卫图，集中于山西中南部和河南西部地区，其他地区少见。

四、家居生活图

关于家居生活的砖雕题材较为多见，主要涉及日常生活的起居劳作，表现内容较广泛。其中有反映厨房制膳的庖厨图，有反映宴饮场面的侍者进膳侍奉图、饮茶图，有反映内宅生活的妇人梳妆、育婴图，有反映家务劳作生活的推磨图、舂米图，还有一些其他的日常生活情景，如"伏案理帐"图、"二女弈棋"图、"教子学书"图等，内容丰富。

表现此类题材内容的墓葬发现有十几处，主要饰于墓室周壁，集中发现于山西中南部和河南西部地区，甘肃偶见，其他地区少见或未见。

五、出行图

反映出行情景的砖雕较少见，少量墓葬有类似装饰内容。主要有两类，一类是表现墓主人日常出行情景，如山西省侯马市64H4M102[4]，后室西壁雕主人出行图，前边一侍者头系皂巾，右手托一木棒，步行在前。其后一老一少两主人骑马，两人皆头裹巾，穿圆领红袍，腰束带，穿黄靴，前边老者骑红马，后边年轻人骑白马，左手执辔，右手持鞭。马具俱全。后边一男侍肩挑拂尘，随行于后（图4.3，1）。另一类是牵驼、牵马出行图，如陕西省宝鸡市长岭机器厂墓[5]，为胡人牵驼出行图。主题是一深目高鼻、长着络腮胡须的胡人，头戴折角尖顶帽，身着紧袖长袍，束腰，脚蹬长筒靴。右手执辔牵驼，左手前举，迈步行进。身后骆驼背负绳索捆扎的方形箱箧，紧跟主人前行。山西省长治市安昌村南ZAM2[6]，墓壁分别有一人"牵驼图"和一人"牵马图"（图4.3，2）。

---

[1] 山西省考古研究所：《山西襄汾金墓清理简报》，《文物》1989年第10期。
[2] 山西省考古研究所侯马工作站：《侯马101号金墓》，《文物季刊》1997年第3期。
[3] 洛阳市第二文物工作队：《洛阳伊川雕砖墓发掘简报》，《文物》2005年第4期。
[4] 山西省考古研究所侯马工作站：《侯马102号金墓》，《文物季刊》1997年第4期。
[5] 卢建国、官波舟：《宝鸡市长岭机器厂宋墓清理简报》，《文博》1998年第6期。
[6] 商彤流：《长治市安昌村出土的金代墓葬》，《艺术史研究》第6辑，中山大学出版社，2004年。

出行图（砖雕、壁画）

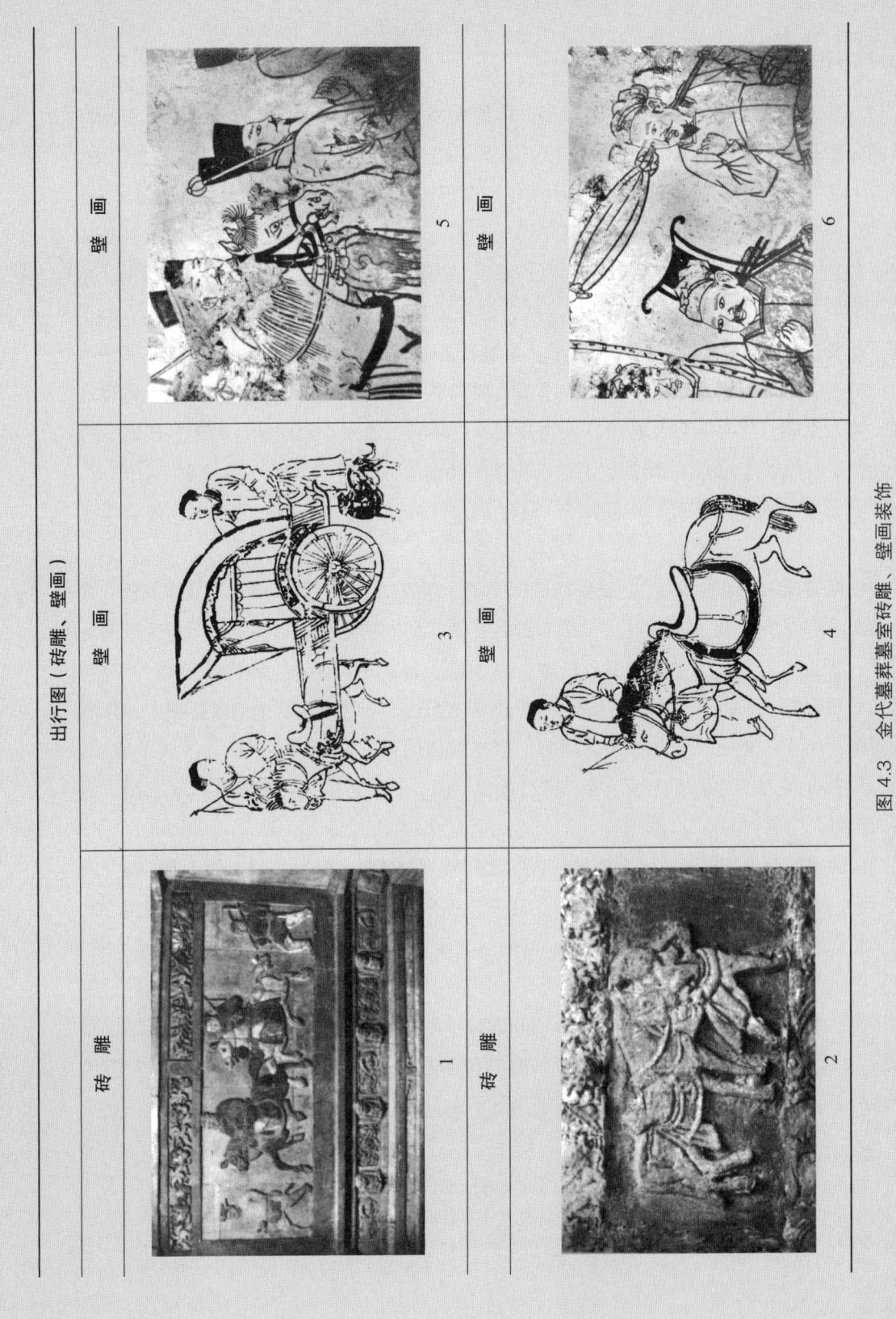

| 砖雕 1 | 壁画 3 | 壁画 5 |
| 砖雕 2 | 壁画 4 | 壁画 6 |

图 4.3 金代墓葬墓室砖雕 壁画装饰
1. 山西省侯马市 64H4M102 2. 山西省长治市安昌村南 ZAM2 3. 山东省济南市大官庄 M1 4. 山东省济南市大官庄 M1
5. 山西省大同市徐龟墓 6. 山西省大同市徐龟墓

115

六、孝行图

有关孝行故事题材的砖雕发现较多,但绝大多数墓室仅饰数例孝行故事图,有的砖雕图旁侧有榜题,标明故事的具体内容(附表4.1)。一般墓内至少装饰两幅人物故事图,多至十几幅人物故事图,完整的"二十四孝"图仅在四处墓葬中有发现。

山西省沁县西林东庄村墓[1],墓室壁中部砌一周框格,内嵌孝子人物砖雕,并施彩绘,共二十四幅,有榜题。人物分别有:郭巨、王武子、陆绩、元觉、姜诗、舜子、鲍山、丁兰、赵孝宗、杨香、鲁义姑、孟宗、田真、老莱子、曾子(曾参)、刘明达、闵子骞、刘殷、曹娥、韩伯俞、董永、睒子、蔡顺、王祥。

山西省新绛县南范庄墓[2],前室南壁上层为孝行图,共二十四幅,分三排,每排八幅,均为浮雕,原有题名及彩绘。人物分别有:蔡顺、孟宗、刘明达、舜子、田真、郭巨、曾子、原谷(元觉)、杨香、丁兰、睒子、韩伯俞、闵损(子骞)、鲁义姑、崔孝芬、陆绩、王祥、董永、王武子、老莱子、赵孝宗、曹娥、刘殷、鲍山。此墓人物组合中无"姜诗"。

山西省稷山县马村M4[3],墓室四壁回廊下,摆放二十四组故事雕塑,呈砖灰色,人物高20厘米左右,本身有编号,少数有题名。确认的人物分别有:舜子、闵损(子骞)、睒子、曹娥、郭巨、王祥、刘殷、杨香、赵孝宗、鲁义姑、董永、鲍山、田真、丁兰、孟宗、韩伯俞、王武子、原谷(元觉)、曾子、刘明达、陆绩。该墓中的孝行图中,还有三幅图(第十、十七、十九组)无题名,根据画面内容,推断其一可能为"成子留母"图,其二可能为"老莱子行孝"或"杨乙行孝"图,其三可能为"崔孝芬行孝"图。此墓人物组合中无"姜诗""蔡顺"。

山西省长治市魏村墓[4],墓室四壁嵌二十四幅人物砖雕,每壁六幅,共二十四幅。施以彩绘,有人物故事榜题。南、东、西、北壁分别为:赵孝宗、(不详)、田真、鲍山、睒子、元觉、韩伯瑜(俞)、陆绩、曹娥、刘明达、孟宗、老莱子、(老莱子)、莱(蔡)顺、鲁义姑、曾参、鲍出(山)、大舜(舜子)、闵子骞、郭巨、王武子妻、王祥、(田真)、丁兰。该墓中有两幅图是重复的,即田真图和老莱子图。还有两个人物只出现人物榜题,而无图,即刘殷和杨香。西壁第五幅图,画面内容与题记不符,根据榜题残余字迹,推测为姜诗图。南壁第二幅图无榜题,表现故事内容不详。此墓人物组合中无"董永"。

---

[1] 商彤流、郭海林:《山西沁县发现金代砖雕墓》,《文物》2000年第6期。
[2] 山西省考古研究所:《山西新绛南范庄、吴岭庄金元墓发掘简报》,《文物》1983年第1期。
[3] 山西省考古研究所侯马工作站:《山西稷山马村4号金墓》,《文物季刊》1997年第4期。
[4] 长治市博物馆:《山西长治市魏村金代纪年彩绘砖雕墓》,《考古》2009年第1期。

以上四处墓中的二十四孝人物，除个别不同外，绝大多数表现的故事人物是相同的。此外，有的孝行图中还出现"江革行孝"，该图的内容表现和"鲍山行孝"图较为相似。

有关砖雕的孝行图，以山西中南部所见最多，其次为河南西部、陕西、甘肃等地，其他地区几乎不见。

七、八仙图

有两座墓室内顶部装饰有"八仙"人物砖雕，只是人物的组成略有不同。

山西省侯马市 65H4M102[1]，墓顶八角藻井装饰以八仙人物砖雕。八仙人物分别雕于八块梯形砖上，砖上宽 18 厘米、下宽 43 厘米、高 60 厘米。通过考证人物装扮及所持器具，此砖雕八仙人物有铁拐李、钟离权、吕洞宾、蓝采和、韩湘子、张果老、曹国舅、徐神翁（图 4.4，1）。

山西省侯马市 59H4M1（董明墓）[2]，墓室顶部藻井的第二层是在三角形界框中嵌刻八仙人物砖雕。此砖雕八仙人物有铁拐李、钟离权、吕洞宾、何仙姑、韩湘子、张果老、曹国舅、徐神翁（图 4.4，2）。

以上两墓所见两组八仙人物多数相同，但和现今流行的"八仙"组成存在区别。侯马市 65H4M102 中的八仙人物全部为男性，没有"何仙姑"；侯马市 59H4M1 中的八仙没有"蓝采和"；两组人物中均有"徐神翁"这一人物形象，而这是现今民间流行的"八仙"人物中所没有的。

八、散乐图

此类题材内容一般饰于墓室周壁。散乐题材，主要反映乐舞的情景，多为单人演奏乐器和进行舞蹈组成的图景。一组人物中，或皆为男性，或皆为女性，或男女搭配。表现乐舞情景一般少则四五人，多则十几人。常使用不同的乐器组合（附表 4.2）。

山西省长治市安昌村南 ZAM2[3]，西壁上层有一幅散乐图，横向十五人排列，均为男性。这是一组演出人物较多的图景，出现的乐器也比较齐全。人物分别为：吹排箫者、吹短笛者、吹横笛者、击大鼓者、杖腰鼓者、吹笙者、吹排箫者、吹短笛者、吹横笛者、舞蹈者、拍板者、吹觱篥者、弹琵琶者、拨"火不思"者、弄"轧筝"者。这组图中，有不同的人物同时使用一种乐器。

---

[1] 山西省考古研究所侯马工作站：《侯马 65H4M102 金墓》，《文物季刊》1997 年第 4 期。
[2] 山西省文管会侯马工作站：《侯马金代董氏墓介绍》，《文物》1959 年第 6 期。
[3] 商彤流：《长治市安昌村出土的金代墓葬》，《艺术史研究》第 6 辑，中山大学出版社，2004 年。

八仙（砖雕）

| 1 | 2 |

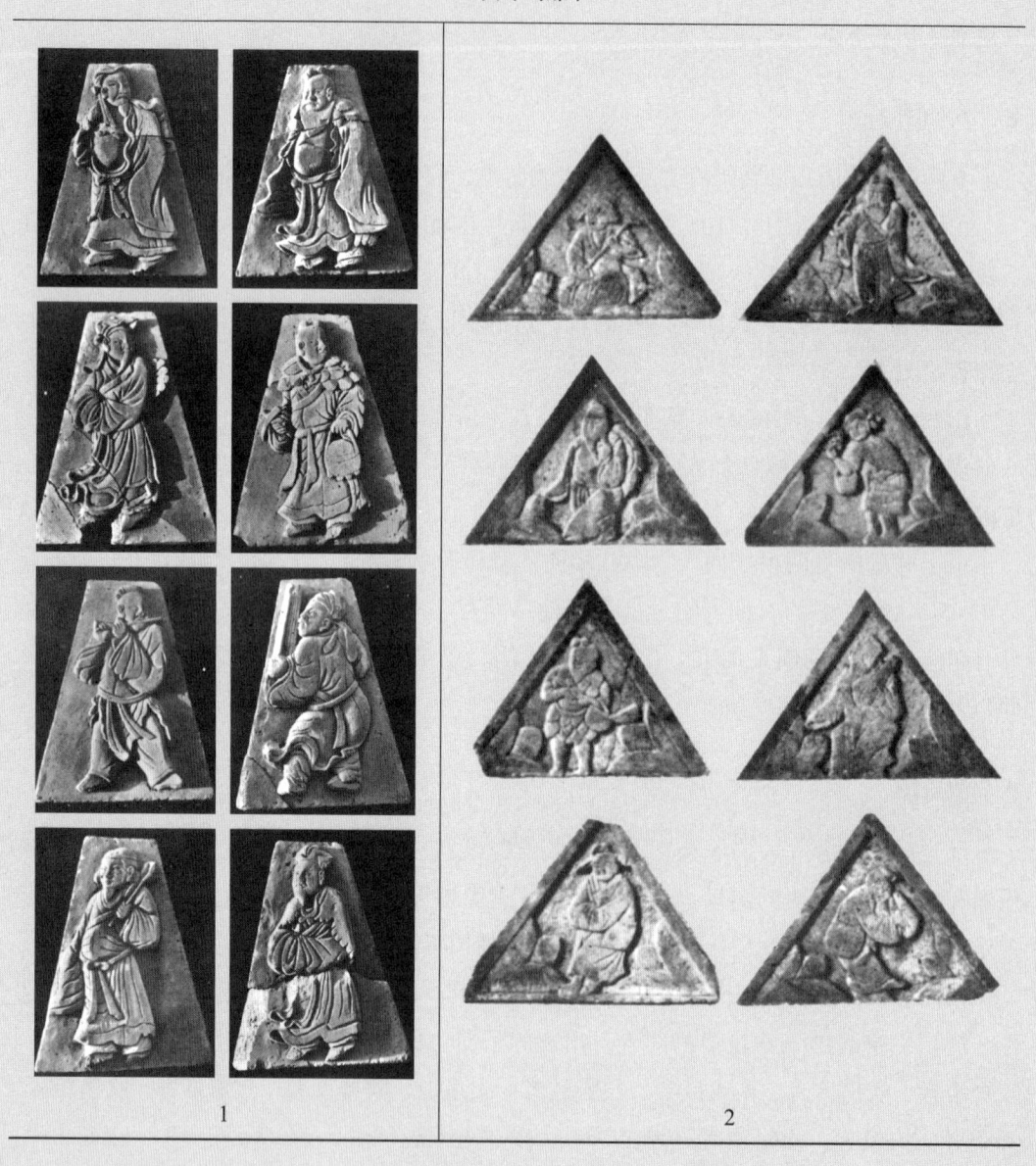

图4.4　金代墓葬墓室砖雕装饰

1. 山西省侯马市 65H4M102（人物有：铁拐李、钟离权、吕洞宾、蓝采和、韩湘子、张果老、曹国舅、徐神翁）
2. 山西省侯马市 59H4M1（人物有：铁拐李、钟离权、吕洞宾、何仙姑、韩湘子、张果老、曹国舅、徐神翁）

山西省襄汾县侯村墓[1]，南壁上部，置八块砖雕。人物分别为：吹口哨者、执长板者、持尘帚者、执纨扇者、拍板者、吹横笛者、吹觱篥者、吹笙者（图4.5，2）。

山西省闻喜县寺底墓[2]，西壁自上而下第三排嵌砖雕伎乐人物，共五人。皆为女子，头束髻，戴花饰，上身赤裸，肩披披帛，腰束带，下身着喇叭口裤，脚踩莲座。人物为舞伎、吹箫者、吹笙者、吹排箫者、吹笙者。

河南省温县西关村91WXM1[3]，东北壁上嵌一组散乐人物砖雕。一组五人，分别为四男一女。有吹觱篥者、吹横笛者、弹琵琶者、杖腰鼓者、击大鼓者（图4.5，1）。

散乐题材的砖雕多在山西中南部、河南西部出现，其他地区则少见。

九、百戏图

百戏题材反映的是民间社火表演或各种技艺杂耍演出的情景。人物以童子、少年为多，也有成年人进行装扮的表演。

较为典型的有：山西省新绛县南范庄墓[4]，前室东、西二壁的砖雕，表现为儿童装扮的人物在进行民间社火演出；山西省侯马市65H4M102[5]，有童子竹马交战图；山西省襄汾县曲里村墓[6]，有马球、马戏图；山西省襄汾县侯村墓[7]，有童子戏耍图；山西省侯马市65H4M104[8]，有少年骑马、骑狮、步行等表演图。

除此以外，还有一种与之相类似的内容表现的是士马交战或跃马驰骋的场景。如山西省侯马市65H4M102[9]，有武士骑马交战图；陕西省宝鸡市长岭机器厂墓[10]，有武士跃马图；陕西省千阳县冉家沟墓[11]，有扬鞭驱马图。这一类"士马"图的内容、构图简洁明了。还有的是直接取自于历史典故。如山西省侯马市64H4M102[12]，墓后室四壁雕历史故事图，有"尉迟恭救驾""尉迟恭单鞭夺槊""小尉迟将鞭认父"等。

有关百戏题材的砖雕集中出现于山西中南部。

---

[1] 李慧：《山西襄汾侯村金代纪年砖雕墓》，《文物》2008年第2期。
[2] 闻喜县博物馆：《山西闻喜寺底金墓》，《文物》1988年第7期。
[3] 罗火金、王再建：《河南温县西关宋墓》，《华夏考古》1996年第1期。
[4] 山西省考古研究所：《山西新绛南范庄、吴岭庄金元墓发掘简报》，《文物》1983年第1期。
[5] 山西省考古研究所侯马工作站：《侯马65H4M102金墓》，《文物季刊》1997年第4期。
[6] 陶富海、解希恭：《山西襄汾县曲里村金元墓清理简报》，《文物》1986年第12期。
[7] 李慧：《山西襄汾侯村金代纪年砖雕墓》，《文物》2008年第2期。
[8] 山西省考古研究所：《山西侯马104号金墓》，《考古与文物》1983年第6期。
[9] 山西省考古研究所侯马工作站：《侯马65H4M102金墓》，《文物季刊》1997年第4期。
[10] 卢建国、官波舟：《宝鸡市长岭机器厂宋墓清理简报》，《文博》1998年第6期。
[11] 宝鸡市考古队、千阳县文化馆：《陕西千阳发现金明昌四年雕砖画墓》，《文博》1994年第5期。
[12] 山西省考古研究所侯马工作站：《侯马102号金墓》，《文物季刊》1997年第4期。

散乐（砖雕）

1

2

图 4.5 金代墓葬墓室砖雕装饰
1. 河南省温县西关村 91WXM1　2. 山西省襄汾县侯村墓

十、杂剧图

反映杂剧表演的人物砖雕有立体圆雕和浮雕等。人物角色常见有四人一组或五人一组。有的伴随杂剧演出，同时有乐队演奏出现。

山西省侯马市 59H4M1[1]，墓室北壁堂屋檐上，砌出一座舞台模型，台上有五人在表

---

[1] 山西省文管会侯马工作站：《侯马金代董氏墓介绍》，《文物》1959 年第 6 期。

演。五个演员系青砖雕成，排列成一排，施彩，神态各异。根据其装扮和表情动作，自左至右分别为装孤、副末、末泥、装旦、副净五个角色（图4.6，2）。

河南省温县西关村91WXM1[1]，西北壁上嵌一组杂剧人物砖雕。用减地手法和浮雕手法雕刻人物形象。共五人，分别为副末、引戏、装孤、副净、末泥（图4.6，1）。

山西省稷山县马村M4[2]，南壁雕有杂剧表演和伴奏乐队。四个演员在前排，自左至右分别为副末、副净、装旦、末泥。四个演员后面的高台上有五人，自左至右分别为击大鼓者、杖腰鼓者、吹长笛者、拍板者、吹觱篥者（图4.6，3）。

山西省侯马市晋光95H12M1[3]，南壁东部两狮之间嵌雕一组杂剧人物。共五人，自左至右分别为副末、副净、装旦、装孤、末泥（图4.6，4）。

山西省稷山县化肥厂砖室墓[4]，南壁须弥座上砌筑四个杂剧人物，体现一幅杂剧表演场景。自左至右分别为末泥、副末、副净、装孤。

河南省义马市狂口村M1[5]，东壁砖雕有五人杂剧表演者。自北向南分别为副末、副净、末泥、装旦、装孤。

有关杂剧演出的砖雕，仅在山西南部和河南西部地区出现，已有约二十座墓内有此类题材的装饰。其他地区未见。

十一、祥瑞图

祥瑞题材基本可分为三种，即植物、动物和人物。

第一种，植物类。包括各种花卉和枝草等。有牡丹、荷花、莲花、菊花、梅花、石榴花、慈菇、水蓼、水竹、秋葵、仙草等。

第二种，动物类。包括各类飞禽走兽。常见有狮子、鹿、象、羊、马、鸭子、鹅、孔雀等。

第三种，人物类。主要是仙女、童子等。

以上三种题材，或单独表现，或融合于一体表现一个主题。如"奔鹿衔草""仙女散花""童子戏莲荷"等。装饰无固定部位，以不同的雕刻风格饰于墓室的各个位置，融于不同的表现题材之中。

祥瑞砖雕图发现于山西中南部、河南西部、陕西、甘肃地区。其他地区少见。

---

[1] 罗火金、王再建：《河南温县西关宋墓》，《华夏考古》1996年第1期。
[2] 山西省考古研究所侯马工作站：《山西稷山马村4号金墓》，《文物季刊》1997年第4期。
[3] 山西省考古研究所侯马工作站：《侯马两座金代纪年墓发掘报告》，《文物季刊》1996年第3期。
[4] 山西省考古研究所侯马工作站：《稷山县化肥厂金墓发掘报告》，《文物世界》2011年第4期。
[5] 三门峡市文物考古研究所：《河南义马狂口村金代砖雕壁画墓发掘简报》，《文物》2017年第6期。

杂剧（砖雕）

图 4.6 金代墓葬墓室砖雕装饰
1. 河南省温县西关村 91WXM1　2. 山西省侯马市 59H4M1　3. 山西省稷山县马村 M4　4. 山西省侯马市晋光 95H12M1

十二、建筑家居装饰图

仿木构墓室内，都砌有建筑构件，如柱、梁、橼、枋、斗栱等。只是不同的墓葬，建筑构件的雕砌装饰常有繁简之分。此外，在墓室的各壁，常雕有各种家具家什，主要有门、窗、桌、椅、灯檠、衣架、箱柜、剪刀、尺子等。其中以"一桌二椅"的组合雕砌最为多见。各种家什的雕刻精细程度不一，门多为两扇或四扇板门或格子门，有门框、门砧，板门上有铺首和门簪。格子门的纹眼亦变化多样。

此类题材砖雕分布广泛，以山西中南部、河南西部地区所见最为复杂，山东、河北中南部、陕西、甘肃等地所见稍显简略。

第二节 壁画内容研究

壁画砖室墓发现地区有：辽宁、北京、山西、河北、山东、河南、陕西、甘肃、宁夏等，分布广泛。此外河北省新城县北场村时丰墓为砖石（合筑）椁墓，椁内石壁四周涂白灰绘制壁画，其绘画技法和题材内容与砖室墓相同，故将其归入此部分进行分类。壁画主要有如下题材类别。

一、墓主人图

比照砖雕墓中同类题材，据墓主人形象及画面内容，分三种。

第一种：夫妇宴饮图。

河北省内丘县胡里村墓[1]，垂幔高挂，帷幔用淡黄色宽带扎起，露出木质的屏风。墓主人夫妇袖手端坐于有脚踏的黑色圈椅上，面向内，中间有低矮的方桌，上置三盘球状面食和两碗膳食。男子头戴黑色布冠，面向方正，留小胡，身穿交领右衽黄袍，腰系丝带。女子头梳高髻，并饰簪，面丰腴，身穿窄袖罗衫，外套交领半袖襦，下穿长裙，腰系丝带（图4.7，1）。

壁画中反映夫妇宴饮场景的多是一男一女，但个别也有例外：如山西省绛县裴家堡墓[2]表现为一男二女对坐宴饮场面（图4.7，2）；山西省长子县石哲村墓[3]表现为三男三

---

[1] 贾成惠：《河北内丘胡里村金代壁画墓》，《文物春秋》2002年第4期。
[2] 张德光：《山西绛县裴家堡古墓清理简报》，《考古通讯》1955年第4期。
[3] 山西省考古研究所晋东南工作站：《山西长子县石哲金代壁画墓》，《文物》1985年第6期。

女对坐宴饮场面；山西省屯留县宋村 1999M2[1]北壁并列出现两幅夫妇宴饮图，所绘情景基本相同，但两组墓主人夫妇年龄明显不同，表现的应是两代墓主人。

第二种：夫妇对坐图。

山西省闻喜县下阳村 1983M1[2]，四壁砌门窗桌椅，然后绘画。北壁砌一桌二椅，皆施红色。桌上绘红色牡丹一枝、赭色盆一个、汤匙一柄。桌两侧墓主人夫妇袖手端坐于椅上。男主人头戴巾，身穿圆领窄袖蓝袍。女主人头梳发髻，身穿对襟赭衫，内系蓝裙。墓主人身后绘男、女侍童。西壁上亦砌一桌二椅，绘男女二人坐于椅上。

山西省长子县小关村墓[3]，北壁中间绘墓主人夫妇像，以北壁为中心，东西两壁亦有两幅墓主人像，但每组人物间均以门或窗隔开。人物均端坐椅上，脚踏方榻，身后有题词的插屏。女主人或手持念珠或抄手，男主人均抄手端坐。旁侧有侍从捧物伺候。这三组墓主人图像表现年龄有差异，应代表三代墓主人（图 4.7，3）。

第三种：男（女）主人图。

第三种内容的图仅有数例，有的表现男主人，有的表现女主人；有的表现墓主人端坐宴饮情景，有的仅是墓主人端坐的形象。

山东省济南市大官庄 M1[4]，墓室南壁东起第三空间，正中绘悬幔，其下为大幅中堂，两侧为条幅。桌面涂朱彩，上置食品。南侧椅上铺椅披，男主人坐于椅上，身着圆领白色长袍，双手抄袖；北侧座位只搭黄椅披，未见女主人形象（图 4.7，4）。

河南省林县 LM2[5]，北壁假门之上为墓主人图。正中坐一有须老翁，头饰高巾，穿黄色交领袍服。其左右两侧各侍立一小童。三人的前面有一供桌，桌上可辨有果盘及盘碟器皿。桌前两侧各立一体态丰腴的侍者。

河南省焦作市老万庄 M3[6]，北壁画一人物，头戴展角幞头，身穿圆领窄袖长衫，腰束带，足着靴。美髯飘动。左腿上盘，右腿踏地，端坐于靠椅上。右臂屈肘握拳，左手放腿上，似为墓主人形象。

以上三种形式表现内容的墓主人壁画，分布较广，以墓主人夫妇宴饮图较多见。山西中南部、河北中部、河南西部、山东、陕西、甘肃、北京等地有发现。

---

[1] 山西省考古研究所、长治市博物馆：《山西屯留宋村金代壁画墓》，《文物》2003 年第 3 期。
[2] 山西省考古研究所、山西省闻喜县博物馆：《山西省闻喜县金代砖雕、壁画墓》，《文物》1986 年第 12 期。
[3] 长治市博物馆：《山西长子县小关村金代纪年壁画墓》，《文物》2008 年第 10 期。
[4] 济南市博物馆、济南市考古所：《济南市宋金砖雕壁画墓》，《文物》2008 年第 8 期。
[5] 张增午：《河南林县金墓清理简报》，《华夏考古》1998 年第 2 期。
[6] 河南省博物馆、焦作市博物馆：《焦作金代壁画墓发掘简报》，《河南文博通讯》1980 年第 4 期。

墓主人图（壁画）

第一种	第一种
 1	 2
第二种	第三种
 3	 4

图4.7 金代墓葬墓室壁画装饰
1. 河北省内丘县胡里村墓　2. 山西省绛县裴家堡墓　3. 山西省长子县小关村墓　4. 山东省济南市大官庄M1

125

二、"妇人启门"图

据画面内容，门间站立的妇人形象基本有两种姿态：一种为侧身站立于开启的门间；一种为身体侧探出上半身，身姿如"S"状。

山东省济南市大官庄M1[1]，北壁上层明间绘板门、妇人。两扇板门上绘衔环铺首及乳丁。西扇板门关闭，东扇板门半启，一妇人着对襟长袍，探出半身（图4.2，3）。

河南省林县LM2[2]，东、西、北三壁绘启门妇人，均着白衣，上穿窄袖对襟旋袄，下系长裙，腿的下部斜掩于右侧门扇之后。东、北两壁的妇人梳高髻，西壁的妇人头饰白色花冠。东壁妇人身姿呈直立状，西、北两壁妇人身姿呈"S"状（图4.2，4—6）。

"妇人启门"壁画图，主要在山西中南部、河南西部、河北中南部、山东等地发现。

三、侍从、武士图

以壁画为表现手法的此类题材内容和装饰部位基本同于同类题材的砖雕装饰。

山西省平定县西关村M1[3]，南壁墓门两侧有门吏图。两侧各绘一男侍，头裹巾，左边一人双手前握骨朵，右边一人双手斜持骨朵。

山西省长子县石哲村墓[4]，墓门两侧各绘一武士，身穿铠甲，白盔红缨，手持长剑。

河北省井陉县柿庄M2[5]，南壁墓门两侧绘守卫武士各一，均头戴缨盔，身穿铠甲。东侧武士双手执斧钺，西侧武士右手执刀，左手按刀背，武士周身均火焰缭绕，颇显威严。武士身侧各砌一灯檠，上置灯盏。

河南省三门峡市崤山西路M1[6]，墓室正北所绘的门框上，左右并列绘两侍者。左边为一女童，高髻，着长衫、长裙；右边为一男童，髡发，着圆领长袍。二人双手交叠于胸前。

此类壁画题材分布于大多数地区，范围较广。

四、家居生活图

反映家居生活的题材内容广泛，大多和砖雕墓的同类题材相同，但涉及的内容更为

---

[1] 济南市博物馆、济南市考古所：《济南市宋金砖雕壁画墓》，《文物》2008年第8期。
[2] 张增午：《河南林县金墓清理简报》，《华夏考古》1998年第2期。
[3] 山西省考古研究所、阳泉市文物管理委员会、平定县文物管理所：《山西平定宋、金壁画墓简报》，《文物》1996年第5期。
[4] 山西省考古研究所晋东南工作站：《山西长子县石哲金代壁画墓》，《文物》1985年第6期。
[5] 河北省文化局文物工作队：《河北井陉县柿庄宋墓发掘报告》，《考古学报》1962年第2期。
[6] 三门峡市文物工作队：《三门峡市崤山西路发现三座古墓》，《华夏考古》1993年第4期。

多样化。许多地区的墓内有这类题材的壁画，只是表现的生活角度不同。以山西、河南、河北、山东、北京、辽宁等地区发现较多。有表现家务劳动的挑水、熨帛、晒衣、烧火图；有表现厨房劳作的庖厨图、温酒图；有表现内宅的梳妆、侍奉图；有表现宴饮场景的进膳、送酒图；还有表现私宅庭院的马厩图、备马图、备车图等。

五、出行图

出行图包括出行和归来情景，多有马、骆驼及车等相伴出现。有表现北方地区出行狩猎或狩猎归来的情景；也有表现日常出行拉车、牵马的情景；还有表现运输行进过程中的牵驼图等。

山西省大同市徐龟墓[1]表现即将出行狩猎或归来的图较为典型。该墓的甬道两侧绘有出行场景。东壁局部绘三人，三人头戴无脚幞头，留八字胡，作行进状（图4.3，5）；西壁局部绘三人，三人裹头巾，正在行进中（图4.3，6）。甬道内两壁还残留车轮及妇女形象。

拉车、牵马的出行归来情景在山东的一些墓中略微多见，如山东省济南市大官庄M1[2]甬道两侧有两幅图，东壁为赶车图，中间一驴驾篷车北行。车夫头系蓝巾，身着对襟褂，左手抓缰，右手持鞭，回首张望。车后跟一人，头系蓝巾，身着对襟长袍。车左后方跟随一黑狗（图4.3，3）。西壁绘牵马图，中间一骏马南行。马夫头系蓝巾，身着对襟长袍，右手持鞭，左手抓缰。马着鞍配镫，项下系缨（图4.3，4）。

该类壁画题材只在个别墓内有表现，主要在山西中北部、北京、辽宁、山东等地区发现。

六、孝行图

孝行题材的壁画发现于十几处墓内。多数有人物榜题。表现完整的二十四孝故事内容的墓葬有七处，其他的墓葬仅有数幅孝行题材的内容。

山西省屯留县宋村1999M1[3]，墓室四壁上部绘有孝子故事二十四幅，每壁六幅，有榜题，直接题写人物姓名。人物分别有：姜诗、田真、王祥、舜子、王补（哀）、元觉、曹娥、韩伯瑜（俞）、赵孝宗、曾参、鲍山、蔡顺、丁兰、闵子骞、刘殷、陆绩、郭巨、王武子、鲁义姑、董永、睒子、刘明达、杨香女、孟宗。此墓人物组合中无"老莱子"。

---

[1] 大同市博物馆：《山西大同市金代徐龟墓》，《考古》2004年第9期。
[2] 济南市博物馆、济南市考古所：《济南市宋金砖雕壁画墓》，《文物》2008年第8期。
[3] 山西省考古研究所、长治市博物馆：《山西屯留宋村金代壁画墓》，《文物》2003年第3期。

山西省长子县南沟 M1[1]，墓室四壁上层绘二十四幅孝行故事，南壁四幅，西壁八幅，北壁五幅，东壁七幅，有榜题，直接题写人物姓名。人物分别有：韩伯俞、王祥、赵孝宗、鲁义姑、刘明达、杨香、睒子、王武子、曾参、蔡顺、舜子、董永、元觉、王哀、刘殷、老莱子、鲍山、姜诗、孟宗、闵子骞、郭巨、曹娥、田真、丁兰。此墓人物组合中无"陆绩"。

山西省屯留县宋村 1999M2[2]，墓室东、西、北壁均绘有孝子故事图，每壁八幅，有榜题，直接题写人物姓名。人物分别有：陆绩、王武子妻、丁兰、曾参、田真、元觉、鲍山、孟宗、姜诗、睒子、老莱子、闵子骞、蔡顺、鲁义姑、刘殷、韩伯俞、杨香女、郭巨、董永、王祥、舜子、赵孝宗、刘明达、曹娥女。此墓人物组合中无"王哀"。

河南省林县 LM2[3]，墓室周壁绘二十四幅孝行故事图景，并有题名，题出人物姓名和故事。人物分别有：郭巨、王武子妻、陆绩、刘殷、老莱子、鲁义姑、闵子骞、元角（觉）、杨香、田真、鲍山、曾参、韩伯（俞）、赵孝宗、刘明达、曹娥、蔡顺、睒子、姜师（诗）、王祥、孟宗、董永、丁兰、舜子。

山西省长子县石哲村墓[4]，墓室周壁绘孝行图二十四幅，并有题名，多数直接题写人物姓名，有七例是以一长句说明故事内容。人物分别有：舜子、刘明达、董永、鲍山、赵孝宗、杨（昌）香、元觉、姜师（诗）、鲁义姑、曾参、蔡顺、闵子骞、睒子、陆绩、刘殷、丁兰、王祥、郭巨、王武子妻、韩伯瑜（俞）、田真、孟宗、曹娥、老莱子。

山西省长治市安昌村（东北）墓[5]，北、东、西壁上绘孝行故事图，共二十四幅，有榜题，直接题写人物姓名。人物分别有：曹娥、郭巨、赵孝宗、老莱子、孟宗、曾参、丁兰、舜子、韩伯俞、董永、鲍山、王武子妻、刘殷、姜师（诗）、杨香女、鲁义姑、王祥、蔡顺、田真、刘明达、元角（觉）、陆绩、闵子骞、睒子。

山西省沁源县正中村墓[6]，亦绘二十四孝图，人物内容与以上所列后四墓同。

以上七处墓室所见二十四孝人物，除山西省屯留县宋村 1999M1 有一处表现的是"王哀行孝"的图景，而缺失"老莱子行孝"的内容。其余全部人物故事是相同的。其他的墓室内孝行故事多取自于以上内容，个别的孝行图中有"江革行孝""子路负米"的故事。

---

[1] 山西省考古研究所、长治市外事侨务与文物旅游局、长子县文物旅游局：《山西长子南沟金代壁画墓发掘简报》，《文物》2017 年第 12 期。
[2] 山西省考古研究所、长治市博物馆：《山西屯留宋村金代壁画墓》，《文物》2003 年第 3 期。
[3] 张增午：《河南林县金墓清理简报》，《华夏考古》1998 年第 2 期。
[4] 山西省考古研究所晋东南工作站：《山西长子县石哲金代壁画墓》，《文物》1985 年第 6 期。
[5] 长治市博物馆：《山西长治安昌金墓》，《文物》1990 年第 5 期。
[6] 转引自山西省考古研究所晋东南工作站：《山西长子县石哲金代壁画墓》，《文物》1985 年第 6 期。

有关壁画的孝行图，集中发现于山西中南部、河南西部等地，其他地区未见。

七、散乐图

壁画的散乐题材主要有两种表现形式，所涉人物有多有少。

第一种是单独的一组乐舞演奏组合图。如河南省林县 LM2[1]，墓门左侧为七人作场的表演，人员有舞者、吹笛者、吹觱篥者、两名杖腰鼓者、拍板者、击大鼓者。

第二种是与宴饮或进膳相组合的乐舞表演图。主题表现内容是，一些人物在做宴饮进膳准备，一些人物在进行乐舞表演，两相结合构成一组宴饮乐舞图。如山西省大同市南郊云中大学 M1[2]，西壁上有一组散乐进膳图，壁画上画六男一女，四人演奏，三人托盘进膳。演奏的乐器有觱篥、笛、拍板、笙（图 4.8，1）。山西省大同市徐龟墓[3]，墓室西壁有一组侍酒散乐图，整体场景为一个大房间。偏左侧有一个长方形高桌，桌上置器皿和食品。桌旁有侍女在忙碌。桌右侧有一坐着抚筝的女子。桌后有一排侍女，共七人，间有演奏者、进膳者等。此图演奏的乐器有觱篥、笛、拍板。桌后边缘还有一执小团扇的女子，可能为歌者（图 4.8，2）。

壁画的散乐题材主要见于山西、河南、山东、河北、北京、辽宁等地区。第一种形式的散乐图分布于山西中南部、河南西部等地区；而与宴饮和进膳组合在一起的第二种形式的散乐图主要分布在山东、河北中北部、山西北部、北京、辽宁等地区。

八、百戏图

壁画中百戏图不多见，仅有数例墓葬内出现，而且集中在山西中南部。主要内容是表现民间社火的情景。典型如山西省屯留县宋村 1999M1[4]，南壁墓门上方东侧，绘有一幅社火表演人物图。原报告认为该图为杂剧图，有学者重新考证，认为非杂剧图，系社火表演图[5]。此图画面绘有六人，均为男性。人物面部经过化妆，手持器具进行不同的动作表演。

九、杂剧图

壁画的杂剧题材，数量不多，集中在山西中南部和河南西部地区。演出人物数目不等。

---

[1] 张增午：《河南林县金墓清理简报》，《华夏考古》1998 年第 2 期。
[2] 大同市博物馆：《大同市南郊金代壁画墓》，《考古学报》1992 年第 4 期。
[3] 大同市博物馆：《山西大同市金代徐龟墓》，《考古》2004 年第 9 期。
[4] 山西省考古研究所、长治市博物馆：《山西屯留宋村金代壁画墓》，《文物》2003 年第 3 期。
[5] 董新林：《屯留宋村金代壁画墓考论》，《新果集——庆祝林沄先生七十华诞论文集》，科学出版社，2009 年。

散乐（壁画第二种）

1

2

图4.8 金代墓葬墓室壁画装饰
1. 山西省大同市南郊云中大学M1　2. 山西省大同市徐龟墓

山西省屯留县宋村 1999M1[1]，南壁墓门上方西侧，绘有一幅杂剧人物图。画面绘有六人，有一人为女子扮相，余为男性。人物面部化妆，装束不一，手持各种道具表演，较为独特。除右侧一男童外，余五人为杂剧角色。有学者对杂剧人物所扮角色进行探考，分别为：副净、副末、末泥、装孤、装旦[2]（图 4.9，2）。

山西省平定县西关村 M1[3]，东壁有杂剧图，四人在化妆演出，一人在击鼓伴奏。四个角色分别为：捷讥（引戏）、副末、副净、装孤（图 4.9，1）。

河南省林县 LM2[4]，墓门右侧绘二人，其中一人左手下垂执杖于背后，右手托举一鸟笼。另一人左手握举一骨朵。二人逗鸟"打诨"，为杂剧散段演出中的副净色和副末色。

十、祥瑞图

同砖雕形式一样，壁画形式的祥瑞题材基本可分为三种，即植物、动物和仙女、童子等。由于壁画的装饰性更加灵活、生动，因此表现的方式更为多样，如动物中的十二生肖也有表现。但多数墓内更为集中地体现诸如花卉、卷草、祥云、仙鹤等图案，绝大多数壁画墓内或多或少都有此类题材的内容。

十一、建筑家居装饰图

由于大多数墓内是砖砌仿木构件和砖砌桌椅门窗等，因此多数建筑构件和家居家具是直接施以彩绘。有少数墓内无砖砌构件，直接在壁上用墨线和彩绘来表现。如山西省大同市南郊云中大学 M1[5]，墓室四角用墨线画出仿木斗栱，然后敷彩。此外，一些墓内还以墨线、彩绘勾画出帷幔、卷帘、帐饰、桌布、屏风等亭屋装饰构件。多数情况下，该类装饰题材和砖雕同类装饰互为补充。

十二、天象图

天象题材绘在墓室的顶部周围，包括日、月、星辰及白云等。如河北省井陉县柿庄 M6[6]，墓顶绘日月星辰图像，东绘红日，西绘月，星斗密布其周围，红日上方绘三星相

---

[1] 山西省考古研究所、长治市博物馆：《山西屯留宋村金代壁画墓》，《文物》2003 年第 3 期。
[2] 董新林：《屯留宋村金代壁画墓考论》，《新果集——庆祝林沄先生七十华诞论文集》，科学出版社，2009 年。
[3] 山西省考古研究所、阳泉市文物管理委员会、平定县文物管理所：《山西平定宋、金壁画墓简报》，《文物》1996 年第 5 期。
[4] 张增午：《河南林县金墓清理简报》，《华夏考古》1998 年第 2 期。
[5] 大同市博物馆：《大同市南郊金代壁画墓》，《考古学报》1992 年第 4 期。
[6] 河北省文化局文物工作队：《河北井陉县柿庄宋墓发掘报告》，《考古学报》1962 年第 2 期。

杂剧（壁画）

图 4.9 金代墓葬墓室壁画装饰
1. 山西省平定县西关村 M1 2. 山西省屯留县宋村 1999M1

连,月左右亦绘两组星宿,一组为七颗,一组为九颗。山西省大同市徐龟墓[1],墓顶遍涂蓝、白色混杂的颜料,在此背景之上又用白色画出星座,各星座用褐色线条连接。其他墓内的天象内容大多与此类似,有的在墓室顶部将天象图和花卉图案组合在一起布局。

此类题材不是很多,发现仅数例墓中有类似内容,主要集中于山西、河南、河北等地区。

第三节 石刻画像内容研究

金墓中除砖室墓有大量的砖雕和壁画装饰外,在个别石室墓内以及石棺上也见有画像内容,主要以线刻和浅浮雕技法表现。本节对这些石刻画像内容做一分类统计。

石室墓中的画像位置,和砖室墓中的砖雕、壁画位置一致,均装饰于墓室四壁和甬道两侧;个别石棺的两侧和前后部也见画像。内容表现和砖室墓中砖雕、壁画所见大致相同,主要有以下几类。

一、墓主人图

此类内容表现题材主要有四种。

第一种:夫妇宴饮图。

以辽宁地区发现最为集中。辽宁省锦西县大卧铺村M1[2],墓室后壁有表现墓主人夫妇宴饮的场景。夫妻并排端坐榻上,男左女右,榻前置一长案。男主人头戴毡帽,帽带垂于胸前,身着圆领筒袖长袍,束带,足蹬靴,右手擎杯,左手垂放在左腿上。女主人头盘高髻,耳佩珠串式饰坠,身着交领左衽袍,腰束带,带头下垂,鞋置于案下,其右手擎杯,左手垂下。案上放置盘、钵、勺等器皿,案前地上立有瓶等。男女主人两侧各站立一男、女侍从,男侍双手捧物,女侍双手拢于腹前(图4.10,1)。此外,在表现夫妇宴饮图中,还有一例表现的宴饮图景中无墓主人形象出现,即河南省焦作市王庄村邹琼墓所见一幅画像石[3]。此图的正中刻修墓铭记,两侧对称刻有同样的画面:两张方桌,桌上置果肴,桌后置空椅一把,桌后各站立一女侍,椅子旁各站立一男侍。男侍为披发小童,身穿圆领长衫,腰扎革带及护围,女侍发髻上扎有花饰。此图和砖室墓中发现的墓主人图内容大致相同,唯一有所区别的是椅子上缺少男女墓主人形象。原报告名之为祭祀图,本书将之归入墓主人图一类。

第二种:夫妇并坐图。

---

[1] 大同市博物馆:《山西大同市金代徐龟墓》,《考古》2004年第9期。
[2] 雁羽:《锦西大卧铺辽金时代画象石墓》,《考古》1960年第2期。
[3] 河南省博物馆、焦作市博物馆:《河南焦作金墓发掘简报》,《文物》1979年第8期。

发现一例。辽宁省锦西县大卧铺村 M2[1]，墓室后壁为墓主人图。男、女主人端坐榻上，手持串珠。男主人头戴毡帽，帽带垂于胸前，身着圆领筒袖长袍，男、女主人两侧各站立一男、女侍从，双手拢于腹前（图 4.10，2）。

第三种：夫妇并立图。

发现一例。河北省滦南县发现的石函上有类似的图画[2]。该图为浅浮雕，石函前壁有一桌，桌上置一花瓶，瓶中插有盛开的莲花。桌的两旁各站立一男、女主人，均身着窄袖长袍（图 4.10，3）。

第四种：男主人图。

发现一例。辽宁省辽阳县金厂村墓[3]出土，墓室后壁表现的是墓主人一人宴饮的场景。墓主人端坐正中，髡发，着长袍，腰束带，右手执杯。前置一长案。左右立侍者伺候。案前有一人头戴毡帽，着系带长袍，足蹬长靴，翩翩起舞（图 4.10，4）。

二、"妇人启门"图

有少数墓例发现。河南省荥阳市广武镇插阎村砖室墓内的石棺[4]，棺头浅浮雕一门，中立一侍女，作"启门"状。河北省滦平县北李营乡大福沟村墓[5]，棺头正中雕刻楼阁式建筑，中间刻一半开门，其间为一手扶门框站立的妇女。

三、侍从、武士图

此类内容，以石棺棺身雕刻多见。如内蒙古敖汉旗英凤沟 M5 石棺[6]，石棺前面中间线刻一门，两扇门闭合，上各有一环，门上有门簪，下有门砧。门右侧立一男侍，身着圆领窄袖长袍，腰间系带，足踏尖头靴，双手握一似刀之物。门左侧立一女侍，头梳双髻，身着对襟宽袖长袍，双手拱于胸前。山西省永济县北杨村石棺[7]，石棺棺身前部为浮雕虎头，两侧为站立的男侍和女侍，双手分别托物。

四、家居生活图

主要为反映日常生活的妇人梳妆图和温酒图等。如河南省焦作市王庄村邹琼墓所见

---

[1] 雁羽：《锦西大卧铺辽金时代画象石墓》，《考古》1960 年第 2 期。
[2] 李树伟、杜志军：《滦南县出土金代石函》，《文物春秋》2001 年第 2 期。
[3] 王增新：《辽宁辽阳县金厂辽画象石墓》，《考古》1960 年第 2 期。
[4] 河南省文物考古研究所、荥阳市文物保管所：《河南荥阳金墓发掘简报》，《华夏考古》1997 年第 3 期。
[5] 滦平县文物保管所：《河北滦平县北李营乡发现石棺墓》，《文物春秋》1991 年第 3 期。
[6] 敖汉旗文物管理所：《内蒙古敖汉旗英凤沟金代墓地》，《文物》1987 年第 8 期。
[7] 张青晋：《山西永济发现金代贞元元年青石棺》，《文物》1985 年第 8 期。

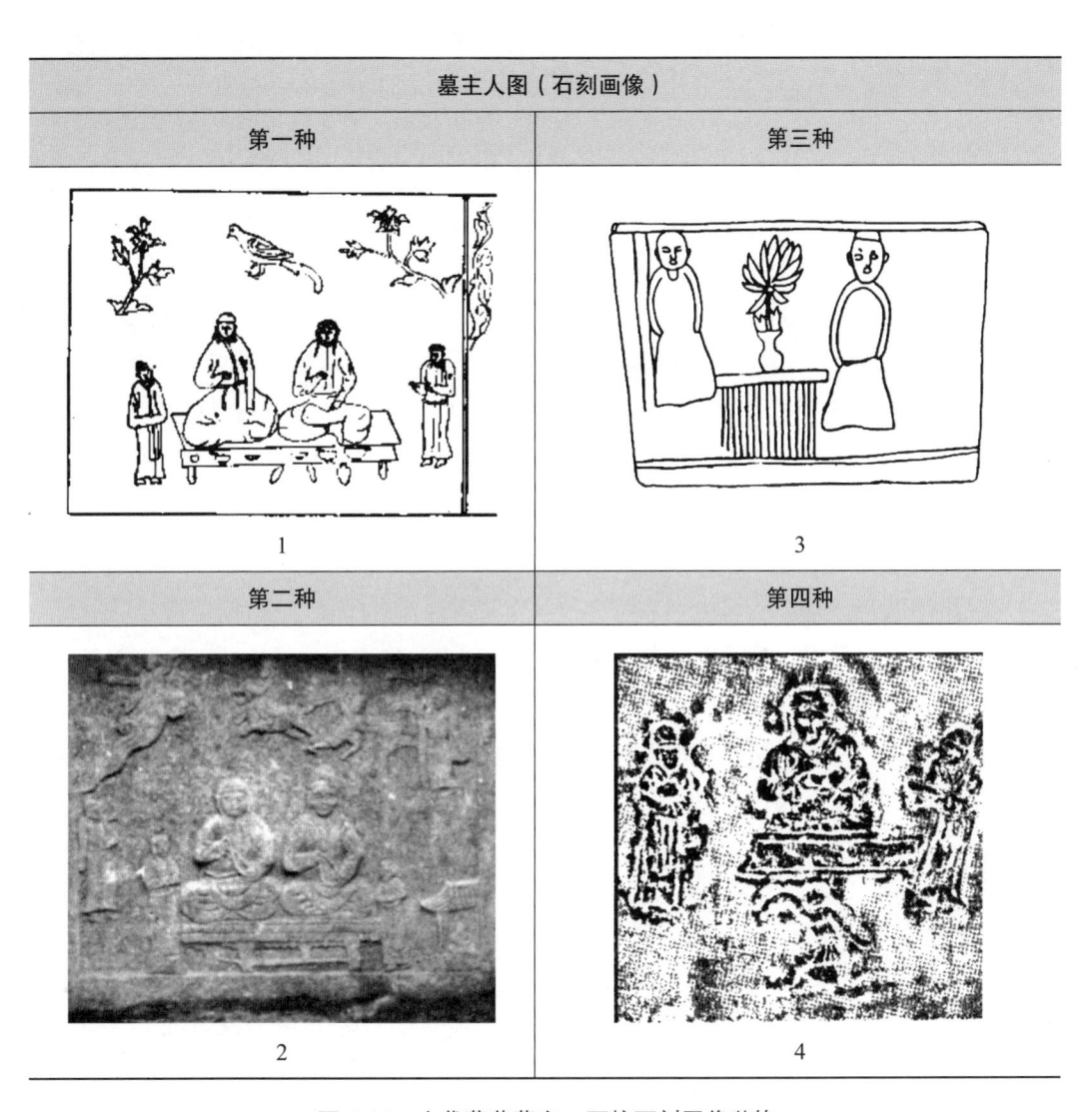

墓主人图（石刻画像）	
第一种	第三种
1	3
第二种	第四种
2	4

图 4.10　金代墓葬墓室、石棺石刻画像装饰
1. 辽宁省锦西县大卧铺村 M1　2. 辽宁省锦西县大卧铺村 M2
3. 河北省滦南县石函画像　4. 辽宁省辽阳县金厂村墓

两幅画像石[1]。

五、出行图

辽宁省鞍山市汪家峪墓[2]，墓室石板雕一驼车，车上有棚，棚向前伸出一部分并有一棍支撑。前有骆驼驾辕，作拉车状。车前一人，髡发，左手牵驼，右手执鞭。车上坐一

---

[1] 河南省博物馆、焦作市博物馆：《河南焦作金墓发掘简报》，《文物》1979 年第 8 期。
[2] 鞍山市文化局、辽宁省博物馆：《辽宁鞍山市汪家峪辽画象石墓》，《考古》1981 年第 3 期。

人，露半身。

六、散乐图

发现两例。河南省焦作市王庄村邹琼墓有一幅完整的散乐图[1]。图中有十一人，中间二人较为矮小，两人相对，似在起舞。其余九人为司乐，作伴奏状，分立舞者的两侧。其中左侧四人，二人执觱篥，二人挎腰鼓；右侧五人，一人击大鼓，一人持节板，一人执觱篥，二人杖手鼓。辽宁省锦西县大卧铺村M2[2]，墓壁中有一幅散乐图。并排五人，右起依次有击大鼓者、吹箫者、吹排箫者、吹横笛者、舞蹈女子。前四男子均着圆领长袍，腰束带，其中第二、四人头戴展角幞头。

七、四神、动物、花草图

以石棺四壁帮上雕刻为多见。内蒙古敖汉旗英凤沟M5石棺[3]，石棺棺帮外壁阴刻四神，两侧为青龙、白虎，后侧为玄武，前侧为朱雀。山西省永和县可托村石棺[4]，石棺两侧棺帮上用减地法刻出凸线纹饰。左侧为：牡丹花、狮子绣球、石榴贵子、仙鹿芝草、盆栽莲花；右侧为：牡丹花、仙鹿莲花、喜鹊梅花、凤凰牡丹、瓶插莲花。河南省荥阳市广武镇插阁村砖室墓内的石棺[5]，棺盖阴刻花草纹，棺盖头部的图案为中间一团牡丹花卉，两侧各有一梅花鹿相向而奔。

八、孝行图

孝行故事图的发现有数例。一种是饰于墓室石壁，一种是饰于石棺棺身。

河南省焦作市王庄村邹琼墓的墓壁上，共有十一幅故事图[6]，均有人物题名。有曹娥、丁兰、杨香、郭巨、王祥、孟宗、闵子骞等。辽宁省鞍山市汪家峪墓[7]、辽阳县金厂村墓[8]、锦西县大卧铺村M1和M2[9]，墓室壁上各有十几幅内容相似的孝行图，但其中个别的人物故事不见于其他地区。人物的装束也有鲜明的北方民族特色，有别于中原汉民族的服饰风格。

---

[1] 河南省博物馆、焦作市博物馆：《河南焦作金墓发掘简报》，《文物》1979年第8期。
[2] 雁羽：《锦西大卧铺辽金时代画象石墓》，《考古》1960年第2期。
[3] 敖汉旗文物管理所：《内蒙古敖汉旗英凤沟金代墓地》，《文物》1987年第8期。
[4] 解希恭、阎金铸：《山西永和县出土金大安三年石棺》，《文物》1989年第5期。
[5] 河南省文物考古研究所、荥阳市文物保管所：《河南荥阳金墓发掘简报》，《华夏考古》1997年第3期。
[6] 河南省博物馆、焦作市博物馆：《河南焦作金墓发掘简报》，《文物》1979年第8期。
[7] 鞍山市文化局、辽宁省博物馆：《辽宁鞍山市汪家峪辽画象石墓》，《考古》1981年第3期。
[8] 王增新：《辽宁辽阳县金厂辽画象石墓》，《考古》1960年第2期。
[9] 雁羽：《锦西大卧铺辽金时代画象石墓》，《考古》1960年第2期。

山西省永济县北杨村墓的石棺[1]，石棺棺帮上，以划框分幅的形式，绘刻了二十四幅孝行图，每图均有内容题记。人物分别有：王武子、刘殷、田真、杨香、刘明达、王祥、袁（元）觉、赵孝宗、孟宗、姜诗、王怖（哀）、老莱子、鲁义姑、蔡顺、鲍山、睒子、郭巨、闵子愆（骞）、丁栏（兰）、曾参、韩百（伯）榆（俞）、曹娥、董永、舜子。此墓人物组合中无"陆绩"。

山西省长治市镇里村砖室墓石棺[2]，石棺底座上，绘刻二十四幅孝行图，每组有榜题。人物分别有：郭具（巨）、王祥、睒子、元觉、丁兰、赵孝宗、鲁义姑、曾参、杨香、韩伯徐（俞）、王武子、陆绩、刘殷、孟宗、曹娥、蔡顺、鲍山、老莱子、刘明达、舜子、闵子骞、姜诗、田真、董永。此墓人物组合中无"王哀"。

河南省荥阳市广武镇插阁村砖室墓石棺[3]，棺身线刻孝子图八幅。左右两侧各四幅，左侧为董永、舜子、杨香、王祥；右侧为蔡顺、刘殷、孟宗、田真。

第四节　相关画像题材内涵探讨

通过对砖雕、壁画以及墓中壁饰石刻画像、棺饰画像等题材内容的分类考察，我们了解到前两者在多个题材方面内容是相同的，只有少数几个方面有所不同。石刻画像题材内容基本同于前两者。事实上，多数砖室墓墓内的装饰是将砖雕和壁画结合起来运用的，二者互为补充，这也是金代仿木构墓装饰的一个重要特点。在所有的装饰中，每一类题材基本都有其较为固定的装饰位置，并蕴藏了一定的特殊含义，对于了解当时的社会历史、文化、风俗等具有重要意义。以下试对其中几类主要的和较为特殊的题材之内涵略作考释。

一、关于墓主人图

墓主人图一般饰于墓室的后壁，即对着墓门的一壁上。通过对墓葬所见砖雕、壁画、石刻画像等三种装饰技法内容的综合对比，大致可归类为四种主要内容。第一种，夫妇宴饮图。目前学界对这类图景的内容表现称谓并不一致，一些文章常将这种有夫妇对坐宴饮的图景称为"开芳宴"。宿白先生在《白沙宋墓》中对"开芳宴"的缘起进行了较为细致的考释[4]。其指出，白沙宋墓西壁宴饮当与东壁伎乐合观，才是墓主人夫妇"开芳

---

[1] 张青晋：《山西永济发现金代贞元元年青石棺》，《文物》1985年第8期。
[2] 山西省考古研究所、长治县博物馆：《山西长治县出土金代石棺》，《中国国家博物馆馆刊》2018年第6期。
[3] 河南省文物考古研究所、荥阳市文物保管所：《河南荥阳金墓发掘简报》，《华夏考古》1997年第3期。
[4] 宿白：《白沙宋墓》，文物出版社，1957年，第33—34页，注53。

宴"。由此看来，所谓"开芳宴"，应是既有夫妇共同宴饮，又有伎乐表演的图景。那些只有宴饮场景，而缺少伎乐表演者，不符合准确的"开芳宴"的含义所指。金墓中所见，既表现夫妇宴饮又表现伎乐表演者仅是极少数，如山西稷山马村M2[1]。有些有伎乐表演者，却不在表现夫妇对坐宴饮图的对壁上，而在其他侧壁上。很难说就是在表现夫妇一边宴饮，一边观赏表演。因此不宜一概称之为"开芳宴"。已有研究者对宋金时期这类所谓的"开芳宴"图景提出质疑并提出自己新的理解[2]，文中提出，宋金墓中所见，可能只是"开芳宴"的一种变体。据此，本书对以上表现夫妇对坐进行宴饮的场景，无论是否出现伎乐表演者，均以"夫妇宴饮图"概指。"开芳宴"一词应有更严格的界定和深层的含义指向。第二种和第三种图是表现夫妇对坐、并坐（并立）的情景，不同之处是夫妇对坐图中，中间均有一桌案相隔，桌案上置盆花等。图中男子或手持念珠或呈袖手状，女子或手捧经卷或呈袖手状。两侧站立侍从，男侍或持巾或袖手，女侍或持镜或袖手。有的墓中在饰墓主人一壁的对面壁上饰伎乐表演图，报告又称之为"观戏图"[3]。但其所表现的墓主人夫妇的情景基本是相似的。第四种是男（女）墓主人图，表现的是男主人或女主人端坐图，有的前面置桌，桌上有盘碟器皿、食品等。这种图，报告中一般称之为"墓主人"图。

以上四种表现墓主人形象的图景，在墓中均出现于显著的位置，体现了其内容的重要性。无论是"夫妇宴饮"，还是"夫妇对坐、并坐"，或是墓主人单人静坐图，其共同之处在于体现的都是墓主人神态祥和、正襟端坐之情景。不仅仅表现的是墓主人的安乐生活，还体现了生者对逝者的敬意，也就是墓内所表露的"供养"之意。如山西省侯马市乔村M4309[4]表现的夫妇对坐图，夫妇中间所置桌的上方吊挂的牌匾上竖行阴刻"永为供养"四字。侯马市牛村94H5M1[5]表现的男主人端坐图，东侧椽柱上花幡竖行阴刻"香花供养"四字。这两处文字为我们理解墓主人形象图进行了最好的诠释。许多墓主人图中，往往是男主人手持念珠，女主人手捧经卷，说明佛教在当时人们精神生活领域的重要地位。在河北省井陉县柿庄M2[6]东壁的墓主人图中，女主人两手拱于胸前，身后画黑、红相间的背光，亦体现了此图所渗透的佛教因素和对墓主人供养的神圣景仰及神秘性。此墓的西壁上另一幅宴饮图，正中桌后是一服饰与东壁图中女主人相同的女像，双手托一碗。前面绘一桌二椅，桌上置器皿、果品。右椅上坐一男子，双手捧碗于胸前。

---

[1] 山西省考古研究所：《山西稷山金墓发掘简报》，《文物》1983年第1期。
[2] 刘耀辉：《晋南地区宋金墓葬研究》，北京大学硕士学位论文，2002年。
[3] 山西省考古研究所：《山西稷山金墓发掘简报》，《文物》1983年第1期。
[4] 山西省考古研究所：《侯马乔村墓地（1959—1996）》，科学出版社，2004年。
[5] 山西省考古研究所侯马工作站：《侯马两座金代纪年墓发掘报告》，《文物季刊》1996年第3期。
[6] 河北省文化局文物工作队：《河北井陉县柿庄宋墓发掘报告》，《考古学报》1962年第2期。

左椅上所绘人物已模糊不清。推测应表现的是夫妇对饮。柿庄 M2 中所见宴饮情景和女子端坐情景合于一处,又从一个侧面反映了夫妇宴饮图景内容的复杂性。同时,在墓主人图中,还有个别墓中表现的场景中缺少墓主人夫妇形象,画面上只有虚设的桌椅,或桌子一侧仅有一人端坐,而桌子另一侧却只见一虚设的椅子。这种情形似乎从另外一个层面体现了对墓主人供奉、供养之意。对于这类墓主人图,有学者结合墓室中出现的"备茶敬酒"题材,从宋元时期丧祭礼俗的视角考量,进一步指出,"墓室中的墓主夫妇形象不仅仅是家居的'奉常'对象,更是丧祭活动中的供奉对象,以取'永永无迁'之意"[1]。为此,可以认为,对墓主人进行供养,是这类墓主人图折射出的基本主旨内涵。

二、关于"妇人启门"图

"妇人启门"题材是金墓装饰的一个重要题材。"妇人启门"图像之渊源,最早可追溯至东汉时期,因启门之人多为女子而得名[2]。目前学界对这类题材的考释也是方兴未艾。金墓中所见的此类图像在砖雕、壁画、石棺线刻上均有体现。在砖雕形式中,除浮雕、阴刻技法外,在河北省井陉县柿庄 M4[3]出现的启门图中,妇人是以立体泥俑的造型出现的。此类图中表现妇人立于两扇门之间,或启门,或掩门;或左扉,或右扉,并不完全一致。妇人或探半身,或侧身站立,造型姿态不一。

最早探讨"妇人启门"图及其内涵的也是宿白先生,在 1957 年出版的《白沙宋墓》中,宿白先生对"妇人启门"图做了精深考证[4],认为"按此种装饰就其所处位置观察,疑其取意在于表示假门之后尚有庭院或房屋、厅堂,亦即表示墓室至此并未到尽头之意",并指出"妇人倚门是宋代极为流行的一种幽美动人的题材,当时许多词曲中都有描述"。

此后,又有许多学者对"妇人启门"图的内涵从不同的视角进行了解读,可谓众说纷纭。但基本不出以下两种论点的范畴。

其一是民俗学含义。以梁白泉为代表,梁白泉先生认为有两点含义,一是也许反映了世俗人们对神仙道术的追求;二是也许反映了死者对墓地安全的考虑,属于民俗信仰观念的表现[5]。

其二是社会学含义。以刘毅为代表,刘毅先生认为,启门的女子代表了墓主人生前的侍女或姬妾,"妇人启门"图是墓主人生前"豪华生活写真","妇人启门而入也正是反

---

[1] 袁泉:《从墓葬中的"茶酒题材"看元代丧祭文化》,《边疆考古研究》第 6 辑,科学出版社,2007 年。
[2] 宿白:《白沙宋墓》,文物出版社,1957 年,第 38—39 页,注 75。
[3] 河北省文化局文物工作队:《河北井陉县柿庄宋墓发掘报告》,《考古学报》1962 年第 2 期。
[4] 宿白:《白沙宋墓》,文物出版社,1957 年,第 38—39 页,注 75。
[5] 梁白泉:《墓饰"妇人启门"含义揣测》,《中国文物报》1992 年 11 月 8 日。

映了别葬的妾希望灵魂无所不至，来到丈夫的归宿地"[1]。

对于以上两种观点，从文献中的描述和墓葬中表现的此类题材图中似乎都很难找到直接的佐证，只能属于某种猜测。

近年冯恩学先生对辽墓中的"妇人启门"图进行了专门分类研究[2]。通过对启门人及所启不同的门的性质进行了综合考察，认为"此类题材的启门只是利用侍婢出入门表现居宅和家内生活的一种艺术手法，并没有固定统一的含义"。其目的，"从设计意图角度分析，在主人的宅院房门内增加侍婢启门出入细节，意在表现家内生活的'活气'，家的兴旺。从艺术角度分析，在门图上增加侍婢启门，令静止的建筑增加了生气，变静为动"。这一分析，从金墓中发现的相关类型的"妇人启门"图内容看，可谓是较为令人信服的结论。如河南省温县西关村91WXM1[3]，东壁上表现的是怀抱花瓶的妇人站立于门缝间；山西省汾阳高级护校M5[4]，墓室西南壁，两扇板门间是一右手执壶、左手抚衣襟的妇人；南壁两扇半启的隔扇门间是一双手持盒欲出的妇人；山西省长治市安昌村南ZAM2[5]，南壁雕刻的半掩的门间站立的是一抱婴的妇人；山西省孝义县下吐京墓[6]，东壁雕四扇隔扇门，中间靠北端的一扇半开，一妇人半身露于门外，右手牵一幼童，似有牵幼童回屋之意，更是生动地体现了妇人与幼童的互动场景。以上所举例子，进一步说明金墓中出现的"妇人启门"图的生活化表现。

总言之，这种在唐、五代时重新兴起的"妇人启门"图，到宋、金时期已成为广泛流行的墓葬装饰。其所体现的内容及思想不仅保持了艺术化的渲染，而且更加注重生活化的表现。

三、关于孝行图

孝行故事也是金墓砖雕、壁画、壁刻、棺刻等表现的常见题材。分布范围较为广泛。在金统治的淮河以北的北方地区，只有少部分区域未见此类题材。该题材在墓葬中的表现有四种形式：其一，以砖雕的形式嵌于墓壁上，一块砖雕表现一个人物故事；其二，以壁画的形式绘于墓壁上，一幅画表现一个人物故事；其三，以陶塑的形式出现于墓内，一组陶塑表现一个人物故事；其四，以阴刻或浮雕的形式出现于石壁上或石棺棺帮上。

---

[1] 刘毅：《妇人启门管见》，《中国文物报》1993年5月16日。
[2] 冯恩学：《辽墓启门图之探讨》，《北方文物》2005年第4期。
[3] 罗火金、王再建：《河南温县西关宋墓》，《华夏考古》1996年第1期。
[4] 山西省考古研究所、汾阳县博物馆：《山西汾阳金墓发掘简报》，《文物》1991年第12期。
[5] 商彤流：《长治市安昌村出土的金代墓葬》，《艺术史研究》第6辑，中山大学出版社，2004年。
[6] 山西省文物管理委员会、山西省考古研究所：《山西孝义下吐京和梁家庄金、元墓发掘简报》，《考古》1960年第7期。

孝行内容在墓中出现的故事图幅数量不等，少则一两幅或数幅，多至十几幅，乃至二十余幅，但最多是二十四幅故事。有一部分在孝行故事旁标有榜题，榜题有几种形式：第一种，仅题写人物姓名；第二种，在姓名后题写"行孝"二字；第三种，概括主要事迹，前面加人物姓名；第四种，介绍人物故事的一段文字，但句子较长。以上四种以第一种和第二种榜题较为多见，第四种仅在极少例故事图中出现。

目前金墓壁画、砖雕、石刻画像中所见孝行故事涉及约30个主题人物。其中十二座墓中出现有完整的"二十四孝"故事，人物组合大致有五种情况。第一种组合是：郭巨、王武子（妻）、陆绩、元觉、姜诗、舜子、鲍山、丁兰、赵孝宗、杨香、鲁义姑、孟宗、田真、老莱子、曾参、刘明达、闵子骞、刘殷、曹娥、韩伯俞、董永、睒子、蔡顺、王祥。此种组合出现在山西省沁县西林东庄村墓[1]、河南省林县LM2[2]、山西省长子县石哲村墓[3]、山西省长治市安昌村（东北）墓[4]、山西省屯留县宋村1999M2[5]、山西省沁源县正中村墓[6]、山西省长治市镇里村砖室墓石棺[7]等七座墓中。第二种组合以王衷代替老莱子，如山西省屯留县宋村1999M1[8]墓中所见。第三种组合以王衷代替陆绩，如山西省长子县南沟M1[9]、山西省永济县出土石棺[10]上刻绘的孝行图。第四种组合以崔孝芬代替姜诗，如山西省新绛县南范庄墓[11]。第五种组合如山西省稷山县马村M4[12]内发现的"二十四孝"人物组合，该墓的组合中有三组人物难以准确辨识，但又缺少以上组合中的姜诗、蔡顺等三人，推测可能为成子等另外三个人物的故事。

其他墓中出现的孝行故事人物，基本上是以上述前三种"二十四孝"故事人物蓝本中的不同人物组合而成的孝行故事。有的图中还出现了另外两个人物，即江革、子路，表现的是"江革行佣供母"和"子路负米为亲"的故事。还有的同一故事题材出现两个不同的人名，如"元觉"，有的则称之为"原谷"。此外，还出现有"韩氏""唐氏""茅蓉"等人物。

---

[1] 商彤流、郭海林：《山西沁县发现金代砖雕墓》，《文物》2000年第6期。
[2] 张增午：《河南林县金墓清理简报》，《华夏考古》1998年第2期。
[3] 山西省考古研究所晋东南工作站：《山西长子县石哲金代壁画墓》，《文物》1985年第6期。
[4] 长治市博物馆：《山西长治安昌金墓》，《文物》1990年第5期。
[5] 山西省考古研究所、长治市博物馆：《山西屯留宋村金代壁画墓》，《文物》2003年第3期。
[6] 转引自山西省考古研究所晋东南工作站：《山西长子县石哲金代壁画墓》，《文物》1985年第6期。
[7] 山西省考古研究所、长治县博物馆：《山西长治县出土金代石棺》，《中国国家博物馆馆刊》2018年第6期。
[8] 山西省考古研究所、长治市博物馆：《山西屯留宋村金代壁画墓》，《文物》2003年第3期。
[9] 山西省考古研究所、长治市外事侨务与文物旅游局、长子县文物旅游局：《山西长子南沟金代壁画墓发掘简报》，《文物》2017年第12期。
[10] 张青晋：《山西永济发现金代贞元元年青石棺》，《文物》1985年第8期。
[11] 山西省考古研究所：《山西新绛南范庄、吴岭庄金元墓发掘简报》，《文物》1983年第1期。
[12] 山西省考古研究所侯马工作站：《山西稷山马村4号金墓》，《文物季刊》1997年第4期。

综上，金墓中表现的孝行题材图像形式多样。至迟在唐代晚期已形成的"二十四孝"人物组合，在金代仍未形成完全统一的固定人物组合。但孝行故事却在金代广为流行，这从金墓中表现的装饰情况可见一斑。究其原因，首先，"孝悌"之道是中国传统的道德规范之一，又是儒家思想的基础。自汉代以来，历朝统治者多宣扬以"孝治天下"的政治理念。因此"孝悌"思想深入人心，成为维护封建宗法等级秩序的重要手段。其次，宋金时期，理学兴起，为适应封建专制主义进一步增强的需要，加之全真道教的提倡和迅速发展，该教派汲取儒学、释教部分思想，主张三教合一，使孝悌故事得以广泛流传开来。

四、关于八仙图

八仙人物题材在金墓中的出现，目前仅发现两例，即山西省侯马市65H4M102[1]和山西省侯马市59H4M1（董明墓）[2]的砖雕八仙。两组八仙均砌于墓顶周围，形成八角藻井顶。上下周围又饰以花卉、祥云、仙鹤等纹饰，寓意奥妙。

经考，两组八仙人物组合基本相同，只有一处不同。两者都同现今流行的八仙人物存在区别。前者人物有铁拐李、钟离权、吕洞宾、蓝采和、韩湘子、张果老、曹国舅、徐神翁；后者人物有铁拐李、钟离权、吕洞宾、韩湘子、张果老、曹国舅、徐神翁、何仙姑。前者人物全部为男性，没有何仙姑；后者则缺少蓝采和；两者均有徐神翁这一形象。

"八仙"一词在中国古代历史上一直有着不同的内涵。八仙之名，明代以前有多个版本，如汉代八仙、唐代八仙、宋元八仙，所列神仙人物各不相同。至明代吴元泰作《八仙出处东游记》，道教八仙人物才逐渐稳定下来，形成现今的八仙人物[3]。

以上两组八仙砖雕，说明道教八仙人物的组合作为一种神仙群体观念至迟在金代晚期已经形成，并在民间流行开来。但个别人物的演绎变化仍在进行中，还没有固定的人物组配。两组砖雕形式的八仙人物，同时从一个侧面反映了全真道教在金代北方区域的兴起、传播及流行情况。

一般认为，八仙分别代表着男、女、老、少、富、贵、贫、贱。由于八仙人物均来自民间，故其在一定程度上，更多体现了普通百姓的朴素的理想与追求，因而更为大众接受与尊崇。诚如徐苹芳先生所言："宋元以后，由于中国社会阶层结构之变化，导致中国宗教上的世俗化。世俗化的社会基础是信徒平民化，世俗化的结果是崇拜对象的多元化和宗教仪式上的社会通俗化。"[4]依此理解，对八仙的尊崇或崇拜，正是道教世俗化的

---

[1] 山西省考古研究所侯马工作站：《侯马65H4M102金墓》，《文物季刊》1997年第4期。
[2] 山西省文管会侯马工作站：《侯马金代董氏墓介绍》，《文物》1959年第6期。
[3] 山西省考古研究所：《平阳金墓砖雕》，山西人民出版社，1999年。
[4] 徐苹芳：《僧伽造像的发现和僧伽崇拜》，《文物》1996年第5期。

一种表现，是金代多元崇拜的一种形式。

五、关于杂剧图

有关杂剧方面的内容，主要在壁画、砖雕墓中有大量表现。而且集中在晋中南和豫西地区发现。考古所见这些壁画、砖雕形式的杂剧内容，不仅为考古工作者重视，更受到一些戏曲史学研究者瞩目。考古、史学研究者从不同的视角出发，进行了多角度的研究。

一般认为，宋杂剧是中国戏曲艺术发展到成熟阶段的最早的戏曲形式。宋、金南北对峙以后，宋杂剧在金朝统治的北方继续流行，称为金院本或统称宋金杂剧。元人陶宗仪在《南村辍耕录》之卷二十五记载："唐有传奇。宋有戏曲、唱诨、词说。金有院本、杂剧、诸宫调，院本、杂剧，其实一也。国朝院本、杂剧，始厘而二之。"[1]

关于宋金杂剧的演出形式，史籍中也有简要记述。南宋耐得翁在《都城纪胜·瓦舍众伎》载："杂剧中，末泥为长，每四人或五人为一场，先做寻常熟事一段，名曰艳段；次做正杂剧，通名为两段，末泥色主张，引戏色分付，副净色发乔，副末色打诨，又或添一人装孤。其吹曲破断送者，谓之把色。……杂扮或名杂旺，又名纽元子，又名技和，乃杂剧之散段。"[2]据上，宋金杂剧的结构体制应由三个部分组成，可分为三段或两段进行演出。第一段为艳段，表演寻常熟事；第二段称正杂剧，表演故事内容略为复杂一些的事；第三段是散段，专演引人发笑的趣事。从《都城纪胜》中可知，宋金杂剧的角色为末泥、引戏、副净、副末和装孤五种。《南村辍耕录·院本名目》也有相似的记载："院本则五人，一曰副净，古谓之参军。一曰副末，古谓之苍鹘，鹘能击禽鸟，末可打副净，故云。一曰引戏，一曰末泥，一曰孤装，又谓之五花爨弄。"[3]故此，五种角色分别为："末泥"是导演兼主演，组织演出；"引戏"除负责分戏、执行末泥的主张外，还需"装旦"，扮演妇女；"副净"就是唐代戏曲中的"参军"，即做出各种滑稽可笑的姿态，让副末来逗引；"副末"是唐代戏曲中的"苍鹘"，专门插科打诨，逗引"副净"来制造笑料；"装孤"即装扮官吏，其作用是在"净"与"末"中担当"裁判"。

考古所见杂剧演出人物，以砖雕为主，壁画较少。砖雕以浮雕多见，个别为立体雕刻陶俑。发现的杂剧演出人物，有一些同时表现出舞台场景。以上五种演出角色，墓葬中均有发现。此外有一些杂剧演出还有乐队伴奏的情景，如山西省稷山县马村M4、M5、

---

[1]（元）陶宗仪：《南村辍耕录》，中华书局，2004年。
[2]（宋）耐得翁：《都城纪胜》，中国商业出版社，1982年。
[3]（元）陶宗仪：《南村辍耕录》，中华书局，2004年。

M1等[1]。伴奏的乐器主要有大鼓、腰鼓、长笛、拍板、觱篥等。这种伴奏的乐队人员，有研究者认为，其不是宋金杂剧中的角色，而是宋金杂剧戏班成员之"把色"[2]，即文献中描述的"吹曲破断送者，谓之把色"。

六、关于出行图

出行图是一种流行时代延续很长的墓室壁画表现题材，最早在汉墓中就有体现。从完整意义上说，表现出行情景的图应该称为"出行、归来"图，因为多数情况下是难以辨明表现的图景是正在出行还是归来的现场。因此，所谓的"出行"图指的是广义上的行进图。

金墓中的出行图，从图像表现的内容看有两种：一种是人数众多的仪仗出行图，表现场景较宏大。内容主要是与狩猎等活动有关。有两墓的壁画出现此类场景，即山西省大同市徐龟墓[3]、山东省高唐县虞寅墓[4]。另一种是人数寥寥的日常生活出行图。内容主要表现家庭出行或运输行进的场景。前者如山西省侯马市64H4M102[5]，后室西壁为砖雕日常出行图，一老一少两主人各乘马前行，侍者一前一后手拿木棒、肩扛拂尘步行跟随。后者如山西省平定县西关村M1[6]，有壁画胡人牵驼运输图；陕西省宝鸡市长岭机器厂墓[7]，有砖雕胡人牵驼图；山西省长治市安昌村南ZAM2[8]，墓壁有一砖雕胡人牵驼图。以上三幅牵驼图，内容颇为相近，一人一驼缓慢行进，而且再现的都是金朝界域以外的"胡人"。三个不同的地区却都出现了来自域外的因素，从中暗示出这类"胡人牵驼"图景，在金朝统治的北方地区有着较为广泛的分布地域范围和社会生活基础。

金墓中的出行图，虽然发现不多，但仍充分再现了此类内容所力求表现的贵族富豪华贵生活的形象。从反映的场景来看，第一种大型的仪仗出行情景，可能是贵族官僚生前所拥有的华丽场派。而第二种出行情景，更多地体现的是一般富豪阶层的生前生活情景。两种内容出行场景的表现，从一个特殊的角度，揭示了当时的社会生活情境，也表达了人们对于投身来世美好生活的希冀。

---

[1] 山西省考古研究所：《山西稷山金墓发掘简报》，《文物》1983年第1期。
[2] 景李虎：《宋金杂剧概论》，广东高等教育出版社，1998年。
[3] 大同市博物馆：《山西大同市金代徐龟墓》，《考古》2004年第9期。
[4] 聊城地区博物馆：《山东高唐金代虞寅墓发掘简报》，《文物》1982年第1期。
[5] 山西省考古研究所侯马工作站：《侯马102号金墓》，《文物季刊》1997年第4期。
[6] 山西省考古研究所、阳泉市文物管理委员会、平定县文物管理所：《山西平定宋、金壁画墓简报》，《文物》1996年第5期。
[7] 卢建国、官波舟：《宝鸡市长岭机器厂宋墓清理简报》，《文博》1998年第6期。
[8] 商彤流：《长治市安昌村出土的金代墓葬》，《艺术史研究》第6辑，中山大学出版社，2004年。

第五章

金墓分区与分期

第一节　分区与分期总论

对文化遗存进行分区研究是史前时期考古学文化研究的重要理论与方法，这一方法对于历史时期的文化遗存研究同样具有重要意义。徐苹芳先生曾撰文对历史时期的考古学分区问题进行过论述[1]，提出了颇具指导性的意见和认识。徐先生认为，中国历史考古学分区与史前考古学分区有很大的不同，"主要是由于社会结构和政治体制的变化造成的"。他还强调："在秦汉以后历史考古学文化分区中，墓葬（包括葬式和葬俗）的分区占有重要位置。"并进一步指出："在研究中国历史考古学文化分区时，一定要考虑到当时人们对地理分区的意见。"以上观点高屋建瓴，也是本书进行分区的重要理论依据。

在金朝统治的广大区域，由于地理环境、历史沿革、民族传统等方面的原因，不同地区墓葬表现出一定的区域差异。也就是说，文化面貌的区域差异性在一定的历史时期内必然要超越文化面貌的同一性。各地区不仅在墓葬形制、结构等方面有所区别，同时在随葬品的种类、特征、组合，以及葬俗等方面也表现出程度不同的差异。因此，有必要对金墓进行分区的研究。

一般来讲，划分考古学文化区的指标主要有三项，即自然地理区域、行政区划、考古学文化面貌。对史前时期的考古学文化分区来说，后代的行政区划对于文化分区基本没有什么影响。而历史时期的文化分区则不同，不仅地理环境、文化传统是重要的指标，正如以上所言，当时的行政区域划分设置，也是进行分区的必要参数。基于此，经过综合、比较分析，结合墓葬的发现情况，本书将金墓的发现地区划分为六大区（图5.1），进行考古学的分区论述。需要说明的是，每区的名称采用的是现行的行政区划名称和地理区域名称相结合的概念，每区的范围均和金代的行政建制设置相比照。

具体分区如下：

Ⅰ区：东北地区。
Ⅱ区：华北长城沿线地区。
Ⅲ区：晋中、冀中南地区。
Ⅳ区：豫东、山东地区。
Ⅴ区：晋南、豫西地区。
Ⅵ区：陇东、陕西地区。

---

[1] 徐苹芳：《中国历史考古学分区问题的思考》，《考古》2000年第7期。

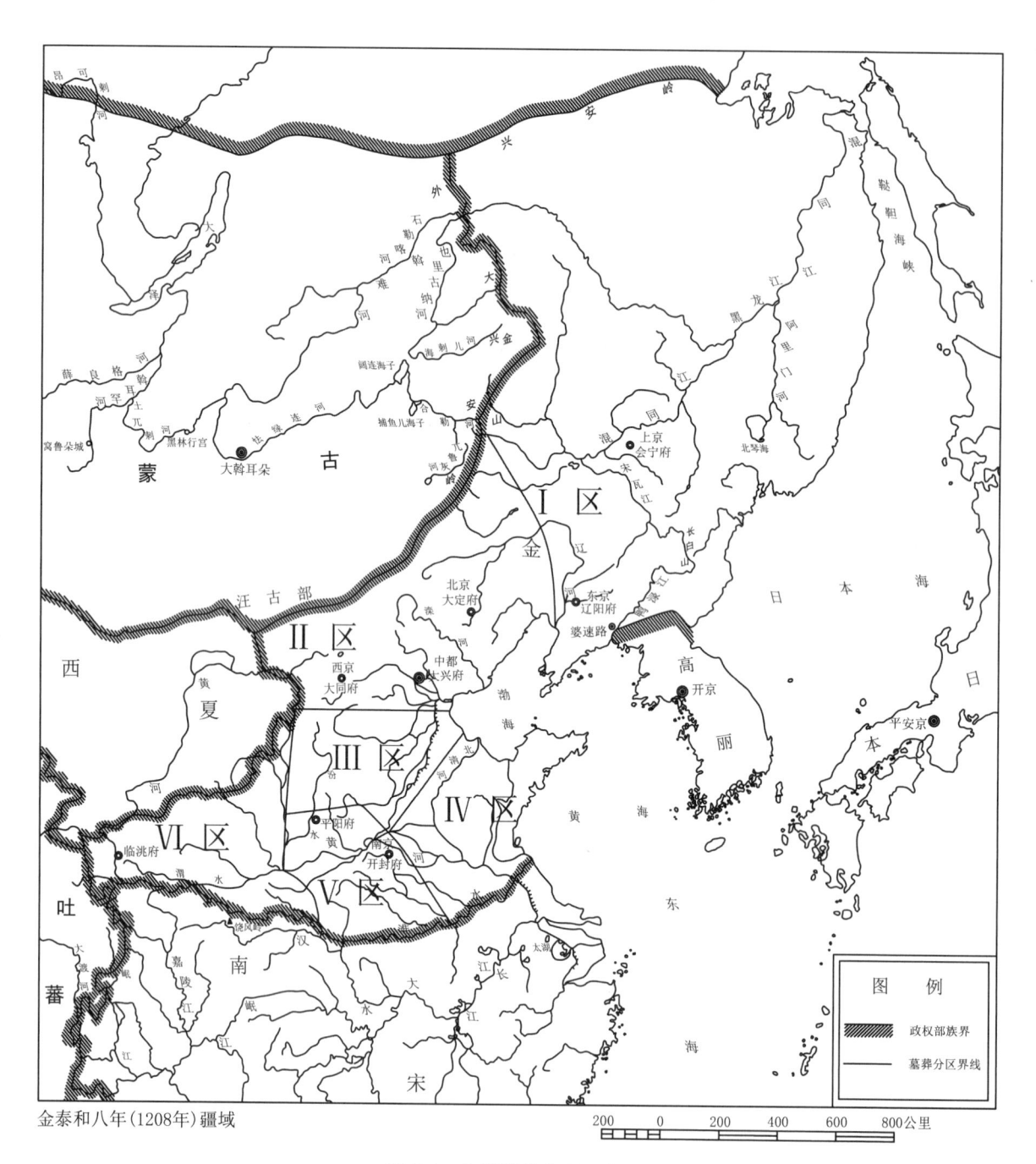

图 5.1　金代墓葬分区示意图

在分区研究之前，笔者先对金墓的总体发展做一分期划分总结。

之所以对金墓做总体分期考量，主要有几方面因素：其一，相对来说，金朝存续的时间较为短暂，历史变化的进程较为统一；其二，在金朝发展的进程中，发生的几次大的历史性事件，对金王朝的政治、经济、文化、社会变革等产生了直接而深远的影响；其三，通过统一的分期划分，可以从纵、横两个时空界标点上综合考察各区域的面貌特征以及区域间的联系和互动。

在以上对金墓的形制与结构、出土的随葬品分类与序列，对墓葬内部（包括棺具）的装饰图像题材内容的类别和分布区域的观察之后，参照众多纪年墓的发现情况及特征（附表5.1），并结合金王朝发展的历史脉络和历史演进中的重大事件，笔者将金墓的发展、演进划分为三期。

第一期：金代早期（1115—1152年），即太祖、太宗、熙宗、海陵王迁都燕京（中都）之前（天德年间）。其中，以北宋的最终灭亡为界点，前后又划分为早晚两段。

早段：1115—1127年（13年）。

晚段：1128—1152年（25年）。

第二期：金代中期（1153—1189年），即海陵王迁都于中都后（贞元、正隆年间）和世宗朝。

第三期：金代晚期（1190—1234年），即章宗、卫绍王、宣宗、哀宗阶段。其中，以宣宗迁都南京开封府（汴京），蒙古入侵金朝，攻占中都为时限标尺，前后又划分为两段。

早段：1190—1214年（25年）。

晚段：1215—1234年（20年）。

以下各区分期讨论将在上述总分期基础上进行，并对各区各期差异及产生的历史背景和原因试作分析。

第二节　东北地区

东北地区主要指大兴安岭东侧之东北平原大部，包括今黑龙江、吉林、辽宁大部、内蒙古东部；金政权行政区辖上京路、东京路、咸平路。

一、基本状况

发现墓葬有200余座，数量较多，类型较齐全，仅土坑石棺墓、土洞墓、砖石（混筑）室墓及崖洞墓未见。其他墓葬类型以土坑墓、土坑木棺墓、土坑石函墓数量较多。

本区以竖穴类墓占大宗，室类墓只占少量。土坑木椁墓只在本区出现，是其他地区没有的墓葬类型。本区也是土坑石椁墓的重要分布区，多为 A Ⅰ 式、A Ⅱ 式石椁墓，A Ⅴ 式、Ba 型、Bb 型石椁墓各占一例。此外，本区还是土坑墓、土坑木棺墓、土坑石函墓的主要分布区，发现的数量各占这三类墓葬总数的一半或一半以上。总体看，砖室墓所占比重不大，而且结构较为简单，墓室平面以 Aa 型（方形和长方形）较多，少量的 Ab 型（椭圆形）。墓顶多为穹窿顶或券顶。

随葬品中主要有陶器、釉陶器、瓷器、铁器、玉石器、金银器、铜镜、铜钱等，种类较多。瓷器多白瓷，以定窑瓷器为主，耀州窑、钧窑、磁州窑瓷器少量。以碗、盘、碟等占多数，其他器类仅是少量。陶器中颇为典型的是瓜棱罐，代表了本区的特色。铁器多小型兵器和马具，如镞、刀、马镫、马衔、马衔镳，还有釜、三足器、剪刀等。玉石类和金银器类多为具有北方民族特色的饰品和用具，铜镜有 A 型（圆形镜）和 G 型（有柄镜）两类。铜钱数量多，以北宋铜钱多见，金代铜钱"正隆元宝""大定通宝"少量。此区极少有墓志发现。

葬俗方面，以尸骨葬（土葬）占大多数，约为 80%；火葬少数，所占比例约为 20%。火葬主要出现在土坑石函墓、土坑瓮棺墓、土坑木椁墓、砖室墓中，其他类墓中仅是少量。另有少量的二次葬。无论尸骨葬、火葬，均以单人葬为主体，极少数为二人合葬。还有尸骨葬和火葬的个体合葬。

二、各期特征

（一）早期

本区没有发现这一时期的纪年墓。目前确定的属于该时期的墓葬数量不多，主要集中于东北地区的北部，即黑龙江和吉林省境内。墓葬形制以土坑墓、土坑木椁墓、土坑木棺墓为主，土坑瓮棺墓、土坑石椁墓少见。此期主要盛行尸骨葬。随葬品以陶器为主，瓷器次之，铁器较多见。

（二）中期

中期的纪年墓有 3 座，1 座土坑石椁墓、2 座土坑石函墓（附表 5.1，1—3）。早期流行的墓葬形制在这一时期继续流行，土坑石椁墓数量渐多，A Ⅰ 式、A Ⅱ 式石椁墓占主体，属于 Bb 型的石椁墓只有 1 例，即黑龙江省绥滨县奥里米 1974M5。土坑石函墓、土坑砖椁墓及砖室墓开始出现，并且数量激增，逐步成为流行的墓葬形制。砖室墓为 Aa 型（平面呈方形和长方形），有的有砖砌棺床，葬具有木棺、石函、木匣等几种。另发现石室墓 6 座，属于 Aa 型（平面呈方形的单室墓）和 Ac 型（平面呈八边形的单室墓）。其中吉林省舒兰县小城子完颜希尹家族墓地清理的1座石室墓，形制特殊，该墓墓顶为四阿式藻井顶。墓室内有石函5具，系合葬墓。这一时期尸骨葬仍占主导地位，火葬虽出现但并不流行。本区的北部——黑龙江流域，还有一种较为特殊的葬俗，即将尸骨装入木棺下葬，再在墓穴内将木棺和随葬品一同焚烧。如绥滨中兴和奥里米墓地发现的一些土坑木棺墓和土坑木椁墓中就存在这种情况。这种埋葬方式，实际上可认为是另一种特殊形式的火葬。

随葬品中陶器仍占多数，外来瓷器增多，铁器的种类多样。有少量的铜镜，有A型（圆形镜）和Ga型、Gc型（有柄镜）等形制。

（三）晚期

晚期的纪年墓有1座，即1座土坑石椁墓（附表5.1，4）。晚期以砖室墓、土坑石函墓为流行墓葬形制，土坑石椁墓、土坑砖椁墓、土坑木棺墓及土坑墓次之，土坑木椁墓已不见。石椁墓中出现Ba型。砖室墓除Aa型外，还有Ab型（平面呈圆形的单室墓）。葬俗中，尸骨葬和火葬并重，火葬主要出现在土坑石函墓和砖室墓中。随葬品质地和种类丰富，典型者如铜镜发现的数量较多，主要流行A型（圆形）镜，发现有十多件。镜身图纹多样，有仙人龙虎铭文镜、四乳四螭镜、双鱼镜、人物故事镜、龟鹤花卉镜、鸾兽葡萄镜、海兽葡萄镜、盘龙镜、瑞兽镜、凸弦纹镜、素面镜等，铜镜制作粗糙，有近一半为私铸镜，有的为前代铸镜（如汉、唐时期）再使用，个别镜的边缘有检验刻记。墓葬中出现碑形石墓志。

三、历史背景与区域特征分析

（一）历史背景

东北地区在辽—北宋时期属于辽的东京道所辖。此区主要是女真人起源、早期生活和活动的重要区域。

本区是最早进入金纪年范畴的区域。公元1114年（辽天庆四年），辽的属部女真部族在首领完颜阿骨打率领下起兵反辽。公元1115年完颜阿骨打称帝，改元为"收国元年"，建国号"金"。同年，金军连续攻取益州（农安西北）、黄龙府（农安）、开州（凤城）；公元1116年，金军又攻下沈州（沈阳）、东京辽阳府（辽阳），直至占领辽北、辽南广大地区。至此，东北地区（即本书划分的Ⅰ区）就完全在金政权的统治下了。之后的十年间，金政权举兵向西、向南推进，分别于公元1125年和公元1127年灭辽和北宋。

金代早期，金政权虽然呈对外的军事扩张态势，但东北地区真正动乱的时间只有两三年，之后基本处于相对稳定的社会环境下。太祖、太宗时期，对女真人为主的东北地区推行"一切依本朝制度"的原则[1]，在女真内地实行猛安谋克制，在政治、经济诸方面强化管辖，加强制度化，巩固其统治。因此，本区成为女真人早期重点经营的地区。金王朝将对辽、宋的战争中掳掠来的人口迁往上京等地区，以充实那里的人口。

《金史》卷一百三十三《张觉传》载："太祖每收城邑，往往徙其民以实京师……"[2]

《金史》卷四十六《食货一》载："天辅六年（1122年），既定山西诸州，以上京为内地，则移其民实之。……及七年（1123年）取燕京路。二月，尽徙六州氏族富强工技之民于内地。"[3]

《建炎以来系年要录》载，金军攻下北宋开封城北撤时，"华人男女，驱而北者，无虑十余万"[4]。这里所述，应有相当一部分是被直接迁往东北和上京城地区的。北宋徽、钦二帝就是被囚禁在"五国城"内[5]（今黑龙江省依兰县境内）。

本区早期墓葬发现相对较少，并且主要分布于上京路地区。进入中期，墓葬数量明显增多，而且类型也多样化了，最为重要的墓葬形制之一就是石椁墓。这些情况不仅与人口的增加有关，同时也反映了区域内社会的稳定，经济的增长和发展。

到金章宗泰和年间，蒙古兴起，逐渐开始了对金的侵扰。宣宗贞祐二年（1214年），蒙古占领中都后，开始谋略辽西和辽东。契丹人耶律留哥于崇庆元年（1212年）叛金，崇庆二年（1213年）建立政权，称辽王，建元"天统"；贞祐二年（1214年），锦州张鲸反金；贞祐三年（1215年），女真人蒲鲜万奴叛金，占据东京，称天王，立国号为"大真"，建元"天泰"，史称"东夏"。自此，东北成了战争争夺的焦点地区之一。直到哀宗天兴二年（1233年），蒙古军将蒲鲜万奴战败擒获，东夏政权灭亡。此间的二十多年，东北地区基本处于战乱之中。

从墓葬的发现情况看，由于社会的动荡，晚期墓葬数量有所减少，虽然墓葬类型较多一些，但多数是较为简陋的普通墓葬，如土坑砖椁墓、土坑木棺墓、土坑墓等。这时期所见的土坑石椁墓也只见下级官吏使用的较为低级的ＡⅤ式石椁墓。随葬品数量较少。铜镜数量虽多，但相当一部分为制作粗糙的私铸镜，有的为汉、唐时期所铸的前代铜镜，只个别镜的边缘有检验刻记。从中也反映出金晚期本地区经济的凋敝和吏治的松弛。

---

[1] 张博泉：《金史简编》，辽宁人民出版社，1984年。
[2] （元）脱脱等撰：《金史》，中华书局，1975年。
[3] （元）脱脱等撰：《金史》，中华书局，1975年。
[4] （宋）李心传：《建炎以来系年要录》，上海古籍出版社，1992年。
[5] （宋）徐梦莘：《三朝北盟会编》卷二百二十一《炎兴下帙一百二十一》，上海古籍出版社，1987年。

（二）区域特征

东北地区是女真人兴起之地，北部的上京路一带又被称为"金源内地"。上京路、东京路是金代少数民族的主要分布区，也一直是经济较为落后的地区。虽然所见墓葬形制、类型多样，但多属于普通的墓葬形制，而且各个时期都有使用。东北地区金墓葬制特征概括如下。

1. 本区是石椁墓发现的两大区域之一，土坑木椁墓也只在本区的上京路有集中的发现。这两类墓葬形制可被认为是女真文化的重要因素。关于这种有椁墓的形制渊源，刘晓东先生曾撰文进行过详细论证[1]，认为其"属于我国东北民族的古老葬俗之一"，"有其自身的渊源承继关系"。本书在此不再赘述。

2. 本地区是石室墓发现的主要地区之一，而且多例石室墓内有石刻画像。这种有画像石的石室墓平面呈八角形或长方形，所见画像内容题材多样，其结构和形制主要承继了辽代同类墓葬的传统。由于资料所限，过去常把这类墓葬的年代一概定为辽代。近年有学者主要依据对墓内画像石之"孝行图"内容的甄别和考证，重新将辽阳、鞍山等地发现的几座有"孝行图"题材内容的石室墓的年代晚推至金代[2]，应是更接近实际状况的推论。从墓中画像人物的服饰装束及其他场景构图来看，有着明显的北方少数民族的风格特点，有别于中原地区的风俗及文化特征。

3. 砖室墓结构较为简单，墓内少有仿木构的装饰。个别墓中即便有也仅是简单的仿木构造，更无壁画等装饰。这也反映出区域经济、文化发展相对落后的一面。

4. 随葬品主要以陶器为主，中期以后，瓷器增多，以定窑瓷器最常见。还有钧窑、磁州窑、耀州窑等所产瓷器。这些瓷器可能多是中原内地迁往该区的汉人带来的，或是早期的对辽、北宋战争中南下掳掠而来。

5. 不流行使用石墓志。本区仅南部的少数墓葬中有墓志，墓主人均为汉人官吏，如辽宁省铁岭县前下塔子墓[3]，墓志为碑形石墓志。辽宁省开原县黄龙岗刘元德墓志[4]，此墓志发现时仅见墓志石（推测可能带志盖，现已无存）。上京路所属"内地"无墓志发现，只在女真贵族墓中流行墓碑，如吉林省舒兰县小城子完颜希尹家族墓地[5]，有较多的圭首

---

[1] 刘晓东、杨志军、郝思德、李陈奇：《试论金代女真贵族墓葬的类型与演变》，《辽海文物学刊》1991年第1期；刘晓东：《金代土坑石椁墓及相关问题》，《青果集：吉林大学考古专业成立二十周年考古论文集》，知识出版社，1993年。
[2] 方殿春：《辽宁地区"行孝图"墓葬的讨论》，《博物馆研究》2005年第4期。
[3] 铁岭市博物馆、铁岭县文物管理所：《铁岭县前下塔子金墓》，《辽海文物学刊》1988年第2期。
[4] 冯永谦：《金刘元德墓志考》，《黑龙江文物丛刊》1983年第1期。
[5] 徐翰煊、庞志国：《金代左丞相完颜希尹家族墓调查试掘简报》，《中国考古集成·东北卷（18）》，北京出版社，1997年。

或圆首长方形墓碑。黑龙江阿城城子村齐国王完颜晏墓[1]，标明其身份的是墓中置放的墨书木牌及银质铭牌。上述差异，反映出本地区在进入中期以后，仍存有一些自身的区域文化特征，吸收中原文化的因素仍是有限的。

6. 中期以后，火葬流行起来。表现形式之一是石函作为葬具大量出现。除土坑石函墓外，在砖室墓、石室墓等室类墓中，也有以石函为葬具者。火葬的流行，一方面反映了东北地区女真等少数民族自身对传统习俗的承继，主要是对萨满教的信奉；另一方面，来自中原佛教的影响是更为重要的因素。

第三节　华北长城沿线地区

华北长城沿线地区主要指华北地区之长城南北山地、草原地带，包括今内蒙古中西部、河北北部、山西北部、京津地区；金政权行政区辖北京路、西京路、中都路。该地区原为辽统治区，是契丹人的主要活动区域。

一、基本状况

发现墓葬数量计230余座，是墓葬发现较多的地区。墓葬类型多，包括已划分的十四类墓葬中的十二类，仅土坑木椁墓、崖洞墓未见。其中土坑石函墓、土坑石椁墓、砖室墓等数量较多。

上述统计，表明本地区以竖穴类墓为主，室类墓占少数。本区以土坑石椁墓、土坑石函墓和砖室墓为常见墓葬形制，土坑墓、土坑木棺墓、石室墓次之，其他墓则少见。本区的石椁墓主要为AⅠ式，Ba型少量，AⅡ式、AⅢ式、AⅣ式石椁墓极少。砖室墓有仿木构装饰和无装饰两种，前者多有壁画装饰。砖室墓有约一半为Ab型（墓室平面呈圆形或椭圆形），有近一半为Aa型（墓室平面呈方形或长方形），有4座为Ac型（墓室平面呈八边形），另有2座多室墓，分属于Bd型和Bf型。据不完全统计，有壁画的砖室墓有12座，有简单的砖雕砖室墓1座，有1座砖石（合筑）椁墓（即河北时丰墓）的椁壁也有壁画装饰。壁画题材主要有几大类，有墓主人夫妇宴饮图、侍者图、家居生活图、出行图、散乐图、祥瑞图、建筑家居装饰图、天象图等，其他类别的题材图则少见或不见。仿木结构的砖雕图也较简单，主要是表现斗栱、门、窗等。砖室墓的顶部多为穹窿顶，少量为攒尖顶或券顶。

---

[1] 黑龙江省文物考古研究所：《黑龙江阿城巨源金代齐国王墓发掘简报》，《文物》1989年第10期。

华北地区墓葬出土的随葬品较为丰富。以陶器和瓷器为主，典型如鸡腿坛、长颈瓶（玉壶春瓶）、执壶、无耳壶等一些特征鲜明的器物多在本地区发现。陶器中除生活实用器外，往往还有一些成组的陶明器出现，如罐、盆、三足罐、三足釜、三足盆、三足盘、平底锅等。瓷器有定窑、耀州窑、钧窑、磁州窑、龙泉务窑等多个窑址的产品，种类多样，其中有特点的如鋬耳洗、瓷枕等有少量发现。铁器常见有鋬耳釜、剪刀等。铜镜有A型（圆形镜）、B型（亚字形镜）、D型（葵花形）、E型（桃形镜）、G型（有柄镜）等。铜钱数量多，以唐、北宋等铜钱多见，金代"大定通宝"铜钱发现亦较多，"正隆元宝""泰和重宝"铜钱少量。

本区发现的墓葬中尸骨葬的数量约占三分之二，火葬约占三分之一。土坑石函墓几乎全部为火葬形式，其他火葬形式多出现在砖室墓和土坑砖椁墓中。以单人葬为主要埋葬方式，少数为二人合葬，还有三人或四人合葬，另有一例为火葬形式的多人丛葬。合葬的形式有尸骨葬者，有火葬者，还有尸骨葬和火葬相结合的。属于二次葬（迁葬）的墓占有一定的比例，二次葬多是以尸骨葬或火葬形式结合组成新的合葬墓。

二、各期特征

（一）早期

本区早期的年代范围和东北地区有所不同。金政权自公元1115年立国后，在灭辽的过程中历经了十年的时间，直至公元1125年才占领了原辽统治下的近乎全部的区域（即大致为本区所划定的范围），结束了辽王朝的统治。因此本区的早期时段是：公元1126—1152年，此前的公元1115—1125年这一段时间应归入辽晚期编年时限。依此定限，本区内发现的公元1115—1125年这一时段内的墓葬当属辽晚期墓葬范畴。

属于这一时期的纪年墓有7座，有砖石（合筑）椁墓1座，砖室墓6座（附表5.1，5—11）。其他无纪年的墓葬能够定年为早期的数量不多。这一时期的墓葬以砖室墓占多数，少量的土坑木棺墓，砖石（合筑）椁墓为仅见，其他墓则极少发现。砖室墓以Ab型（圆形）为多，个别为Ac型（八边形），墓室多有砖砌棺床或土筑棺床，埋葬方式多为火葬形式，常以木匣、陶棺等盛装骨灰；尸骨葬少量。土坑木棺墓均为尸骨葬形式。砖室墓内多有简单的仿木构建筑。这一时期有壁画装饰的墓较少，仅有数例墓内出现壁画，如河北省兴隆县梓木林子萧仲恭墓、河北省新城县北场村时立爱墓、北京市大兴区小营墓、北京市石景山区八角村赵励墓、北京市延庆县晏家堡村墓等，但有相当部分的墓内壁画已遭破坏，内容不详。河北省新城县北场村时丰墓是一座结构颇为特殊的墓，椁壁有壁画装饰。保存较好者如北京市石景山区八角村赵励墓，墓门前影壁墙东侧有出行图。墓室壁有散乐图，有反映家居生活的侍寝图、庖厨图、布宴图、撤宴图等。墓室上部为十二生肖及花卉装饰。北京市延庆县晏家堡村墓和石景山区八角村赵励墓的壁画内容有相似之处，甬道东西两侧有出行仪仗图，东南壁有散乐图，为四人一组的乐队，西南壁是四位侍女。时丰墓四壁的壁画内容与一般砖室墓的壁画内容大致相同，有侍从、门卫图，也有反映家居生活的侍宴图等。墓内的仿木结构砖雕装饰颇为简单。如辽宁朝阳召都巴墓，墓壁砌立柱、斗栱，墓室东西壁各砌门一扇，上有环形门簪，门底两侧有门砧。仿木构件上涂红彩。

随葬器物以陶瓷器为主。典型器类有BⅠ式鸡腿坛，BⅡ式、EⅠ式双系罐，AⅠ式、E型执壶，AⅠ式、AⅡ式陶釜，Ⅰ式三足陶釜，Ⅰ式、Ⅱ式、Ⅲ式三足陶盆，Ⅰ式三足陶盘，Ⅰ式陶平底锅等。铁器中有弹簧式铁剪刀。该地区早期流行随葬成组的仿生活用陶明器。一些砖室墓中出土有带盖石墓志和砖质买地券。

（二）中期

属于中期的纪年墓发现数量多，计有15座。包括砖室墓7座、土坑石椁墓3座、土坑石函墓4座、土洞墓1座（附表5.1，12—26）。纪年形式多样，除带盖石墓志、碑形石墓志、砖墓志、砖地券外，还有石函铭刻、石棺铭刻、墓壁题记等。这一时期的墓葬仍以砖室墓为主流，土坑石椁墓、土坑石函墓次之，少数为石室墓、土洞墓、土坑木棺墓、土坑砖椁墓等。砖室墓中以Ab型（圆形）居多，少量的Ac型（八边形），出现一些Aa型（长方形和方形）。其构造和早期大致同。这一时期，出现较多的土坑石椁墓，多为AⅠ式，个别为AⅡ式、AⅣ式和Ba型。石室墓见有Aa型（长方形）和Ac型（八边形）两种。火葬的数量稍多于尸骨葬，二次葬的数量增多。同早期比较，壁画墓数量基本相当，仅发现数例砖室墓有壁画装饰。数座壁画墓集中发现于辽宁朝阳、北京、山西大同等地区。表现题材主要有相似的几类，即墓主人宴饮图、侍从图、备膳图、散乐侍酒图、出行图等，有的还有花卉图、祥瑞图、建筑装饰图及星座图等。

随葬器物仍以陶瓷器为主。典型器物类别有AⅡ式、BⅡ式鸡腿坛，AⅠ式、BⅠ式长颈瓶，BⅡ式小口瓶，AⅡ式双系罐，AⅠ式、AⅡ式、BⅠ式多系瓶，AⅡ式、BⅡ式、CⅠ式、CⅡ式、D型执壶，A型、BⅠ式、BⅡ式鋬耳洗，D型瓜棱罐，AⅢ式、BⅠ式、BⅡ式陶釜，Ⅱ式三足陶罐，Ⅲ式三足陶釜，Ⅱ式三足陶盘，Ⅱ式陶平底锅等，同时见有H型瓷枕（扁菱花形）。铁器中流行Ⅰ式、Ⅱ式铁釜及铁剪刀。少数墓中有铜镜出土，形制有A型（圆形）镜、B型（亚字形）镜、D型（葵花形）镜等，据图纹分类，有万字纹镜、飞禽花卉镜、花草纹镜、湖州镜等，有的边缘出现检验刻记。

（三）晚期

晚期的纪年墓发现数量较多，计有 12 座。包括土坑石椁墓 5 座、砖室墓 4 座、土坑石函墓 3 座（附表 5.1，27—38）。纪年多为带盖石墓志和碑形石墓志，还有石函铭刻等。这些纪年墓绝大部分为金章宗时期的墓葬，只有一例为晚期末年（1233 年）的墓葬。这一时期砖室墓仍占多数，土坑石椁墓、土坑石函墓和石室墓比重均有所增加，发现有少量土坑石棺墓，还见有砖椁墓、土坑瓮棺墓和土坑木棺墓。砖室墓中 Aa 型（长方形和方形）和 Ab 型（圆形）数量相当，个别为 Ac 型（八边形）。石椁墓仍以 A Ⅰ 式为多，个别为 A Ⅲ 式和 Ba 型。石室墓包括 Aa 型（长方形）和 Ac 型（六边形、八边形、十边形），其中 Ac 型与中期相较，平面形制略显多样。火葬多于尸骨葬。晚期没有发现带壁画装饰的墓葬。

随葬器物多数为陶瓷器。典型器类有 A Ⅲ 式、B Ⅲ 式鸡腿坛，A Ⅱ 式、B Ⅱ 式长颈瓶，D Ⅱ 式、F 型双系罐，B Ⅲ 式錾耳洗。铁器中流行随葬铁剪刀。一些墓中有铜镜出土，形制有 A 型（圆形）镜、B 型（亚字形）镜、E 型（桃形）镜、Ga 型（有柄）镜等，据图纹，有海兽葡萄镜、瑞兽铭文镜、三凤纹镜、缠枝花草纹镜、妇童戏兽镜、素面镜等。

三、历史背景与区域特征分析

（一）历史背景

该地区原为辽统治区，其北部主要是契丹人、南部主要是汉人的活动区域。此区在辽—北宋时期分属于辽的北京道、中京道、西京道、南京道所辖。

金建国后，即开始了灭辽的军事行动。至公元 1125 年，金军占领了辽的大部故土，辽天祚帝被擒，辽政权告亡。此区正式进入金政权统辖纪年。

金朝占领原辽统治区域后，沿袭了辽的南北面官制度[1]。金朝北面官制主要指女真"本国制度"，南面官制指设汉官以统治汉人。天会四年（1126 年），仿唐制建尚书、中书、门下三省，加强对汉人的统治。熙宗时，废除女真勃极烈制，全面采用辽、宋官制。

贞元元年（1153 年），海陵王迁都于燕京，改称为中都。这里逐渐成为金朝中期至晚期早段的政治经济中心。海陵王正隆元年（1156 年），废除中书、门下二省，只存尚书省，进一步加强了中央集权国家的统治。

世宗时期，秉承了前一时期的新官制，礼仪制度趋于完备。到章宗朝，"治平日久，

---

[1] 张博泉：《金史简编》，辽宁人民出版社，1984 年。

宇内小康","乃正礼乐，修刑法，定官制，典章文物粲然成一代治规"[1]。这一时期，金朝完成了政治、经济制度的统一的封建化变革。

此区纪年墓多，年代多为世宗大定年间，章宗年间的较少。而且墓葬类型多样，随葬品数量较多，间接反映出此时期社会的稳定和经济的发达。

贞祐二年（1214年），为避蒙古兵锋，金宣宗南下迁都于南京开封府，中都逐渐边缘化，此区亦成为金晚期最后阶段金蒙之间战争的漩涡地带。

（二）区域特征

1. 本区是石椁墓又一重要的发现地区。在所统计的石椁墓中，除东北区（Ⅰ区）外，有三分之二的数量发现于本区。可以说Ⅱ区是石椁墓重要的发现地区之一。石椁墓的年代主要集中于世宗和章宗两朝期间。而且不仅女真贵族官僚中流行使用，也见于少数汉人官吏中。汉人官员中，使用者一般都是与女真贵族具有姻亲关系者，或是地位和声望较为显赫者。到金代晚期，这类石椁墓越来越成为有势力的汉族官僚的首选墓葬形式。近年北京市石景山区鲁谷发现的吕嗣延家族墓葬，共发掘10座墓[2]，皆为土坑石椁墓（系6块石板或5块石板构筑的AⅠ式，此种形制等级较高），埋葬方式皆为火葬。据出土墓志载，墓葬的营建系吕氏家族后人吕造于章宗泰和元年（1201年）将吕氏祖坟迁葬于石景山鲁谷一带。吕氏家族系燕京地区的汉人大族，家族中有多人在辽、金两朝中状元和进士，并担任高级官吏。其中M35的墓主人吕嗣延，生前为殿中侍御史、太常少卿，官至正五品。作为汉族官吏，在迁建营造家族墓的过程中，如此大规模地选择石椁墓作为主要墓葬形式，一方面反映出吕氏家族当时在中都地区显耀的势力，另一方面也说明章宗泰和年间起，制度礼仪的约束开始渐趋弱化，政治制度开始有所松弛。《金史》卷七十三《守贞传》载："章宗即位，乃更定修正，为一代法。……又喜推毂善类，接援后进，朝廷正人，多出入门下。"[3]此说明走向封建社会极盛的金王朝，此时政治的衰落已渐显端倪。这种情况表现在处理丧葬的问题上，汉族中的一些世家大族开始无所顾忌地超越制度和身份营建高规格墓葬进行埋葬和迁葬。

2. 砖室墓的数量所占比重较大。多为仿木构结构，这类墓葬体现了本地区较多的辽墓的传统风格。平面以圆形、多边形、方形为主，一些官员和农桑富豪墓中有壁画装饰，题材有散乐图、家居生活图、侍宴图、出行图、天象图、建筑装饰图等，内容表现

---

[1]（元）脱脱等撰：《金史》卷十二《章宗纪》，中华书局，1975年。
[2] 孙勐、朱至刚、安凯：《北京石景山区鲁谷发掘金代家族墓及明清墓葬》，《中国文物报》2007年11月23日。
[3]（元）脱脱等撰：《金史》卷七十三《守贞传》，中华书局，1975年。

出较强的地域特征和民族特点。河北省新城县北场村时丰墓[1]，颇具民族和文化融合的印痕。该墓为砖石椁墓，四壁和顶部采用石板砌筑，体现了女真文化的元素；而石椁外壁又加筑一层砖壁，融入了汉文化的要素。更为特别之处在于石椁内壁涂抹石灰，以壁画装饰，内容则是辽墓中常见的题材内容。墓主人时丰，汉族四品官吏，与其父时立爱在降金的早期伐宋立国战役中，有重要战功。天会五年（1127年），病卒于真定（今河北正定）。皇统三年（1143年）从葬于新城县先茔之侧。时丰的父亲时立爱官居一品，墓葬采用了辽代习见的前、后正室带左、右耳室的砖室墓，体现了其特殊的等级和身份；而时丰，身份和官位远不及其父，但由于显赫的家族地位，本人官职显然也不低，墓葬中采纳了只有女真贵族才使用的石椁墓的风格传统，在制度发生变革的金代早期，显然是一种荣耀的表现，但同时又不忘体现其汉族文化的传统。因此出现了石椁墓和砖室壁画墓相结合的产物——砖石（合筑）椁墓。本区发现的有壁画装饰的仿木构砖室墓分布最东的地点是辽宁朝阳地区，其中朝阳市师范学校墓[2]和朝阳市七道泉子墓[3]，两墓结构与壁画风格皆相似。这是和Ⅰ区（东北地区）最为邻近的壁画砖室墓的发现。壁画墓主要流行于以中都（今北京）和西京（今大同）为中心的燕云地区，从壁画内容看，与辽墓壁画有较大相似性，反映出燕云地区经济、文化发展的连续性与区域位置的重要性。

3. 随葬品种类风格多样。墓中流行成组的陶明器，体现了与本地区辽墓文化传统的接续，如罐、盆、三足罐、三足釜、三足盆、三足盘、平底锅等。瓷器中常见如鋬耳洗、瓷枕，具有契丹风格的鸡腿坛、执壶、瓜棱器等时有发现。瓷器涉及多个产地，除本地区及附近地区的龙泉务窑、定窑等所产瓷器外，还有大量的磁州窑、钧窑、耀州窑等窑址的瓷器，种类多样。铁器常见有鋬耳釜、剪刀等。铜镜种类较多，主要是北宋时流行的类别，其中北京市通县三间房村M1出土1件南方地区流行的六瓣葵花形湖州铭镜[4]，镜边缘有"通州司使司官（押）"铭刻。本区墓葬出土铜钱数量多，以唐、北宋铜钱为多，金代"正隆元宝""大定通宝""泰和重宝"铜钱均有所见。以上因素，反映了区域间文化、经济等方面交流的活跃。

4. 流行使用石墓志。有石墓志的墓葬绝大多数是在本区发现，特别是带盖的石墓志，其中以中都地区附近最为多见，这也间接反映出中都地区作为政治中心的地位与影响。带盖的墓志与本地区辽墓所出墓志基本相同，盖多呈盝顶状，盖边缘雕刻缠枝牡丹花叶，

---

[1] 河北省文化局文物工作队：《河北新城县北场村金时立爱和时丰墓发掘记》，《考古》1962年第12期。
[2] 辽宁省博物馆：《辽宁朝阳金代壁画墓》，《考古》1962年第4期。
[3] 朱达：《朝阳七道泉子金代壁画墓》，《中国考古学年鉴1992》，文物出版社，1994年。
[4] 北京市文物管理处：《北京市通县金代墓葬发掘简报》，《文物》1977年第11期。

四面环刻十二生肖图案。这些墓志所标记年代从皇统年间至泰和年间，其间正好是"绍兴和议"（即皇统二年，1142年）后至章宗年间，是金朝最为稳定、繁荣的时期。墓志的使用者，以汉族官吏居多，少数为女真、契丹贵族和官员。其中两例契丹族官员墓，墓志是用契丹小字铭刻，而发现的女真人的墓志和汉人的一样，使用的是汉字，此亦表明女真人汉化程度之迅速和彻底。

5. 墓葬中佛教因素较为浓厚。体现之一，本区有一些有明确身份标识为僧人的墓葬发现。主要有：山西省朔州市朔城区墓[1]、辽宁省阜新市西山屯墓[2]。两处墓葬的墓主人中（前者为合葬）均是有一定级别的僧侣。体现之二，本区有为数极少的体现佛教教义的刻有佛经的经幢发现。辽宁省朝阳市联合乡石函墓出土的石经幢[3]，经幢呈六面体，幢身一面以汉字刻"大悲心陀罗尼经一卷"，余面阴刻梵文经文。以上遗存的发现，可从一个侧面折射出佛教在金代中晚期的盛行与繁荣。

6. 由于佛教的影响，本区的契丹人和汉人在辽代就流行火葬[4]。金代，随着佛教的进一步推广，特别是中晚期，火葬更为普遍，大有超过尸骨葬的趋势。具体表现是，发现的土坑石函墓的数量增多，并且一些石椁墓、砖室墓、石室墓、土洞墓等也存在以石函为葬具的情况。还有一些土坑瓮棺墓、土坑砖椁墓等均表现为火葬形式。当然，火葬并非均来自佛教的因素。一些平民阶层，诸如土坑瓮棺墓、土坑砖椁墓的墓主人，由于自身财力所限，方采取火葬的埋葬方式。如河北省蔚县城东墓[5]，墓主人系平民。该墓采用了以陶棺为葬具的火葬埋葬方式。墓内随葬一件砖质买地券，反映出本地区早期道教因素的传播和影响。

第四节　晋中、冀中南地区

晋中、冀中南地区主要指太行山左右的华北地区，包括今山西中部、河北中南部地区；金政权行政区辖河东北路、河北西路、河北东路、大名府路等部分区域。

---

[1] 宁立新、雷云贵：《朔州市朔城区金代僧人丛葬墓发掘简报》，《山西省考古学会论文集（三）》，山西古籍出版社，2000年。
[2] 阜新市博物馆：《辽宁阜新市发现一座金代墓葬》，《考古》2004年第9期。
[3] 辽宁省朝阳县文物管理所：《辽宁朝阳县联合乡金墓》，《华夏考古》1996年第3期。
[4] 杨晶：《辽代火葬墓》，《辽金史论集》第三辑，书目文献出版社，1987年。
[5] 蔚县博物馆：《河北省蔚县元代墓葬》，《考古》1983年第3期；荣孟源：《元大德墓为金天德墓》，《考古》1983年第7期。

一、基本状况

发现墓葬数量计250余座，是墓葬发现数量较多的地区。但类型不多，只包括已划分的十四类墓葬中的七类，以土洞墓、砖室墓、石室墓等数量较多。

从发现情况看，以砖室墓为大宗，次为土洞墓，其他墓葬均不多。砖室墓以Ab型（圆形、椭圆形或半圆形）居多，占总数的一半以上，而Aa型（长方形、方形或梯形）和Ac型（八边形、六边形）发现数量相近。室内多有砖砌棺床，多呈"凹"字形。大多数砖室墓为仿木构结构，并有砖雕装饰，一般不很复杂。约四分之一的砖室墓有壁画装饰。砖室墓的顶部多为穹窿顶，攒尖顶和券顶占少数。墓室内砖雕多为门、窗、桌、椅、柜、剪刀、熨斗、灯檠等，常见组合形式是一桌二椅的布局内容。壁画题材较为多样，有墓主人夫妇宴饮图、侍从图、"妇人启门"图，也有反映家居生活的侍酒图、进膳图、耕作图，还有驼运出行图、散乐图、祥瑞图等。个别墓顶绘有日月星辰的天文图。多数墓的壁画题材是和砖雕题材结合在一起表现的。本区是土洞墓发现较多的地区，其中Aa型（长方形、方形）占多数，Ab型（梯形）和Ac型（圆形）只是少数。石室墓中有Ab型（圆形、椭圆形）和Ac型（八边形），Ab型数量多于Ac型。

随葬品以瓷器稍多，陶器略少。瓷器常见为白瓷和黑瓷，器形有罐、碗、盘、碟等。该区瓷枕发现较多，是瓷枕发现类型最多的一个区域，包括了所分八个类型中的七种形制。该区也出现有AⅡ式小口陶瓶。铜镜数量也较多，有A型（圆形镜）、B型（亚字形镜）、C型（菱花形镜）、D型（葵花形镜）、G型（有柄镜）等。铜钱数量多，以唐、北宋等铜钱多见，南宋"绍兴元宝"铜钱亦有发现，金代"正隆元宝""大定通宝"铜钱较少。

本区发现的墓葬，有许多墓内人骨是被扰乱过的，情况不甚明晰。但从遗留状况分析，尸骨葬数量占绝大多数，仅个别为火葬。有单人葬、二人合葬、三人合葬等，还有一次葬和二次葬组成的合葬。

二、各期特征

（一）早期

本区早期的年代范围和第Ⅱ区有所相似，同样和东北地区也有所不同。金政权于公元1125年灭辽后，随即南下开始进攻北宋。公元1127年攻下北宋都城汴京，北宋灭亡。因此本区的早期时段当是：公元1128—1152年，此前的公元1115—1127年这一段时间应归入北宋晚期编年时限。依此定限，本区内发现的公元1115—1127年这一时段的墓葬当属北宋晚期墓葬概念范畴。

属于早期的纪年墓只有1座砖室墓，即山西省太原市东郊红沟村墓（附表5.1，39）。能确定为这一时期的墓葬不多，年代多为大致推测，数量有二十余座。多为砖室墓，少量石室墓。其他见有砖石（混筑）室墓、土坑木棺墓、土坑墓等。砖室墓以Ac型（八边形、六边形）居多，Ab型（圆形、椭圆形）和Aa型（方形、长方形）数量较少。石室墓见有Ac型（八边形）和Ab型（椭圆形）。砖室墓和砖石（混筑）室墓多为仿木构，有砖雕或壁画装饰。有壁画的墓数量更少，一般是和砖雕结合于一起表现。砖雕主要表现灯檠、假门、一桌二椅等家具和建筑构造。壁画主要表现墓主人夫妇宴饮、散乐、家居生活场景和日月星辰等常见题材。绝大多数为尸骨葬。

随葬品包括瓷器和陶器两大类，主要是生活用器皿。瓷枕发现有A型（长方形）、B型（八边形）、D型（椭圆形）、H型（扁菱花形）等几种形制。铜镜有A型（圆形）、B型（亚字形）等；据图纹，有双凤纹镜等。这一时期墓中发现有南宋"绍兴元宝"铜钱。

（二）中期

属于中期的纪年墓有6座，其中4座为砖室墓，2座为土洞墓（附表5.1，40—45）。本期仍以砖室墓为主，数量略有所增加。而石室墓减少。出现一些土洞墓，多为竖穴墓道。还见有土坑砖椁墓。砖室墓的特征和一期基本相同。壁画和砖雕题材多和早期相似，不同的是，一些墓中出现了砖雕形式的"妇人启门"图；在山西省汾阳高级护校M5中，出现两幅孝子故事砖雕图；山西省平定县西关村M1，有壁画形式的驼运出行图。这些都是中期新出现的内容。该时期墓葬多为尸骨葬。

多数墓葬被盗扰严重，随葬品特别稀少。出现有AⅡ式小口陶瓶。和一期相比，瓷枕的发现形制略有区别，有A型（长方形）、C型（圆形）、D型（椭圆形）、G型（葵花形）等形制。铜镜有A型（圆形）、C型（菱花形）、D型（葵花形）、Gb型（有柄葵花形镜）等；据图纹，有花卉纹镜、海仙灵兽铭文镜、鸳鸯飞雁镜、素面镜等。另外，山西省离石县马茂庄土洞墓墓室内出土1件铁牛，较为少见。

（三）晚期

属于晚期的纪年墓有3座，均为砖室墓（附表5.1，46—48）。墓葬形制以砖室墓为主，土洞墓次之。这一时期的砖室墓发现数量稍有所减少。形制以Ac型（八边形、六边形）稍多于Ab型（圆形、椭圆形）和Aa型（方形、长方形）。土洞墓除Aa型

（墓室平面呈方形、长方形）、Ab 型（墓室平面呈梯形）外，出现一例 Ac 型（墓室平面呈椭圆形）。砖室墓内以砖雕为主要装饰手段，壁画少见。砖雕人物除浮雕外，个别以陶俑形式出现。表现内容不如中期丰富。墓葬中以尸骨葬占多数，个别为火葬形式。

随葬品较少，不丰富。瓷枕数量和类型均减少，只发现 D 型（椭圆形）一种。铜镜有 A 型（圆形）、C 型（菱花形）等；据图纹，有龟鹤人物镜、二龙卷草纹镜等。所见铜钱多为北宋钱币，金代钱币少见。

三、历史背景与区域特征分析

（一）历史背景

该地区原为北宋统治区，主要是汉人活动区域。此区在北宋时期属于北宋的河东路中部、河北西路、河北东路所辖。

本区地处黄河下游北岸的华北平原地区，属于南北交往的腹心地区。自北宋以来，便是经济较为发达的地区。为了加强对中原汉人地区的控制，金政权在灭亡北宋后，开始组织女真及其他民族的猛安谋克户向中原地区迁移，使女真等民族和汉族杂居。女真迁入中原的主要目的在于屯田，发展经济，推进女真政权的封建化。本区是主要的猛安谋克户迁入地之一。

张棣《金虏图经》载："今日屯田之处，大名府路、山东东西两路、河北东西路、南京路、河南路、关西路四路皆有之，约一百三十余千户。每千户止三四百人，多不过五百，所居止处，皆不在州县，筑寨处村落间，千户、百户虽设官府亦在其内。"[1]

金代早期，金朝在灭亡北宋后北撤之时将黄河以南大量以汉族为主的人口迁到北方。《金史》卷三《太宗纪》载，天会六年（1128 年）"迁洛阳、襄阳、颖昌、汝、郑、均、房、唐、邓、陈、蔡之民于河北"[2]。

南北间的双向移民，使本区人口在经过战争后有大量的增加，也促使本地区经济得以复苏和持续向前发展。

晚期，主要是宣宗南下迁都后，由于蒙古军大肆南侵，北方出现地方割据和农民起义。蒙古大军的侵袭，使河东、河北地区首当其冲，遭受破坏。社会经济残破，百姓生活动荡。

由于处于一个较为特殊的中间环节的地理区域，同时也由于本地区原有较强的经济

---

[1]（宋）张棣：《金虏图经》，（宋）宇文懋昭撰，崔文印校证：《大金国志校证》附录二，中华书局，1986 年。
[2]（元）脱脱等撰：《金史》卷三《太宗纪》，中华书局，1975 年。

基础以及分布较为稠密的人口，本区成为发现墓葬数量较多的区域之一。各个时期墓葬数量均略有增减，但增减幅度不是很大，略显平缓。

（二）区域特征

从地理位置上看，本区处于金统治区的中心区域，与多个区域相接。相对来说，其墓葬所反映的文化特征具有一定的多元性。

1. 砖室墓是本区最重要的墓葬形制。墓室平面呈圆形的砖室墓所占比例大，当源自华北地区（Ⅱ区）同类墓葬元素对本区的影响。砖室墓最具特色的是墓室内砖雕以雕刻家居装饰为主线，包括一组门、窗、桌、椅、柜、剪刀、熨斗、灯檠等，而其核心的装饰组合形式是一桌二椅的布局结构。这些内容应是墓主人生前生活场景的再表现。

2. 土洞墓是本区较为常见的又一墓葬形式。本区地处黄土高原的东麓，太行山两侧。独特的地形地貌，为土洞墓的产生创造了必要条件。土洞墓的流行也是本区唐以来文化传统的承继。

3. 从葬俗的统计情况看，本区尸骨葬的数量要比火葬为多。这种情况可能和传统的习俗有关。北宋时期，虽然已有火葬，但基本是在一些佛教徒中进行。由于受儒家丧葬观的影响之深，火葬在民间广泛而快速地推行也是不合情理和不符合实际现状的。北宋政府及上层统治者就曾多次禁止民间进行火葬[1]。因此北宋时期虽有了火葬，但还不能称得上是流行。进入金代，作为汉人的主要居住区，人们的思想意识似乎仍很难在短时间内全面地接受火葬的习俗，故而仍以尸骨葬为主要的埋葬方式，因此实际的情况是尸骨葬略多于火葬。

4. 本区室类墓中常置有一类陶质器物，其器身分布有多个不同形状的镂孔（图5.2）。这类器物常被称为"魂瓶""魂罐""魂塔"等。器物形状虽有差异，但其所体现的意义是相同的，可能和来自佛教的影响有关。

5. 本区体现道教的因素稍多一些。如晋中地区墓葬中发现随葬铁牛，随葬铁牛是晚唐至五代、北宋时期洛阳及西安地区流行的习俗。晋中地区所见铁牛显然是受到这些地区葬俗的影响，体现了道教中驱邪压胜的作用。

6. 本区是随葬品中瓷枕出现较为集中的区域，而且类型多样。其体现的文化元素是对本地区北宋时期中原传统文化习俗的延续。

---

[1] 徐吉军、方建新、方健、吕凤棠：《中国风俗通史·宋代卷》，上海文艺出版社，2001年。

期别＼名称	陶 魂 瓶	陶 魂 罐	陶 魂 塔
一期	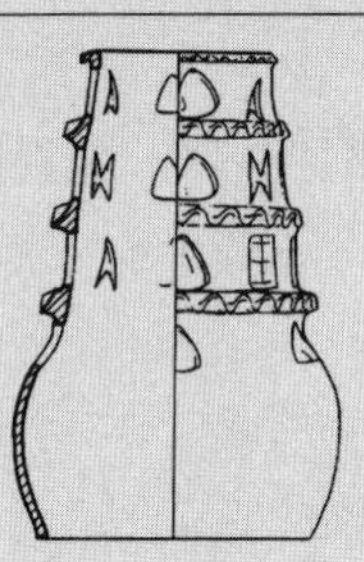 1		
二期	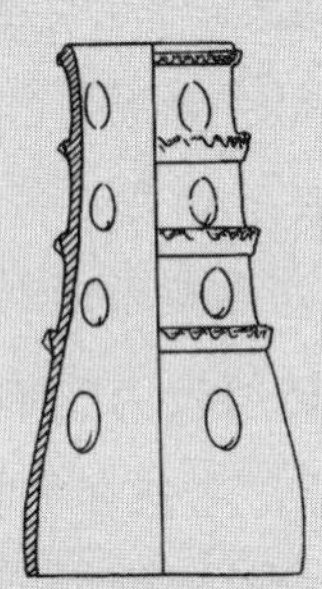 2 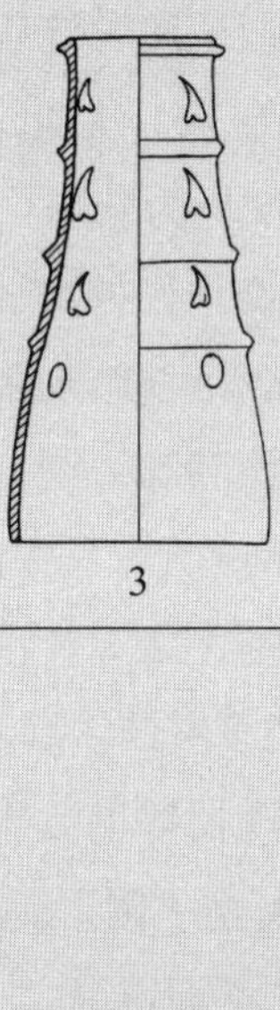 3		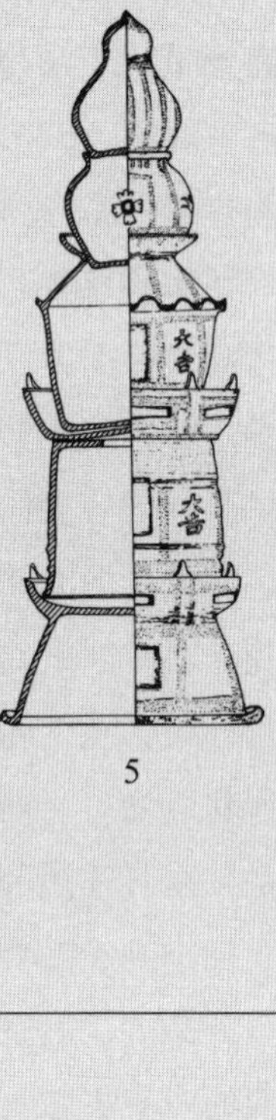 5
三期		 4	

图 5.2　Ⅲ区金代墓葬出土陶魂器

1. Ⅰ式陶魂瓶（山西省汾阳高级护校 M6：1）　2. Ⅱ式陶魂瓶（山西省汾阳高级护校 M5：12）
3. Ⅱ式陶魂瓶（山西省汾阳高级护校 M1：2）　4. 陶魂罐（山西省孝义市 M1：3）
5. 陶魂塔（山西省离石县马茂庄土洞墓出土）

第五节 豫东、山东地区

豫东、山东地区主要为山东境内黄河下游两岸冲积平原地区。包括今山东及毗邻河南东北部周边地区；金政权行政区辖山东西路、山东东路、南京路东北部小部分。

一、基本状况

发现墓葬数量计120余座。数量虽多，但大部分墓葬缺乏详细的报道，无法进行深度研究利用。初步分析，墓葬形制只包括已划分的十四类墓葬中的六类。以砖室墓为大宗，有少量的土洞墓和土坑砖椁墓，个别见有土坑木棺墓和土坑墓，另有土坑石椁墓1座。砖室墓以Ab型（圆形、椭圆形或半圆形）占绝大多数，Aa型（长方形、方形或梯形）为少量，Ac型（主要为六边形）仅属个别。大多数的砖室墓室内有砖砌棺床。墓室内多有仿木构结构，此类墓占比例较大，并有砖雕装饰，砖雕较为简单。砖室墓的顶部多为穹窿顶和攒尖顶两种构造。墓室内砖雕装饰内容和第Ⅲ区有较多的相似之处，有门、窗、桌、椅、柜、剪刀、熨斗、灯檠等，以一桌二椅为主题布局内容。壁画墓只发现数座。壁画的内容大体有出行图、家居生活图、乐伎演奏的散乐图、侍从门卫图等常见的几类。除大量的A型墓外，本区有少量的B型砖室墓（多室墓）发现，最典型者如山东省淄博市临淄区北金召村墓，属于Be型，该墓的前、后室均为圆形，前室两侧各有一个圆形耳室。墓中随葬品已被盗扰无存，对了解该墓的准确年代带来一定难度。但墓葬的壁画保存尚好。前室顶部绘十字状阳马结构和卷云纹，顶下部绘垂帐纹、折枝花及供奉物品。东耳室顶部绘莲花，西耳室顶部绘十字状阳马结构和卷云纹，下部绘一披树叶蓑衣、扛小锄、提小篮的老者。后室壁上绘四组进奉侍者和一大帐，帐内有隔扇、屏风、大椅、方桌等。后室顶部绘莲花，下绘珠络一匝，下缀银锭、珠宝等物。此墓不仅是该区少有的多室墓之一，也是整个金代北方地区发现的少见的多室砖室墓之一。

墓葬被盗扰严重，随葬品不丰富，仅有少量的瓷器和陶器等生活器皿。瓷枕只发现A型（长方形）一种，数量少。铜镜数量也不多，仅见A型（圆形镜）和C型（菱花形）两种，据图纹，有宝相花纹镜、海兽葡萄镜、龙纹镜、素面镜等。

以尸骨葬为主，个别为火葬；有部分的二次葬。有单人葬、双人合葬，最多为四人合葬。

二、各期特征

（一）早期

本区早期的年代范围和第Ⅲ区相一致。因此本区的早期时段当是：公元1128—1152

年，此前的公元 1115—1127 年这一段时间应归入北宋晚期编年时限。相应地，本区内发现的公元 1115—1127 年这一时段的墓葬也当属北宋晚期墓葬范畴。

本区没有早期的纪年墓发现，能够准确地定为早期的墓葬也为数不多。依随葬品特征，山东省沂水县教师进修学校 M1、M2、M4 三座墓大致处于早期阶段。三座墓均为土坑砖椁墓，以砖砌四壁，结构简单。各墓为尸骨葬（土葬），单人葬，人骨有扰动。出土陶双系罐、AⅠ式白瓷双系罐、黄釉碗等，具有早期的特点。M1 和 M2 各出一件铜镜，分别为圆形素面镜和圆形宝相花纹镜。宝相花纹镜是流行于唐代的一种花纹镜，到金早期依然沿用了这类图纹镜，但已属罕见。M2 出土的瓷枕呈长方形，施绿釉，线绘牡丹花朵。

（二）中期

可确定为中期的墓葬较少。属于中期的纪年墓仅有 1 座，即河南省鹿邑县涡河船闸 M2，为砖室墓（附表 5.1，49）。通过比较，此墓地的 M1、M3、M4 年代大致同期。这几座砖室墓由墓道、墓门、墓室组成，无仿木构装饰。墓室平面呈长方形，墓顶部为穹窿顶。随葬品无存，仅在 M2 出土一件碑形石墓志。

（三）晚期

属于晚期的纪年墓有 5 座，其中 4 座砖室墓，1 座石椁墓（附表 5.1，50—54）。这一时期墓葬数量多，主要是砖室墓，少量的土洞墓，其他墓少见。砖室墓以 Ab 型（圆形）居多，Ac 型（六边形、八边形）和 Aa 型（方形、长方形）较少。砖室墓内有约一半的数量有仿木构和砖雕装饰，装饰简单。只在济南和高唐等地发现有壁画墓，以高唐县虞寅墓壁画保存较为完整。此墓原绘十六幅，现存完整的有十二幅。墓室前部绘出行图，后部绘室内生活图。出行图有备马图、备车图及出行的情景；其他有伎乐图、进膳图、侍女图、厅室图。砖砌有灯檠、花窗、假门、屏风等，上面施彩绘。后壁中间为一门楼，两旁各有一男侍从拱手站立。伎乐图表现有笙、笛、拍板等乐器。虞寅墓壁画成组分布，布局有序，其内容和风格应是本地区壁画装饰的浓缩和集中体现。土洞墓中以 Aa 型（墓室平面呈方形、长方形）、Ab 型（墓室平面呈梯形）较常见。此期发现一座石椁墓，即滕县苏瑀墓，有确切的纪年。其分类属于石椁墓中的 AⅥ式。该墓四壁用石板围成，上盖三块石板。石椁四壁有刻画的"穿贝纹""垂帐纹""犬齿纹"纹饰。发掘者指出该墓系利用了原汉墓石椁。此墓的构造和石椁墓中的其他 A 型墓相似，四壁以石板组合、以榫卯结构相连接。不同的是，该墓是将原汉墓重新利用埋葬。这一墓例反映出石椁墓当有地域的差异和不同的历史文化渊源。

此期墓葬中以尸骨葬占大多数，而且二次葬居有相当数量，仅个别为火葬。

随葬品数量少。主要有瓷器、陶器、铜钱等。铜镜少见，发现有 A 型（圆形海兽葡萄镜）和 C 型（菱花形龙纹镜）等，工艺粗糙。

三、历史背景与区域特征分析

（一）历史背景

该地区原为北宋统治区，主要是汉人活动区域。此区在北宋时期属于北宋的京东东路、京东西路、淮南东路北部所辖。

本区地处与南宋邻接的东部地区，北宋时，京东路、淮南路都是属于经济较为发达的区域之一[1]。

本区也是女真移民迁入的主要地区。史载金政权自灭亡北宋始到海陵王正隆年间，多次迁猛安谋克户入山东一带[2]。据北京市丰台区米粮屯出土的乌古论窝论墓志载，乌古论窝论就是正隆年间随十三猛安谋克户从东北迁驻山东，最终死于山东莱州，后迁葬于中都大兴府良乡县西北乡永安村之原上（今北京市丰台区）[3]。这是考古发现的最直接的实证。女真猛安谋克户南下迁移，最大限度地促进了民族的融合和人口的增长，保持了社会的稳定。

章宗泰和年间，蒙古势力崛起，金宋间重新对抗，社会开始发生动荡。本区各地的抗金斗争势力最大，影响最为显著。其中持续时间最长的当属红袄军起义，直到金末。

（二）区域特征

1. 本区墓葬形制类型少，以砖室墓为主要墓葬形制，与Ⅱ区、Ⅲ区相似，以 Ab 型（圆形、椭圆形或半圆形）占绝大多数，Aa 型（长方形、方形或梯形）和 Ac 型（主要为六边形）不及Ⅱ区发现多。墓室内多有仿木构结构，砖雕装饰简单化，壁画装饰少。这些情况既有地区的独有特征，也反映出本地区经济的衰退，已不如与之邻接的Ⅲ区、Ⅴ区发达。

本区南部的安徽北部发现的双室及三室的砖室墓，不同于其他地区的纵列的双室及带耳室的多室墓的形制结构，而是呈并列形式的双室、三室，墓室内部空间较小。这种墓是南方地区宋墓的常见形制，反映了南、北文化区的邻近地带，文化面貌具有的同一

---

[1] 程民生：《宋代地域经济》，河南大学出版社，1992 年。
[2] 李锡厚、白滨：《辽金西夏史》，上海人民出版社，2003 年。
[3] 北京市文物工作队：《北京金墓发掘简报》，《北京文物与考古》第一辑，北京燕山出版社，1983 年。

性和相似性。

2. 出现"借墓为墓"的现象。金晚期，经济的衰退，可能导致一些百姓无力营建墓葬，出现了重复利用前代墓葬的情况。如山东省滕县苏瑀墓系利用了当地原汉代的石椁墓。此墓构造和女真人的石椁墓有相似之处，但石椁四壁有刻画的"穿贝纹""垂帐纹""犬齿纹"纹饰，反映出中原久远的汉文化因素。另一方面，也不排除该墓的墓主人苏瑀，有可能本身即为女真人，是后来改女真姓氏为"苏"姓，因为在"苏"姓之中就有女真姓氏的存在[1]。苏瑀本人为了保持其民族习俗，死后可能会希望采用石椁墓埋葬，但经济条件又不允许其建造最具特色的女真风格的其他形式的石椁墓，只好采取"借墓"的方式。

第六节 晋南、豫西地区

晋南、豫西地区主要指潼关以东黄河下游上段两岸，包括今山西南部、河南中北部等地区；金政权行政辖区的河东南路、南京路西部大部。

一、基本状况

发现墓葬计220余座，是墓葬发现较多且分布集中的地区。数量虽多，但类型不多，仅包括了已划分的十四类墓葬中的七类，其中砖室墓、土洞墓、土坑木棺墓等数量居多。

从发现情况看，本区墓葬以砖室墓占大宗，其次为土洞墓和土坑木棺墓，个别地区有石室墓和土坑石棺墓发现，偶见土坑瓮棺墓和土坑墓等。本区的砖室墓构造最为复杂，均有仿木构的斗栱等装饰，而且绝大部分的砖雕装饰华丽，相当一部分墓室内有壁画。砖室墓中A型（单室）墓占90%左右，B型（多室）墓约占10%。其中以Aa型（方形、长方形）居多，占总数的60%以上，Ac型（八边形、六边形）占总数的20%以上，未见Ab型（圆形）。墓室内多有砖砌棺床，以"凹"字形居多。本区的砖室墓内的砖雕和壁画装饰是最为繁缛复杂的，题材内容多样丰富。墓室后壁一般是墓主人图，其他部位有侍从、武士图，散乐百戏图，家居生活图，祥瑞图，"妇人启门"图等，尤其流行孝行图、杂剧图等，这是本区最具特点的内容之一，完整的"二十四孝"图和反映杂剧演出的内容为本区特色，而在其他地区却是少见或不见的题材。晋南一带还见有八仙图、出

---

[1] 陈述：《金史拾补五种》，科学出版社，1960年。

行图等，也是不多见的装饰题材。墓室内四壁下多有雕饰的束腰须弥式基座，墓底有砖砌棺床。顶部通常有两种结构，即穹窿顶和攒尖顶，有的墓顶内部又装饰斗八藻井顶。土洞墓多是竖穴式墓道的 A 型墓，阶梯式墓道的 B 型墓仅见 1 座。发现的两座石室墓形制又有别于其他区域的同类墓。一座为 Ac 型（八边形），即河南省焦作市西北郊王庄邹琼墓，既有仿木构结构，室内同时又有画像石装饰，画像内容和砖室墓内壁画常见内容类似。另一座为 B 型（多室墓），即山西省长治市安昌村（南）ZAM8。主墓室前、后、左、右侧共有七个耳室，此墓是仅有的一座多室石室墓。

葬俗以尸骨葬为主，火葬较少。土洞墓和土坑木棺墓多为单人一次葬。砖室墓中的埋葬形式以合葬居多，通常为二人合葬，还有三人合葬、四人合葬，多达六人、七人合葬，最多有九人和十一人。其中有一些是迁葬，有的属于是一次葬和二次葬的合葬。

随葬品有瓷器、陶器、铁器、铜镜、铜钱等。典型陶瓷器有 AⅠ式鸡腿坛，BⅠ式执壶，Ⅰ式、Ⅱ式荷形口瓜棱瓶，AⅠ式、BⅠ式小口瓶等。瓷枕类型多样，发现有 A 型（长方形）、B 型（八边形）、C 型（圆形）、D 型（椭圆形）、F 型（扇形）等数种形制。铜镜较多，主要有 A 型（圆形）、C 型（菱花形）、D 型（葵花形）、F 型（钟形）等，另见有铁镜一件，尚属少见。铜钱除大量的北宋钱币外，还发现有金朝"正隆元宝""大定通宝"和南宋"建炎通宝""绍兴元宝"等。

二、各期特征

（一）早期

Ⅴ区的早期在北宋灭亡前的历史情况和第Ⅲ区、Ⅳ区基本一致。早期时段同样为公元 1128—1152 年。此前的公元 1115—1127 年这一段时间应归入北宋晚期编年时限。相应地，发现的公元 1115—1127 年这一时段的墓葬也当属北宋晚期墓葬概念范畴。

属于早期的纪年墓发现有 7 座，即 5 座砖室墓、1 座石室墓、1 座土洞墓（附表 5.1，55—61）。墓葬中见有碑形墓志石、买地砖券及题记等数种纪年方式。除此之外，能确切定为早期的墓葬非常少。仅有如河南省新乡市区 M11、山西省侯马市省建一公司机运站 96H16M1、山西省稷山县马村 M2、M4、M3 等几座墓的年代也大致在早期阶段。早期阶段，砖室墓存在两种形制，即 Aa 型（方形、长方形）和 Ac 型（八边形、六边形），Aa 型稍多于 Ac 型。墓室内砖雕和壁画装饰内容多样，一般地，以墓主人图、侍从图、杂剧图、孝行图等较为常见。稷山县马村 M4 出土了完整的"二十四孝"立体圆雕俑。相比较而言，早期的砖雕题材要略少一些，仿木构装饰比较简化。石室墓为多室结构。土洞墓发现较少，却是少见的斜坡式墓道结构。这一时期埋葬方式以尸骨葬居多，个别是火葬形式。

随葬品数量少。典型瓷器有 BⅠ式执壶，Ⅰ式荷形口瓜棱瓶，AⅠ式、BⅠ式小口瓶等。瓷枕只有 D 型（椭圆形）一种。铜镜见有 A 型（圆形）、F 型（钟形）两种；据图纹，有四神铭文镜和素面镜。

（二）中期

属于中期的纪年墓有 21 座，其中 1 座为土坑石棺墓，1 座为土洞墓，余 19 座为砖室墓（附表 5.1，62—82）。纪年形式多为墓室题记和买地砖券，个别为碑形石墓志和石棺铭刻。中期砖室墓数量比早期发现得多，Aa 型（方形、长方形）的数量明显多于 Ac 型（八边形、六边形），而且 Ac 型集中分布于豫西北地区。中期末段出现 Bb 型的多室墓。砖雕墓比早期增多，壁画墓数量也有所增加。尤其到中期后段，装饰表现的题材内容更为广泛，大量流行孝行图、杂剧图、散乐百戏图等，其他如祥瑞图等表现风格亦多样化。但墓室的整体装饰表现出程式化的趋势。此期有少量的土洞墓，为竖穴式墓道结构。还见有一座土坑石棺墓，为僧人的火葬墓。

墓葬结构不同，埋葬方式亦不尽相同。土洞墓为尸骨葬，为单人一次葬。砖室墓多是尸骨葬，一般无葬具。常见有二人以上的合葬，以二次葬居多，单人葬少。火葬的数量有限。

随葬品以陶瓷器为主。墓室内多有瓷灯碗出土，仍见有 BⅠ式执壶，出现Ⅱ式荷形口瓜棱瓶。瓷枕见有 A 型（长方形）、C 型（圆形）、D 型（椭圆形）等几种。铜镜主要有 A 型（圆形）、C 型（菱花形）、D 型（葵花形）、Ga 型（有柄、圆形）等；据图纹，有柿蒂连弧纹镜、八卦镜、摩羯祥云纹镜、缠枝牡丹纹镜、有柄卧鹿纹镜。钱币中，南宋"建炎通宝""绍兴元宝"铜钱偶见。个别墓中有铁犁铧、铁镰等铁农具出土。

（三）晚期

属于晚期的纪年墓有 18 座，其中 16 座砖室墓、1 座石室墓、1 座土坑石棺墓（附表 5.1，83—100）。存在多种纪年方式，有墓壁题记、买地砖（铜）券、砖墓志、棺身铭刻等。从纪年墓的年代看，结合与其他墓葬的对比分析，发现的晚期墓葬的年代，尤其是大多数砖室墓的年代，多集中于章宗明昌年间至卫绍王大安年间。砖室墓数量较中期略有增加，其中 Aa 型（方形、长方形）占多数，Ac 型（八边形、六边形）为少量。晚期有多座 B 型（多室）砖室墓，数量占发现的多室墓总量的近一半。几乎全部的砖室墓都有仿木构结构及砖雕装饰，有壁画的墓葬数量占比较多，常常是砖雕和壁画装饰相结合。题材内容和中期相似。以各种形式的墓主人图、孝行图、杂剧图、散乐百戏图、门窗建筑装饰图、各种祥瑞装饰图等为基本流行题材，另外个别见有八仙图、体现日常生活的出行图等。用以建墓的砖雕构件多为模制，从而使墓室内的布局和构造更加程式化。土洞墓的数量也较中期为多，墓内有的有木棺，有的无葬具，多系单人一次葬。此外见有少量的土坑木棺墓，偶见土坑石棺墓、石室墓。石室墓的构造和砖室墓相似，墓室内为仿木构建构，并有画像石刻装饰墓壁。晚期晚段（宣宗朝以后）的墓葬鲜有发现。这也是晚期墓葬发现的一大时代特征。砖室墓内绝大多数有砖砌棺床，而无葬具，只有少量的墓内有木棺或石棺。而且大多数的墓内是多人合葬，从存留人骨的墓葬看，有二人、三人乃至多人不等，最多者达十一人。其中许多墓是进行了迁葬后的合葬。

随葬品种类较多。陶瓷器数量多，常见瓷器有瓷灯碗，还见有 A Ⅲ 式鸡腿坛、A Ⅲ 式双系瓶等。瓷枕有 A 型（长方形）、B 型（八边形）、F 型（扇形）等。铜镜有 A 型（圆形）、C 型（菱花形）、D 型（葵花形）等；据图纹，有日光镜、牡丹纹镜、连枝花卉纹镜、二龙卷草镜、铭文镜、八卦卷草纹镜，有的有铭刻。晚期还有铁镜发现。

三、历史背景与区域特征分析

（一）历史背景

该地区原为北宋统治区，主要是汉人活动区域。此区在北宋时期属于北宋的河东路南部、京畿路、京西北路所辖。是北宋时期的政治、文化中心区域，也是经济发达和较为发达的地区之一[1]。金代，这里成为宋、金交战和交流的前沿地带，因此依然是文化、经济发达区域。

天会五年（1127年），金占领汴京城后，为加强对汉人的统治，先后通过建立伪楚、伪齐傀儡政权，实施对中原的统治。直到天会十五年（1137年），熙宗废伪齐自立，实行中央集权政治。

自"靖康之变"后，宋、金之间并未完全停止对抗。持续到南宋绍兴十二年（金皇统二年，1142年），南宋与金才停止战争，进行了谈判，订立和议，史称"绍兴和议"。双方结束了长达十余年的战争状态，形成了南北对峙的局面。自此，金朝社会才进入了一个长达六十余年的较为稳定的社会大环境中。

贞祐二年（1214年），蒙古军大举进攻金王朝，宣宗被迫从中都迁都至南京，南京开封府成为晚期最后阶段的政治中心。

本区发现的纪年墓最多，时间从早期的熙宗"皇统"年间至晚期的卫绍王"大安"和"崇庆"年间。这从一个侧面折射出此间的七十年间金政权较为稳定，经济发展繁荣。自宣宗以后，纪年墓仅有 1 例，即河南省义马市南郊 M156，年代为贞祐四年（1216

---

[1] 程民生：《宋代地域经济》，河南大学出版社，1992年。

年），这一情况可能与当时处于战乱的社会环境有密切关系。

（二）区域特征

1. 本区的仿木构砖室墓结构最为繁缛，砖雕和壁画题材内容多样，精致富丽。墓室内多有砖砌棺床，以"凹"字形居多。个别的墓中有砖墓志和碑形石墓志等纪年物件。已有考古学研究成果显示[1]，北宋时期，本地区就已成为仿木构砖室墓分布的中心区域之一。金代中期以来，砖室墓在墓葬的构造及装饰方面有了进一步的发展和创新，历史的传统是推动发展的重要因素。再者，金代本区依然是经济发达的区域之一。除汴京城延续了北宋时期的繁华之外，作为河东南路的治所——晋南的平阳府，不仅发展成为较发达的工商业城市，还是著名的文化城市[2]。区域内城市文化的兴盛，经济的繁荣，成为本区砖雕和壁画仿木构砖室墓在金代中晚期走向极致发展的直接推动力。砖室墓的形制，主要是 Aa 型（方形、长方形）和 Ac 型（八边形、六边形）的单室墓，未见北方其他地区习见的 Ab 型（圆形）的单室墓，反映出本地区传统文化的根基深厚。

2. 孝行故事在本区的墓葬中表现得最为突出。完整的二十四孝人物故事，只在本区的砖雕墓、壁画墓以及石棺线刻上有所发现，此亦证明了孝行故事题材内容的流行程度。孝行故事在本区的广为传播，当有其内在的缘由。自北宋定都开封城后，以汴京为中心的黄河两岸地区（即豫西、晋南地区）就成为政治、经济、文化发展的重心。金代以来，儒、释、道三教合流，在这种社会背景下，符合并能代表多元文化及宗教流派观念的二十四孝故事，首先在本区广泛传播，就不足为奇了。

3. 本区是唯一发现杂剧砖雕、壁画的区域，这一方面与地区经济的发达有关，另一方面也与戏剧文化的发展有直接关系。戏剧文化的发展成就，通过墓葬中的砖雕、壁画这一媒介，得到了充分而直接的体现和印证。景李虎在《宋金杂剧概论》一书中如此介绍宋金时期杂剧与地域的发展关系："宋金时期的戏剧圈有三个：一是以北宋京城汴梁为中心，代表了北宋和金代戏剧面貌、戏剧成就的北方戏剧圈；二是以南宋都城临安为中心，代表了南宋戏剧面貌的南方戏剧圈；三是以成都为中心的蜀中戏剧圈。北方戏剧圈，以汴京为中心，地域上包括了汴京及其周围地区和黄河以北的河东路，即今之河南省的中部、西部、北部和山西省的南部、东南部。北方戏剧圈的繁荣在时间上分前后两个时期：前期即北宋时期；后期是金王朝统治时期。从戏曲文物的分布上看，北方戏剧圈繁荣前期的重心在汴京及其周围的今河南省境内；河东路，即今山西省南部和东南部，处

---

[1] 赵明星：《宋代仿木构墓葬形制及对辽金墓葬的影响》，《边疆考古研究》第 4 辑，科学出版社，2006 年。
[2] 张博泉：《金代经济史略》，辽宁人民出版社，1981 年。

于其外围的从属地位。到金王朝统治时期的北方戏剧圈的后期，戏剧圈的重心从原来的黄河以南汴京及其周围地区转移到黄河以北地区，即今山西省的南部和东南部地区。"[1] 以上所论，标明我国三大戏剧圈之一的北方戏剧圈的分布范围恰是本书划分的晋南、豫西地区。从发现的与杂剧有关的题材内容看，既有表现金"院本"杂剧的人物及情境，同时还有体现杂剧演出的舞台厅榭；从形式看，有砖雕、壁画，还有陶俑、模型等，生动再现了杂剧艺术的社会繁荣景象。

4. 尸骨葬多于火葬。这一情况应和Ⅲ区存在的基本葬俗情况的缘由是一致的，主要是同儒家思想观念的根深蒂固有关。墓葬中流行家族的多人合葬。这一现象，一方面，主要源于宋金时期的"堪舆风水"说，人们对墓地选择的多重要求导致了多人合葬的大量出现（本书第六章中将专门论述）；另一方面，世宗、章宗朝的中晚期阶段，有相当一部分合葬墓，恐怕也与当时的政府兼并土地的括地政策相关，"括地"带来的一个直接的后果就是大量的汉族百姓失去土地。由于人多地狭，一些平民无力添置更多的土地用于丧葬，只能追求集中于一墓中进行家族的合葬，从而也减少了对土地的需求。

5. "三教"合流的因素在晚期有充分的表现。在墓葬中，这种现象的表现有多种形式。仅举数例。其一是买地券，有三例买地券中包含了佛教的因素。河南省焦作市郊老万庄M3的铜质地券，其开头为"维南赡部州怀孟州"；山西省侯马市64H4M102、山西省侯马市晋光药厂95H12M1的砖质买地券，其开头均为"维（唯）南赡部州大金国河东南路绛州"；其中"南赡部州"为佛教术语，出现在反映道教思想含义色彩颇浓的买地券上，说明佛道二教的融合。其二是墓葬中砖雕等装饰题材内容的多元化。如山西省侯马市董明墓59H4M1和山西省侯马市西郊65H4M102，两墓墓顶的藻井均为砖雕的道教八仙人物装饰；同时，两墓墓壁的墓主人图中，男主人都是手持念珠，女主人或手持经卷，显示出对佛教的信奉。以上多种体现佛道二教的元素及形式，到金代晚期越来越多地出现在长期接受儒家思想观念的百姓墓葬中，反映了儒释道三教合流的历史现状。

6. 一般中小型墓葬中流行置放买地券。金代，北方地区的买地券，其记述多属于迷信的内容，非现实的买地券。从随葬买地券的墓葬看，多是一些中小型的砖室墓和土洞墓，墓主人是一些中小地主、农桑富户或普通的平民阶层，拥有为数不多的土地财产。这些买地券的流行，间接地反映了当时的一些社会经济状况。从海陵王正隆年间始，经世宗、章宗两朝，金朝为了满足南下的女真猛安谋克户对土地的需求，曾多次实行"括地"措施[2]，导致汉人大量的土地流失。他们惧怕激烈的土地兼并，从而谋求另外的世

---

[1] 景李虎：《宋金杂剧概论》，广东高等教育出版社，1998年。
[2] 张博泉：《金史简编》，辽宁人民出版社，1984年。

界,"神灵保佑祖先亡灵永无殃咎,保佑子孙后代繁荣昌盛"[1]。从已发现的买地券的年代看,也多集中出现在世宗、章宗两朝。买地券背后折射出的某些信息与现实情况相符,存在一定的社会现实基础。

7. 出土的陶瓷器等随葬品中,也有若干外来元素,诸如鸡腿坛、瓜棱形执壶、荷形口瓜棱瓶等器皿,这些具有比较典型的契丹、女真文化因素,体现出当时民族间的互动、融合与商品贸易交流的频繁。

第七节 陇东、陕西地区

陇东、陕西地区大致指至潼关附近之黄河中游西岸以西地区,黄土高原的西段。包括今甘肃东南部、陕西中部、北部及宁夏南部小部分地区;金政权行政区辖鄜延路、京兆府路、庆原路、凤翔路、临洮路。

一、基本状况

本区是发现墓葬数量最少的一区,已报道有近40座,主要有两种形制,即砖室墓和土洞墓,另有崖洞墓1座。另外,甘肃省庆阳县城开发区清理1座墓[2],但报道没有说明墓葬结构。砖室墓以Aa型(方形、长方形)为主要形制,属于Ba型和Bb型的多室墓各发现1座。大多为仿木砖雕结构,个别有壁画。墓顶结构多样,有穹窿顶、攒尖顶、八角形盝顶、覆斗形顶等。有的墓内有砖砌长方形棺床,多以木棺为葬具。墓内装饰题材内容流行孝行图、墓主人夫妇宴饮图、"妇人启门"图及以花卉、动物为主题的祥瑞图等,个别还有反映家居生活的劳作图、侍从和武士图、胡人牵驼出行图等。土洞墓大多为竖穴式墓道的Aa型,墓室为长方形,以木棺为葬具。崖洞墓发现于陕西省甘泉县阳山崖壁上。由前廊、门道、三洞室组成,仿木构楼阁建构,洞前、洞内有石雕。共有22具尸骨。从石雕内容看,多为佛教题材和佛道像龛,因此其应是一处有着佛道宗教信仰人员的丛葬墓。

本区发现的墓葬,多数是二人以上的合葬墓,二至四人不等,为尸骨葬。有部分是二次葬。仅陕西省韩城县安居寨发现的僧人合葬墓,既有尸骨葬,也有火葬。

随葬品少而简单。陶瓷器为主,其他有铜镜、铁牛、铁猪等,铜钱发现数量较少。

---

[1] 李裕群:《宋元买地券研究》,《文物季刊》1989年第2期。
[2] 赵建龙:《庆阳县城开发区隋至清代墓群》,《中国考古学年鉴2002》,文物出版社,2003年。

二、各期特征

(一)早期

本区目前发现确定的早期墓葬有 1 座,为砖室墓(附表 5.1,101),纪年方式为铭文。

Ⅵ区早期的早段历史情况和第Ⅲ区、Ⅳ区、Ⅴ区大致相若。金朝在公元 1125 年灭辽后,兵分两路南下攻宋。公元 1127 年攻下汴京,亡北宋后才发兵西进攻略北宋的永兴军路、秦凤路,即本区所指的陇东、陕西地区。直到公元 1130 年左右才全部将本区纳入直接统治范围。但考虑到此间北宋政权已消亡,为和第Ⅲ区、Ⅳ区、Ⅴ区统一划齐,本区的早期时段也从公元 1128 年起。此前的公元 1115—1127 年这一段时间归入北宋晚期编年时限。相应地,发现的公元 1115—1127 年这一时段的墓葬也当属北宋晚期墓葬概念范畴。

(二)中期

属于中期的纪年墓有 6 座,均为砖室墓(附表 5.1,102—107)。纪年方式为砖墓志和题记。这一时期的墓葬数量不多,通过比较研究,甘肃省静宁县张家湾墓、宁夏西吉县兴隆渔场 XJM1、陕西省咸阳市瑞祥小区土洞墓的年代大致也在中期阶段。此期的砖室墓为 Aa 型(方形、长方形)单室墓,还见有 Ba 型的多室墓。仿木构砖雕简单,墓室内无棺床。以木棺或陶棺为葬具,多尸骨葬,为多人合葬。砖雕题材主要见孝行图、"妇人启门"图及花卉等祥瑞图。随葬品少,有陶器、瓷器等,以 AⅣ式陶釜较典型。发现一件有纪年的 C 型(圆形)瓷枕和一件 B 型(八边形)瓷枕。铜镜一件,为 A 型(圆形)素面镜。

(三)晚期

属于晚期的纪年墓有 6 座,3 座为砖室墓、3 座为土洞墓(附表 5.1,108—113)。纪年方式为买地砖券和题记。砖室墓主要为 Aa 型(方形、长方形)单室墓,同时有 Bb 型的多室墓。除砖雕外,此期还发现壁画装饰。装饰题材内容较中期更为丰富。孝行图仍是最主要的内容之一,另见有墓主人夫妇宴饮图、胡人牵驼出行图、花卉图、祥瑞图等内容。出现土洞墓,数量所占比例较大,为竖穴式墓道,墓内置木棺。该区发现的 1 座崖洞墓,大致属晚期遗留。墓中流行多人合葬。随葬品较中期略丰,以陶器、瓷器为主,见有 AⅤ式陶釜,铁器有铁牛、铁猪等。铜钱少量,除北宋钱币外,还有辽朝圣宗时期的铜钱,同时见有北宋铁钱。墓内较流行放置买地券。

三、历史背景与区域特征分析

（一）历史背景

该地区原为北宋统治区，主要是汉人活动区域。此区在北宋时期属于北宋的永兴军路、秦凤路所辖。

本区北部、西北部和西夏相邻，南以秦岭一线与南宋邻界，是金朝最西部的一个地理区域。自公元1127年金灭北宋后，金和南宋在陕西一带（即本区域）就展开了长时间的拉锯战，本区成为宋金交战的又一个主要的前沿地带，直到公元1142年的"绍兴和议"，双方划界停战，本区才最终进入稳定的社会发展环境。

金晚期，从卫绍王时期始，西夏不断兴兵侵扰金王朝。为此，双方进行了多年的攻防战，战争主要涉及本区西北部区域。到哀宗正大元年（1224年），双方始成和议。但战争已对金王朝本区的社会、经济等造成创伤。同一时期，北部的蒙古逐渐南下，对其他地区发动进攻的同时，对本区也展开攻势，金蒙间进入全面的战事状态，晚期的最后二十多年，本区始终处于动荡飘摇的社会环境中。

（二）区域特征

1. 仿木结构的砖室墓是主体墓葬形制。以 Aa 型（方形、长方形）的单室墓常见，Ac 型（八边形、六边形）和 Ab 型（圆形）的单室墓未见。墓内有的有砖砌长方形棺床，有的则无棺床，多以木棺为葬具。从砖室墓的基本形制和结构可以看出，本区自身的文化因素特征显著，这可能缘于本区处于较为边缘的地理区域及隋唐以来形成的深厚而独特的历史文化传统。与周边地区砖室墓特征最为相近者，要数Ⅴ区。无论是墓葬的基本形制结构，还是墓内的装饰题材内容等，均显现出Ⅴ区对本区一定程度的影响。

2. 土洞墓是本区流行的主要墓葬形制之一。除砖室墓外，本区所见基本的墓葬形制就是土洞墓。虽然目前发现数量不多，但从仅有的数种墓葬类型的比例构成看，足以说明这类墓在本区所占的重要地位。土洞墓的流行，应是对隋唐以来这种传统墓葬形制的继承，体现出极为鲜明的地域特色和文化传统。

3. 崖洞墓成为罕见的墓葬形制之一。目前，两宋时期所见的崖洞墓仅在以重庆大足为中心的大巴山以南、乌江以北地区[1]有少量发现。在北方地区，崖洞墓还是一种少见的墓葬形制。陕西省甘泉县阳山崖洞墓，为前、中、后三室，仿木构二层楼阁建筑。洞室的前方及洞室内，浮雕出众多的佛教造像和与佛教有关的各类题材内容，说明此洞穴

---

[1] 吴敬：《南方地区宋代墓葬的区域性及相关问题研究》，吉林大学博士学位论文，2008年。

的雕凿当与佛教石窟相关。从地理位置看，甘泉县位于陕西中部，其周围地区有敦煌、麦积山、云冈、龙门四大石窟分布，阳山崖洞墓（瘗窟）的修凿，应当是受这些佛教石窟的影响而为。墓主人可能为信仰佛教的人士，或本身即为佛教人士。瘗窟的中后室凿出"凹"字形石棺床，显然是接受了Ⅴ区（晋南、豫西地区）砖室墓构造的作法。在此瘗窟面临的雨岔沟内，还发现了两处石崖洞，两处洞穴均有题记，年代皆为宣宗贞祐年间。其中的一处，下寺湾乡香林寺石洞的记述提及："维大金贞祐二年（1214年）二月十一日（下残），西贼犯界至此（下残），党颜党平（下残）……贞祐三年（1215年）二月二十日。"[1] 这里的"西贼"应指西夏，记述所指当是从卫绍王开始，西夏兴兵不断寇钞金王朝西北边地的事情。综合以上因素，阳山瘗窟所葬的年代当为金朝晚期，墓主人可能系金和西夏间发生的战乱中死去的平民百姓。

4. 墓葬中以尸骨葬为主，流行多人合葬。本区发现的墓葬，除有明确身份的僧侣采用的是火葬外，其他墓葬多是以尸骨葬的形式埋葬，说明火葬在本区并不流行。也间接反映出本区在金代泛边缘化的趋势，本区域内的人们更多地保持了传统的丧葬习俗。

5. 一些墓中随葬买地券。本区发现的三例买地券均为章宗明昌年间，地券所记以迷信内容为主。一方面说明此时期道教在本区的传播和影响，另一方面也反映出现实生活中土地买卖的兴盛和社会上日益激烈的土地兼并现象。

6. 墓葬中流行随葬铁牛和铁猪。除Ⅲ区和Ⅴ区的个别墓中置放有铁牛外，本区的西安附近是又一个重要的发现区域。而且西安地区的一些墓中同时随葬有铁猪，一般地，多发现于土洞墓中。从铁牛、铁猪的考古发现情况看，西安地区是较早流行随葬铁牛、铁猪的源头地区之一[2]，因此，本地区金代土洞墓中的铁牛、铁猪的出现，当是历史上传统习俗的延续。

7. 本区地处西北，历史上的"丝绸之路"在本区的西南部贯穿通过。各民族间文化、经贸上的往来活动，在金代的墓葬中也有深刻的体现。体现之一是墓葬中的装饰。如出行图中的一种——牵驼图，极具代表性。有三幅牵驼图，分别以砖雕和壁画的方式表现（图5.3）。画面内容简洁明了，图案颇为一致。画面表现的均为少数民族的"胡人"形象，所牵引的骆驼背负箱箧，昂首前行。三幅图出现于三个区域，陕西省宝鸡市长岭机器厂墓属于Ⅵ区；山西省长治市安昌村南ZAM2属于Ⅴ区；山西省平定县西关村M1属于Ⅲ区。出现的时间在中晚期阶段。从图案表现看，三图的内容如此相似，说明金代中晚期，东西部各政权民间的贸易、交流已相当广泛和普遍。当时应有相当多的"域外"

---

[1] 张燕、李安福：《陕西甘泉县金代瘗窟清理简报》，《文物》1989年第5期。
[2] 孟原召：《唐至元代墓葬中出土的铁牛铁猪》，《中原文物》2007年第1期。

期别	牵驼出行图
中期	1
晚期	2
	3

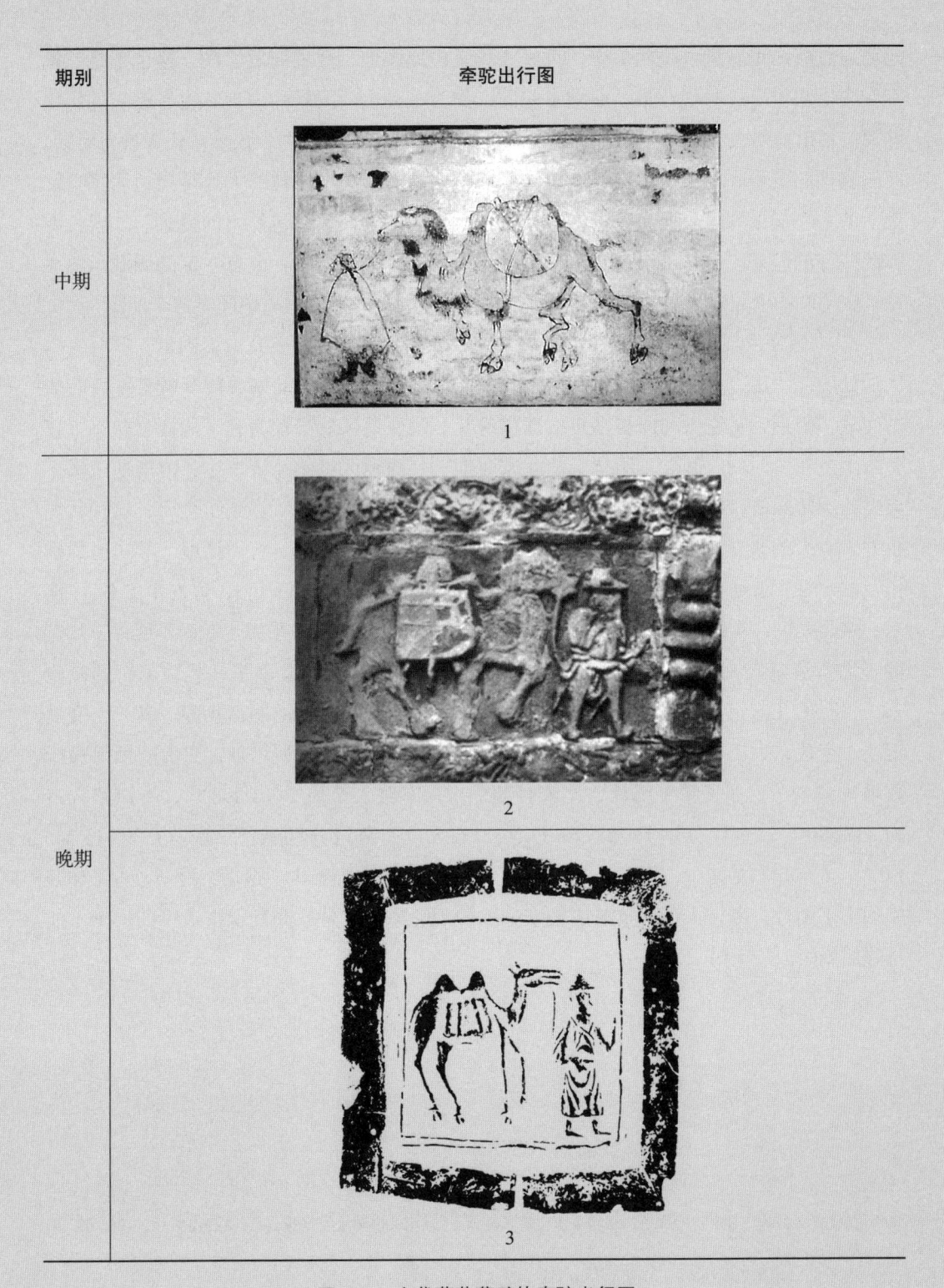

图 5.3　金代墓葬墓壁饰牵驼出行图
1. 山西省平定县西关村 M1 壁画　2. 山西省长治市安昌村南 ZAM2 砖雕
3. 陕西省宝鸡市长岭机器厂墓砖雕

胡商通过河西走廊进入陕西关中,再进入华夏中原腹地,开展商贸活动。这也正是三幅牵驼图所映射出的时代背景。回溯牵驼图,作为一种生活图景的表现,也有相当的历史渊源。甘肃嘉峪关 M6[1]墓室中的壁画,就出现一幅男子牵驼图,该墓年代为魏晋时期。此图表现的也是一人手持细棍,牵引骆驼前行的内容。图中体现的大致是当地居民日常生活的一个场景片段。而金墓中的牵驼图,表现的却是载负箱包外出的情景。二者仅有如此些许的差异。但从其出现在墓葬中的构图表现特征看,二者应有一定的渊源承继关系。金墓中的牵驼出行图,应该是继承了西北地区魏晋时期壁画墓中同类的牵驼图。

8. 本区是发现墓葬数量最少的区域。究其原因,可能有如下几方面因素。其一,本区地处西北,南、北分别与西夏和南宋相邻。早期阶段,金和北宋曾展开较长一段时期的交战;晚期,又卷入和西夏多年的战事纷扰。陕西地区处于较为和平的社会状态下仅有六十余年的时间。其二,历史上的北宋时期,陕西地区虽然经济发达,但该地区属于典型的国防经济,经济活动受国防局势制约,财政为军队服务[2]。到了金代,这种状况也并未有大的改变。虽然农业经济较为发达,但由于金朝屡次实行"括地"和"通检推排"的政策,普通百姓的生活并不富庶。晚期的崇庆元年(1212年),曾发生灾荒,"河东、陕西大饥,斗米钱数千,流莩满野"[3]。这样的现状,一般平民生活尚不能保,哪还能考虑营造墓穴。因此,从墓葬的发现情况看,本区并无建造豪华、装饰繁缛的砖室墓。仅有的几座纪年墓,年代集中于世宗大定年间至章宗早期的明昌年间。其三,文献记述,金代,大多数路、府、州的人口在北宋和辽的基础上有所增加,只有陕西等极少数地区减少了。相关数字统计,北宋时期,永兴军路人口为 1 001 498 户,秦凤路人口为 337 880 户;金代分别为 798 285 户、322 535 户;两路分别减掉 203 213 户、15 345 户[4]。人口户数的减少,使地区内人口密度降低,变得人烟稀少。最后,由于考古工作开展的不平衡性,考古人员"重汉唐轻宋金"的观念恐怕也是墓葬发现报道少的一个不能排除的原因。

---

[1] 甘肃省文物队、甘肃省博物馆、嘉峪关市文物管理所:《嘉峪关壁画墓发掘报告》,文物出版社,1985年,图版五五,2。
[2] 程民生:《宋代地域经济》,河南大学出版社,1992年。
[3] (元)脱脱等撰:《金史》卷十三《卫绍王本纪》,中华书局,1975年。
[4] 张博泉:《金代经济史略》,辽宁人民出版社,1981年。

第六章

金墓族别与葬俗

金王朝是一个以女真族为统治民族，由多民族共同组成的国家政权，区域内包括了汉族、女真、契丹、渤海、奚等众多民族，共同构建了金代的历史。区别出不同民族的墓葬特征、埋葬习俗等将为我们全面了解金代的历史文化、社会关系和宗教意识等奠定坚实的基础。

判定族别，存在多种途径。根据发现的金墓特征以及研究现状，判定族别主要有如下几项标准：其一，墓志、铭文等文字记述；其二，墓室装饰反映的人物装扮和服饰；其三，代表不同族别的丧葬习俗；其四，特定的族群聚居区域等。但在实际的个案研究中，上述所列标准往往并不具备或不显著，有些标准要素可能具备了，可能也与实际情况有差异。因此，一般情况下，族别的甄别与判定要做充分的具体分析。从目前发现的金代墓葬中，仅能依据墓葬所透露的个别信息区分出若干女真人、契丹人、汉人的一些墓葬特征，其他一些民族的墓葬目前还鲜有线索可借以明确区别。而且，其他的少数民族由于生活习俗与契丹、女真族相近，反映在墓葬中的特征也会有很大程度的相似，故更难以区分出来。由于佐证材料少，一些族属的确定尚属推测。如在内蒙古四子王旗红格尔地区发掘25座墓，据葬俗和随葬品等特征，报告中推断乌兰胡洞发掘的5座墓的墓主人为汉人，宫胡洞和潮洛温克钦发掘的20座墓墓主人的族属为汪古部族（即白鞑靼）[1]。还有如辽宁朝阳师范学校砖室壁画墓[2]，根据墓门两侧的墨书题记，可知墓主人为"扶风马令"。有学者推测扶风马氏很可能是改易汉姓的汪古部人[3]。该墓壁画所表现的人物穿着有较为显著的北方少数民族的风格。事实上，随着金政权的逐步巩固和加强以及民族的融合，到中晚期，汉化的程度越来越高，墓葬中具有女真、契丹等北方民族风格的要素越来越少，大多数体现的是汉文化的元素。

本章重点探讨金朝的三大主体民族，即女真人、契丹人、汉人墓葬的一些基本情况，并对一些相关葬俗进行考释。

第一节　女真人墓

东北地区（即Ⅰ区）是女真人的发源地和主要聚居地，尤其是上京路地区（今黑龙

---

[1] 田广金：《四子王旗红格尔地区金代墓葬和遗址》，《内蒙古文物考古》1981年创刊号。
[2] 辽宁省博物馆：《辽宁朝阳金代壁画墓》，《考古》1962年第4期。
[3] 中国社会科学院考古研究所：《新中国的考古发现和研究》，文物出版社，1984年。

江、吉林大部分地区），作为女真族的肇兴之地，又被称为"金源内地"，一直是女真族的重要活动区之一，因此这里发现的墓葬多数也被认为是女真人的遗留。海陵王迁都至中都之后，金朝的政治中心南移，大量女真贵族随之南下，进入华北和中原。金中都即成为女真贵族的又一聚居地，今北京地区周围发现较多的女真贵族墓成为这一情况的直接注解。其他地区目前能确认为女真人墓葬的案例则非常少。

以上地区有明确的族别和身份标识的墓葬有：黑龙江省阿城城子村齐国王完颜晏墓[1]、吉林省舒兰县小城子完颜希尹家族墓地[2]、吉林省长春市石碑岭完颜娄室墓[3]、吉林省榆树县姜家沟石椁墓（完颜和尚之先辈）[4]、内蒙古敖汉旗英凤沟M2（完颜之）[5]、北京市门头沟区仰山村窝鲁欢墓[6]、北京西郊香山蒲察胡沙墓[7]、北京市丰台区米粮屯乌古论窝论、乌古论元忠夫妇等家族墓4座[8]。这些墓通过发现的墓志、碑碣等记述，可明确墓主人为女真人，而且均为女真贵族。还有一些墓葬，虽无明确的标识，但通过其他的一些特征和条件，可间接地认定是女真人的墓葬。有：黑龙江省绥滨县中兴墓群[9]、黑龙江省绥滨县奥里米墓群[10]、黑龙江省安达县小南山墓群[11]、黑龙江省哈尔滨市新香坊墓群[12]、黑龙江省阿城双城村墓群[13]、吉林省镇赉县黄家围子墓葬[14]、吉林省扶余县西山屯墓[15]、吉林省永吉县旧站墓葬[16]、河北省滦平县金台子乡杨树沟村墓和北李营乡大福沟村墓[17]、北京市房山县长沟峪墓葬[18]、北京市通县三间房村M2[19]、北京市房山区龙门口村大房山金陵主陵区2001FJL M1—M5[20]等。以上几处墓葬的族属识别，主要依据墓葬的所在区域位置、墓葬的形制结构、装饰内容及随葬品的总体特

---

[1] 黑龙江省文物考古研究所：《黑龙江阿城巨源金代齐国王墓发掘简报》，《文物》1989年第10期。
[2] 陈相伟：《完颜希尹家族墓地的调查和发掘》，《博物馆研究》1990年第3期。
[3] 长春市文物管理委员会办公室：《长春市石碑岭金代墓地发掘简报》，《考古》1991年第4期。
[4] 吉林省文物志编委会：《榆树县文物志·姜家沟墓葬》，1983年。
[5] 敖汉旗文物管理所：《内蒙古敖汉旗英凤沟金代墓地》，《文物》1987年第8期。
[6] 刘肃勇：《金代窝鲁欢墓志所记史事考探》，《北京辽金文物研究》，北京燕山出版社，2005年。
[7] 齐心：《金蒲察胡沙墓志铭考释》，《北京史论文集》，北京史研究会编印，1980年。
[8] 北京市文物工作队：《北京金墓发掘简报》，《北京文物与考古》第一辑，北京燕山出版社，1983年。
[9] 黑龙江省文物考古工作队：《黑龙江畔绥滨中兴古城和金代墓群》，《文物》1977年第4期。
[10] 黑龙江省文物考古工作队：《松花江下游奥里米古城及其周围的金代墓群》，《文物》1977年第4期。
[11] 安达县图书馆：《安达县昌德公社小南山墓群简介》，《黑龙江文物丛刊》1984年第2期。
[12] 安路：《哈尔滨新香坊金墓发掘综述》，《黑龙江志》1984年第2期。
[13] 阎景全：《黑龙江省阿城市双城村金墓群出土文物整理报告》，《北方文物》1990年第2期。
[14] 吉林省文物考古研究所：《吉林镇赉县黄家围子遗址发掘简报》，《考古》1988年第2期。
[15] 吉林省博物馆：《吉林省扶余县的一座辽金墓》，《考古》1963年第11期。
[16] 永吉县文管所：《吉林永吉旧站金代墓调查简报》，《北方文物》1989年第1期。
[17] 滦平县文物保管所：《河北滦平县北李营乡发现石棺墓》，《文物春秋》1991年第3期。
[18] 张先得、黄秀纯：《北京市房山县发现石椁墓》，《文物》1977年第6期。
[19] 北京市文物管理处：《北京市通县金代墓葬发掘简报》，《文物》1977年第11期。
[20] 北京市文物研究所：《北京金代皇陵》，文物出版社，2006年。

征进行综合分析从而得出判定，其中有贵族墓，也有平民墓。此外，还有几处墓的墓主人的族别可能为女真人，有待进一步探讨。如山东省高唐县虞寅墓[1]，有学者认为"他本是女真贵族，但由于迁到山东地区，使用了汉人的葬式"[2]。该墓中更多的是汉式墓葬的特征，唯有壁画中所绘男侍皆穿窄袖衣、尖头靴，体现了一些女真人的服饰风格。此外，还有几例发现比较特别。河北省宣化古城北墓葬[3]，墓葬形制为石椁墓，椁内壁绘制壁画，较为特殊。山西省左权县石匣墓地发现11座土洞墓，其中M11[4]室内葬具为一具石椁，极具特点。山东省淄博市博山区M1[5]，墓室东壁壁画中墓主人图，男主人形象具有显著的胡人特征，着北方民族服饰。河南省许昌市文峰路M1和M2为夫妇同坟异穴合葬[6]，其中M2壁画中绘制的人物服饰，具有明显的女真风格。以上四处墓葬的族别和属性，或与女真传统有关。

以上列举的墓葬，是我们目前分析女真族墓葬的一个基础。多数墓葬由于缺乏直接的族别标识，尚属于推测。再者，一些墓葬材料报道简略，无法进行深入的对比研究，也仅是一般性的粗略推断。

金代女真人墓的主体特征如下：

一、墓葬形制方面：从统计情况看，数量较多的墓葬形制依次有：土坑木棺墓、土坑木椁墓、土坑石椁墓、土坑石函墓；数量较少或仅属个别发现的依次有：砖室墓、砖椁墓、石室墓、砖石（合筑）椁墓、土坑石棺墓、土坑瓮棺墓、土坑墓等。以上墓葬，主要分布于Ⅰ区、Ⅱ区。Ⅰ区的砖室墓平面多呈方形，面积较小，而且构造简单，内部无仿木构造。土坑木椁墓是只在Ⅰ区北部的黑龙江地区发现的一种墓葬形制。结合随葬品等分析，这类墓应是女真上层贵族使用的一种墓葬形制。木椁尺寸较大，多数是棺椁难辨。以绥滨中兴墓群和奥里米墓群发现较多，哈尔滨新香坊墓群也有发现。椁长均在3米以上，宽约2米。墓内有的有木棺，有的没有木棺。部分木椁墓很难辨别是否确切存在木棺。土坑石椁墓全部发现于Ⅰ区和Ⅱ区。其中AⅠ式、AⅡ式、AⅢ式石椁是女真人使用的三种主要形制。

二、随葬品方面：少量的墓葬由于被破坏，没有发现随葬品。有随葬品的墓葬数量多寡不一。总体情况是随葬品数量不多。瓷器多见，以定窑白瓷常见，还有磁州窑、钧窑瓷器。Ⅰ区的墓中多有陶、铁、铜质等生活器皿，以瓜棱状器、三足器为特色。还有

---

[1] 聊城地区博物馆：《山东高唐金代虞寅墓发掘简报》，《文物》1982年第1期。
[2] 秦大树：《金墓概述》，《辽海文物学刊》1988年第2期。
[3] 张家口市宣化区文物保管所：《河北宣化辽金壁画墓发掘简报》，《文物》2014年第3期。
[4] 山西省考古研究所、左权县文物旅游局：《左权石匣墓地发掘报告》，《三晋考古》第四辑，上海古籍出版社，2012年。
[5] 李鸿雁：《山东淄博市博山区金代壁画墓》，《考古》2012年第10期。
[6] 许昌市文物工作队：《许昌文峰路金墓发掘简报》，《中原文物》2010年第1期。

桦皮器等极具民族、地域特色的器物。铁器中常见生产、生活工具和马具。这些器物在其他地区是少见的，应是女真故地中女真人特有的生活用品。贵族墓葬中常出土一些有北方民族风格的玉饰品。鸡腿坛是一种具有典型特征的生活器皿，一般是辽代契丹人墓中常见的器物，到金代，女真人墓中也逐渐流行使用，尤其是中晚期的墓葬中常有出现。有一定级别的贵族官吏墓中使用墓志和墓碑。

三、葬俗方面：现有的材料表明，在女真人的墓葬中，尸骨葬和火葬是并重的，但火葬的出现稍晚些。尸骨葬在多种类型的墓葬中存在，而以土坑墓、土坑木棺墓较为多见；火葬多存在于石函墓中，还有一些砖室墓、石椁墓、石室墓中，也存在火葬的情况。后者的发现，也多是以石函、小木棺、木匣作为葬具。尸骨葬中以单人葬多见，双人葬和多人合葬只占少数，而且这类合葬一般是夫妇合葬及家庭成员的合葬。Ⅰ区的黑龙江区域，早中期的一些竖穴类墓葬，还流行共用一个封土堆的情况，即"同封异穴"式的合葬。

早期的墓葬主要集中发现于东北地区（即Ⅰ区），墓葬形制类型较少，贵族中以土坑木椁墓为主要埋葬形式，尸骨葬和火葬并存；平民则以土坑木棺墓、土坑墓为主，以尸骨葬居多。公元1153年，即金中期以后，海陵王进行了迁都。女真贵族逐步迁移到长城沿线地区（即Ⅱ区），形成以中都为中心的居住区域。土坑石椁墓成为女真贵族使用的重要墓葬形式，土坑木椁墓渐渐消失，土坑石函墓大量出现，并成为主要埋葬形式之一。总体观察，土坑木椁墓和土坑石椁墓是女真人特有的墓葬形制。

对于女真人的葬俗，文献中也有少量简略的记述。其中有些是可以和考古发现印证的，也是学界颇为关注的。本书对其稍做探讨。

（一）关于殉葬

在《三朝北盟会编·政宣上帙三》有如下记述：

> 其死亡，则以刃剺额，血泪交下，谓之"送血泪"。死者埋之而无棺椁，贵者生焚所宠奴婢、所乘鞍马以殉之，所有祭祀、饮食之物尽焚之，谓之烧饭。[1]

《大金国志·初兴风土》[2] 有完全相似的记载。

此段所述，点明了和女真人埋葬风俗有关的三个方面：一是埋葬的方式；二是殉葬；三是对"烧饭"习俗的理解。

---

[1] （宋）徐梦莘：《三朝北盟会编》，上海古籍出版社，1987年。
[2] （宋）宇文懋昭撰，崔文印校证：《大金国志校证》，中华书局，1986年。

关于女真人的埋葬方式，文献的表述是"死者埋之而无棺椁"；从字义上理解，这是一种无葬具的墓葬。而考古所见只有土坑墓这种墓葬形制与以上记述吻合。这类墓应是金代女真人的原始葬俗之一，无葬具，往往直接入土安葬，即采用天然的土圹下葬，多为仰身直肢葬。早期的使用对象阶层较广，中期以后，仅是一般的平民使用，贵族阶层开始大量使用其他构造形式的墓葬。随葬品种类数量少，多是一些陶器和小件铁兵器及马具等。

文献记载中以"奴婢""鞍马"殉葬，应是女真贵族墓中的一种随葬现象。但这种情况并未在金纪年范围内的墓葬中有十分确凿的发现可比对。墓葬中发现有马骨随葬的情况只在Ⅰ区的黑龙江省阿城双城村墓群的一些土坑木棺中有发现。双城村墓群的年代有些可早到金早期。女真人中有关殉葬"奴婢""鞍马"的情况可能属于女真社会早期的一种现象。随着金政权的建立，女真族社会逐步向封建制过渡，这种原始的奴隶制习俗逐渐消除。因此金墓中殉葬的迹象是几乎不存在的。随着金朝统治者金戈铁马南下征战，女真人对于马有着大量的需求和偏爱，更是会减少对马作为殉葬对象进行埋葬。取消了以马作为殉葬品，取而代之的是大量铁马具作为随葬品出现。史籍中有"禁马殉葬"的相关记述。《金史》卷七十三《阿离合懑传》载："天辅三年（1119年），寝疾，宗翰日往问之，尽得祖宗旧俗法度。疾病，上幸其家问疾，问以国家事，对曰：'马者甲兵之用，今四方未平，而国俗多以良马殉葬，可禁止之。'乃献平生所乘战马。"[1]由于战争、征伐的频繁，金朝早期，对于墓葬中"殉马"的风俗，统治阶层就提出了质疑。但是，这种禁令似乎也是相对的，并非就是彻底的禁止。个别高级官员和贵族还是偶有以马殉葬的情况，可能只是极少数而已。《金史》卷七十《撒改传》载："撒改者，景祖孙，韩国公劾者之长子，世祖之兄子也。……天辅五年（1121年），薨。太祖往吊，乘白马，勞额哭之恸。及葬，复亲临之，赠以所御马。"[2]

墓葬中发现殉马数量有所减少，同时，一些墓葬中出土羊胛骨、羊距骨等随葬品。这种情况，从一个侧面看，似乎可以认为是女真人原始的殉葬观念意识的转换。

（二）关于对"烧饭"的理解

黑龙江绥滨中兴和奥里米墓群有几例墓葬的埋葬方式比较特殊，即采取土葬与火葬相结合的埋葬形式。具体方式是：将尸体入棺（或将尸体火化，将骨灰入棺）后，和随葬品一起装入木棺下葬，再在墓穴内将木棺和随葬品一同焚烧。对于这种埋葬方式，发掘者认为其与文献中记述的"烧饭"礼较为一致[3]。

---

[1]（元）脱脱等撰：《金史》，中华书局，1975年。
[2]（元）脱脱等撰：《金史》，中华书局，1975年。
[3] 黑龙江省文物考古工作队：《黑龙江畔绥滨中兴古城和金代墓群》，《文物》1977年第4期；方明达、王志国：《绥滨县奥里米辽金墓葬抢救性发掘》，《北方文物》1999年第2期。

其实，对于"烧饭"的内涵，目前史学界也有不同的意见。

国学大师王国维通过对史籍排查，最早对烧饭进行了解读，认为"烧饭源于乌桓，其名则自辽金始，金人尤视为送死一大事。蒙古亦当有之，满洲初入关时，犹有此俗。后乃以纸制车马代之，今日送三之俗即辽金烧饭之遗也"[1]。陈述认为"烧饭既非殉葬，也不是火葬，而是一种祭祀。烧饭除用于祭祖之外，还用于祭天"[2]。贾敬颜认为烧饭祭祀与杀马（甚至杀奴婢）殉葬是一回事，"殉"与"祭"无绝对的差别[3]。宋德金认为"女真烧饭之俗仅与祭奠死者有关，而不用于祭天"[4]。

对于"烧饭"，文献中也有记述。

宋人文惟简在《虏廷事实·丧葬》这样记述："尝见女真贵人初亡之时，其亲戚、部曲、奴婢设牲牢、酒馔以为祭奠，名曰烧饭。"[5]

宋人宇文懋昭在《大金国志》中记载，女真人死，"其祀祭饮食之物尽焚之，谓之'烧饭'"[6]。

从以上文献记载的描述上推敲分析，烧饭就是一种祭祀活动的习俗。因此，笔者更倾向于把"烧饭"看作是祭奠死者的一种风俗的认识。而且"烧饭"最早是仅限于上层贵族使用的一种礼仪，以后逐渐推及在所有女真人中流行。

反观黑龙江绥滨中兴和奥里米墓群所见数例墓葬，是将葬具和随葬品焚烧后，埋葬于墓中；而文献记述强调的是焚烧祭祀品和食品。二者是存在一定差别的。

诚然，绥滨中兴和奥里米墓群所见火葬情况，与直接将骨灰装入函（匣）等埋葬的方式有明显的差异，它应是女真人等少数民族特有的一种火葬葬俗，也属于一种较为原始的葬俗。从目前的发现看，仅见于上述两处墓群，且都是金代中期以前的。

第二节 契丹人墓

金灭辽后，契丹族退出了居主导地位的历史舞台，成为女真族统治下的多民族中的一员。原来的辽统治区域仍是契丹族聚居的主要地区。目前，在华北长城沿线地区发现的能明确判定为契丹人的墓非常少，仅有数例墓，通过墓志等标识可确认墓主为契丹人。

---

[1] 王国维：《烧饭》，《观堂集林》，河北教育出版社，2003年。
[2] 陈述：《谈辽金元"烧饭"之俗》，《历史研究》1980年第5期。
[3] 贾敬颜：《"烧饭"之俗小议》，《中央民族学院学报（哲学社会科学版）》1982年第1期。
[4] 宋德金：《金代女真族俗述论》，《历史研究》1982年第3期。
[5] （宋）文惟简：《虏廷事实》，《说郛》，中国书店，1986年（据涵芬楼本影印）。
[6] （宋）宇文懋昭撰，崔文印校证：《大金国志校证》，中华书局，1986年。

其他区域则少见契丹人墓，至少现今还难以准确分辨出契丹族墓葬。

本书划分的第Ⅱ区，即华北长城沿线地区，有2座纪年墓，可知墓主人为契丹人。一座为河北省兴隆县梓木林子墓[1]，一座为内蒙古敖汉旗老虎沟墓[2]。这两座墓均有完整的契丹小字墓志出土，使墓主人的身份得以明确。

兴隆县梓木林子墓，通过多位学者对墓志的考释[3]，认定墓主人为萧仲恭。萧仲恭，《金史》有传，系辽代契丹皇族后裔。据墓志载，墓主人卒于天德二年（1150年），同年入葬。

此墓是一座砖室墓，早年被扰。系前、中、后三室，为仿木构结构，前室有壁画装饰。壁画内容有人物、桌椅、花卉等。遗物不存。墓志分盖、石两部分，志盖正方形，边长118厘米、厚17厘米，呈盝顶状。志盖正中刻九字系死者的封谥和姓名。四周刻八卦、十二辰像，四角阴刻大牡丹花叶。

敖汉旗老虎沟墓，砖室墓，墓室平面呈八边形。以石棺为葬具，石棺前帮中部双线阴刻假门。石棺下为砖砌棺床。据墓志知，墓主人官至博州防御使。目前学界对此墓墓主人身世的考释存在两种不同的意见。一种意见认为墓主人为契丹人，或明确即为《金史》中记载的移剌斡里朶，卒于大定十年（1170年）[4]；另一种意见认为墓主人为契丹人习撚，曾被封为镇国上将军，卒于皇统二年（1142年），其夫人卒于大定十年（1170年）。镇国夫人卒于公元1170年12月25日，故其下葬时间必在下一年，因此推定墓志刻于公元1171年[5]。上述两种意见，究竟何者属实，尚有待于对此契丹小字墓志文的进一步辨识。从墓中发现的两具头骨和部分扰乱的尸骨看，此墓确为夫妇合葬墓无疑。如按第二种意见，墓葬的始建具体年代则尚有存疑之处——男墓主人习撚是否存在迁葬？都值得予以斟酌和考虑。但该墓最后的封存年代应是公元1170年或1171年，这则是确定的。此墓多次被盗。出土主要遗物有白釉瓷盘2件、白釉小瓷盘2件、铜丝网络1件等。墓志为汉白玉质，分盖、石两部分，志盖长方形，长110厘米、宽95厘米、厚8厘米，呈盝顶状。志盖四面已打磨好，但无任何文字和花纹。

除以上两例为契丹人墓之外，尚有以下数例墓葬存在部分契丹族的因素。

---

[1] 郑绍宗：《兴隆县梓木林子发现的契丹文墓志铭》，《考古》1973年第5期。
[2] 朱志民：《内蒙古敖汉旗老虎沟金代博州防御使墓》，《考古》1995年第9期。
[3] 主要有郑绍宗：《兴隆县梓木林子发现的契丹文墓志铭》，《考古》1973年第5期；王静如：《兴隆出土金代契丹文墓志铭解》，《考古》1973年第5期；阎万章：《河北兴隆金墓出土契丹文墓志铭考释》，《东北考古与历史》第1辑，文物出版社，1982年。
[4] 朱志民：《内蒙古敖汉旗老虎沟金代博州防御使墓》，《考古》1995年第9期；刘浦江：《内蒙古敖汉旗出土的金代契丹小字墓志残石考释》，《考古》1999年第5期。
[5] [日]吉本智慧子：《契丹小字〈金代博州防御使墓志铭〉墓主非移剌斡里朶——兼论金朝初期无"女真国"之国号》，《辽金史论集》第十辑，中国社会科学出版社，2007年。

辽宁省朝阳市重型机器厂1999M2[1]，石室墓，墓室平面呈十边形。墓室内北部有土筑棺床，棺床上平铺一石板，上置石函。随葬品有鸡腿坛、束颈喇叭口瓷壶、白瓷碗、白瓷盘、白瓷盅及铜面具等。总体看，该墓有一些契丹族的埋葬特点，特别是出土的铜面具，一般被认为是契丹人墓葬的随葬物[2]。此外，辽宁省朝阳市北方航空飞行大队M1[3]，六边形砖室墓，墓主人为保义校尉李幹之妻，墓中也出土类似的铜面具。

内蒙古敖汉旗英凤沟M1[4]，石室墓，墓室平面呈八边形，墓室内紧靠墙壁有柏木椁室。系单人尸骨葬。随葬品存留有绿釉瓷碗1件、白釉瓷碗2件、玉牌饰2件。该墓的显著之处在于墓室内的柏木椁室，这种木构建筑，又被称为"木护墙"，被认为是契丹式墓的特点之一[5]。另外该墓出土的两件相同的玉牌饰也较有特点，白玉质，中间镂空透雕花纹，两边各雕一鸟禽，较为生动，该牌饰图案内容显示了较为鲜明的北方民族特色。

内蒙古巴林左旗林东镇M1[6]，砖室墓，墓室平面呈八边形。墓内有小木棺，墨书文字两行"灵亲记吉""进义校"。小木棺曾被推断为契丹人的埋葬制度。

河南省武陟县小董墓[7]，仿木构砖雕墓，墓室平面呈八边形。墓室后半部为砖砌棺床，有木棺，尸骨葬。墓室内淤泥中出土一块带字砖，墨书文字模糊，无一完整字形，侧面残留部分较清晰，似为契丹小字。砖上文字如确为契丹小字，则此墓的墓主人为契丹族的可能性较大。

从以上有明确标识的契丹人墓和初步被推断为契丹族的墓综合来看，金代契丹族的墓葬大致有如下典型特征：

一、常见砖室墓和石室墓，墓室多呈多边形（如八边形）。石室墓较有特点，墓壁为石板立砌对接。有的墓室内还有柏木椁室构筑，又称"木护墙"。这些墓主要的分布区在原辽代契丹人聚居的华北地区（即Ⅱ区）。

二、砖室墓中也见壁画和砖雕，可见的题材有反映家居生活、花草植物、动物、桌椅、人物等内容。

三、随葬品多具有北方民族的特色，如鸡腿坛、长束颈壶、玉石类佩饰等。

四、个别墓中发现有铜丝网络和铜面具等特殊的物件葬具。

五、较高级别的官吏使用方形盝顶状石墓志，墓志的形状和雕刻图案同中原汉族官吏

---

[1] 朝阳市博物馆：《辽宁朝阳重型机器厂辽金墓》，《北方文物》2003年第4期。
[2] 杜承武：《辽代墓葬出土的铜丝网络与面具》，《辽金史论集》第一辑，上海古籍出版社，1987年。
[3] 杜承武：《辽代墓葬出土的铜丝网络与面具》，《辽金史论集》第一辑，上海古籍出版社，1987年。
[4] 敖汉旗文物管理所：《内蒙古敖汉旗英凤沟金代墓地》，《文物》1987年第8期。
[5] 冯恩学：《辽墓初探》，吉林大学博士学位论文，1995年。
[6] 李逸友：《昭盟巴林左旗林东镇金墓》，《文物》1959年第7期。
[7] 河南省博物馆：《河南武陟县小董金代雕砖墓》，《文物》1979年第2期。

流行使用的墓志一致。

六、早中期的墓志铭文习用契丹小字等本民族的文字。

七、中期以后，火葬增多，尸骨葬和火葬比齐。

金代，契丹人由统治民族变成了非统治民族，多数的契丹人与汉人或其他民族融合，只有少数人仍不同程度地遗留部分旧俗。随着历史的演进，契丹人的埋葬习俗最终也走向消失。少量具有契丹人风俗墓葬的发现，成为这一推论的佐证。

第三节　汉人墓

汉人墓发现多，分布广泛。第Ⅰ区数量较少，第Ⅱ区的南部、第Ⅲ区、第Ⅳ区、第Ⅴ区和第Ⅵ区是汉人聚居生活的地区，因此也是汉人墓葬发现的重点区域。汉人墓葬因素是主流的文化元素，换言之，汉人虽处于被统治地位，其仍是主体民族，汉文化仍是主导文化，在民族融合、发展的过程中，更多的是其他民族在逐步被汉族文化所同化，表现在墓葬中，常常是非汉族人也使用汉族的丧葬文化元素。到中晚期，甚至有大量的女真、契丹人直接就使用汉族的丧葬礼仪与风俗。因此，一般情况下，严格意义上的"汉人墓"的概念是相对的，通常或可直接称之为"汉式墓"。按地缘文化、历史记忆及族群的认同取向等，金朝的汉人或可分为三个层次。第一层次为Ⅲ区、Ⅳ区、Ⅴ区、Ⅵ区，原北宋统治区，为汉人主体聚居区；第二层次为Ⅱ区，主要是原辽统治区内的汉人；第三层次为Ⅰ区，即"女真故地"，汉人最为稀少。以上三大区域的汉人可能会存在不同的文化心理和文化取向，因此我们按区域考察这些墓葬。在原辽和北宋统治的Ⅱ区、Ⅲ区、Ⅳ区、Ⅴ区、Ⅵ区，实际的情况可能为绝大多数的墓葬应属于汉人墓或汉式墓，但往往由于墓葬中缺乏明确的族属判别依据，直接就认定为汉人墓也存在臆断的倾向。尤其是随着时间的推进，年代越晚的墓葬，文化因素的多元化表现得更为浓厚一些。所以本书对汉人墓的考察也仅仅是重点以有明确身份标识的墓葬为基础，旁及一些与之特征相似的墓葬作为讨论的延伸材料。同时，需要指出的是，这里的分析，并未能代表当时全体汉人墓葬的全貌，只是管窥汉人墓葬（汉式墓）葬制之一斑。以下从墓葬形制、随葬品和葬俗三个方面对各区汉式墓进行总结和讨论。

一、Ⅰ区汉式墓葬制特征

有2座墓明确为汉人墓葬，一是吉林省农安县北门外赵景兴墓[1]，该墓发现早，为土

---

[1] 罗福颐校录：《满洲金石志》卷三，1937年。

坑石函墓，函内出有黑釉瓶和陶瓶等物。年代为公元1181年；另一是辽宁省铁岭县前下塔子墓[1]，为土坑石椁墓，为ＡⅤ式，四壁由6块石板组成，底由8块、盖由3块石板构成。墓中出土墓志一合，此墓为冯开的父亲和母亲合葬墓，椁内有石函一具，系火葬。此墓的年代为公元1205年。随葬有白瓷碟、盘、铁带卡等。

从两座墓的情况看，Ⅰ区的中南部，在中晚期，汉人多使用火葬，以石函为葬具。随葬品是常见的白瓷器、黑釉瓶、泥质灰陶器等。同时汉人中也使用了女真人惯用的石椁墓，但形制与女真贵族使用的石椁形制略有差异，且石椁墓中的ＡⅤ式仅此一例。Ⅰ区的墓葬，在北部的黑龙江和吉林所发现的多带有女真文化元素；而南部地区女真文化元素较北部地区有所减弱，汉文化元素增多。

二、Ⅱ区汉式墓葬制特征

墓葬形制方面：主要发现有砖室墓、土坑石椁墓、土坑石函墓等。砖室墓多为单室的Aa型和Ab型，还有多室的Bd型。燕云地区的砖室墓还有仿木构建筑，并有壁画装饰。土坑石椁墓多是ＡⅠ式，个别为ＡⅣ式。只是构造石椁的石板数量有异，结构相同。石椁墓全部发现于燕京中都周围，其年代均在金中期以后。

随葬品方面：瓷器中以定窑白瓷多见，有盘、碟、碗、钵等；陶器一般为明器，有罐、盆、盘、碟、镂空雕花器座等；鸡腿坛也是一种较常见的随葬器物。铁器中有平底锅（熨斗）、鏊、釜、剪刀等。官员墓中流行带盖石墓志，一般平民墓中则用买地券或无盖碑形石墓志。

葬俗方面：早期以尸骨葬居多，中期以后火葬流行。火葬不仅在土坑石函墓中为主要流行葬制，还在砖室墓、石椁墓中流行，而且多以石函、石棺、小木匣及陶棺为盛骨灰的葬具。尸骨葬中也流行夫妇合葬和多人合葬，其中有的个体属于迁葬。

三、Ⅲ区汉式墓葬制特征

墓葬形制方面：主要发现有砖室墓、土洞墓等。砖室墓包括单室的Aa型、Ab型和Ac型三种形制。多数砖室墓有仿木构建筑，并有简单的砖雕、壁画装饰。土洞墓多为竖穴式墓道的Ab型。发现数量以中晚期墓葬略多。

随葬品方面：瓷器种类多，以定窑和磁州窑瓷器居多。陶器有陶罐、陶魂塔、陶楼等。有的墓中还出现铁牛、陶牛。普通的平民墓中往往有砖质买地券、砖墓志。

葬俗方面：尸骨葬略多于火葬。而且双人或三人合葬稍多。尸骨常直接置于棺床之

---

[1] 铁岭市博物馆、铁岭县文物管理所：《铁岭县前下塔子金墓》，《辽海文物学刊》1988年第2期。

上。也有尸骨葬和火葬个体的合葬。

四、IV区汉式墓葬制特征

墓葬形制方面：主要发现有砖室墓等。砖室墓中有单室的Aa型和Ac型。多数砖室墓仅有简单的仿木构建筑。少量的墓内有简单的砖雕、壁画装饰。以中晚期墓葬发现略多。

随葬品方面：仍是瓷器较多，其中以定窑瓷器居多。其他有铜镜等。墓中使用无盖碑形墓志石。

葬俗方面：尸骨葬数量稍多。砖室墓中，尸骨多直接置于棺床之上。石椁墓中有木棺，为单人葬。

五、V区汉式墓葬制特征

墓葬形制方面：主要发现有砖室墓等。砖室墓中以单室的Aa型占较大比重，少量Ac型，还有多室的Bb型。砖室墓都有结构复杂的仿木构建筑，并有砖雕和壁画。偶见石室墓和土坑石棺墓。石室墓为Ac型。以中晚期墓葬发现略多，少量的年代为早期晚段。

随葬品方面：仍是瓷器较多，其中以白瓷器居多，次为黑釉瓷。以磁州窑瓷器常见。其他有铜镜、竹筷、木梳、木簪、木橛等。墓中使用砖质买地券、铜质买地券、无盖碑形墓志石等。

葬俗方面：以尸骨葬居多。砖室墓中尸骨多直接置于棺床之上，有的还置有木床。流行多人合葬，一般二至三人，多至十一人。

六、VI区汉式墓葬制特征

墓葬形制方面：常见有砖室墓和土洞墓等。砖室墓一般为单室的Aa型，而且都有结构较复杂的仿木构建筑，并有砖雕和壁画。土洞墓是竖穴墓道的Aa型。以晚期墓葬发现较多，少量的年代为中期。

随葬品方面：随葬器物主要为瓷器和陶器，其中瓷器以白瓷、青瓷器居多。多见随葬铁猪、铁牛、铜镜等。墓中使用买地券砖、砖墓志。

葬俗方面：以尸骨葬居多。砖室墓中有砖砌棺床，并用木棺。土洞墓中一般使用木棺为葬具。流行多人合葬，一般二至三人，多则四人。

总体考察，汉式墓的情况较为复杂。从历史的演进看，金王朝虽是女真人建立的政权，但在其发展的过程中，不断地借鉴、吸收汉族的先进文化，而且是大量地接纳。金王朝早期的熙宗、海陵王是汉化政策的有力推者。虽然在世宗时期曾一度想阻止女真人的汉化,但并未取得显著效果。到章宗统治的后期,金政权统治下的金王朝已完全汉化。因此,从墓葬体现的丧葬文化来看,各区汉式墓分布广泛,内涵丰富,代表了丧葬文化的主体元素。地区间文化面貌虽有差异,但同一性大于特殊性。

第四节 相关葬俗考释

宋金时期,有相当一部分文化习俗存在渊源承继关系。具体到葬俗方面,也同样如此。徐苹芳先生在《唐宋墓葬中的"明器神煞"与"墓仪"制度——读〈大汉原陵秘葬经〉札记》一文中,通过对《大汉原陵秘葬经》一书的释读,结合考古发现,对唐宋时期的一些墓葬中的葬俗进行了较为深入的考释[1]。本书拟通过对金墓中的一些考古发现和埋葬现象(主要指汉人的葬俗,但随着时间的推移、民族的融合,一些葬俗在多个民族中流行,汉人的一些丧葬习俗即成为多民族共同的习俗),进一步探讨《大汉原陵秘葬经》所记载的一些古代葬俗的含义和社会意义。

一、随葬铁牛、铁猪的习俗

墓中随葬铁牛、铁猪现象,只局限在Ⅲ区、Ⅳ区和Ⅵ区,即山西的中部、南部和陕西的西安地区。山西省离石县马茂庄土洞墓(1159年)出土铁牛1件[2];汾阳高级护理学校M2等3座砖室墓(金中期)各出土铁牛1件[3];孝义市下吐京村砖室墓(1198年)出土铁牛1件[4];孝义市新义东街砖室墓M1(1209年)出土铁牛1件,还有陶牛1件[5];绛县裴家堡砖室墓(晚期)出土小铁牛1件[6];西安市北郊西安医疗设备厂土洞墓(潘顺墓,1192年)出土铁牛1件、铁猪1件[7];长安县西韦村土洞墓(晚期早段)出土铁牛1件、铁猪1件[8]。

金墓所见铁牛、铁猪的具体特征如下。

山西省离石县马茂庄土洞墓出土铁牛,呈昂首站立状,通长24厘米、高14厘米。

---

[1] 徐苹芳:《唐宋墓葬中的"明器神煞"与"墓仪"制度——读〈大汉原陵秘葬经〉札记》,《考古》1963年第2期。
[2] 商彤流、王金元:《离石马茂庄发现一座金墓》,《文物季刊》1994年第1期。
[3] 山西省考古研究所、汾阳县博物馆:《山西汾阳金墓发掘简报》,《文物》1991年第12期。
[4] 山西省文物管理委员会、山西省考古研究所:《山西孝义下吐京和梁家庄金、元墓发掘简报》,《考古》1960年第7期。
[5] 孝义市博物馆:《山西孝义市发现一座金墓》,《考古》2001年第4期。
[6] 张德光:《山西绛县裴家堡古墓清理简报》,《考古通讯》1955年第4期。
[7] 倪志俊、韩国河、程林泉:《西安市北郊金代墓葬发掘简报》,《考古与文物》1991年第6期。
[8] 岳连建:《长安县西韦村唐、金墓葬》,《中国考古学年鉴1989》,文物出版社,1990年。

山西省孝义市下吐京村砖室墓出土铁牛，为站立状，仅存牛身及前右腿，尾巴长而下垂。

山西省孝义市新义东街砖室墓出土铁牛，即 M1∶6，站立状，长 13 厘米、高 10 厘米。

山西省汾阳高级护理学校 M2 出土铁牛，即 M2∶6，站立状，下有前后分离的长方形底座。长 12.3 厘米、带座通高 10 厘米。

陕西省西安市北郊西安医疗设备厂土洞墓出土铁牛，站立状，四足立于一铁座之上，铁座中间镂空。牛身长 12 厘米、高 7.2 厘米，座长 9 厘米、高 1.8 厘米。铁猪，站立状，四足立于一铁座之上，铁座中间镂空。猪身长 11.5 厘米、高 7.2 厘米，座长 9.8 厘米、高 2.8 厘米。

从以上发现情况看，山西中部、南部区域只发现铁牛，而陕西西安地区发现铁牛和铁猪共出。一般是铁牛 1 件或铁牛、铁猪各 1 件，均为站立状。山西发现的铁牛无底座或底座前后分离；而陕西西安地区的铁牛、铁猪均站立于底座之上。这些出铁牛、铁猪墓葬的年代多集中于金代中、晚期（图 6.1）。

对于铁牛、铁猪在墓中的发现、演变及其性质和作用，已有学者进行了专门的研究，认为铁牛、铁猪的随葬出现于晚唐，其形制、组合、数量在各个时期存在变化，但整体分布地域十分集中。这一习俗并未扩展到整个社会，是一种比较富有区域色彩的风俗现象[1]。

《大汉原陵秘葬经》之《明器神煞篇》记载，金牛安丑地，铁猪安亥地。依此方位度之，当在墓室的东北及西北部[2]。金墓中发现的铁牛、铁猪，或出土于砖室墓，或出土于土洞墓。由于后期的扰动等因素，所出铁牛、铁猪等位置究竟是否为原有方位已无从可知，抑或其本身已不遵循固有的方位安置。宋元时期，这种严格方位的分布已不重要，而只是一种象征意义[3]。

关于铁牛、铁猪在墓中随葬的性质和作用，目前已有若干较详尽的考证论点。宿白先生最早在《白沙宋墓》一书中对宋元墓葬中的铁牛、铁豕进行了考证，认为白沙第一号墓出土的铁块，同属于压胜之物，可能是铁牛、铁豕的简化，都可以用来压龙[4]。徐苹芳先生在此基础上，结合考古发现进行了补充论述[5]。孟原召在论证了铁牛、铁猪作为"压胜之物"，具有镇墓、驱邪作用的同时，又进一步论述了这种习俗同道教并无直接的

---

[1] 孟原召：《唐至元代墓葬中出土的铁牛铁猪》，《中原文物》2007 年第 1 期。
[2] 徐苹芳：《唐宋墓葬中的"明器神煞"与"墓仪"制度——读〈大汉原陵秘葬经〉札记》，《考古》1963 年第 2 期。
[3] 孟原召：《唐至元代墓葬中出土的铁牛铁猪》，《中原文物》2007 年第 1 期。
[4] 宿白：《白沙宋墓》，文物出版社，1957 年，第 46 页，注 96。
[5] 徐苹芳：《唐宋墓葬中的"明器神煞"与"墓仪"制度——读〈大汉原陵秘葬经〉札记》，《考古》1963 年第 2 期。

名称\期别	铁牛（无底座）	铁牛（有底座）	铁 猪
早期	 1		
中期	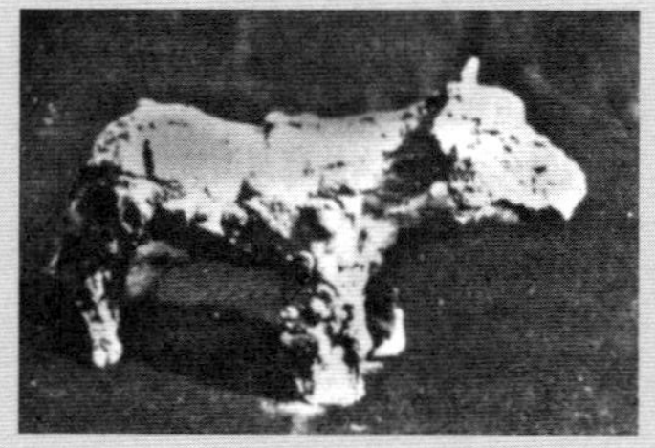 2	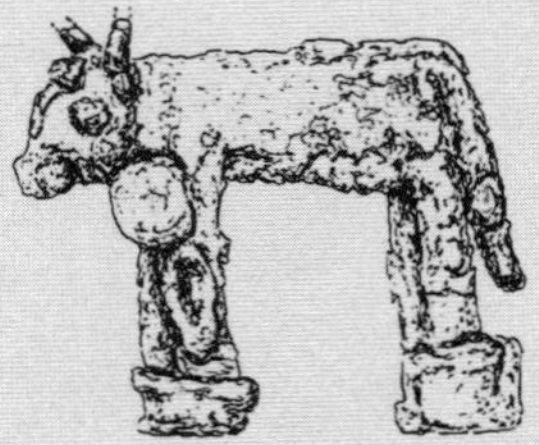 4	
晚期	 3	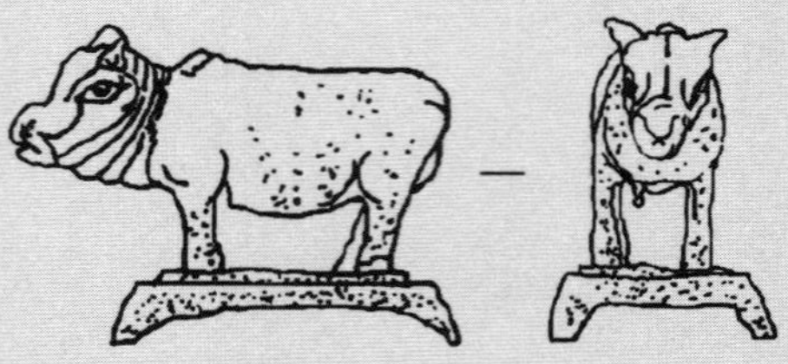 5	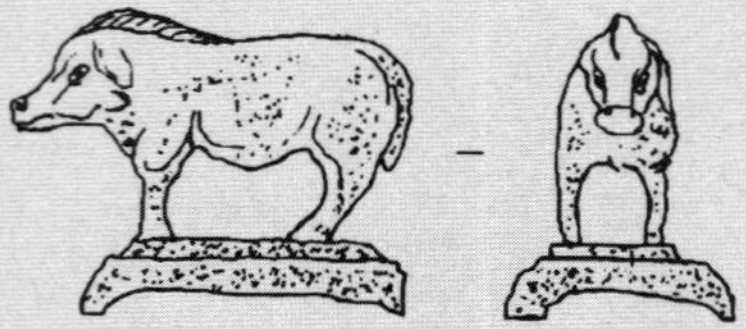 6

图 6.1 金代墓葬出土铁牛、铁猪

1. 铁牛（山西省汾阳东龙观 M1：18） 2. 铁牛（山西省汾阳高级护校 M2：6） 3. 铁牛（山西省汾阳东龙观 M5：8）
4. 铁牛（山西省离石县马茂庄墓出土） 5. 铁牛（陕西省西安市黄渠头村 M88：2） 6. 铁猪（陕西省西安市黄渠头村 M88：3）

关系，它只是当时阴阳术数在丧葬习俗中的一种反映[1]。

二、墓内安置长生灯和金石的习俗

《大汉原陵秘葬经》之《辨掩闭骨殖篇》记述了墓内安长生灯和金石的习俗："凡墓内安长生灯者，主子孙聪明安定，主子孙不患也。墓内安金石者，子孙无风疾之患。"徐苹芳先生认为，长生灯并不一定全用灯盏，有时就用小盘或碗。"安金"，大约是有金属器皿可代替，如铁剪、铁刀之类[2]。

金墓中所见和长生灯相关的物件有以下几种：灯台，灯盏、小盘或碗，烛台。出现的墓葬形制主要是室类墓中的砖室墓、石室墓及砖石（混筑）室墓。而且，这些墓内多有仿木构砖雕。特别是大量的砖室墓，在墓室的一壁上，以砖雕的形式砌出灯台。分布的地区以Ⅲ区、Ⅳ区、Ⅴ区最常见；其次为Ⅱ区、Ⅵ区；Ⅰ区少见。间接反映出这种习俗在汉人中更为流行。在灯台上或灯台下周围发现的器皿多为小盘或碗，有的灯盏也和小盘的形式、大小相差无几，从出土位置和器物形制观察，墓内出土的一些小盘和碗就是用来作为灯盏使用的，其中有的碗（盘）内仍留存有凝固的香油。墓内灯碗的置放位置，除了置于灯台之上外，有的置于壁上的龛内，或门楼上，或棺床上。在Ⅴ区的一些土洞墓内一侧壁上，也往往设置灯龛，龛内置瓷盏。还有一种相关的器物是烛台。烛台的发现不是很多。仅几例墓有发现。山西省大同市南郊云中大学 M1、M2 分别出土一件釉陶烛台[3]，形制相同；甘肃省临夏南龙乡墓出土一件灰陶烛台[4]，该墓的报道中称其为"陶豆"，有所不确。此外，在吉林省舒兰县小城子完颜希尹家族墓地的一石室墓中，出土两件莲瓣竹节形铜烛台，上插未燃尽蜡烛[5]。相似的还有内蒙古敖汉旗小柳条沟砖室墓出土一件铜烛台[6]，形制与小城子石室墓出土的铜烛台颇为接近。特殊质地形制的烛台，也反映出地区间文化面貌的差异。

金墓中所见和"安金"相关者主要有以下几种金属物件：铁剪、铁刀、铁犁铧、铁镰、铁灯等器具。墓中随葬铁剪、铁刀等工具的现象，在Ⅰ区的黑龙江、吉林的一些女真墓葬中也时有发现，常常是和马衔、马镫等马具共出。代表了墓主人生前的生活使用情况，死后入土随葬。在Ⅱ区的一些墓中还出现一些陶制的明器剪刀，亦说明这些剪刀的实用性。但同时我们也应注意到，在一些汉式墓中伴随着其他生活用瓷器、陶器等出

---

[1] 孟原召：《唐至元代墓葬中出土的铁牛铁猪》，《中原文物》2007 年第 1 期。
[2] 徐苹芳：《唐宋墓葬中的"明器神煞"与"墓仪"制度——读〈大汉原陵秘葬经〉札记》，《考古》1963 年第 2 期。
[3] 大同市博物馆：《大同市南郊金代壁画墓》，《考古学报》1992 年第 4 期。
[4] 临夏回族自治州博物馆：《甘肃临夏金代砖雕墓》，《文物》1994 年第 12 期。
[5] 陈相伟：《完颜希尹家族墓地的调查和发掘》，《博物馆研究》1990 年第 3 期。
[6] 王建国：《敖汉旗小柳条沟金代墓葬》，《内蒙古文物考古》1986 年总第 4 期。

现的若干金属工具、农具等，其代表含义自然更深一层，不仅仅在于其形状和具体功能，更重要的是其作为"铁"的金属特性，可能就具有了一定的"压胜"作用。从目前报道的材料看，以上铁器的随葬似乎有一定的地域差别（附表6.1）。北部以农耕畜牧经济为主的区域多随葬铁剪；南部以农业经济为主的区域更多的是随葬铁犁铧。但二者所蕴含的风俗意识大致是相同的。

金墓中所见和"安石"相关者主要有以下五例墓葬。

北京市丰台区米粮屯M1（石椁墓），椁内四角摆卵石[1]。

北京市通县三间房村M2（石椁墓），椁内四角各置卵石1块[2]。

山西省大同市西南郊十里铺村M13（土坑石函墓），石函内四角各置卵石1小块，并涂以蓝、红等颜色[3]。

河南省新乡市区墓葬（砖室墓），室内有朱书卵石5块[4]。

河南省孟津县麻屯墓葬（土洞墓），墓中四角置有卵石4块[5]。

这五座墓中的卵石分别置于墓内四角，摆放位置有序，有明显的主观意识，既是作镇物之用，同时又意在主"子孙无风疾之患"。这种情况，在金代前后的宋元墓中都有发现，表明这一习俗存续了一定的历史时期，金代只是延续发展的过渡时期。上述五例墓葬中的发现，有两例是石椁墓，其墓主人为女真贵族。表明在金代不仅于汉人中流行这种习俗，在女真人中也使用了这一习俗。

与以上情况相类似的还有一种现象，即在墓中角落放置陶罐。这一情况见于V区的山西省临汾市天马—曲村的三座墓中。在M6116、M6117、M6070三墓[6]的墓室角落，分别出土陶罐、瓷盏。从三座墓内陶罐的置放位置看，显然也是有意为之。其用意和上述墓中置放卵石的情况是相同的，也基本属于墓内"安石"的一种，即辟邪镇墓。

三、迁葬与合葬的习俗

（一）迁葬

在各区发现的墓葬中，有一部分属于迁葬，或为单独的迁葬，或与其他的葬俗构成合葬（附表6.2、附表6.3）。

迁葬亦称二次葬或"捡骨葬"，是一种易地埋葬的方式。二次葬在史前时期的西北地

---

[1] 北京市文物工作队：《北京金墓发掘简报》，《北京文物与考古》第一辑，北京燕山出版社，1983年。
[2] 北京市文物管理处：《北京市通县金代墓葬发掘简报》，《文物》1977年第11期。
[3] 山西云岗古物保养所清理组：《山西大同市西南郊唐、辽、金墓清理简报》，《考古通讯》1958年第6期。
[4] 张新斌：《河南新乡市宋金墓》，《考古》1996年第1期。
[5] 洛阳市文物工作队：《洛阳孟津县麻屯金墓发掘简报》，《华夏考古》1996年第1期。
[6] 北京大学考古学系商周组、山西省考古研究所：《天马—曲村（1980—1989）》，科学出版社，2000年。

区就已出现，其时有着特殊的原始宗教信仰的思想[1]。进入历史时期，迁葬产生的缘由发生了变化，原因众多。从发现的情况看，金墓的迁葬主要包括了以下六种意识情况：

1. 先葬于某一地点，日后其家族有实行合葬的需要而进行"迁葬"。

河南省辉县百泉砖室墓[2]，墓室内发现木棺、陶棺共3具。棺内骨架叠放，共有6具人骨，为二次葬。北壁墨书："崇庆元年（1212年）二月十九日，□□□为父更木官（棺）在冻（洞），李茂'押'。"从此段文字记述可知其为迁葬后的家族合葬。

山西省长子县石哲村砖室墓[3]，墓室内共发现凌乱尸骨10具。棺床西南角有头骨3个，可能为一男二女头南脚北合葬；东北角有头骨2个，可能为一男一女头北脚南合葬；西北角壁龛有凌乱尸骨2具；东北角壁龛有凌乱尸骨1具；墓道内有凌乱尸骨2具。以上众多尸骨，各得其所。当非一次埋葬，为迁葬之后形成的合葬。

2. 墓葬遭损坏或初葬简陋，后世为"祈福"，重新择地建墓进行"厚葬"。

山西省长治市故漳村砖室墓[4]，为多室墓。墓内主室只发现头骨3具。主墓室北壁墨书题："大定二十九年（1189年）二月十一日身故，……以其前葬陋故也，意欲获享坚固之，福神灵鉴。兹陪葬者，北则杨氏婆，南则武氏婆，皆以衣被于正面床榻上，厚覆之。伏显迁葬之后，神灵护祐，大小无灾，眷属安吉，皆出于福藏之所致也。"墓主人生前系敦武校尉。从墓室题记可知，陪葬墓主人的两位夫人，均属于迁葬。墓主人生前两受朝廷恩赐，有一定地位。故欲重修一豪华墓室，将其与两夫人迁来合葬。

3. 某种原因墓主人客死他乡，就地埋葬，过后移归故里"迁葬"。

北京市房山区城关镇墓葬[5]，为土坑石函墓。墓中出土墓志记载墓主人为崔宪。有学者根据出土墓志残文及赵秉文撰写的《崔公墓铭》，考证出墓主人崔宪于"大定二十九年（1189年）卒于官舍"孝义县丞任上。孝义县，即今山西省孝义县。崔宪的祖籍为中都涿州良乡，即今北京市房山区。两地相距千里，回祖茔下葬有困难，暂停厝于孝义，其后代于泰和三年（1203年）运其柩回良乡祖茔安葬[6]。

北京市丰台区米粮屯乌古论窝论墓[7]，为石椁墓。出土墓志一方，墓志载："公讳窝论，姓乌古论氏，世为乌古论部人。……正隆之初，起十三贵族猛安以控制山东。公家遂居莱州。……大定二十四年（1184年）春，丞相请于官，自莱州迁柩，卜以四月十二日改葬于

---

[1] 夏鼐：《临洮寺洼山发掘记》，《考古学论文集》，河北教育出版社，2000年。
[2] 新乡地区文物管理委员会、辉县百泉文物管理所：《河南辉县百泉金墓发掘简报》，《考古》1987年第10期。
[3] 山西省考古研究所晋东南工作站：《山西长子县石哲金代壁画墓》，《文物》1985年第6期。
[4] 长治市博物馆：《山西长治市故漳金代纪年墓》，《考古》1984年第8期。
[5] 陈亚洲：《金代〈崔宪墓志铭〉考》，《北京辽金文物研究》，北京燕山出版社，2005年。
[6] 陈亚洲：《金代〈崔宪墓志铭〉考》，《北京辽金文物研究》，北京燕山出版社，2005年。
[7] 北京市文物工作队：《北京金墓发掘简报》，《北京文物与考古》第一辑，北京燕山出版社，1983年。

大兴府良乡县西比乡永安村之原上，赐之茔田，赗赙甚厚，窀穸将閟。"以上墓志文字明确记述了丞相（即窝论之子乌古论元忠）将其父遗骸自莱州迁往大兴府（中都）的情况。

4. 夫妻一方先亡埋葬，待另一方亡故，移骨进行"合葬"。

北京市石景山区八角村 M1[1]，为砖室墓，出土石墓志一方，墓志记载墓主人为赵励，官阶仅至将仕郎。赵励于宣和四年（1122 年）归宋，宣和五年（1123 年），未及授命，以疾终于同文馆。权葬于汴西长庆禅院。后其子毫秀归金，仓促迁燕（中都）。皇统三年（1143 年），其子毫秀将其骸骨迁至燕城宛平县崇让里，与其夫人合葬[2]。

陕西省西安市北郊西安医疗设备厂墓葬[3]，为土洞墓，墓中出土一方买地砖券。券文载墓主人为潘顺，死于明昌二年（1191 年），明昌三年（1192 年）其妻李氏死后，迁葬潘顺，与其妻合葬于京兆府长安县西乡万城门西北原下。

5. 由于某种自然因素或人为原因，旧有墓葬换址，重新"改葬"。

安徽省濉溪县周大庄墓葬，清理金墓 43 座[4]。均为砖室墓，墓室面积不大，仅一平方米左右。除 M15 没有发现尸骨外，其余墓内均有 2—4 具骨骸，每座墓内骨架均较散乱。原报告推测其为集体二次葬。如此数量集中的二次葬，其原因当与某种自然灾变或人为的变故有关。

6. 官员因朝廷追褒、追贬而实行"改葬"。

北京市门头沟区仰山村墓葬[5]，墓为石椁木棺墓，早年被盗，仅在椁内出土一方石墓志。墓志载："公讳窝鲁欢，姓完颜氏，乃太祖大圣武元皇帝第八子也，妣钦宪皇后纥石烈氏。后为东京留守，是年卒也。至今年六月，奉圣旨于上京迁灵骨还中都仰山，赐钱重葬。大定二十一年，岁次辛丑十二月癸卯朔，十九日辛酉庚时掩闭。女妙行大师赐紫尼志达撒鲁谨志。"志文明确记述墓主人系金太祖第八子，即完颜宗隽。大定二十一年（1181 年），完颜宗隽之女将其从上京迁葬于中都仰山。完颜宗隽《金史》有传，有学者根据墓志记述对其改葬及其生平、卒年等进行了考析[6]。墓主人完颜宗隽，金熙宗时任尚书左丞相兼侍中，后又加爵为太保，领三省事，进封兖国王。官阶正一品。因"谋反"罪，于天眷二年（1139 年）被熙宗处死。直至世宗大定二十一年（1181 年），得以朝廷"赐钱重葬"。

---

[1] 石景山文物管理所：《石景山出土罕见金代壁画墓》，《北京文博》2002 年第 2 期。
[2] 陈康：《金代赵励墓志考》，《北京辽金文物研究》，北京燕山出版社，2005 年。
[3] 倪志俊、韩国河、程林泉：《西安市北郊金代墓葬发掘简报》，《考古与文物》1991 年第 6 期。
[4] 安徽省文物考古研究所、濉溪县文物保护管理所：《安徽省濉溪县周大庄宋金墓葬》，《东南文化》2002 年第 11 期。
[5] 刘肃勇：《金代窝鲁欢墓志所记史事考探》，《北京辽金文物研究》，北京燕山出版社，2005 年。
[6] 刘肃勇：《金代窝鲁欢墓志所记史事考探》，《北京辽金文物研究》，北京燕山出版社，2005 年。

(二) 合葬

合葬有双人合葬和多人合葬，包括单纯的尸骨葬或火葬形式的合葬，也有尸骨葬和火葬结合的合葬。

双人合葬一般为夫妇合葬，不仅在汉人中，而且其他民族中也盛行夫妇合葬。常见于各类型的墓葬中。而多人合葬则一般只见于室类墓中。因此本书的统计以室类墓的发现为主，个别涉及一些竖穴类墓的情况。从发现的数量看，多人合葬最多见于Ⅴ区和Ⅵ区，Ⅲ区、Ⅳ区、Ⅱ区其次，Ⅰ区少见。

三人及三人以上合葬者中，有相当一部分是属于迁葬的。发现的人骨数量不等，多者可达十一人。推测其有一夫多妇合葬、夫妇及子女两代人合葬、家族三代人合葬等，总体看都属于家族成员合葬。可举较为典型案例如下。

山西省侯马市西郊64H4M102[1]，前后双室墓。前室和后室的南壁墓门上均有砖质地券一方。券文记载墓主人为董海与三个儿子等合葬，共十一人，属迁葬。结合券文及墓内刻文，可知后室四具人骨，东侧为墓主人董海夫妇，西侧为其长子董靖夫妇；前室有七具人骨，棺床的东、西两边各置三具，头皆向北，东边三具为次子董楼喜夫妇，西边三具为三子董念五夫妇及子女；西南角三子夫妇足下还有散乱人骨一堆，推测其为董念五之女。从发现的人骨分布看，位置有序，体现了一种长幼有别的家庭礼仪观念。

河南省禹州市坡街砖室墓[2]，八边形砖室墓，墓室内葬有人骨七具，人骨凌乱堆放，皆为迁葬。墓室内人骨大致分为三组。中部有一棺，葬一男二女，成年人，男性居中，皆头向西；南侧一小棺，葬一少儿；北壁下一棺，葬一男一女，成年人，头向西；东北壁下一棺，葬一少儿。从分置的三组人骨性别、年龄等分析，可能属于迁葬后的家族三代人的合葬。

从列表的大致统计及以上的初步分析可知，在金代，合葬是较为流行的一种丧葬风俗。由此，也产生了诸多的迁葬。但迁葬的更深层的社会原因，普遍的认识，即在于"风水"说在民间的传播和推广。"风水"二字，始见于东晋郭璞所著《葬经》[3]。自该书问世后，"风水"说逐渐成为人们选择吉地安葬的理论依据，认为理想葬地的选择，关乎子孙后代的贫富安康。北宋时期，"风水"之说渐行。司马光对这种择地安葬的"风水"之说有详尽的论述。在《司马氏书仪》卷七《丧仪》中有如下记述："世俗信葬师之说，既择年月日时，又择山水形势，以为子孙贫富、贵贱、贤愚、寿夭，尽系于此。又葬师所有之书，人人异同，此以为吉，彼以为凶，争论纷纭，无时可决。其尸柩或寄僧寺，

---

[1] 山西省考古研究所侯马工作站：《侯马102号金墓》，《文物季刊》1997年第4期。
[2] 河南省文物研究所、禹州市文管会：《禹州市坡街宋壁画墓清理简报》，《中原文物》1990年第4期。
[3] （晋）郭璞：《葬经》，湖北崇文书局，清光绪三年（1877年）官刻本。

或委远方,至有终身不葬,或累世不葬,或子孙衰替,忘失处所,遂弃捐不葬者。"[1]在《温国文正司马公文集》卷七十一《葬论》又作相同的表述:"今之葬书,乃相山川冈畎之形势,考岁月日时之支干,以为子孙贵贱、贫富、寿夭、贤愚皆系焉。非此地,非此时,不可葬也。举世惑而信之,于是丧亲者往往久而不葬。问之,曰:'岁月未利也。'又曰:'未有吉地也。'又曰:'游宦远方,未得归也。'又曰:'贫未能办葬具也。'至有终身累世而不葬,遂弃失尸柩,不知其处者。"[2]到南宋时(包括金代),"风水"说在民间更加盛行,流行区域更为广泛。南宋的罗大经在其所著《鹤林玉露》一书中,明确指出风水相术祖师郭璞的《葬经》对后世数百年来民间的墓葬择地及葬俗产生的直接影响:"世之人惑璞之说,有贪求吉地未能惬意,至十数年不葬其亲者。有既葬以为不吉,一掘未已,至掘三掘四者。有因买地致讼,棺未入土,而家已萧条者。有兄弟数人,惑于各房风水之说,至于骨肉化为仇雠者。凡此数祸,皆璞之书为之也。"[3]

从司马光到罗大经,对两宋时代风水说的流行及产生的社会现象的表述几乎是一致的。为此,可以认为,正是由于"风水"说的泛滥,直接导致了丧葬风俗中大量的迁葬、迁葬与其他埋葬方式的合葬以及多人合葬现象的出现。

---

[1] (宋)司马光:《司马氏书仪》,丛书集成初编本,商务印书馆,1936年。
[2] (宋)司马光:《温国文正司马公文集》,《四部丛刊初编·集部》,缩印常熟瞿氏藏宋绍兴本,上海商务印书馆,1919—1922年。
[3] (宋)罗大经:《鹤林玉露》,中华书局,1983年。

第七章 金墓等级与社会阶层结构

对于金墓的等级，文献中缺乏相应的记述。《宋史》等文献中有关于宋朝丧葬礼仪、墓葬等级方面的简略记载。由于金朝的诸多政治制度等都是以北宋制度为蓝本制定的，因此研究金墓的等级，某些方面可以参照北宋时期的相关礼仪制度。但考察金墓所反映的等级和社会阶层结构，最基础的资料仍是金墓本身的形制结构变化和相关的墓葬附属构造及随葬品的种类、数量。

第一节　神道碑和石像生

神道即墓道，墓道前方的立碑，名之为神道碑，上面记载死者生前的事迹。只有帝王（陵）墓或级别较高的官员墓前才配享有神道碑及石像生。

考古所见高等级的墓前有神道碑的，仅发现有数例。还有的发现有零散的石像生。神道碑和石像生是结合在一起出现的墓前设置。从发现的情况看，金墓中，官员墓前的神道碑多是在世宗大定年间的中后期及章宗前期封赐所立。石像生可能也是与此同时出现的。发现地区有Ⅰ区、Ⅱ区、Ⅳ区、Ⅵ区，以Ⅰ区和Ⅱ区发现较多。

Ⅰ区有三块神道碑发现时间较早，都在清代至民国时期就有发现和记载。

《吉林通志》卷一二〇有载：大金尚书左丞相金源郡贞宪王完颜（希尹）公神道碑[1]。吉林省舒兰县的小城镇发现了完颜希尹墓家族墓地，其间有残碎的石雕。有学者考证神道碑约建于大定二十一年至二十二年间（1181—1182年）[2]。完颜希尹家族墓地分为5个墓区，发现7组石雕，分别为石柱、石虎、石羊、石人。

《柳边纪略》卷四有载：大金开府仪同三司左副元帅金源郡壮义王完颜（娄室）公神道碑[3]。一些文献记载墓地曾立有"完颜娄室神道碑"，并有石人、石羊、石虎、石柱等石雕。完颜娄室墓在吉林省长春市石碑岭发现，该墓为石椁墓。墓葬的西南揭露出方形的碑亭，亭内发现大量的石碑残块及石龟趺一座。碑文所记立碑时间为大定十七年（1177年）。

在俄罗斯滨海地区西部，绥芬河下游的双城子（今俄罗斯乌苏里斯克）附近，曾发现神道碑的碑额、碑座等石构件。碑额上的字为篆书五行二十字，吴大澂的《皇华纪程》

---

[1]　（清）长顺主修：《吉林通志》，吉林文史出版社，1986年。
[2]　陈相伟：《金完颜希尹碑建碑年代考》，《博物馆研究》1989年第1期。
[3]　（清）杨宾：《柳边纪略》，《龙江三纪》，黑龙江人民出版社，1985年。

记载为：大金开府仪同三司金源郡明毅王完颜公神道碑[1]。林沄先生等据碑额上的字释读、考证为金代"完颜忠神道碑"[2]。完颜忠系金朝开国重臣，原为居于耶懒水的耶懒猛安都孛堇，后率部迁居于苏濒水（绥芬河）。"完颜忠神道碑"碑文现已不存。在发现碑额的地点附近，还发现了石羊、石像、龟趺等石雕。

黑龙江省阿城大岭乡吉兴屯海沟河北岸的山坡上，有被毁墓坑十余处，地表有石质墓碑残片3块，其中有碑额1块、碑身2块。碑额上有小篆汉字，保留完整的汉字有8个，还有不完整的汉字4个，经考释，即："大……仪同……金源郡……烈王完……公神道……"以此断定为金代贵族墓神道碑。再和其他已知的神道碑碑铭格式比较，判断其碑额全书为"大金开府仪同三司金源郡□烈王完颜公神道碑"。结合《金史》等记载，有学者考证墓主人为完颜斡鲁，系女真皇族。该碑所立时间不早于大定十七年（1177年）[3]。

Ⅱ区发现有：

河北省新城县时立爱墓前有神道碑，碑铭为"大金故崇进荣国公忠厚时公神道碑铭"[4]。该神道碑立于明昌六年（1195年），时间晚于时立爱本人卒年金天会十五年（1137年）。

Ⅳ区发现有：

河南省鹿邑县涡河船闸墓地，有神道碑，神道碑铭为"丁氏阡表"[5]，碑前立有：石虎二、石羊二、石人二。碑额为半圆形。其中一墓（M2）的年代为大定二十年（1180年），而于大定乙巳年（1185年）琢石（石像），泰和三年（1203年）立神道碑。

发现石像生的墓地还有：

北京市平谷东高村巨家坟墓葬发现的位置，早年曾发现石人、石马（虎）、石羊等，石雕分两行，东西相对而立，中间为青石甬道[6]。以后丢失无存。墓葬的年代为泰和三年（1203年）。墓主人系地方官员。

陕西省耀县董家河墓地地表有石刻[7]，有石人二、石羊二、石虎二、龟趺一。发现的土洞墓的年代为明昌四年（1193年）。墓葬级别不高。

河南省许昌市文峰路M2和M3为同坟异穴的夫妇合葬墓[8]，其中M3出土青灰色白

---

[1]（清）吴大澂：《皇华纪程》，《长白丛书（初集）》，吉林文史出版社，1986年。
[2] 华泉：《完颜忠墓神道碑与金代的恤品路》，《文物》1976年第4期；林沄：《完颜忠神道碑再考》，《北方文物》1992年第4期。
[3] 王久宇、王错：《阿城金代贵族墓碑的发现和考证》，《北方文物》2007年第4期。
[4] 河北省文化局文物工作队：《河北新城县北场村金时立爱和时丰墓发掘记》，《考古》1962年第12期。
[5] 河南省文物考古研究所：《河南鹿邑涡河船闸金墓发掘简报》，《华夏考古》1994年第2期。
[6] 杨学林：《北京平谷东高村巨家坟金代墓葬发掘简报》，《北京文物与考古》第四辑，北京燕山出版社，1994年。
[7] 铜川市考古研究所：《陕西耀县董家河金墓清理简报》，《文博》1998年第1期。
[8] 许昌市文物工作队：《许昌文峰路金墓发掘简报》，《中原文物》2010年第1期。

灰岩方形墓志。地表距墓葬50米有石羊发现。由此推测，该墓葬墓主应为有一定级别的官员身份。

除上述外，在阿什河流域，早年曾发现较多的石柱、石人、石羊、石虎等石像生，还有石函等[1]；吉林境内也有许多的石像生发现[2]。

查史，可知以上身份明确的墓主人级别为：

完颜希尹：尚书左丞相金源郡贞宪王（正一品）。

完颜娄室：开府仪同三司左副元帅金源郡壮义王（正一品）。

完颜忠：开府仪同三司金源郡明毅王（正一品）。

完颜斡鲁：开府仪同三司金源郡□烈王（正一品）。

时立爱：开府仪同三司钜鹿郡王（正一品）。

巨家坟墓巨姓墓主人，监妫州县酒（正四品）。

丁氏族墓，按五品仪刻石。

以上发现有神道碑的墓地，仅河南省鹿邑县涡河船闸墓地，墓主人系丁氏家族成员，其数代皆为官员，立神道碑按五品级别。其余五例皆为正一品官员，墓前石像生有石人、石羊、石虎、石柱等。北京市平谷东高村巨家坟墓，墓主人官至监妫州酒，正四品官员。陕西省耀县董家河土洞墓，墓主人可能系一般平民阶层。从发现的情况看，这些墓葬所在墓地前设置石像生和神道碑，时间集中于世宗大定中期以后至章宗泰和年间。墓前石像生完整的组合有石人、石羊、石虎、石柱。而上述几例中，发现较多的是石人、石羊、石虎，石柱只在一品官员的墓前有发现。这同前朝北宋礼制规定似有差异。《宋史·礼二十七》："勋戚大臣薨卒，多命诏葬……坟所有石羊虎、望柱各二，三品以上加石人二人。"[3]两相对照，差异之处在于石柱和石人出现的情况。到了金朝，石人是石像生中不可缺少的组合之一，不再是三品以上官员才拥有的雕像。由此看出，在墓前设置石像生方面，金朝基本上是承继了北宋等级之制。在《宋史·职官志》之"赠官""叙封"条中，对官员的"父母妻儿"都有相应的"阶爵"加封[4]。《金史·章宗本纪三》记载："泰和元年正月……甲戌，初命文武官官职俱至三品者许赠其祖。"[5]从此反映出章宗泰和元年（1201年）之后，石像生的设置对象应有所扩大，三品以上的官员之先祖，按其级别，其墓前也可拥有一定组合的石像生排列。陕西省耀县董家河土洞墓地表上所设置的石像

---

[1]〔俄〕L. M. 雅克弗列夫著，佟希达译：《阿什河上游的金代墓葬》，《北方文物》1995年第1期。
[2] 庞志国：《完颜希尹家族墓群石雕艺术初探》，《文物》1982年第3期。
[3]（元）脱脱等撰：《宋史》，中华书局，1985年。
[4]（元）脱脱等撰：《宋史》，中华书局，1985年。
[5]（元）脱脱等撰：《金史》，中华书局，1975年。

生可能就属于此种情况，墓主人本身无官阶，其后代拥有较高的官阶，为其先祖于墓前追设了石像生。综上，在金代，墓前立神道碑、设置石像生，至少是五品以上的中高级官员墓才允可，三品以上职别的官员可赠其祖，亦可配享石像生。

第二节　墓志和买地券

金墓中有两种实物纪年材料，一是墓志，一是买地券。这两种实物不仅标示了墓葬的具体年代，同时直接或间接地记录了墓主人的身份和社会地位，从而成为了解金代社会阶层结构和丧葬制度等级差异的重要材料。

一、墓志

墓志以记载墓主人生平事迹为主，多为褒颂之词。以材质分，有石和砖两种。严格意义上的石墓志包括盖和底两部分，下底上盖，底刻志铭，盖刻标题。还有一种与墓志类似的小墓碑，既有石质，也有砖质。记述也简单，仅记载墓主人身份或简略记载生平。

金墓中以上两种质地的墓志均有发现。按墓志的形状和构成，本书将发现的石墓志划分为两类，即 A 型和 B 型。A 型为由盖和底组成的墓志（附表 7.1）；B 型为无盖的墓志（附表 7.2）。

A 型石墓志：由志盖和志石两部分组成。一般呈正方形，盖为盝顶状，盖的四边阴刻人身、动物头像的十二辰像和云纹、卷草纹及牡丹花叶纹等；也有的盖上无纹饰。本书对 24 例（有 2 例尺寸未详）属于 A 型的石墓志进行情况关联统计（附表 7.3），可得以下几组关系：

第一组：宗室成员使用的墓志石长度在 100 厘米以上。

第二组：3 例一品官员使用的墓志石长度均在 100 厘米以上。

第三组：2 例二品官员中，1 例使用的墓志石长度在 90—100 厘米，1 例使用的墓志石长度在 80—90 厘米。

第四组：4 例三至四品官员中，1 例四品官员使用了 100 厘米以上的墓志石，1 例三品官员使用的墓志石长度在 90—100 厘米，2 例使用的墓志石长度在 70—80 厘米。

第五组：6 例五至六品官员中，5 例五品官员使用的墓志石长度在 60—70 厘米，1 例六品官员使用的墓志石长度在 50—60 厘米。

第六组：3 例七至九品官员中，1 例七品官员使用的墓志石长度在 80—90 厘米，1 例七品官员使用的墓志石长度在 60—70 厘米，1 例八品官员使用的墓志石长度在 40—50 厘米。

通过对以上数据的对比考察，可得以下初步认识：

1. 宗室成员和一品官员的墓志的长度在 100 厘米以上。
2. 二品官员的墓志石长度在 80—100 厘米间。
3. 三至四品官员的墓志石长度在 70—80 厘米间。
4. 五品以下官员的墓志石长度在 70 厘米以下。
5. 官员亲属（主要是官员的夫人）的墓志石长度可能是根据官员的官阶而定，大小和官员的墓志大小基本相当，或略小。

从以上分析可以看出，金代 A 型石墓志的使用，仅限于有品级的官员中。墓志石的大小同墓主人的身份有一定的关系。地位高者，墓志较大，地位低者，墓志较小。但墓志大小的变化差异并不显著，尤其是官员级别较近者，大小变化似乎没有太明显的规律。但以上墓志中，有 3 例却明显超出了我们划定的级别范围，即内蒙古敖汉旗老虎沟 M1 博州防御使墓志[1]、北京市房山区城关镇崔宪墓志[2]、北京市西郊百万庄张汝猷墓志[3]。这 3 方墓志的大小均比我们划定的级别范围内的尺寸要大，而且，3 方墓志石均为汉白玉石，材质可谓高档。敖汉旗老虎沟 M1 墓主人为博州防御使，系契丹族，其情况可能较为特殊；崔宪墓志和张汝猷墓志，均稍超出其相应的墓志尺寸范围，两墓的年代都在金章宗泰和年间。这似乎不是偶然情况，反映出金朝到章宗后期，随着社会和政治出现不稳定，对墓志的规定有所松弛，出现下级僭越上级的现象。

B 型石墓志：本书统计 22 例属于 B 型的石墓志。此类型石墓志多呈长方形，有的上边两端抹角或为圆弧形。墓志的质地为不同种类的岩石，无纹饰。B 型石墓志，从形状上看，或可称之为"碑"或"碣"，但由于其均发现于墓内，我们把这类墓志石又称为"碑志石"。考古发现和研究表明，"宋代，碑、碣、志的造型有同化的趋势，其放置位置可能逐渐从墓上转移至墓内。墓碑、墓碣、墓志从早期的功能相近、形制相异、摆放位置相异，逐渐发展为功能、形制、摆放位置基本相同，或者说是可以互相取代"[4]。金代，这种情况进一步发展。从金墓中发现的情况分析，其墓主人一般为中下级官吏，也有身份地位较高的僧道人士。墓志的长、宽尺寸在 30—100 厘米，墓志的大小同墓主人的身份无明显的对应规律。所发现的 B 型石墓志中，有 3 例墓志所记墓主人非官吏身份。其中一例为山西省长治市安昌 ZAM8[5]，墓主人崔聂为农桑富户；另一例为河北省崇礼县水

---

[1] 朱志民：《内蒙古敖汉旗老虎沟金代博州防御使墓》，《考古》1995 年第 9 期。
[2] 陈亚洲：《金代〈崔宪墓志铭〉考》，《北京辽金文物研究》，北京燕山出版社，2005 年。
[3] 侯堮：《金〈张汝猷墓志〉考释》，《北京文物与考古》第二辑，北京燕山出版社，1991 年。
[4] 吴敬：《南方地区宋代墓葬的区域性及相关问题研究》，吉林大学博士学位论文，2008 年。
[5] 商彤流：《长治市安昌村出土的金代墓葬》，《艺术史研究》第 6 辑，中山大学出版社，2004 年。

晶屯墓[1]，墓主人为李孝均与其妻阿康，其身份为平民。该墓有2方墓志石，尺寸较其他墓志均小，长、宽只有10余厘米。所记内容也极其简略，仅记墓主人姓名及下葬年月。这两例石墓志的发现，说明在金代民间的普通百姓已有了僭越"非官不用墓志"[2]规定的情形，出现了越界使用墓志石的情况。长治市安昌ZAM8崔聂墓志石，格式较为规范；而崇礼县水晶屯墓李孝均墓志石，无论其大小，还是所记内容、形式等，都同官员所用的墓志石有着显著的差异。这也反映出这种"越界"毕竟还是有所保留的。

砖墓志：砖墓志形状基本同于碑志石，题刻形式也大致同。本书统计有8座墓中发现的12件墓志（附表7.4）。有长方形和方形两种，长度在30—45厘米。6座墓中，有2例为一般平民（富户），2例为僧道人士，1例为下级官员，1例未详。可见墓主人身份较为多样。其主要应是平民和少数低等级官员使用，使用的时间在金朝中期至晚期。

二、买地券

买地券系由现实生活中的买地契约演变而来，金墓中发现的买地券多为砖质，仅1例为铜质（附表7.5）。券文充满了道教色彩的迷信内容，为驱邪压胜之物。券文格式大致固定：如说土地是买自"后土"之类的神灵处；土地的四至为"东至青龙，西至白虎，南至朱雀，北至玄武"，"上至皇天，下至泉水"；土地的价值为"九万九千九百九十九贯文"；券文结尾有"急急如玉帝使者律令"一类的话，表明其"法律效力"。

本书统计32例买地券存在于30座墓中。其中1例为高级官吏，2例为下级官吏，1例为下级官吏家属，21例为一般平民（富户），5例不详。由此反映出买地券的主要使用者为普通平民，下级官吏偶尔也使用买地券，级别较高的官员也有发现使用的情况。集中出现的时间则在金朝中晚期。

第三节　石椁墓等级

本书统计石椁墓46例。据构筑椁室石材及筑法不同，该类墓分二型。A型又分六式，B型又分二亚型。以A型石椁墓发现为多。对石椁墓的等级划分，已有学者做过有益的探索性研究。秦大树先生着重从石椁墓的尺寸方面考虑，将石椁墓划分为大、小两

---

[1] 贺勇：《河北崇礼县水晶屯发现一座金代石函墓》，《考古》1994年第11期。
[2] （宋）郑居中：《政和五礼新仪》，《文渊阁四库全书》总第0647册第885页之卷二百十六"品官丧仪·葬"条目中记述品官墓中"志一，九品以下无"。此即"非官员墓中不用墓志"。金承宋制，情况应相同。

式，分别对应两个层次级别的官员和相关人员[1]；刘晓东先生以构筑石椁的石板数量为出发点，结合石椁的大小尺寸，重点讨论了两种形式的石椁墓（即6块石板和10块石板构筑的石椁墓）所代表的等级差异[2]。我们认为上述两种讨论都有可借鉴之处。

A型石椁墓中，AⅠ式（6块石板构筑）和AⅡ式（10块石板构筑）发现最多。

AⅡ式石椁墓有4例，其中3例有明确身份标识，即黑龙江省阿城城子村完颜晏墓[3]、吉林省长春市石碑岭完颜娄室墓[4]、北京市丰台区米粮屯乌古论窝论墓[5]。这3例墓的墓主人身份均为2品以上的官员。吉林省扶余县西山屯墓[6]虽不知墓主人具体身份，但其墓葬形制、结构、大小等和黑龙江省阿城城子村完颜晏墓几无二致，推测其墓主人级别不低。上述4座墓石椁的长度都在2.8米以上。

AⅢ式石椁墓1例，即北京市丰台区米粮屯乌古论元忠夫妇墓[7]。石椁四壁各由2块汉白玉石板组成，底、盖各由3块青石条组成，共计14块石板。石椁长约3.9米、宽3.1米。该墓石板的材质优于AⅡ式，长度也超过AⅡ式。墓主人身份较为特殊，乌古论元忠为驸马、一品官员，其夫人为鲁国大长公主，系宗室成员。因此墓葬的构造要略高于AⅡ式石椁墓也合乎常理。

AⅠ式石椁墓有身份标识的有4例。北京市海淀区南辛庄张□震墓（从五品）[8]、北京市通县三间房村石宗璧墓（正五品）[9]、北京市西郊香山蒲察胡沙墓（从二品）[10]、北京市平谷东高村巨家坟墓（正四品）[11]。此外，北京市房山县长沟峪5座石椁墓，现推测为坤厚陵，即所葬为后宫嫔妃。这些墓葬的墓主人，皆为中级以上官吏，但低于AⅡ式石椁墓的墓主人。石椁的尺寸虽然不完全统一，却基本也是随着墓主人等级的高低略有大小的差别。其石椁长、宽尺寸明显比AⅡ式石椁要小。

AⅣ式石椁墓1例，北京磁器口吕恭墓[12]。石椁四壁由4块石板立砌，底、盖各用2块石板构成，共计8块石板。石椁长2.2米、宽2.1米。墓主人吕恭为从八品官员，未使用

---

[1] 秦大树：《金墓概述》，《辽海文物学刊》1988年第2期。
[2] 刘晓东：《金代土坑石椁墓及相关问题》，《青果集：吉林大学考古专业成立二十周年考古论文集》，知识出版社，1993年。
[3] 黑龙江省文物考古研究所：《黑龙江阿城巨源金代齐国王墓发掘简报》，《文物》1989年第10期。
[4] 长春市文物管理委员会办公室：《长春市石碑岭金代墓地发掘简报》，《考古》1991年第4期。
[5] 北京市文物工作队：《北京金墓发掘简报》，《北京文物与考古》第一辑，北京燕山出版社，1983年。
[6] 吉林省博物馆：《吉林省扶余县的一座辽金墓》，《考古》1963年第11期。
[7] 北京市文物工作队：《北京金墓发掘简报》，《北京文物与考古》第一辑，北京燕山出版社，1983年。
[8] 北京市海淀区文化文物局：《北京市海淀区南辛庄金墓清理简报》，《文物》1988年第7期。
[9] 北京市文物管理处：《北京市通县金代墓葬发掘简报》，《文物》1977年第11期。
[10] 齐心：《金蒲察胡沙墓志铭考释》，《北京史论文集》，北京史研究会编印，1980年。
[11] 杨学林：《北京平谷东高村巨家坟金代墓葬发掘简报》，《北京文物与考古》第四辑，北京燕山出版社，1994年。
[12] 北京市文物研究所：《磁器口出土金代石椁墓发掘简报》，《北京文博》2002年第4期，彩二—彩四。

AⅠ式石椁（6块石板）墓，而是使用了AⅣ式石椁（8块石板）墓，但其石椁的长、宽尺寸却比一般使用AⅠ式石椁、级别比其高的官员墓内的尺寸更大。这似乎是一个特例。

AⅤ式和AⅥ式石椁墓各1例，虽然形制和其他石椁一致，但其构成方式和大小明显有别于其他石椁墓，墓主人身份为下级官员或富户。

B型石椁墓发现数量少。分Ba型和Bb型两种形制。

Ba型有8座，其中有5座为北京市房山区龙门口村大房山金陵主陵区2001FJLM1—M5[1]。这5座墓虽未发现明确的身份标识，但由于其位于皇陵主陵区特殊的区域内，应系宗室成员。另外3座如辽宁省盖县路西石椁墓[2]、辽宁朝阳重型机器厂1989M1[3]、辽宁省朝阳市辽宁轮胎附属厂93LTFM1[4]大小不及上述5座，级别要低一些。

Bb型仅1座，即黑龙江省绥滨县奥里米1974M5[5]。根据该墓地墓葬分布情况和形制结构等分析，该墓非一般平民墓葬，墓主人当为贵族身份。

综上所述，关于石椁墓的使用情况可概括为：

（一）6块石板构筑的AⅠ式石椁墓和10块石板构筑的AⅡ式石椁墓是石椁墓的主体形制，其他形制的石椁墓是这两种形式石椁墓的衍生形式。

（二）AⅡ式石椁墓（10块石板构筑）应为三至二品以上官员使用；AⅢ式石椁墓为特例，为一品官员和高级别的宗室成员使用。

（三）AⅠ式石椁墓（6块石板构筑）主要为六至四品的中级官员和亲属及宗室成员使用。

（四）Ba型石椁墓也是部分中下级官员和亲属及一般宗室成员使用的主要对象。

（五）高级官员可以使用低等级的墓葬形制，也存在低级官员越制使用高等级的墓葬形制的现象，但其墓葬形制构成和大小会发生一定范围的相应的改变。

第四节　砖室墓等级

砖室墓是金代发现数量最多的一种墓葬形制，也是分布最为广泛的一种墓葬类型。但大多数的砖室墓缺乏准确的身份判定依据。因此对于砖室墓等级的考量，主要以有明

---

[1] 北京市文物研究所：《北京金代皇陵》，文物出版社，2006年。
[2] 崔德文：《盖县路西金墓清理简报》，《辽宁文物》1980年第1期。
[3] 辽宁省文物考古研究所：《朝阳重型机器厂金墓》，《辽海文物学刊》1990年第2期。
[4] 朝阳市博物馆、龙城区博物馆：《辽宁轮胎附属厂古墓清理简报》，《边疆考古研究》第3辑，科学出版社，2004年。
[5] 黑龙江省文物考古工作队：《松花江下游奥里米古城及其周围的金代墓群》，《文物》1977年第4期。

确身份标识的墓葬为基础作为参照。

砖室墓分两型：A型（单室墓）和B型（多室墓）。

B型墓（多室墓）中有2例是有明确身份标识的高级官员墓。

Bg型：河北省兴隆县梓木林子萧仲恭墓[1]，系三正室。有前、中、后三室。但墓室构成、形状、大小不详。

Be型：河北省新城县北场村时立爱墓[2]，系二正室，前室两侧各有一个圆形耳室。该墓前室为长方形，后室为八边形。前室长4.65米、宽3.8米；后室长5.45米、宽4.75米；耳室直径2.8米。

上述两墓墓主人均为高官显贵。萧仲恭，契丹人，曾仕辽，后降金，封为"燕京之留守越国王"，正一品官员。时立爱，汉人，曾仕辽，后降金，封为"钜鹿郡王、荣国公"，正一品官员。两位墓主人均曾在辽朝为官，后降金，成为金朝的重臣，地位显赫。因此其墓葬均选择了高等级的极具辽墓风格的多室墓。有学者研究辽代三正室和二正室的砖室墓是郡王以上的官员使用的墓葬。此二墓的形制结构及墓主人身份也和辽代的墓葬等级制基本相符。

B型墓（多室墓）中有2例是有明确身份标识的中下级官员墓。如辽宁省喀左县利州商业街墓[3]，属Bc型，即前、后两正室。据墓志，墓主人冯兴安为广威将军（正五品），系中级官员；山西省长治市故漳村墓[4]，属Bb型，即一正室，正室两侧有耳室。正室近方形，正室两侧各有一个长方形耳室。正室长2.75米、宽2.5米、高4.56米；耳室长1.85米、宽0.9米、高1.98米。墓中题记载墓主人生前为敦武校尉（从八品下），系下级官员。

还有1例多室墓，墓主人身份非官员，系一般平民。即山西省侯马市西郊64H4M102[5]，属Bc型，二正室，无耳室。前、后室均为方形，大小相等。边长2.3米、高3.92米。墓中的砖券文书载该墓为董海与三个儿子的合葬墓。从砖券记载情况看，墓主人董海父子非官宦出身，当为平民中的富户地主。

其他型式的多室墓除Bd型和Bh型墓室较小外，余者主墓室的大小基本都和64H4M102相仿，墓室的长度在2—3米间。由于缺乏准确的身份标识，目前尚难以对这些墓进行确切的级别定位。Bd型和Bh型墓虽属多室墓，但其墓室远比其他墓的面积要

---

[1] 郑绍宗：《兴隆县梓木林子发现的契丹文墓志铭》，《考古》1973年第5期。
[2] 河北省文化局文物工作队：《河北新城县北场村金时立爱和时丰墓发掘记》，《考古》1962年第12期。
[3] 喀左县博物馆：《辽宁喀左县利州商业街金代纪年墓葬的发掘》，《北方文物》2017年第4期。
[4] 长治市博物馆：《山西长治市故漳金代纪年墓》，《考古》1984年第8期。
[5] 山西省考古研究所侯马工作站：《侯马102号金墓》，《文物季刊》1997年第4期。

小，而且构造简单。其墓主人级别显然要低，可能属一般平民。

A 型墓（单室墓）发现数量多。从统计情况看，单室墓的墓室长度多在 2—3 米间，个别的略超出此数据范围。发现墓主人身份最高者为内蒙古敖汉旗老虎沟 M1[1]，墓室呈八边形，墓室对角直径约 4 米。是单室墓中最大者。墓主人为博州防御使，四品官员。其他一些身份明确的级别稍低的中下级官员及家属墓，墓室的长度都在 2—3 米的幅度内；一些身份明确的平民墓，墓室的长度也基本在 2—3 米的幅度内。

通过以上对砖室墓的总体考察和个例分析，可以得出以下初步认识：

（一）墓室数目的多寡，在某种程度上，并不完全反映墓主人身份的高低。

（二）金代早期，在原辽统治的区域内（主要是 Ⅱ 区），由于受辽的政治和文化影响较深，一些高级官员使用了相应规模的多室墓，墓室的面积也较大，有壁画装饰，使用石墓志，凸显了等级地位的差异。

（三）金代中晚期，多室墓的数量略有增加，集中在 Ⅲ 区、Ⅳ 区、Ⅴ 区、Ⅵ 区，等级的意义渐趋弱化，平民中的富者也选择使用此类型的墓葬。

（四）单室墓是主要流行的墓葬形制，主体使用对象是中下级官员和平民中的富户人家，可分两类，一类是无仿木构建筑，一类是有仿木构建筑。墓室长度集中在 2—3 米间。随墓葬分布区域变化和墓主人身份、地位、经济状况变化，墓葬本身的结构、墓内的装饰等略有大小、繁简的变化。

第五节　石室墓等级

石室墓数量不多，发现仅十几例。多数墓也缺少明确的身份标识，仅有数例墓可知墓主人身份。成为考察石室墓等级的基础材料。

石室墓分两型：即 A 型墓（单室墓）和 B 型墓（多室墓）。

吉林省舒兰县小城子墓地第 2 墓区石室墓[2]，为单室墓，墓室呈方形。系用规整的花岗岩条石修砌而成。顶部为整块花岗岩石雕琢成的四阿式顶盖。墓室内顶部呈穹窿式藻井。墓门前的墓道处为覆斗式天井。墓室较大，室内置 5 具石函。随葬品有铁牌 1 件、铜蜡台 1 对、仿定白瓷瓶 2 件、白瓷碗 4 件。该墓曾被认为是完颜希尹墓，从目前的材料线索看，推论证据尚显不充分，有待进一步考证。但此墓墓主人作为完颜希尹家族中

---

[1] 朱志民：《内蒙古敖汉旗老虎沟金代博州防御使墓》，《考古》1995 年第 9 期。
[2] 徐翰煊、庞志国：《金代左丞相完颜希尹家族墓调查试掘简报》，《中国考古集成·东北卷（18）》，北京出版社，1997 年。

的一员，身份地位应该不低。

辽宁省阜新市南瓦村墓[1]，为单室墓，墓室呈长方形，长7米、宽3.5米。墓壁基础系用规整的花岗岩条石垒砌，其上用条石叠涩成穹窿顶，顶部用一圆形花岗岩石封顶。此墓出土有钧窑瓷盘1件、白釉酱花四系瓶1件、铁马镫1件、铜镜2件等。此墓无身份标识，但从墓葬出土的随葬品及墓葬本身的形制结构、大小等分析，墓主人当为中级或中级以上官吏。

河南省焦作市西北郊王庄邹琼墓[2]，为单室墓，墓室呈八边形，长3.1米、宽3.06米，攒尖顶。墓内有石刻画像题材装饰。墓内题记载墓主人邹琼非官员，当为一般平民中的富户。

山西省长治市安昌村南ZAM8为多室墓[3]，由主室和7个耳室组成，有仿木构装饰。主室呈方形，主室边长2.3米、总高3.2米，攒尖顶。该墓系崔日和家族成员合葬，墓主人为农桑富户。

其他单室墓的大小和砖室墓的情况基本相同，墓室长度多在2—3米间。其形制、结构与砖室墓大致相若。

综上，可以得出以下认识：

（一）石室墓是少数人使用的墓葬形式。以单室墓为主，带有小耳室的多室墓偶见。

（二）墓葬结构的繁简、精细，墓室的大小在一定程度上体现一定的等级差异。大致以中、下级官员和富豪阶层为主要的使用对象。

第六节　其他类别墓葬

一、砖石（合筑）椁墓

砖石（合筑）椁墓实际上是石椁墓范畴的一种墓葬形式。四壁分两层，内壁为石板构筑，外层为砖砌筑，石板盖顶。目前仅见4例。吉林省舒兰县小城镇完颜希尹家族墓地有3例[4]，其中第3墓区M1被推定为完颜守道墓。此墓长2.5米、宽1.7米、高1.35米。完颜守道是完颜希尹的嫡孙，世宗时期曾任尚书左丞相之职，为一品官员。还有1

---

[1] 赵振生：《阜新市郊南瓦金代墓葬》，《中国考古集成·东北卷（17）》，北京出版社，1997年。
[2] 河南省博物馆、焦作市博物馆：《河南焦作金代发掘简报》，《文物》1979年第8期。
[3] 商彤流：《长治市安昌村出土的金代墓葬》，《艺术史研究》第6辑，中山大学出版社，2004年。
[4] 徐翰煊、庞志国：《金代左丞相完颜希尹家族墓调查试掘简报》，《中国考古集成·东北卷（18）》，北京出版社，1997年。

例是河北省新城县北场村时丰墓[1]，长2.89米、宽2.33米、残高1.5米左右，四壁绘有壁画。时丰为时立爱之子，为从三品官员。

以上4例墓葬的情况说明砖石（合筑）椁墓同石椁墓一样，是有一定身份的官员或其家族成员使用的一种墓葬形式。这种墓糅合了石椁墓和砖室墓的构造风格于一体，体现了女真文化和汉文化融合的特点。

二、砖石（混筑）室墓

砖石（混筑）室墓仅见5例。这类墓的构造和砖室墓是相同的，墓室大部分以砖砌筑，只是局部以石填筑。5例墓葬的墓室长度都在2—3米，推测其墓主人为平民中的富者或下级官员。

三、土洞墓

土洞墓是除Ⅰ区之外均见有分布的一种墓葬类型，其数量约占墓葬发现总数的十分之一。这种墓是属于较为简陋的一种室类墓。从发现的情况看，尚未见有确切身份的官员墓葬，随葬品也无特别之处。故可认为此类墓是主要分布于中原黄土高原带有地域特点的金墓之一，属于一般平民的墓葬形式。

四、石棺墓

土坑石棺墓有4例。发现墓主人身份确切者有平民和僧人。推测其主要是平民中富者使用的一种墓葬形式。

五、石函墓

土坑石函墓主要分布于Ⅰ区和Ⅱ区，其数量约占墓葬发现总数的十分之一。此类墓是以火葬为埋葬形式的一种墓葬类型。目前发现墓主人级别最高者有2例。一为吉林省舒兰县小城子完颜希尹家族墓地第4墓区M1，即昭勇大将军夫妇墓[2]。昭勇大将军即完颜守□，官至从三品。石函长1.48米、宽1.05米、高0.9米。另一例为敖汉旗英凤沟M2[3]，墓主人为完颜之，从三品官员。石函长1.38米、宽1米、高0.94米。两位墓主人官品级别相当，石函大小也相当，而且这两座石函的尺寸要比其他同类墓葬的石函稍大，

---

[1] 河北省文化局文物工作队：《河北新城县北场村金时立爱和时丰墓发掘记》，《考古》1962年第12期。
[2] 徐翰煊、庞志国：《金代左丞相完颜希尹家族墓调查试掘简报》，《中国考古集成·东北卷（18）》，北京出版社，1997年。
[3] 敖汉旗文物管理所：《内蒙古敖汉旗英凤沟金代墓地》，《文物》1987年第8期。

也反映出石函大小确代表一定的等级差异。

概括之，石函墓应是下级官员和平民中的富者使用的一种墓葬类型，偶见少数中级官员使用这类墓。

六、砖椁墓

砖椁墓的数量较少。一般墓葬较为狭小，个别墓葬尺寸较大。根据墓葬的形制结构和随葬品的情况分析，这类墓的主体使用对象为一般平民。

七、木椁墓

土坑木椁墓是较为特殊的一种墓葬形式，而且仅发现于Ⅰ区的女真人故地——黑龙江地区，数量较少。从墓葬本身的形制结构看，有较多的原始性。结合墓内出土的随葬品分析，此类墓是早期女真贵族使用的一种墓葬形式。

八、木棺墓

土坑木棺墓分布范围广，发现的数量约占墓葬发现总数的十分之一。从墓葬本身的形制结构及墓内出土的随葬品考察，这类墓的墓主人属于平民阶层。

九、土坑墓

土坑墓主要分布于Ⅰ区和Ⅱ区，其数量约占墓葬发现总数的十分之一。这类墓无任何葬具，随葬品简单，故此类墓的墓主人是平民中的贫者，属于最下层阶层。

第七节　佛教和道教人士墓葬

金代，佛、道、儒并行。金廷对佛、道二教格外尊崇，佛教和道教在辽、宋的基础上得到了新的发展，相关记述体现了佛、道二教的基本流行情况。

洪皓著《松漠纪闻》载："胡俗奉佛尤谨，帝后见像设皆梵拜，公卿诣寺则僧坐上坐。燕京兰若相望，大者三十有六，然皆律院。"[1]

《大金国志》卷三十六"浮图"条载："浮图之教，虽贵戚、望族，多舍男女为僧尼。惟禅多而律少，在京曰国师，帅府曰僧录、僧正，列郡曰都纲，县曰维那。披剃威

---

[1]（宋）洪皓：《松漠纪闻》，《长白丛书（初集）》，吉林文史出版社，1986年。

仪与南宋等，所赐号曰'大师'，曰'大德'，并赐紫。国师，在京之老尊宿也，威仪如王者师。国主有时而拜，服真红袈裟，升堂问话，讲经与南朝等。僧录、僧正，帅府僧职也，皆择其道行高者，限三年为任，任满，则又别择人。张官府，设人从。僧尼有讼者，皆理而决遣之，并服紫袈裟。都纲，列郡僧职也。亦以三年为任。有师号者赐紫，无者如常僧服。维那，县僧职也。僧尼有讼者，杖以下决遣之，杖以上者并申解僧录、都纲司。"[1]

《大金国志》卷三十六"道教"条载："金国崇重道教，与释教同。自奄有中州之后，燕南、燕北皆有之。所设道职，于帅府置司，正曰道录，副曰道正，择其法箓精专者授之，以三年为任，任满则别择人。"[2]

本节通过对考古所见金代佛、道人士墓葬的形制、结构及丧葬习俗等进行专门考察，试对金代佛教人士和道教人士所处的社会地位及佛教、道教的流行情况提供最直接的考古学范例。

一、佛教人士（僧侣）墓葬

（一）单人葬

山西省长治市土坑石棺墓[3]，系火葬。棺身有题刻，墓主人为"崇仪大德淮公僧正"，为实际院僧正，赐号为"崇仪大德"。该墓纪年为公元1180年。

辽宁省阜新市西山屯墓[4]，该墓为圆形砖室墓，直径2.1米。墓室有砖砌棺床，其上有一具散乱的人骨。随葬品为5件瓷器，有碗、碟。出土碑形石墓志一方。墓主人为北京北净修院住持，获赐号"紫衣宝严大德"，该墓纪年为公元1233年。

（二）多人合葬

山西省朔州市朔城区墓[5]，该墓为长方形砖室墓，长3.94米、宽3.72米。室内沿壁有台阶，上置30多具陶棺。根据出土的墓志及棺刻铭文知，墓主人为广福寺或广运寺僧人，均为火葬，后二次丛葬于一墓中。该墓纪年为公元1179年。依铭刻、志文看，这些僧人中有普通的僧侣，也有住持和拥有"赐紫大师""大德"等封号的高级别的僧侣。

---

[1]（宋）宇文懋昭撰，崔文印校证：《大金国志校证》，中华书局，1986年。
[2]（宋）宇文懋昭撰，崔文印校证：《大金国志校证》，中华书局，1986年。
[3] 王进先：《山西长治市发现金代石棺》，《考古》1986年第2期。
[4] 阜新市博物馆：《辽宁阜新市发现一座金代墓葬》，《考古》2004年第9期。
[5] 宁立新、雷云贵：《朔州市朔城区金代僧人丛葬墓发掘简报》，《山西省考古学会论文集（三）》，山西古籍出版社，2000年。

河南省三门峡市崤山西路 M1[1]，该墓为阶梯式墓道八边形墓。墓室内有彩绘壁画，主要为花卉，墓内两侧门框上各绘一男女侍童。墓室宽 2.39 米。室内有"凹"字形棺床。七侧壁上各有一个壁龛，其中六个壁龛内有一或两个陶罐或陶盒，罐内盛放烧骨碎块。棺床上有一具尸骨，仰身直肢葬，无葬具。在壁龛的上方刻有十四个僧人的法号，可知为僧人合葬墓，而且级别、辈分有别。该墓纪年为公元 1167 年。

在 M1 周围，还有两墓，即 M2、M3，均为长方形砖室墓[2]。均有凌乱的烧骨碎块。其中 M2 有九具个体，为尸骨葬和火葬形式的合葬。这两座墓的年代为北宋晚期。M3 墓壁上镶嵌有石刻《长兴禅院崇公卯塔记》。以上三墓年代相距不远。从 M3 出土石刻记载有长兴禅院分析，三墓内埋葬的应皆为僧人，可能为长兴禅院的僧人。

陕西省韩城县安居寨墓[3]，该墓为长方形砖室墓，长 2.94 米、宽 2.05 米。室内有 4 具陶棺、1 具木棺。棺上书有墓主人名题记，知为僧人合葬，大约有七人，系火葬。墓内仅出土瓷枕 1 件。该墓年代为公元 1178 年。从棺上题记推断，所葬者为大庆善寺僧人。

河南省安阳市大华时代广场 M1[4]，为一座仿木构砖雕壁画砖室墓，墓室平面为八边形，有砖砌棺床。出土墓志纪年为金代"正隆四年"（1159 年），墓主人为相州地区洪福寺数名高僧。

江苏省徐州市户部山 M2[5]，为一座砖室墓，墓室平面呈正方形，墓室下层有 22 个壁龛，分置 21 具陶骨灰盒。根据陶盒和陶牌上刻字铭文，可知该墓为寺庙盛放僧人骨灰的地宫。

陕西省甘泉县阳山洞室墓（瘗窟）[6]，由前廊、门道、三洞室组成，仿木构楼阁，洞室有前、中、后三室。中、后两室凿出倒"凹"字形棺床，棺床上多具棺木，严重扰乱，尸骨混置一起，共 22 具，均为成年人，男性 8 具，女性 14 具。前廊雕释迦牟尼佛像和天尊像及飞天像等；前室有浮雕群山和十六罗汉像；中室顶部雕飞天、莲花荷叶、伽陵频迦等。雕刻均为浅浮雕上加阴线刻。从雕刻内容看，有显著的佛教色彩，表明其为僧人丛葬墓的可能性更大一些。瘗窟的年代大致为金代晚期。

综观以上数处僧人墓葬，年代多在金代中期至晚期。墓葬类型有三种：砖室墓、土坑石棺墓、洞室墓。砖室墓平面形状有长方形、圆形和八边形。有的砖室墓上部结构不

---

[1] 三门峡市文物工作队：《三门峡市崤山西路发现三座古墓》，《华夏考古》1993 年第 4 期。
[2] 三门峡市文物工作队：《三门峡市崤山西路发现三座古墓》，《华夏考古》1993 年第 4 期。
[3] 任喜来、呼林贵：《陕西韩城金代僧群墓》，《文博》1988 年第 1 期。
[4] 孔德铭、于浩、焦鹏：《河南安阳金代高僧砖雕壁画墓》，《大众考古》2019 年第 3 期。
[5] 徐州博物馆：《徐州户部山东汉至金代墓葬发掘简报》，《考古与文物》2009 年第 2 期。
[6] 张燕、李安福：《陕西甘泉县金代瘗窟清理简报》，《文物》1989 年第 5 期。

详，其上可能还有塔结构建筑。流行火葬，也有尸骨葬。2座单人葬的墓葬，墓主人有"大德"一类赐号，地位级别较高。其他合葬墓的僧人，多为一般僧侣，仅个别僧侣有较高的身份，获有赐号。从发现的相关文字记述分析，这些墓葬都与僧侣生前所在的寺院相近，一般情况下，墓葬可能就近葬于寺院附近。发现随葬品不多，反映出佛教僧侣讲究薄葬的埋葬习俗和社会现象。

二、道教人士（道士）墓葬

发现2座有明确身份标识的墓葬。

山西省曲沃县西南街安法师墓[1]，该墓为方形砖室墓，边长2.1米、高2.9米，攒尖顶。有仿木构装饰，彩绘壁画。壁画表现内容主要为天象图和反映道教的法师端坐作法图。墓内无棺床，墓主人为仰身直肢葬。出土砖墓志一方，标识为"安法师墓志铭"。在南壁壁龛内出土1件瓷碗。该墓纪年为公元1156年。

山西省大同市城西阎德源墓[2]，该墓为方形砖室墓，长3.12米、宽3.11米、高3.28米，攒尖顶。有简单仿木构装饰。墓内有砖砌长方形棺床，棺床上横放棺椁各1具。墓主人为仰身直肢葬。出土碑形石墓志一方，墓主人为"西京玉虚观宗主大师阎德源"。随葬品有木器、瓷器、铜器、骨器、陶器、漆器、牛角印章、丝织品、石香炉、石狮、玉枕等一百余件。该墓纪年为公元1190年。

以上两墓形制相似，但大小、结构略有差别。葬俗皆为尸骨葬。从墓葬、随葬品墓志记述等分析，安法师似为一般的道士，而阎德源则为西京玉虚观的宗主大师。而且阎德源墓还有棺、椁双层葬具，随葬品较为丰富，种类繁多，反映出其作为宗教人士，地位之高，影响之大。墓志载："宣和侍晨张公为职箓道士命授金坛郎。追乎上天革命稽首向风携尘而来，寓迹此地。既而卜筑于京西，兴创土木，度集徒众，琳宫壮丽，计日而成清高之行，喧传宇内。由是贵戚公侯大夫士庶敬之如神，朝廷累赐师号，为羽流之宗。"从墓志的记述看，西京玉虚观也是阎德源做道士时兴建起来的，而且其本人备受当时的西京贵戚公侯大夫士庶崇敬，朝廷多次予以赐号，使其成为道士中的上层人物。

总体看，金代佛、道人士的墓葬是存在一定差异的。佛教僧侣，更流行火葬和薄葬；而道教人士，流行尸骨葬，级别高的道士也讲求厚葬，反映出二教之间的差异所在。

---

[1] 孙永和、孙丽萍、张红勤：《山西曲沃西南街发现金代安法师墓》，《中国文物报》2005年2月9日。
[2] 大同市博物馆：《大同金代阎德源墓发掘简报》，《文物》1978年第4期。

第八章 结语

在以往研究的基础上，笔者对金代墓葬进行了一次较为全面系统的梳理和综合研究。主要的认识和收获概括如下。

一、以新中国成立为界标，可将关于金墓的发现与研究史分为两个历史时期。清末至民国时期，是对金墓的著录和调查时期。这一时期，仅限于对金墓及相关遗存的著述和考证。自新中国成立后，开始了对金墓的正式田野工作和研究。根据不同时期的考古发现、发掘工作与研究情况，可将金墓的考古学发现与研究过程分为三个阶段。第一阶段为资料累积与起步研究阶段（20世纪50年代至70年代）；第二阶段为初步研究阶段（20世纪80年代至90年代）；第三阶段为深入研究与深化认识阶段（21世纪初迄今）。纵观金墓的发现与研究史，新中国成立以来的数十年，在金墓的考古发现、发掘与研究方面所取得的成果是丰硕的。这些成果已引起学界的高度重视，将对金墓全面而深入的研究产生积极影响和促进。

二、对墓葬形制结构的了解是墓葬研究的基础。从科学研究的角度出发，对发现的金墓结构、类型重新予以辨识和定义说明，对一些名谓不科学、不规范的墓葬，按照本书的分类原则重新予以归类定名。金墓类型多样。依照统一的分类标准和原则，对目前发现的1 100余座金墓，进行了三个层次的类型划分。根据其总体建筑构造及外部形制、规模的不同，首先总体分为两大种，第一种墓称之为"竖穴类墓"，此种墓的基本构造是土坑竖穴式，或在土坑内用木、石、砖等材料再构筑墓壁，没有墓门、墓道等出入构造；第二种墓称之为"室类墓"，此种墓是模仿现实生活中的房屋等建筑形式而构筑的结构较为复杂的墓，包括墓室、墓门、甬道、墓道等。"竖穴类墓"包括了九类墓葬，"室类墓"包括了五类墓葬。两大种墓葬的十四个类型下，又根据各自具体差异分为不同的型式。本书划分的十四个墓葬类型是目前所见金墓的全部。

三、随葬品是判定墓葬年代及分期研究的基础之一。相较而言，金墓中所见随葬品并不丰富。加之历史上的盗扰等诸多因素，绝大多数墓葬中随葬品所剩无几，这给判定大量无纪年墓葬的年代带来困难。考虑到金代区域文化交流的广泛性，将随葬品的考量研究放在一个宏观的背景下进行对比考察。选取了时代变化较为鲜明的陶瓷器作为类型学研究的重点，同时又遴选了特征较为显著的铜镜及一些常见的铁器。历史时期考古器物的类型学研究，可能不及史前时期陶器等器物的变化敏感，但通过对一些常见和典型的陶瓷器如鸡腿坛、小口瓶（梅瓶）、长颈瓶（玉壶春瓶）、荷形口瓜棱瓶、执壶、无耳壶、双系瓶、双系罐、瓜棱罐、罐、碗、钵、盘、盆、釜（鏊锅）、鼎、鏊耳洗、平底锅（熨斗）、灯盏、带盖罐、烛台、枕，其他质地的器物如铜镜、铁（铜）釜等进行类型学的排比，其分析结果仍然有助于对墓葬进行分区和分期的考察。略作说明的是，这种类型学上型式的划分，并不一定完全体现绝对的时间概念上的阶段性变化，有的可能仅是体现了器物出现时间早晚的逻辑顺序。

四、以砖室墓为主流的金墓中，墓室盛行装饰的风气。所见图像装饰方式主要有砖雕、壁画以及石刻画像等，砖雕和壁画二者在多个题材方面内容是相同的，只有少数几个方面有所不同。石刻画像内容基本同于前二者。图像内容包括墓主人图、"妇人启门"图、侍从和武士图、家居生活图、出行图、孝行图、八仙图、散乐图、百戏图、杂剧图、祥瑞图、天象图、建筑家居装饰图等。以上装饰图像主要见于砖室墓和个别的石室墓中。而且多数的砖室墓在墓内的装饰上，将砖雕和壁画结合起来运用，二者互为补充，构成了金代仿木构墓装饰的一个重要特点。在所有的装饰中，每一类题材基本都有其较为固定的装饰位置，并蕴藏了一定的特殊含义，本书着重对其中一些主要的题材内涵进行了初步的分析和探讨。从图像装饰的技法形式和内容考察，不同形式和内容的装饰图像各有一定的分布区域，因此，图像装饰也成为本书分区研究的一个重点。

五、结合自然地理区域、行政区划、考古学文化面貌的差异，本书将金墓的发现划分为六大区。Ⅰ区：东北地区；Ⅱ区：华北长城沿线地区；Ⅲ区：晋中、冀中南地区；Ⅳ区：豫东、山东地区；Ⅴ区：晋南、豫西地区；Ⅵ区：陇东、陕西地区。同时，参照众多纪年墓的发现情况及特征，并结合金王朝发展的历史脉络和重大事件，我们将金墓的发展、演进划分为三期。第一期：金代早期（1115—1152年），其中，以北宋的最终灭亡为标尺，前后又划分为早、晚两段。这一时期是金墓的形成和发展期，大约到海陵王即位的天德年间，金墓逐步发展成熟。第二期：金代中期（1153—1189年），这一时期是金墓的繁荣期，墓葬种类多，尤其是世宗大定年间的墓葬数量最多。第三期：金代晚期（1190—1234年），其中，以宣宗迁都南京开封府（汴京），蒙古入侵金朝、攻占中都为标尺，前后又划分为两段。这一时期是金墓由繁荣走向衰落的转折期，发现的墓葬年代多为章宗时期，卫绍王时期仅有少量的发现。各区在总分期的基础上对各期的特征分别进行了探索，初步建立了各区的分期体系，对各区的区域特征进行了总结，并对各区各期情况差异及产生的社会历史背景和原因试作分析。

六、判定族别是金墓研究的重要内容。金代是民族大融合的又一个重要时期。民族间文化交融碰撞、并行发展，共同构成了多元的文化基础结构。本书依据一些墓葬中发现的墓志、铭文等文字记述，结合其他的一些考古学信息特征，初步区分出金代女真人、契丹人、汉人的族别，并对它们的墓葬特征——做了总结。其中，汉人墓（汉式墓）的文化特征及葬俗，体现了金代文化发展的主导地位。女真人和契丹人的墓葬特征，虽然各自保留了一些本民族的特征和因素，但随着时间的推移，民族间经济、文化等多方位的交流，其本民族的文化元素逐渐减少，更多地呈现出汉化趋势。由于政治上的主导地位，女真人墓葬的民族特征保存得要略显浓厚一些，而契丹人墓葬的民族特征则越来越趋于消亡。当然，由于历史传统的差异，区域的不同，民族特征表现的程度亦有所区别。

七、等级的考察也是金墓研究的基础之一。文献中缺乏对金墓等级的记述，本书利用考古学的资料，对金墓的规格、等级定制及其社会阶层构成等情况进行初步的考察。总体看，在墓葬的葬制上，金代的礼制等级观念趋于弱化。金墓中墓葬类型多样，但缺乏明显的层次划分，体现得更多的是一致化和世俗化。砖室墓是发现数量最多、分布最为广泛的一种墓葬类型，同时也是使用最为复杂的一类墓葬。其墓室数量的多寡，虽然仍有判定身份等级的意义，但这种指示意义，在金代早期只在原辽故地统治下的曾在辽朝为官后仕金的官员墓中有较为明显的体现，而这种情况体现的正是原辽代墓制的等级差异的延续。到中晚期，更广的范围内，体现等级的意义已近于消失。石椁墓，尤其是A型石椁墓是金代特有的墓葬形制，主要是在女真贵族中流行使用的一种墓葬类型。构筑石椁的石板的数量和石椁的尺寸大小体现一定的等级身份的高低，但等级界限的差别并不显著。延续北宋的礼制，金代晚期一些高级官员的墓前设立神道碑和石像生，只在五品以上的中高级官员的墓前可设置，这种礼遇同时可赠予三品以上职别的官员的祖先配享。体现身份的墓志在金代与碑、碣有同化的态势。传统意义的带盖石墓志只在有品级的官员墓中使用，而且志石的大小与品级的高低存在一定的联系。碑形石墓志和砖墓志一般是下级官员和平民使用的墓志类型。金代中期至晚期，买地券流行，其主要的使用对象为平民及少量的下级官员。

近一个世纪以来，金代墓葬的发现数量呈激增的态势。但是面对日渐丰富的考古资料，研究工作则略显薄弱和滞后。本书在较为系统地整理金代墓葬资料的基础上，主要进行分区与分期的研究，概括总结了金墓的区域性和阶段性特点，初步建立了金墓的时空框架体系，结合文献记载和相关史学研究成果，尽可能地探讨了产生区域性和阶段性特征的原因。同时，本书还对金墓的族别、墓葬所反映的等级差异及社会阶层结构进行了初步考察。这些基础的研究工作，将为以后的细化和深入研究搭建一个坚实的平台。但是，由于墓葬发现区域间的不平衡性，以及大量墓葬存在被盗扰现象，还有资料报道的不平衡性和不完整性，导致对上述问题的探讨所得出的结论仍有待于进一步充实。一些问题限于目前的资料，书中并未提及或提出了但未作详细论述，凡此种种，都有待于未来考古工作的深入开展而逐步予以解决。

附 表

附表1.1　金代纪年及其与宋代、辽代对照表

金	年　号	起止时间（公元）	辽—宋	年　号	起止时间（公元）
（金）太祖	收国	1115—1116年	（辽）天祚帝	乾统	1101—1110年
	天辅	1117—1123年		天庆	1111—1120年
太宗	天会	1123—1135年		保大	1121—1125年
熙宗		1135—1137年	（北宋）徽宗	建中靖国	1101年
	天眷	1138—1140年		崇宁	1102—1106年
	皇统	1141—1149年		大观	1107—1110年
海陵王	天德	1149—1153年		政和	1111—1118年
	贞元	1153—1156年		重和	1118—1119年
	正隆	1156—1161年		宣和	1119—1125年
世宗	大定	1161—1189年	钦宗	靖康	1126—1127年
章宗	明昌	1190—1196年	（南宋）高宗	建炎	1127—1130年
	承安	1196—1200年		绍兴	1131—1162年
	泰和	1201—1208年	孝宗	隆兴	1163—1164年
卫绍王	大安	1209—1211年		乾道	1165—1173年
	崇庆	1212—1213年		淳熙	1174—1189年
	至宁	1213年	光宗	绍熙	1190—1194年
宣宗	贞祐	1213—1217年	宁宗	庆元	1195—1200年
	兴定	1217—1222年		嘉泰	1201—1204年
	元光	1222—1223年		开禧	1205—1207年

续 表

金	年 号	起止时间（公元）	辽—宋	年 号	起止时间（公元）
哀宗	正大	1224—1232年	宁宗	嘉定	1208—1224年
	开兴	1232年	理宗	宝庆	1225—1227年
	天兴	1232—1234年		绍定	1228—1233年
末帝		1234年		端平	1234—1236年

附表2.1 金代墓葬形制统计表

墓葬类型			数 量	合 计	总 计
竖穴类墓	土坑墓		63余座		366余座
	瓮棺墓		13余座		
	木棺墓		81余座		
	木椁墓		16余座		
	石椁墓	A型	38座	47座	
		B型	9座		
	砖椁墓		52余座		
	砖石（合筑）椁墓		4座		
	石棺墓		6座		
	石函墓		84余座		
室类墓	土洞墓	Aa型	86座	160余座	1 105余座
		Ab型	6座		
		Ac型	2座		
		Ad型	1座		
		A型	61座		
		B型	4余座		739余座
	石室墓	Aa型	6座	26座	
		Ab型	9座		
		Ac型	9座		
		A型	1座		
		B型	1座		

续 表

墓葬类型			数 量	合 计	总 计
室类墓	砖室墓	Aa 型	203 余座	546 余座	739 余座	1 105 余座
		Ab 型	147 余座			
		Ac 型	104 座			
		Ba 型	10 座			
		Bb 型	11 座			
		Bc 型	6 座			
		Bd 型	5 座			
		Be 型	5 座			
		Bf 型	1 座			
		Bg 型	2 座			
		Bh 型	1 座			
		不明型	51 余座			
	砖石（混筑）室墓	Aa 型	2 座	6 座		
		Ab 型	3 座			
		B 型	1 座			
	崖洞墓		1 座			

备注：本统计表仅是相对数据统计，有许多墓情况不详，未能进行类型划分，因此不能进行确切分类统计。有的墓地未报道某类墓葬具体数量，此种情况统计时暂按一处计，总数按"余座"标记。统计截至 2019 年 12 月报道资料。

附表 2.2 金代土坑墓统计表

墓地名称	墓葬	形制	尺寸	墓向	葬俗
黑龙江省绥滨县中兴墓葬（2座）	M1	平地，无墓室	封土高 1.1 米		火葬
	M2	长方形	边长分别为 3.25 米、3.4 米、3.95 米、4.15 米，封土高 1.1 米		火葬
黑龙江省宁安市前莲花村墓葬（1座）		长方形			尸骨葬，单人葬，仰身直肢
黑龙江省林甸县四合乡渔场墓葬（1座）		长方形			尸骨葬，单人葬，仰身直肢
黑龙江省安达县小南山墓葬（30余座）		长方形			尸骨葬，多仰身直肢
黑龙江省阿城双城村墓葬（数量不清）			墓穴较小		尸骨葬
内蒙古四子王旗红格尔墓葬（18座）	营胡洞 M2	长方形	长 1.85 米、宽 0.65 米，深 0.6 米	305°	
	营胡洞 M3	长方形	长 1.9 米、宽 0.6 米，深 0.4 米	270°	
	营胡洞 M4	长方形	长 2 米、宽 0.8 米，深 0.15 米	270°	尸骨葬，双人合葬，仰身直肢
	营胡洞 M5	长方形	长 2 米、宽 0.8 米，深 0.15 米	270°	尸骨葬，双人合葬，仰身直肢
	营胡洞 M6	长方形	长 1.8 米、宽 0.79 米，深 0.45 米	290°	尸骨葬，仰身直肢
	营胡洞 M7	长方形	长 2 米、宽 0.6 米，深 0.7 米	280°	尸骨葬，仰身直肢
	营胡洞 M8	长方形	长 1.9 米、宽 0.65 米，深 0.6 米	290°	
	营胡洞 M9	长方形	长 1.6 米、宽 0.68 米，深 0.82 米	325°	
	营胡洞 M10	长方形	长 1.75 米、宽 0.72 米，深 0.8 米	290°	

续表

墓地名称	墓葬	形制	尺寸	墓向	葬俗
内蒙古四子王旗红格尔墓葬（18座）	宫胡洞 M11	长方形	长 1.65 米、宽 0.7 米、深 0.52 米	290°	
	宫胡洞 M12	长方形	长 2 米、宽 0.8 米、深 0.41 米	320°	
	宫胡洞 M13	长方形	长 2 米、宽 0.8 米、深 0.5 米	320°	
	宫胡洞 M14	长方形	长 1.9 米、宽 0.75 米、深 0.35 米	320°	
	宫胡洞 M15	长方形	长 2.1 米、宽 0.75 米、深 0.35 米	320°	
	潮洛温克钦 M1	长方形	长 2 米、宽 0.75 米、深 0.7 米	305°	尸骨葬，仰身直肢
	潮洛温克钦 M3	长方形	长 1.8 米、宽 0.5 米、深 1.1 米	335°	尸骨葬，仰身直肢
	潮洛温克钦 M4	长方形	深 0.45 米	345°	尸骨葬，侧身屈肢
	潮洛温克钦 M5	长方形	长 2 米、宽 0.55 米、深 0.8 米	325°	
	Ⅱ M2	长方形	长 1.69 米、宽 1.11 米、深 0.42 米	0°	未发现人骨
	Ⅱ M3	长方形	长 2.21 米、宽 0.96 米、深 0.08—0.43 米	340°	尸骨葬（人骨散乱，男性）
	Ⅱ M5	长方形	长 3 米、宽 1 米、深 1.16 米	30°	尸骨葬（人骨散乱，男性）
	Ⅱ M6	长方形	长 2.06 米、宽 0.9 米、深 0.9 米	350°	尸骨葬，单人葬（人骨散乱）
内蒙古准格尔旗西黑岱墓葬（4座）	M8	长方形			
河北省邯郸市连城别苑小区墓葬（1座）	M1	长方形	长 2.8 米、宽 2 米、深 0.9 米	190°	尸骨葬，双人合葬、俯身直肢
北京市亦庄 80 号地墓葬（1座）					
山西省侯马市乔村西北墓葬（1座）	M494	长方形	长 1.84 米、宽 1 米、深 1.97 米		尸骨葬，双人合葬，俯身直肢和仰身屈肢

续 表

墓地名称	墓葬	形 制	尺 寸	墓向	葬 俗
山东省沂水县教师进修学校墓葬（1座）	M5	已破坏			
安徽省颍上县陈庄墓葬（1座）		近似梯形	残长1.5米、宽0.7米、深0.8米	32°	
河南省淅川县下寨墓葬（1座）	M46	长方形	长2米、宽0.6—0.75米、深0.36米	166°	尸骨葬、单人葬、仰身直肢

备注：共计63余座。

附表2.3 金代瓮棺墓统计表

墓地名称	墓葬	土圹形制	土圹尺寸	葬 具	葬 俗
黑龙江省阿城双城村墓葬（少量，数量不清）		土圹略小		陶罐	火葬
内蒙古四子王旗红格尔地区墓葬（4座）	乌兰胡洞 M1	长方形	长2.1米、宽0.85米、深0.49米	灰陶罐	火葬、三人合葬
	乌兰胡洞 M2			灰陶罐	火葬
	乌兰胡洞 M3			灰陶罐	火葬
	乌兰胡洞 M4			灰陶罐	火葬
河北省张北县墓葬（1座）				陶罐	火葬
北京市大兴区北程庄墓葬（4座）	M27	长方形	长0.46米、宽0.4米、深0.3米	双系陶罐	火葬
	M48	长方形	长1.06米、宽1.1米、深0.3米	双系陶罐2件、束颈陶罐1件	火葬

附 表 231

续 表

墓地名称	墓葬	土圹形制	土 圹 尺 寸	葬 具	葬 俗
北京市大兴区北程庄墓葬（4座）	M38	椭圆形	直径 0.54 米，深 2.63 米	双系陶罐	火葬
	M28	椭圆形	长径 1.04 米，短径 0.72 米，深 0.3 米	双系陶罐 2 件、双色釉碗（为盖）	火葬
山西省大同市和平社墓葬（1座）	M47	长方形	长 2.4 米，宽 1.16 米，深 1 米，中间隔梁宽 0.4 米；两墓茔东西宽 1 米，南北长 1.16 米	陶棺 2 具	火葬、夫妇并穴合葬
山西省洪赵县坊堆村墓葬（2座）				陶罐	火葬

备注：共计 13 余座。

附表 2.4 金代木棺墓统计表

墓葬名称	墓葬	土圹形制	土 圹 尺 寸	木棺尺寸	墓向	葬 俗	类型
黑龙江省绥滨县奥里米墓葬（3座）	1974M15	长方形	长 2.9 米，宽 1.05 米，深 0.29 米			火葬	A
	1998M3	梯形	东壁长 2.5 米，西壁长 2.9 米，北壁长 4.7 米，南壁长 4.8 米	长 2.32 米，宽 1.36 米		火葬	B
黑龙江省阿城双城村墓葬（数量不清）						尸骨葬	
吉林省镇赉县黄家围子墓葬（7座）	M1	长方形	长 1.62—1.65 米，宽 0.8—0.82 米，深 0.7 米		15°	尸骨葬、单人葬、仰身直肢	A
	M2	梯形	长 1.94—2 米，宽分别为 0.6—0.73 米、0.55—0.6 米，深 0.51 米		20°	尸骨葬、单人葬、侧身屈肢（上肢直）	B

续 表

墓地名称	墓葬	土圹形制	土 圹 尺 寸	木棺尺寸	墓向	葬 俗	类型
吉林省镇赉县黄家围子墓葬（7座）	M3	梯形	长 2.18—2.35 米，宽分别为 0.62—0.72 米，0.55—0.7 米，深 0.75 米		10°	尸骨葬、仰身直肢	单人葬、	B
	M4	长方形	长 1.9—2.28 米，宽 0.48—0.77 米，深 0.57 米		353°	尸骨葬、仰身直肢	单人葬、	A
	M5	长方形	长 1.85—2.12 米，宽 0.44—0.71 米，深 0.4 米		40°	尸骨葬、仰身直肢	单人葬、	A
	M6	梯形	长 1.94—2.06 米，宽分别为 0.52—0.58 米，0.48—0.6 米，深 0.53—0.63 米		28°	尸骨葬、仰身屈肢（上肢屈、下肢直）	单人葬、	B
	M7	长方形	长 1.95—1.98 米，宽 0.7—0.72 米，深 0.48 米		29°	尸骨葬、仰身直肢	单人葬、	A
吉林省永吉县旧站墓葬（30余座）	YJM1				南北向		
辽宁省沈阳市五爱墓葬（1座）	M37	长方形	南北长 2.74 米，东西长 2 米	木痕、织布残痕	头向东北	尸骨葬、仰身直肢	单人葬、	A
内蒙古巴林左旗王家湾墓葬（5座）	91BZWM1	梯形	墓口长 2.1 米，宽 0.7—0.9 米，深 0.94—1.04 米	长 1.86 米，宽 0.3—0.5 米，残高 0.34 米	168°	尸骨葬、仰身直肢	双人合葬、	B
	91BZWM2	梯形			153°	尸骨葬、仰身直肢	单人葬、	B
	91BZWM3	梯形			152°	尸骨葬、仰身直肢	单人葬、	B
	91BZWM4	梯形	墓口长 2.2 米，宽 1.5—1.7 米，深 1.15 米	左侧棺已朽，右侧棺长 1.9 米，宽 0.4—0.5 米，残高 0.35 米	170°	尸骨葬、仰身直肢	双人合葬、	B

续 表

墓地名称	墓葬	土圹形制	土圹尺寸	木棺尺寸	墓向	葬俗	类型
内蒙古巴林左旗王家湾墓葬（5 座）	91BZWM5	长方形	长 1.94 米，宽 0.8 米，深 0.8 米	长 1.6 米，宽 0.4—0.5 米，残高 0.2 米	149°	尸骨葬，单人葬，仰身直肢	A
内蒙古四子王旗红格尔墓葬（3 座）	宫胡洞 M1	长方形	长 1.75 米，宽 0.7 米，深 0.4 米		300°	尸骨葬，仰身直肢	A
	潮洛温克钦 M2	长方形	长 1.7 米，宽 0.7 米，深 0.75 米		305°	尸骨葬，仰身直肢	A
	乌兰胡洞 M5	长方形	长 2.7 米，宽 1.2 米，深 0.7 米		310°	尸骨葬，仰身直肢，火葬，双人合葬	A
内蒙古准格尔旗西黑岱墓葬（4 座）	ⅡM1	长方形	长 1.96 米，宽 0.76 米，深 1 米		0°	尸骨葬，单人葬（女性），仰身直肢	A
	ⅡM7	长方形	长 2.2 米，宽 1.07 米，深 1.07 米		10°	尸骨葬，单人葬（男性），仰身直肢	A
	ⅡM8	长方形	长 1.99 米，宽 0.82 米，深 0.76 米		10°	尸骨葬，单人葬（女性），仰身直肢	A
	ⅡM9	长方形	长 2.18 米，宽 1.15 米，深 1.17 米		0°	尸骨葬，单人葬（男性），仰身屈肢	A
河北省邢台市邢台区旅馆墓葬（1 座）	M38	长方形	长 2.5 米，宽 1 米，深 2 米		175°	单人葬（女性）	A
北京市亦庄 X42 号地墓葬（5 座）	M4	长方形	长 2.48 米，宽 1.24 米，深 0.5 米	长 1.92 米，宽 0.6—0.68 米	175°	尸骨葬	A
	M5	长方形	长 2.08 米，宽 1 米，深 0.2 米	长 1.76 米，宽 0.5—0.54 米	330°	尸骨葬	A
	M6	长方形	长 2.94 米，宽 1.66 米，深 0.4 米	长 0.92 米，宽 0.44 米	10°	尸骨葬	A

续　表

墓地名称	墓葬	土圹形制	土圹尺寸	木棺尺寸	墓向	葬俗	类型
北京市亦庄X42号地墓葬（5座）	M15	长方形	长2.56米、南宽1.5米、北宽2.4米、深0.6米	长1.74米、宽0.4—0.54米	10°	尸骨葬、仰身直肢	A
	M16	长方形	长2.5米、南宽2.1米、北宽2.2米、深0.66米	长1.92米、宽0.5—0.7米	350°	尸骨葬、仰身直肢	A
北京市大兴区生物医药基地墓葬（1座）	M14	长方形	长2.66米、宽1.84—1.94米		85°	尸骨葬、单人葬、仰身直肢	A
山西省洪赵县赵坊堆村墓葬（16座，破坏严重）					北向、东南向	尸骨葬	
山西省临汾市天马—曲村墓葬（1座）	M6332	长方形	长1.74—1.91米、宽0.86—1.04米、深0.8米		6°	单人葬	A
山东省淄博市临淄区后李官庄墓葬（数量不清）							
河南省新乡市区墓葬（2座）	M1	长方形	长2.2米、宽1.1米		北向	单人葬	A
	M2	长方形	长2.4米、宽1.2米		北向	单人葬	A

备注：共计81余座。

附表 2.5　金代石棺墓统计表

墓地名称	墓葬	石棺形制	石棺尺寸	葬俗	类型
内蒙古敖汉旗夹凤沟墓葬（1座）	M5	上下同宽、平面呈长方形	长2米、宽1.26米、高0.94米		C
河北省滦平县北李营乡大涵沟村墓葬（1座）		口大底小、平面呈梯形	棺通长1.82米、前宽0.67米、后宽0.56米、槽深0.3米；盖通长1.9米、前宽0.82米、后宽0.74米、厚0.05米	尸骨葬、单人葬、仰身直肢	Ab

附　表　235

续表

墓地名称	墓葬	石棺形制	石棺尺寸	葬俗	类型
山西省长治市墓葬（曾人，1座）		口大底小，平面呈梯形，前高后低，前宽后窄	前高0.59米，后高0.46米；盖长0.91米，前宽0.52米，后宽0.45米，后宽0.46米，后宽0.4米	火葬	Aa
山西省永和县可托村墓葬（冯荣墓，1座）		口小底大，平面呈梯形；由棺盖、棺身、棺底、棺座组成	通长约1.95—1.98米		B

备注：共计4座。

附表 2.6 金代木椁墓统计表

墓地名称	墓葬	土圹形制	土圹尺寸	木椁尺寸	葬具	葬俗	备注
黑龙江省绥滨县中兴墓群（10座）	M3	长方形，有二层台	外坑边长6米，内坑边长3.5米，4.6米，坑深约1.6—1.7米		木棺	尸骨葬	M3、M4、M5在同一封土内
	M4	长方形	长5.5米，宽3.8米，深1.7米	长3.75米，宽约1.7米		尸骨葬	M3、M4、M5在同一封土内
	M5	长方形，一侧向外折出一段	长4.3米，宽2.8米	长3.6米，宽1.75米		尸骨葬	M3、M4、M5在同一封土内
	M6	长方形	长5米，宽3.6米，深0.5米	长3.8米，宽2.55米，高0.7米	木棺	火葬	M6、M7、M8在同一封土内
	M7	长方形	长4米，宽3米，深0.5米	长3米，宽2米		火葬	M6、M7、M8在同一封土内
	M8	长方形	长5米，宽3.6米	长4米，宽2.2米		火葬	M6、M7、M8在同一封土内
	M9	长方形	长5.2米，宽3.8米	长4.3米，宽2.9米，高0.7米		火葬	

续表

墓地名称	墓葬	土圹形制	土圹尺寸	木椁尺寸	葬具	葬俗	备注
黑龙江省绥滨县中兴墓群（10座）	M10	长方形	长3.5米、宽1.8米、深0.25米			火葬	
	M11	长方形	长3.8米、宽3.35米			火葬	
	M12	长方形	长3.72米、宽1.7米、深约0.7米			火葬	
	1974M24	长方形	长3.7米、宽2.1米、深约1.1米	木椁紧靠坑壁		尸骨葬	M24、M25及另一墓在同一封土内
	1974M23	长方形	长3.6米、宽2.45米、深0.6米			火葬	M22、M23在同一封土内
	1974M22	长方形					M22、M23在同一封土内
黑龙江省绥滨县奥里米墓群（5座）	1998M1	长方形		长3.2米、宽1.74米		火葬	M1、M2在同一封土内
	1998M2						M1、M2在同一封土内
黑龙江省哈尔滨市新香坊墓群（1座）	M4	长方形	长5.1米、宽4.1米、深1.5米		木棺	尸骨葬、双人合葬	

备注：共计16余座。

附表 2.7 金代石椁墓统计表

墓地名称	墓葬	石椁结构	石椁形制	土坑尺寸	石椁尺寸	葬具	葬俗	类型
黑龙江省绥滨县奥里米墓葬（1座）	1974M5	四壁由石块砌筑，一侧墓底铺石板	方形，分隔二室		外壁长3.8米，内壁长3米，深0.9米	木棺2具	尸骨葬，双人合葬	Bb
黑龙江省哈尔滨市新香坊墓葬（2座）	M1	四壁由4块石板构成	长方形	长4米，宽约3米		木棺		A
	M2	四壁由4块石板构成	长方形		长1.2米，宽0.9米	木棺（置椴套）	火葬	A
黑龙江省阿城城子村墓葬（2座）	大石椁（完颜晏夫妇）	四壁由4块花岗岩石板构成，底、盖各由3块花岗岩石板平铺	长方形		长2.8米，宽1.9米，高1.5米	木棺	尸骨葬，男女双人合葬，仰身直肢	A Ⅱ
	小石椁（祔葬）	四壁、盖、底共由6块花岗岩石板构成	长方形		长1.78米，宽1.17米，高1.22米		推测迁葬（有碎骨）	A Ⅰ
		四壁由4块花岗岩石板构成，底、盖各由3块花岗岩石板平铺	长方形		长2.86米，宽1.84米，高1.28米	木棺	尸骨葬，单人葬，仰身直肢	A Ⅱ
吉林省扶余县西山屯墓葬（1座）	完颜娄室墓	已毁，残留2块青石椁板		长3.4米，宽3米，深2.3米	长约3米，宽约1.8米			推测为A Ⅱ
吉林省长春市石碑岭墓葬（1座）		四壁、底、盖共由6块石板构成	长方形					A Ⅰ
吉林省榆树姜家沟墓葬（1座）		四壁由6块石板构成，底、盖各由8块、3块石板构成	长方形		长3米，宽1.45米，高1.1米	石函	火葬，夫妻双人合葬	A Ⅴ
辽宁省铁岭县前下塔子墓葬（1座）		四壁由花岗岩石条叠砌，外有白灰层和木炭层，顶以大石板平铺	长方形		墓口长4.9米，宽3.62米，墓底长3.3米，宽2.71米，深1.74米	木棺2具	尸骨葬，男女双人合葬，仰身直肢	Ba
辽宁省盖县路西墓葬（1座）								

续 表

墓地名称	墓葬	石椁结构	石椁形制	土坑尺寸	石椁尺寸	葬具	葬俗	类型
辽宁省朝阳重型机器厂墓葬（1座）	1989M1	四壁砌石5层，墓底铺石板1层，大石条封顶	长方形		椁室长2.7米，南端宽1.07米，北端宽0.95米，高1.38米	木椁	尸骨葬、单人葬、仰身直肢	Ba
辽宁省朝阳市辽宁省轮胎附属厂墓葬（1座）	93LTFM1	四壁由石条砌筑，盖由数块石板组成	长方形		长2.56米，宽1.7米，高1.06米	木椁	尸骨葬、男女双人合葬	Ba
河北省宣化古城北墓葬（1座）		四壁由4块石板组成，底由1块石板构成，未见椁盖（石椁内壁有壁画）	长方形		长1.5米，宽0.9米，高0.98米			推测为AⅠ
北京市平谷东高村巨家坟墓葬（1座）	M1（张口震）	四壁、底、盖由青石板砌成	长方形		长约2.95米，宽约1.31米	木椁	尸骨葬、双人合葬（仰身直肢1、迁葬1）	AⅠ
北京市海淀区南辛庄墓葬（2座）	M2	四壁、底、盖由6块青石板构成	长方形		长2.43米，宽1.36米，高1.2米	木椁	尸骨葬、双人合葬	AⅠ
北京市门头沟区妙峰山公社樱桃沟大队仰山村墓葬（1座）	窝鲁欢墓	由石板构成				木椁	迁葬	A
北京市西郊香山墓葬（1座）	蒲察胡沙墓	由6块青砂岩石板构成	长方形		长2.14米，宽1.75米，前高1.8米，后高1.5米	石板棺床（位于椁底）	火葬	AⅠ

续表

墓地名称	墓葬	石椁结构	石椁形制	土坑尺寸	石椁尺寸	葬具	葬俗	类型
北京市先农坛育才学校墓葬（1座）		由6块青砂岩石板构成	长方形		长1.68米、宽1.36米、高1.3米	木匣	火葬	AⅠ
北京市磁器口墓葬（1座）	吕恭墓	四壁由4块石板立砌，底、盖各用2块石板构成	长方形		长2.2米、宽2.1米、高1.3米			AⅣ
北京市丰台镇桥南墓葬（1座）	1座	由6块青石板构成	长方形		长1.94米、宽1.24米、高0.92米			AⅠ
北京市丰台区米粮屯墓葬（3座）	M1	由6块青石板构成	长方形		长1.82、宽1.12米、高1.17米	砖架石棺床	火葬	AⅠ
	乌古论窝论墓	四壁由4块青石板组成，底、盖各由3块青石条构成	长方形		长3.33米、宽2.55米、高1.65米	砖架石板棺床、木棺	火葬	AⅡ
	乌古论元忠夫妇墓	四壁各由2块汉白玉石板组成，底、盖各由3块青石条构成	长方形		约长3.9米、宽3.1米、高2.2米	砖架汉白玉石板棺床、汉白玉石棺		AⅢ
北京市房山县长沟峪墓葬（5座）	M1（中）	由6块青石板构成	长方形		长2.9米、宽1.38米、高1.26米	银饰漆木棺	尸骨葬、单人（女性）	AⅠ
	M2（西）	由6块青石板构成	长方形		约长2.45米、宽1.1米、高1.26米		尸骨葬	AⅠ
	M3（东）	由6块青石板构成	长方形		约长2.45米、宽1.1米、高1.26米		尸骨葬	AⅠ
	M4（北）	由6块青石板构成	长方形		约长2.45米、宽1.1米、高1.26米		尸骨葬	AⅠ

续　表

墓地名称	墓葬	石椁结构	石椁形制	土坑尺寸	石椁尺寸	葬具	葬俗	类型
北京市房山县长沟峪墓葬（5座）	M5（南）	由6块青石板构成	长方形		约长2.45米，宽1.1米，高1.26米		尸骨葬	AⅠ
北京市通县三间房村墓葬（2座）	M1（石宗壁）	由6块青石板构成	长方形		长1.78米，宽1.1米，高1.06米		火葬	AⅠ
	M2	由6块青石板构成	长方形			木匣（置楸套）	火葬	AⅠ
	M35（吕嗣延）	由6块青石板构成	长方形		长1.56米，宽1.16米，高0.78米	石函、小木棺	火葬	AⅠ
	M56（吕嗣延父辈）	由6块青石板构成	长方形		长1.58米，宽1.24米，高0.88米	石函、小木棺	火葬	AⅠ
	M38	由6块青石板构成	长方形		长1.08米，宽0.78米，高0.65米	小木匣	火葬	AⅠ
	M46	由6块青石板构成	长方形		长1.22米，宽0.8米，高0.98米	小木匣	火葬	AⅠ
北京市石景山区鲁谷墓葬（10座）	M47	由6块青石板构成	长方形		长0.94米，宽0.74米，高0.6米	小木匣	火葬	AⅠ
	M49	由6块青石板构成	长方形		长1.34米，宽0.86米，高1.06米	小木匣	火葬	AⅠ
	M52	由5块青石板构成，其中椁盖缺失	长方形		长1.8米，宽1.25米，高1.22米		推测火葬	推测为AⅠ
	M53	由6块青石板构成	长方形		长1.08米，宽0.78米，高0.86米	小木匣	火葬	AⅠ

附　表　241

续表

墓地名称	墓葬	石椁结构	石椁形制	土坑尺寸	石椁尺寸	葬具	葬俗	类型
北京市石景山区鲁谷墓葬（10座）	M57	由7块青石板构成，其中椁底2块	长方形		长1.36米、宽0.9米、高0.88米		推测火葬	AⅥ
	M60	由6块青石板构成	长方形		长1.01米、宽0.6米、高0.64米	小木匣	火葬	AⅠ
北京市房山区龙门口村大房山金陵主陵区墓葬（5座）	2001FJLM1	用6层花岗岩条石砌筑墓圹四壁	长方形		东西长3.5—3.28米、南北宽1.72—1.76米、高1.72米			Ba
	2001FJLM2	用数层花岗岩条石砌筑墓圹四壁	长方形		东西长3.35—3.5米、南北宽1.7—1.8米、高1.6米			Ba
	2001FJLM3	用2—3层花岗岩条石砌筑墓圹四壁	长方形		南北长3.1—3.12米、东西宽1.52—1.6米、高0.4米	南、北两端放置一块"凹"形花岗岩石作椁台		Ba
	2001FJLM4	用花岗岩条石平铺错缝砌筑墓圹四壁	长方形		南北长2.95米、东西宽1.35米、高1.15米	南、北两端安放"凹"石墩作椁台	人骨散乱	Ba
	2001FJLM5	用花岗岩条石平铺错缝砌筑墓圹四壁	长方形		南北长2.65米、东西宽1.2米、高0.76米	南、北两端安放"凹"石墩作椁台	人骨散乱	Ba
山东省滕县墓葬（1座）	苏禹墓	四壁用4块石板围成，上盖3块石板；四壁有刻划纹饰	长方形		长2.2米、宽0.97米	木棺	尸骨葬、单人葬（男性）	AⅥ

备注：共计47座。

附表2.8 金代砖椁墓统计表

墓地名称	墓葬	砖椁结构	砖椁形制	砖椁尺寸	葬具	葬俗	类型
黑龙江省阿城阿南变电站墓葬（7座：M2、M4、M5、M6、M13、M14、M15）	M2	青砖砌筑，椁室内壁为方形，椁室底部未铺砖	圆形	直径1.25—1.3米；砖椁室呈八边形，长1.1—1.15米		火葬	B
	M5	青砖砌筑，顶部已坍塌	长方形	东西长0.88米，南北宽0.85米，高0.5米	椁室底部以两块青砖平铺作为尸床，上置骨渣	火葬	B
黑龙江省阿城新城村墓葬（1座）		四壁由砖垒砌，底部为一整块花岗岩石板	长方形	长1米，宽0.8米，高0.25米		火葬	C
吉林省农安县魏家屯墓葬（1座）		四壁由单青砖垒砌	长方形	长2.2米，宽1.4米，高0.5米	陶盆	火葬	C
吉林省梨树县偏脸城址内墓葬（1座）			方形				B
辽宁省沈阳市八王寺墓葬（1座）	2005DBYIM5	四壁由砖垒砌	长方形	残长1.85米，残高0.19米	木棺	火葬	C
辽宁省沈阳市大东区小北街墓葬（2座）	M1	四壁由青砖垒砌	长方形	长1.6米，宽1.2米，高0.6米	木棺	尸骨葬、仰身直肢	C
	M2	四壁由青砖垒砌	长方形	外长2.56米，宽1.1米，高0.6米	木棺	尸骨葬、仰身直肢	C
辽宁省辽阳市北园村墓葬（1座）	M2	四壁由砖平铺砌，两块石板盖顶	长方形	长1.9米，宽1.55米，高0.6米	木棺	尸骨葬、仰身直肢	A
内蒙古巴林左旗东镇墓葬（2座）	M2	四壁由砖平砌，上部用砖平砌，逐渐内收叠压封顶	长方形	长0.86米，宽0.68米	小木棺	火葬	B
	M3	四壁由砖砌而成	正方形	边长0.68米	无	火葬	B

续 表

墓地名称	墓葬	砖椁结构	砖椁形制	砖椁尺寸	葬具	葬俗	类型
内蒙古巴林左旗白音戈洛墓葬（1座）		四壁由砖砌而成			木棺	尸骨葬、双人合葬	A
辽宁省朝阳重型机器厂墓葬（1座）	1989M2	四壁由砖砌而成，上盖一青石板	长方形	长 2.02 米、宽 1.32 米、高 0.75 米	石函	火葬	
内蒙古凉城县古城梁遗址周边墓葬（1座）	M2	四壁由砖砌而成	圆角长方形	长 2.5 米、宽 1.1 米、深 1.5 米		尸骨葬、单人葬（人骨保存较差）	
	M1						
	M2						
	M3						
	M4						
河北省廊坊市晓廊坊小区墓葬（8座）	M5	四壁由砖砌而成	长方形	东西 0.82 米、南北 0.7 米、残高 0.45 米	泥质灰陶双系罐 1 件	火葬	B
	M6						
	M11	四壁由砖砌而成	长方形	东西长 1.02 米、南北宽 0.76 米、残高 0.43 米	泥质灰陶双系罐 4 件	火葬	B
	M12						
河北省三河县老辛庄墓葬（1座）	2016SLM2	四壁由砖砌而成，小平顶	长方形	长 1 米、宽 0.78 米、高 0.72 米		火葬	B
河北省邯郸市南湖小区墓葬（1座）	M5	四壁由砖砌而成	梯形	长 1.05 米、北宽 0.44 米、南宽 0.26 米		单人葬、迁葬	B

续表

墓地名称	墓葬	砖椁结构	砖椁形制	砖椁尺寸	葬具	葬俗	类型
河北省博野县刘陀店墓地（1座）	M8	四壁由砖砌而成	长方形	内径长1米，宽0.2米，残高0.24米		火葬、迁葬（小孩）	B
河北省邯郸市连城别苑小区墓葬（1座）	M7	四壁由砖垒砌，顶部用整砖平铺封顶	长方形	内长1米，宽0.29米，高0.19米	无	尸骨葬、迁葬、单人葬（男性）	C
北京市丰台区米粮屯墓葬（1座）	M2	四壁由砖砌而成，上盖石板	长方形	长3.1米，宽1.92米，高1.35米	木棺	火葬	A
北京市丰台区金自动化研究设计院墓葬（1座）		四壁由砖砌而成，顶盖一整块青石板	方形	边长0.76米，通高0.6米			A
北京市亦庄X42号地墓葬（2座）	M8	四壁由砖砌而成，墓底铺砖	梯形	长2.48米，南宽1.3米，北宽0.8米，高0.8米	木棺	尸骨葬	A
	M12	四壁由砖砌而成，墓底铺砖	长方形	长2.1米，宽0.56米	木棺	尸骨葬	A
北京市大兴区北程庄墓葬（7座）	M29	四壁由砖砌而成	梯形	南北长0.72米，北宽0.9米，南宽0.95米，高约0.34—0.4米	双系陶罐、罐上扣陶盆	火葬	B
	M30	四壁由砖砌而成	长方形	东西长0.96米，南北宽0.58米，高约0.48米		火葬	B
	M33	四壁由砖砌而成	椭圆形	东西长1.16米，南北宽0.9米，高约0.4米	带盖陶罐	火葬	B
	M34	四壁由砖砌而成	梯形	南北长0.68米，北宽0.38米，南宽0.34米，高约0.42米		火葬	B

续 表

墓地名称	墓葬	砖椁结构	砖椁形制	砖椁尺寸	葬具	葬俗	类型
北京市大兴区北程庄墓葬（7座）	M37	四壁由砖砌而成	椭圆形	东西长0.64米，南北宽0.6—0.62米，高约0.68米	带盖陶罐	火葬	B
	M47	四壁由砖砌而成	梯形	南北长0.94米，东西宽0.46—0.54米，高约0.3米		火葬	B
	M32	四壁由砖砌而成	圆形	内底径长0.98—1.06米，高约0.52米	带盖陶罐	火葬	B
	M9	四壁由砖砌而成	长方形	长2.3米，宽0.82米，高0.5—0.6米		尸骨葬、单人葬、仰身直肢	A
	M12	四壁由砖砌而成	长方形	长2.4米，宽1.84米，残高1.28米	木棺1具	尸骨葬、单人葬、仰身直肢	A
	M7	四壁由砖砌而成	长方形	长2.34米，宽1.1米		尸骨葬、2具人骨、仰身直肢	A
北京市大兴区生物医药基地墓葬（3座）	M15	四壁由砖砌而成	方形	边长0.7米，高0.16米		尸骨葬、迁葬（2具头骨，人骨散乱）	B
	M1	四壁由砖砌而成	长方形	残长2.1米，宽0.45米，残高0.34米		尸骨葬、单人葬、仰身直肢	A
山东省龙口市阎家店墓地墓葬（1座）	M2	四壁由砖砌而成	长方形	残长2.2米，宽0.6—0.4米，残高0.35米		尸骨葬（人骨散乱）	A
山东省沂水县教师进修学校墓葬（4座）	M3	四壁由砖砌而成，顶盖两块石板	长方形	长2.15米，宽0.74—0.55米，高0.7米		尸骨葬（人骨腐朽）	A
	M4						

续　表

墓地名称	墓葬	砖椁结构	砖椁形制	砖椁尺寸	葬具	葬俗	类型
山东省淄博市临淄区后李官庄墓葬（数量不清）							
安徽省颍上县陈庄墓葬（1座）			长方形	长0.46米，宽0.24—0.33米		火葬	C

备注：共计52余座。

附表2.9　金代砖石（合筑）椁墓统计表

墓地名称	墓葬	椁结构	椁形制	椁尺寸	葬具	葬俗
吉林省舒兰县小城子墓葬（完颜希尹家族墓地，3座）	第3墓区M1（完颜守道墓）	四壁用砖砌筑，内侧东、西两壁各由3块石板围砌，石板盖顶	长方形	长2.5米，宽1.7米，高1.35米	木棺	尸骨葬、双人合葬
河北省新城县北场村墓葬（1座）	时丰墓	四壁由4块青石板立砌，外砌一层砖，底为石板，顶用2块石板盖砌，有壁画	长方形	长2.89米，宽2.33米，残高约1.5米	木棺	夫妻双人合葬

备注：共计4座。

附表2.10　金代石函墓统计表

墓地名称	墓葬	土圹形制、大小	石函形制	石函尺寸	葬具	葬俗
黑龙江省阿城阿南变电站墓葬（8座：M1、M3、M7、M8、M9、M10、M11、M12）	M1	长1.6米，宽1.47米，深0.6—0.65米	长方体状函体，有函盖，内有长方形函箱，箱底部平整	石函长0.85米，厚0.53米，函箱内壁长0.54米，宽0.42米，深0.25米，周壁厚0.14—0.16米	石函箱内残留木匣痕迹	火葬

续 表

墓地名称	墓葬	土圹形制、大小	石函形制	石函尺寸	葬具	葬俗
黑龙江省阿城阿南变电站墓葬（8座：M1、M3、M7、M8、M9、M10、M11、M12）	M9	长1.64米，宽1.45—1.5米，深0.65米	长方体状函体，内有方形函箱，箱底部平整	石函长0.93米，宽0.77米，高0.45米，函箱内壁长0.63米，宽0.47米，深0.31米，周壁厚0.15米	石函内置骨灰渣	火葬
	M12	东西长1.8米，南北宽1.7米，深0.7米；中部置一石函	由函体和函盖两部分组成；石函呈长方体状，内有方形函箱，函箱底部平整	石函长0.92米，宽0.72米，高0.54米，函箱内壁长0.53米，宽0.44米，深0.29米，周壁厚0.12—0.19米	石箱内有木匣痕迹，内置骨灰渣	火葬
黑龙江省阿城新城村墓葬（8座）			其一为方形	边长0.84米，高0.52米	小木棺	火葬
吉林省农安县古城内墓葬（2座）	M3	距地表1米	子母口扣合			火葬
	M4	距地表1米	子母口扣合			火葬
吉林省农安县北门外墓葬（1座）	赵景兴墓		方形	边长约0.6米，高0.82米		火葬
吉林省舒兰县小城子墓葬（约10座）	第4墓区M1（昭勇大将军夫妇墓）		大小2具石函，均为长方形	大：长1.48米，宽1.05米，高0.9米；小：长0.86米，宽0.6米，高0.38米	小石函中有2个套装木匣	火葬，夫妻双人合葬
吉林省榆树县姜家沟墓葬（约8座）			现存1具，长方形	身长0.64米，宽0.58米，高0.43米，盖长0.64米，宽0.61米，高0.18米	木匣	火葬
吉林省怀德县红旗村墓葬（1座）				身长1.2米，宽0.75米，高0.8米		火葬
吉林省敦化市石人沟墓葬（1座）				身长0.85米，宽0.6米，高0.3米		火葬

续 表

墓地名称	墓葬	土圹形制、大小	石函形制	石函尺寸	葬具	葬俗
吉林省敦化市十八道沟墓葬（数量不清）			函身长方形和方形，盖有悬山式、歇山式、四阿式	大者长 0.7 米，小者长 0.4 米		火葬
吉林省敦化市林胜墓葬（数量不清）			盖有悬山式、歇山式、四阿式			火葬
吉林省安图县马架子墓葬（6 座）			长方形，函身底边向外凸出，盖多为覆斗式	身长约 1 米		
吉林省龙井县大屯墓葬（数量不清）			1 具，盖为悬山式	身长 0.66 米，宽 0.46 米，高 0.49 米，盖长 0.75 米、宽 0.62 米，高 0.23 米		
吉林省长白县塍子沟墓葬（10 余座）			长方形，屋顶式盖			
辽宁省朝阳县联合乡墓葬（1 座）	M1	长 2.2 米，宽 1.9 米，底距地表 2.3 米	正方形，四阿式盖	边长 0.8 米，高 0.5 米		火葬
内蒙古敖汉旗英凤沟墓葬（1 座）	M2		长方形，平顶式盖	长 1.38 米，宽 1 米，高 0.94 米		火葬，迁葬
内蒙古宁城县山头村墓葬（13 座）			长方形，盖为覆斗式	大小不一，最大的长 1.3 米、宽 1 米、高 1.1 米，最小的长 0.8 米、宽 0.6 米、高 0.6 米		火葬
内蒙古和林格尔县盛乐经济开发区墓葬（1 座）	M500	距地表 1 米	长方形，四阿式盖			火葬
河北省滦南县墓葬（1 座）				长 0.927 米，宽 0.792 米，高 0.531 米		火葬

续　表

墓地名称	墓葬	结构	土圹形制、大小	石函形制	石函尺寸	葬具	葬俗
河北省滦平县金合子乡杨树沟村墓葬（3具石函）				正方形	边长 0.6 米，高 0.45 米		火葬
北京市房山区城关镇崔莹墓葬（1座）	崔莹墓		距地表 2.1 米				迁葬
北京市密云区大唐庄墓葬（1座）	M10		圹深 7.2 米，直径 1.85 米，下端直径 2.2 米	长方形，盖为盝顶式	石函长 1.04 米，宽 0.9 米，高 0.5 米，内深 0.4 米	木匣	火葬
	M11		圹深 7.1 米，直径 1.8 米，下端直径 1.9 米	长方形，盖为盝顶式	长 1.1 米，宽 0.72 米，内深 0.76 米		火葬
	M12		圹深 7.2 米，直径 1.8 米，下端直径 1.8 米	长方形，盖为盝顶式；函内四角各置卵石 1 块	长 0.99 米，宽 0.63 米，高 0.63 米	木匣	火葬
山西省大同市西南郊十里铺村墓葬（吕氏家族墓，4座）	M13		圹深 8.2 米，直径 2 米，下端直径 2.3 米	长方形，盖为盝顶式；函内四角各置卵石 1 块	长 1.01 米，宽 0.68 米，高 0.67 米	木匣	火葬
	M14				长 1.21 米，宽 0.88 米，高 0.86 米	木匣	火葬

备注：共计 84 余座。

附表 2.11　金代土洞墓统计表

墓地名称	墓葬	墓室形制	墓室尺寸	墓道形制	墓道尺寸	墓向	葬具	葬俗	类型
河北省崇礼县水晶屯县墓葬（1座）	M1	圆角长方形	长 1.7 米，宽 1.5 米，高 1.6 米	竖穴式	长 2.2 米，宽 1 米，深 3.3 米	东西向	石函 2 具	火葬，夫妇合葬	Aa

250　金代墓葬的考古学研究

续 表

墓地名称	墓葬	结构	墓室形制	墓室尺寸	墓道形制	墓道尺寸	墓向	葬具	葬俗	类型
河北省石家庄市赵陵铺镇墓葬（1座）	M1	由墓道、甬道、墓室组成，弧形顶	椭圆形	长 2.9 米、宽 1.8—2.29 米、高 2.6 米					尸骨葬、三人合葬、二次葬	Ac
河北省涉县合村墓葬（17座）	M6	由墓道、墓门、墓室组成	梯形	长 2.3 米、宽 1.1 米、高 0.8 米	竖穴式	长 2 米、宽 0.5 米、深 6.1 米	180°	木棺	尸骨葬、单人葬	Ab
	M7	由墓道、墓门、墓室组成	长方形		竖穴式	长 2.2 米、宽 1.1 米、深 2.2 米	200°		尸骨葬、三人合葬、仰身肢	Aa
	M8	由墓道、墓门、墓室组成	长方形	长 1.9 米、宽 0.9 米、高 1 米	竖穴式	长 1.6 米、宽 0.9 米、深 2.3 米	235°		尸骨葬、双人合葬、仰身直肢	Aa
	M9	由墓道、墓门、墓室组成	长方形	长 1.9 米、宽 0.9 米、高 1 米	竖穴式	长 1.8 米、宽 1.6 米、深 2 米	185°		尸骨葬、双人合葬、仰身直肢	Aa
	M16	由墓道、墓门、墓室组成	长方形	长 2.1 米、宽 1.6 米、高 0.9 米	竖穴式	长 2 米、宽 1 米、深 2.1 米	61°		尸骨葬、三人合葬、仰身直肢	Aa
	M17	由墓道、墓门、墓室组成	长方形	长 1.9 米、宽 0.9 米、高 0.8 米	竖穴式	长 1.6 米、宽 0.7 米、深 0.8 米	85°		尸骨葬、单人葬、仰身直肢	Aa
	M25	由墓道、墓门、墓室组成	长方形	长 2.3 米、宽 1.2 米、高 0.9 米	竖穴式	长 2.1 米、宽 1 米、深 2.1 米	80°		尸骨葬、双人合葬、仰身直肢	Aa

续　表

墓地名称	墓葬	结　构	墓室形制	墓室尺寸	墓道形制	墓道尺寸	墓向	葬具	葬俗	类型
	M35	由墓道、墓门、墓室组成	长方形	长 2.4 米、宽 1 米、高 0.9 米	竖穴式	长 2 米、宽 1.1 米、深 2 米	55°		尸骨葬、双人合葬、仰身直肢	Aa
	M36	由墓道、墓门、墓室组成	长方形	长 1 米、宽 0.8 米、高 1.3 米	竖穴式	长 2 米、宽 0.8 米、深 2.1 米	88°			Aa
	M37	由墓道、墓门、墓室组成	长方形	长 1.3 米、宽 0.8 米、高 0.8 米	竖穴式	长 2 米、宽 1 米、深 2 米	22°		尸骨葬、双人合葬、仰身直肢	Aa
	M38	由墓道、墓门、墓室组成	长方形	长 1.3 米、宽 0.7 米、高 0.8 米	竖穴式	长 2 米、宽 0.7 米、深 2.2 米	12°		尸骨葬、单人葬	Aa
河北省涉县台村墓葬（17座）	M46	由墓道、墓门、墓室组成	长方形	长 1.6 米、宽 1.2 米、高 0.8 米	竖穴式	长 1.5 米、宽 0.7 米、深 3.5 米	210°	无棺	尸骨葬、双人合葬、仰身直肢	Aa
	M47	由墓道、墓门、墓室组成	长方形	长 2 米、宽 0.7 米、高 0.8 米	竖穴式	长 1.8 米、宽 0.8 米、深 2 米	55°		尸骨葬、单人葬	Aa
	M48	由墓道、墓门、墓室组成	长方形	长 1.3 米、宽 0.8 米、高 0.8 米	竖穴式	长 1.3 米、宽 0.5 米、深 5.9 米	190°	无棺	尸骨葬、双人合葬、仰身直肢	Aa
	M50	由墓道、墓门、墓室组成	长方形	长 1.9 米、宽 0.4 米、高 1 米	竖穴式	长 2 米、宽 0.7 米、深 2.6 米	205°			Aa
	M51	由墓道、墓门、墓室组成	长方形	长 1.6 米、宽 0.8 米、高 0.8 米	竖穴式	长 1.8 米、宽 0.7 米、深 1.7 米	45°		尸骨葬、单人葬、仰身直肢	Aa

252　金代墓葬的考古学研究

续 表

墓地名称	墓葬	结构	墓室形制	墓室尺寸	墓道形制	墓道尺寸	墓向	葬具	葬俗	类型
河北省涉县合村墓葬（17座）	M53	由墓道、墓门、墓室组成	长方形	长2米、宽1.4米、高0.8米	竖穴式	长2米、宽0.8米、深2米	75°		尸骨葬、单人葬、仰身直肢	Aa
河北省涉县南岗墓葬（12座）		由墓道、墓门、墓室组成	长方形		竖穴式	7座深2.2—4.3米，5座深5.6—6.4米	132°、130°、174°—223°			Aa
山西省大同市西环路墓葬（1座）	M6	由墓道、墓室组成	正方形	长1.6米、宽1.6—1.8米、高1—1.2米	长斜坡		180°	石棺		B
山西省离石县马茂庄墓葬（1座）		由墓道、甬道、墓室组成，斜坡顶	梯形	长2.94米、宽0.96—1.34米、高1.52—1.8米	竖穴式	宽0.66米	195°			Ab
山西省汾阳市东龙观墓葬（9座）	M39	由墓道、墓门、墓室组成	长方形	长2.2米、宽0.8—0.92米、深2.4—2.8米	竖穴式		197°			Aa
	M41	由墓道、墓门、墓室组成	长方形	长2.04米、宽0.5—0.72米、深1.64米	竖穴式		175°	木棺（有木棺痕）	双人合葬	Aa
	M40	由墓道、墓门、墓室组成	长方形	长2.1米、宽0.4—0.88米、深2.2—2.52米	竖穴式		185°	木棺（有棺痕）	夫妇同棺合葬、仰身直肢	Aa
	M43	由墓道、墓门、墓室组成	长方形	长2.46米、宽0.5—0.78米、深5.2米	竖穴式		191°			Aa

续 表

墓地名称	墓葬	结构	墓室形制	墓室尺寸	墓道形制	墓道尺寸	墓向	葬具	葬俗	类型
山西省汾阳市东龙观墓葬（9座）	M42	由墓道、墓门、墓室组成	长方形	长2.4米，宽0.46—0.7米，深1.92米	竖穴式		167°	木棺（有木棺痕）	双人合葬	Aa
	M44	由墓道、墓门、墓室组成	长方形	长2.28米，宽0.46—0.62米，深1.6米	竖穴式		196°	木棺（有木棺渣）	推测为衣冠葬（棺内无人骨）、单人葬（墓道北侧与墓门之间人骨1具）	Aa
	M45	由墓道、墓门、墓室组成	长方形	长2.26米，宽0.6—0.98米，深2.76米	竖穴式		197°	木棺（有木棺渣）	棺内三人合葬	Aa
	M46	由墓道、墓门、墓室组成	长方形	长1.9米，宽0.4—0.68米，深1.44米	竖穴式		185°	木棺（有木棺渣、棺钉）	推测为火葬（棺内无人骨）、单人葬（墓道北侧与墓门之间人骨1具）	Aa
	M47	由墓道、墓门、墓室组成	长方形	长2.3米，宽0.48—0.78米，深2.44米	竖穴式		190°	木棺（有木棺痕）	单人葬	Aa
山西省左权县石匣墓葬（11座）	M11	由墓道、墓室组成，石板封门	不规则长方形	墓底长2.1米，南宽1.56米，北宽1.44米，前高1.38米，后高1.26米	竖穴式		170°	石椁	三人合葬（仰身直肢1，迁葬2）	Aa

续表

墓地名称	墓葬	结构	墓室形制	墓室尺寸	墓道形制	墓道尺寸	墓向	葬具	葬俗	类型
山西省左权县石匣墓葬（11座）	M12	由墓道、墓室组成	长方形	墓底长2.6米，前宽1.36米，后宽1.2米，前高1.18米，后高0.86米	竖穴式		170°	木棺（已朽）	双人合葬（仰身直肢1，迁葬1）	Aa
	M14	由墓道、墓室组成	长方形	墓底长2米，前宽0.96米，后宽0.94米，前高1米，后高0.45米	竖穴式		185°	木棺（已朽）	三人合葬，迁葬	Aa
	M15	由墓道、墓室组成	长方形	墓底长2.2米，前宽1.54米，后宽1.84米，前高1.5米，后高1.42米	竖穴式		180°	木棺2（已朽），木匣（推测）	四人合葬（仰身直肢3，迁葬1）	Aa
	M17	由墓道、墓室组成	长方形	墓底长2.7米，前宽0.86米，后宽1.18米，前高0.84米，后高0.7米	竖穴式		175°	木棺（已朽）	双人合葬，迁葬	Aa
	M18	由墓道、墓室组成	长方形	墓底长2.4米，前宽1.06米，后宽1.66米，前高0.84米，后高0.98米	竖穴式		185°	木棺（已朽）	单人葬，仰身直肢	Aa
	M19	由墓道、墓室组成	不规则长方形	墓底长3.2～3.1米，前宽1.56米，后宽2.14米，前高1.64米，后高1.64米	竖穴式		170°	木棺（已朽）	双人合葬（仰身直肢1，迁葬1）	Aa

续表

墓地名称	墓葬	结构	墓室形制	墓室尺寸	墓道形制	墓道尺寸	墓向	葬具	葬俗	类型
山西省左权县石匣墓葬（11座）	M20	由墓道、墓室组成	长方形	墓底长1.96米，南宽1.14米，北宽1.1米，前高1.1米，后高1.1米	竖穴式		175°	木棺（已朽）	双人合葬（仰身直肢1，迁葬1）	Aa
	M21	由墓道、墓室组成	不规则长方形	墓底长2.1米，前宽1.28米，后宽1.2米，前高1米，后高0.8米	竖穴式		172°	木棺（已朽）	迁葬（零散肢骨）	Aa
	M25	由墓道、墓室组成	不规则长方形	墓底长2.26米，前宽1.02米，后宽1.52米，前高0.86米，后高0.86米	竖穴式		170°	木棺（已朽）	双人合葬（仰身直肢1，迁葬1）	Aa
	M26	同一墓道、双墓室	平面呈"Y"形	东室长1.74米，前宽0.94米，后宽1.05米，前高0.8米，后高0.6米；西室长2米，前宽1米，后宽1.3米，前高0.8米，后高0.68米	竖穴式		东室190°，西室170°	木棺2	东室2具人骨（迁葬1），西室3具人骨（迁葬2）	Ad
山西省临汾市天马—曲村墓葬（9座）	M5082	由墓道、墓室组成	方形	长1.6米，宽1.48米	竖穴式	长1.89米，宽0.63米	185°			Aa
	M5147	由墓道、墓室组成，拱形顶	长方形	长1.8米，宽0.7米，高1.3米	竖穴式	长1.5米，宽0.7米，深2.25米	180°		推测迁葬（零散肢骨）	Aa

续 表

墓地名称	墓葬	结构	墓室形制	墓室尺寸	墓道形制	墓道尺寸	墓向	葬具	葬俗	类型
山西省临汾市天马—曲村墓葬（9座）	M6053	由墓道、墓室组成，拱形顶	长方形	约长2.3米，宽0.7—0.8米，高0.7米	竖穴式	长0.7米、宽0.5米，深1.03—1.06米	180°		单人葬、仰身直肢	Aa
	M6070	由墓道、墓室组成，拱形顶	长方形	长1.8米、宽1.3米	竖穴式	长2.4米、宽0.7米，深2.02—2.1米	190°		单人葬	Aa
	M6100	由墓道、墓室组成	长方形	长1.78米、宽1.6米，高约0.85米	竖穴式	长1.35米、宽0.52米	180°			Aa
	M6116	由墓道、墓室组成，拱形顶	长方形	长1.65米、宽1.4米，高1米	竖穴式	长1.5米、宽0.6米	180°		单人葬、迁葬	Aa
	M6117	由墓道、甬道、墓室组成，拱形顶	长方形	长2.2米、宽1.45米，高1.25米	竖穴式	长1.72米、宽0.68米，深1.67米	203°		双人合葬、仰身直肢	Aa
	M6250	由墓道、墓室组成，拱形顶	略方形	宽1米	竖穴式	长2.3米、宽1，深1.32米	135°		单人葬	Aa
	M6450	由墓道、甬道、墓室组成	长方形	长1.75米、宽0.74—0.8米	竖穴式	长2.05米、宽0.7米，深1.4米	360°			Aa
山西省临汾市赵墓葬墓葬（1座）	M19	由墓道、墓门、墓室组成	长方形	长2.1米、宽0.8米，残高0.84米	竖穴式		210°	木棺1具	男女双人同棺合葬（女仰身直肢、男迁葬）	Aa
山西省侯马市乔村西北墓葬（1座）	M482	由墓道、墓门、棺道、墓室组成，弧形顶	梯形	长1.8米、宽0.34—0.8米，高0.4米	竖穴式		205°	木棺	单人葬、仰身直肢	Ab

续表

墓地名称	墓葬	结构	墓室形制	墓室尺寸	墓道形制	墓道尺寸	墓向	葬具	葬俗	类型
山西省侯马市东庄村墓葬（8座）	M1、M2、M3、M4、M6、M8、M11、M13									
河南省安阳市郭家湾墓群（5座）	M1—M5	由墓道、墓门、墓室组成，弧形顶	长方形	长 4.9—3.76 米、宽 3.4—1.5 米	竖穴式	深 2.1—3.64 米		木棺	双人合葬（3座）、单人葬（1座）、迁葬（1座）	Aa
河南省郑州市贾庄村墓葬（53座）		由墓道、墓门、墓室组成，弧形顶	长方形椭圆形		竖穴式		多为南北向	木棺	多为单人葬、仰身直肢	Aa、Ac
河南省孟津县麻屯墓葬（1座）	C8M1159	由墓道、天井、甬道、墓室组成，穹窿状顶	长方形	长 2.9 米、宽 1.9 米、高 2 米	斜坡式	长 12 米，宽 1—1.1 米	192°			B
河南省荥阳市城关墓葬（2座）	XJM7	由墓道、甬道、墓室组成，弧形顶	梯形	长 2.7 米、宽 2.4—2.9 米、残高 1.4 米	竖穴式	长 3 米，宽 1.3 米，深 6.1 米	170°	木棺	尸骨葬、单人葬	Ab
	XJM9	由墓道、甬道、墓室组成	梯形		竖穴式		170°左右	木棺	尸骨葬	Ab
河南省荥阳市关帝庙墓葬（4座）	2007HXYGM62	由墓道、墓门、墓室组成，拱形顶	长方形	长 2.3 米、宽 0.9—1 米、高 0.8 米	竖穴式	长 2 米，宽 0.7 米，深 1.76 米	190°	木棺	尸骨葬	Aa
	2007HXYGM63	由墓道、墓门、墓室组成，拱形顶	长方形	长 2.9 米、宽 1—1.17 米、高 1.1 米	竖穴式	长 2.3 米，宽 0.85 米，深 2.6—2.85 米	190°	木棺	尸骨葬	Aa

续 表

墓地名称	墓葬	结构	墓室形制	墓室尺寸	墓道形制	墓道尺寸	墓向	葬具	葬俗	类型
河南省荥阳市关帝庙墓葬（4座）	2007HXYGM69	由墓道、墓门、墓室组成，拱形顶	长方形	长 2.4 米，宽 0.99 米，高 1.1 米	竖穴式	长 2.2 米，宽 0.8—0.83 米，深 1.85—1.95 米	190°	木棺	尸骨葬	Aa
	2007HXYGM91	由墓道、墓门、墓室组成，拱形顶	长方形	长 1.9 米，宽 0.8—0.9 米	竖穴式	长 3 米，宽 0.6—0.8 米，深 1 米	188°	未见	尸骨葬	Aa
河南省荥阳市后真黄村墓葬（1座）	M26	由墓道、墓室组成	长方形	长 1.86 米，宽 0.8 米	竖穴式		190°	木棺	仰身直肢（老年男性）	Aa
河南省洛阳市苗北村墓葬（1座）	ⅠM3634	由墓道、墓室组成	长方形	长 3.1 米，宽 2.86 米，高 1 米	竖穴式		170°	木棺（有棺痕）	人骨无存	Aa
河南省郑州市中博股份有限公司墓葬（12座）	M12	由墓道、墓室组成	长方形	长 1.6 米，宽 0.66 米	竖穴式		175°	木棺	单人葬，仰身直肢	Aa
	M13	由墓道、墓室组成	长方形	长 1.88 米，宽 0.42—0.6 米，高 0.52 米	竖穴式		185°	木棺		Aa
陕西省西安市黄渠头村墓葬（1座）	M88	由墓道、墓室组成	梯形		竖穴式		350°	木棺	单人葬，仰身直肢	Ab
陕西省西安市夏殿村墓葬（1座）	2009XBM30	由墓道、墓室组成	长方形	长 2.2 米，南宽 0.98 米，北宽 1.1 米，高 1.22 米	竖穴式		198°	木棺	单人葬，仰身直肢	Aa

续 表

墓地名称	墓葬	结构	墓室形制	墓室尺寸	墓道形制	墓道尺寸	墓向	葬具	葬俗	类型
陕西省西安市孟村墓葬（1座）	ⅡM10	由墓道、甬道、墓室组成	椭圆形	进深约3.2米，南宽约0.9米，北宽1.4米，中部最宽1.7米，弧形顶，最高约1.3米	竖穴式	长1.82米，宽0.5—0.66米，深4.3米	175°	木棺	仰身直肢（人骨保存差）	Ac
陕西省西安市北郊医疗设备厂墓葬（1座）	潘顺墓	由墓道、墓室组成	长方形	长2.5米，宽1.15—1.35米，高1.4米	竖穴式	上口长2.35米，宽0.94—1.15米，深3.8米	178°	木棺	双人合葬（尸骨葬1，迁葬1），仰身直肢	Aa
陕西省长安县西韦村墓葬（1座）		由墓道、墓室组成	长方形		竖穴式	长2.24米，深4.3米			尸骨葬	Aa
陕西省咸阳市瑞祥小区墓葬（1座）		由墓道、墓室组成	长方形	长2.62米，北宽1.6米，南宽1.5米，高0.78米	斜坡式	长1.2米，宽0.96米，深0.75米	5°	木棺	尸骨葬，单人葬，仰身直肢	B
陕西省耀县董家河墓葬（2座）	97YDM1	由墓道、墓室组成	长方形	长22米，宽12米，后壁高125米	竖穴式	上口长2.1米，宽1.1—1.22米，深3.82米	12.5°	木棺	尸骨葬，迁葬（3具）	Aa
	97YDM2	由墓道、墓室组成	长方形	长2.4米，宽1.25—1.4米，高1.5米	竖穴式	上口长2米，宽1—1.05米，深3.86米	12.5°	木棺	尸骨葬，迁葬（2具）	Aa
山东省淄博市临淄区后李官庄墓葬（数量不清）					竖穴式、阶梯式					A、B

备注：共计160余座。

附表 2.12 金代石室墓统计表

墓地名称	墓葬	结构	墓顶形制	墓室形制	墓室尺寸	墓向	棺床及葬具	葬俗	类型
吉林省舒兰县小城乡墓区石室墓葬（1座）	第2墓区石室墓	由墓道、甬道、墓室组成	四阿式顶	方形			石函 3 具	火葬	Aa
辽宁省辽阳市隆昌中学墓葬（1座）	M2	由墓门、甬道、墓室组成	石板盖顶	长方形	长2米、宽1.63米、高1.49米	155°	土筑长方形棺床、外砌石板	尸骨葬、单人葬、仰身直肢；火葬、单人葬	Aa
辽宁省辽阳县金厂村墓葬（1座）		由墓门、墓室组成、石刻画像	石板盖顶	长方形	长3米、宽0.72—1.03米、高1.15—1.3米	162°	木棺 1 具	单人葬	Aa
辽宁省鞍山市汪家峪墓葬（1座）		由墓道、甬道、墓室组成、石刻画像	券顶	八边形	宽2.3米、高2.3米	130°	石床		Ac
辽宁省锦西大卧铺墓葬（2座）	M1	由墓门、墓室组成、石刻画像	券顶	八边形	长2.74米、宽2.8米、高2.1米	160°	石床	尸骨葬、双人合葬	Ac
	M2	由墓门、墓室组成、石刻画像	券顶	八边形	长2.4米、宽2.45米、存高1.46米	162°	石床		Ac
辽宁省阜新市南瓦村墓葬（1座）		由墓道、墓门、甬道、墓室组成	穹窿顶	长方形	长7米、宽3.5米	155°	土棺床、石函	尸骨葬、夫妻双人合葬	Aa
辽宁省朝阳重型机器厂墓葬（1座）	1999M2	由墓道、墓门、墓室组成		十边形	东西对边长2.1米、南北对边长1.7米	210°		火葬	Ac
内蒙古库伦旗后柜村墓葬（1座）		由墓门、墓室组成	穹窿顶	长方形	长2.4米、宽2米、高2.25米	165°		尸骨葬、双人合葬、仰身直肢	Aa

续 表

墓地名称	墓葬	结构	墓顶形制	墓室形制	墓室尺寸	墓向	棺床及葬具	葬俗	类型
内蒙古敖汉旗英凤沟墓葬（1座）	M1	由墓道、墓门、墓室组成	券顶	八边形	对边长 3.35—3.4 米，高 3.45 米	120°	柏木椁室	尸骨葬、单人葬	Ac
内蒙古武川县乌兰不浪子墓葬（1座）	M2	墓门、墓道遭破坏		六边形	长 1.92 米，宽 1.8 米，残高 1.25 米	20°	石砌长方形棺床	尸骨葬、双人合葬	Ac
河北省蔚县高院村墙村墓葬（1座）		破坏严重		圆形	直径约 2.5 米		镂孔盖罐 2 件	火葬	Ab
河北省平山县两盆村墓葬（1座）	M4	由墓道、墓门、甬道、墓室组成	穹隆顶	圆形	直径 2.25 米，通高 1.83 米	160°	石砌棺床，内填沙土	人骨散乱	Ab
河北省徐水县西黑山墓葬（6座）	M30	由墓道、墓门、甬道、墓室组成	券顶	近圆形	直径 2.14—2.62 米，残高 2.12 米	176°	木棺	尸骨葬、双人合葬（仰身直肢葬 1，迁葬 1）	Ab
	M64	由墓道、墓门、甬道、墓室组成		近圆形	直径约 1.78—1.8 米，残高 1.7 米	173°		少量碎人骨	Ab
	M49	由墓道、祭台、墓门、甬道、墓室组成	券顶	椭圆形	直径 2.25—2.41 米，高 2.42 米	190°	木棺	尸骨葬、双人合葬（仰身直肢葬 1，侧身直肢葬 1）	Ab
	M52	由墓道、祭台、墓门、甬道、墓室组成	券顶	略呈圆形	直径 2.25—2.15 米，残高 1.35—1.45 米	164°	土筑"凹"字形棺床	尸骨葬、双人合葬，仰身直肢	Ab
	M55	由墓道、墓门、甬道、墓室组成		近圆形		169°	砖砌棺床		Ab

续 表

墓地名称	墓葬	结构	墓顶形制	墓室形制	墓室尺寸	墓向	棺床及葬具	葬俗	类型
河北省徐水县西黑山墓葬（6座）	M56	由墓道、甬道、墓室组成，券顶		近圆形	直径2.16—2.18米，高2.24米	170°		尸骨葬、单人葬	Ab
河北省曲阳县涧磁村墓葬（1座）	M8	由墓道、墓门、墓室组成		圆形	直径2米	171°		无存	Ab
山西省太原市郊董茹庄墓葬（2座）			攒尖顶	八边形		南向			Ac
山西省长治市安昌村南墓葬（1座）	ZAM8	由甬道、墓门、主室、7个耳室组成，仿木构	攒尖顶	主室呈方形	边长2.3米，总高3.2米	182°	主室有石砌"凹"字形棺床	尸骨葬、三人合葬；火葬（有遗骸）	B
山东省邹城县峰山北河湾墓葬（1座）	2013ZLSM1		转角叠涩盖顶	长方形	东西长2.45米，南北宽1.84米，高2.16米	83°	木棺2具	尸骨葬、双人合葬、仰身直肢	Aa
山东省威海市郊家墓葬（1座）		石板砌壁，南侧有门，券顶					石函（长0.51米，宽0.42米，高0.33米）	放置骨殖	A
河南省焦作市西北冯王庄墓葬（1座）	邹琼墓	由墓道、墓门、墓室组成，仿木构、石刻画像	攒尖顶	八边形	长3.1米，宽3.06米	南向		人骨散乱	Ac

备注：共计26座。

附表 2.13　金代砖室墓统计表

墓地名称	墓葬	结构	墓顶形制	墓室形制	墓室尺寸	墓向	棺床及葬具	葬俗	类型
黑龙江省哈尔滨市王岗镇华滨墓葬（1座）		由墓道、墓门、墓室组成	圆形券顶	方形	边长 2.79 米	162°	石棺床、石函、木骨灰匣	火葬	Aa
黑龙江省哈尔滨市一曼街墓葬（1座）				方形			石函内置木匣	火葬	Aa
黑龙江省哈尔滨市新香坊墓葬（1座）	M3						木棺	火葬	Aa
黑龙江省阿城双城村墓葬（1座）			券顶	长方形	长 2.31 米，宽 1.56 米，壁残高约 1 米			尸骨葬（仅存部分肢骨）	Aa
黑龙江省阿城新城村墓葬（2座）	M1		穹窿顶	长方形	长 1.8 米，宽 1.4 米		石函	火葬	Aa
	M1	由墓门、墓室组成	穹窿顶	长方形	残长 1.34 米，宽 1.42 米，深 0.9 米		石函	火葬	Aa
吉林省农安县古城内墓葬（3座）	M2	由墓门、墓室组成	穹窿顶	方形	墓外边长 1.25 米		砖砌棺床	火葬	Aa
	M5	由墓门、墓室组成	方形	方形	墓外边长 1.2 米		陶瓮、石函	火葬	Aa
吉林省农安县石人屯墓葬（1座）		由墓道、墓室组成	券顶	长方形	长 6 米，宽 3 米，高 15 米		石函	火葬	Aa
吉林省长岭县南岗墓葬（1座）		由墓道、墓室组成	穹窿顶	方形	边长 1.87 米，高 1.9 米	155°	砖砌棺床	尸骨葬，男女双人合葬，仰身直肢	Aa

续　表

墓地名称	墓葬	结　构	墓顶形制	墓室形制	墓室尺寸	墓向	棺床及葬具	葬俗	类型
吉林省舒兰县小城子墓葬（完颜希尹家族墓，2座）							石椁、木棺		
吉林省梨树县偏脸城址肉墓葬（5座）		由墓门、墓室组成	穹隆顶	有椭圆形和方形两种			石椁、石函、木匣	有火葬、尸骨葬、混合葬三种，个体不一	
吉林省长岭县哈蟆沁墓葬（1座）	16CHM1	由墓道、墓门、墓室组成	穹隆顶	方形	南北2.26米、东西2.2米、高2.34米	98°	砖砌棺床	尸骨葬，4具人骨被扰动	Aa
辽宁省阜新市西山屯墓葬（1座）		由墓道、墓室组成	穹隆顶	圆形	直径2.7米	南偏东	砖砌棺床	尸骨葬、单人葬	Ab
辽宁省朝阳市师范学校墓葬（1座）	马令墓	由墓门、墓室组成、仿木构、壁画	券顶	方形	长2米、宽1.99、高约1.75米	南向	砖筑棺床，置石函（内有陶罐二件）	火葬、夫妇合葬	Aa
辽宁省朝阳市召都巴墓葬（1座）		由墓道、甬道、墓室组成、仿木构、砖雕	穹隆顶	圆形	直径3.66米、高3.7米	195°	砖砌"凹"字形棺床	火葬、夫妇合葬	Ab
辽宁省朝阳市七道泉子墓葬（1座）		由墓道、甬道、墓室组成、仿木构、壁画	矮穹隆顶	圆形	直径2米、高1.8米		砖砌棺床	火葬	Ab
辽宁省朝阳市北方航空飞行大队墓葬（1座）	CYMHJM1	墓道、甬道、墓门、墓室组成	穹隆顶	六边形	两对边间距2.26米、高2.7米	192°	"凹"字形棺床上置石小匣	火葬、骨灰迁葬	Ac
辽宁省喀左县利州商亚街墓葬（1座）	冯兴安墓	墓道、甬道、前后墓室组成		前墓室六边形，后室八边形	前室内边长1.7米、后室内边长1.96米	206°	砖砌棺床上置石椁	火葬	Bc

续 表

墓地名称	墓葬	结构	墓顶形制	墓室形制	墓室尺寸	墓向	棺床及葬具	葬俗	类型
内蒙古巴林左旗林东镇墓葬（1座）	M1	由墓门、墓室组成，仿木构，彩绘	穹隆顶	八边形	长1.9米、宽1.88米、高1.8米	160°	小木棺	火葬	Ac
内蒙古林西县土庙子村墓葬（1座）	91LTM1	由墓道、墓门、墓室组成	券顶	长方形	长2.1米、宽1.84米、残高0.84米	115°	砖砌长方形棺床	尸骨葬、单人葬，仰身直肢	Aa
内蒙古敖汉旗小柳条沟墓葬（1座）	M1	由墓门、甬道、墓室组成	攒尖顶	八边形	内径3.5米	118°	砖砌棺床、石函	火葬	Ac
内蒙古敖汉旗老虎沟墓葬（1座）	M1	由墓道、墓门、墓室组成	券顶	八边形	边长1.5米、地面对角直径4米、中央高4.4米	148°	砖砌棺床、石函	尸骨葬、双人合葬	Ac
内蒙古敖汉旗北三家M2（1座）	M2			长方形		125°			Aa
内蒙古武川县乌兰铃子墓葬（1座）	M1	由墓门、甬道、墓室组成		圆形	直径2.3—2.42米，残高1.2米	274°	砖砌半圆形棺床		Ab
内蒙古和林格尔县西沟门墓葬（1座）	M1	由墓门、墓室组成	穹隆顶	方形	长2.3米、宽2.1米、高3.1米	190°		尸骨葬、双人合葬	Aa
内蒙古准格尔旗西黑岱墓葬（1座）	ⅡM4	盗扰破坏				南北向			

266　金代墓葬的考古学研究

续 表

墓地名称	墓葬	结构	墓顶形制	墓室形制	墓室尺寸	墓向	棺床及葬具	葬俗	类型
内蒙古凉城县古城梁遗址周边墓葬（2座）	M1	由墓道、墓室组成		圆角方形	长2.56米、宽2.52米、深2.74米	193°		人骨凌乱，双人合葬	Aa
	M3			圆角长方形	长2.46米、宽1.84米、深1.32米	186°		人骨凌乱，双人合葬	Aa
河北省唐山市陡河水库徐庄墓葬（5座）	M80			正方形		105°—220°	砖砌长方形棺床	尸骨葬，双人合葬	Aa
	M85			椭圆形			砖砌棺床	骨骼散乱	Ab
	M1							尸骨葬（骨架扰乱）	
河北省迁安市开发区墓葬（3座）	M2	由墓门、墓室组成	穹窿顶	长方形	四壁内长分别为2.4米、2.18米、2.06米、高0.4米	170°		2具头骨（骨架扰乱）	Aa
	M3	由墓门、墓室组成	穹窿顶	近方形	长2.88米、宽2.66米、壁残高约1.5米	170°	砖砌棺床、陶罐	尸骨葬、火葬	Aa
河北省迁安市小王庄墓葬（1座）	98QXM1	由墓道、墓门、墓室组成		圆形	直径2.3米、壁残1.07米	185°	无	尸骨葬（三人合葬）、火葬	Ab
河北省兴隆县梓木林子墓葬（1座）	萧仲恭墓	由翼墙、墓道、墓门组成，甬道、墓室组成，仿木构，壁画	穹窿顶	前、中、后三室		南北向		尸骨葬、火葬（1具人骨和骨灰）	Bg
河北省宣化下八里墓葬（2座）	张子行墓								
	张子忠墓			长方形					Aa

续 表

墓地名称	墓葬	结构	墓顶形制	墓室形制	墓室尺寸	墓向	棺床及葬具	葬俗	类型
河北省怀安下王屯墓葬（1座）		由墓道、墓门、墓室组成，仿木构，壁画	拱券顶（窑洞式）	弧角长方形	长1.9米，宽1.72米，高2.06米	180°	木棺	火葬	Aa
河北省蔚县城东墓葬（1座）	郭仲谦墓	由墓门、墓室组成	穹窿顶	方形	长1.5米，宽1.3米，高1.6米		陶棺	火葬	Aa
河北省涿州市张村东营墓葬（5座）			券顶	方形和圆形					Aa Ab
河北省新城县北场村墓葬（1座）	时立爱墓	由墓道、墓门、甬道、前室、耳室、左右后室组成，仿木构，壁画	穹窿顶	前室长方形，耳室圆形，后室八边形	前室长4.65米，宽3.8米，耳室直径2.8米，后室长4.75米，宽5.45米	190°		尸骨葬，夫妻四人合葬	Be
河北省徐水县西黑山墓葬（12座）	M14	由祭台、墓道、墓门、短甬道、墓室组成，仿木构	穹窿顶	近圆形	内径2.56—2.75米，残高2.45米	188°	土筑棺床、外沿砌砖，木棺	双人合葬（1具），迁葬	Ab
	M19	由祭台、墓道、墓门、短甬道、墓室组成，仿木构	券顶	近圆形	直径1.92—2.2米，残高1.23米	189°	砖砌棺床	人骨扰乱	Ab
	M20	由祭台、墓道、墓门、短甬道、墓室组成，仿木构	券顶	近圆形	直径2.88—2.93米，残高1.35—1.4米	193°	土筑棺床、外沿砌砖，木棺	双人合葬（1具），迁葬	Ab
	M24	由祭台、墓道、墓门、短甬道、墓室组成，仿木构	穹窿顶	椭圆形	径2.55—2.92米，残高2.01米	188°	砖砌"凹"字形棺床，木棺	双人合葬	Ab

续 表

墓地名称	墓葬	结构	墓顶形制	墓室形制	墓室尺寸	墓向	棺床及葬具	葬俗	类型
河北省徐水县西黑山墓葬（12座）	M25	由墓道、墓门、甬道、墓室组成，短仿木构	券顶	椭圆形	径2.27—2.46米，高1.55米	186°	土筑棺床，床沿、床面砌砖，木棺、陶罐	双人合葬，火葬（1具）	Ab
	M26	由墓道、墓门、甬道、墓室组成，短仿木构	券顶	椭圆形	径1.6—1.73米，高1.64米	182°	砖砌棺床	双人合葬，迁葬	Ab
	M27	由墓道、墓门、甬道、墓室组成，仿木构	券顶	略呈圆形	直径2.67—2.72米，残高1.82米	174°	土筑棺床，床沿、床面砌砖，木棺	三人合葬，迁葬（1具）	Ab
	M28	由祭台、墓门、甬道、墓室组成，仿木构		椭圆形（舟形）	径1.35—2.54米，残高0.76米	167°	木棺	三人合葬（人骨扰乱）	Ab
	M38	由墓道、墓门、甬道、墓室组成，仿木构		近圆形	直径2.2米，残高0.78米	173°	"凹"字形棺床，外沿砌砖，木棺	单人葬（人骨扰乱）	Ab
	M48	由墓道、墓门、甬道、墓室组成		圆形		170°			Ab？
	M50	由墓道、墓门、甬道、墓室组成，仿木构	券顶	圆形	直径1.78—1.79米，高1.51米	174°	砖砌棺床	双合葬，迁葬	Ab
	M54	由墓道、墓门、甬道、墓室组成		近圆形		184°		存下肢骨1根（女性）	Ab
河北省鹿泉市西龙贵墓葬（10座）	M10	由斜坡墓道、甬道、墓室组成		圆形	内径2.23米	186°	砖砌"回"字形棺床		Ab

续 表

墓地名称	墓葬	结构	墓顶形制	墓室形制	墓室尺寸	墓向	棺床及葬具	葬俗	类型
	M11	由阶梯墓道、甬道、墓室组成		长方形	内圹南北2.32米、东西2.29米	180°	砖砌"凹"字形棺床		Aa
	M12	由阶梯墓道、甬道、墓室组成		长方形	内圹南北2.23米、东西2.36米	180°	砖砌"凹"字形棺床	夫妇合葬(人骨扰乱,2具头骨)	Aa
	M13	由阶梯墓道、甬道、墓室组成		圆形	内径2.45米	180°	砖砌"凹"字形棺床	有较多人骨残片	Ab
	M14	由阶梯墓道、甬道、墓室组成		长方形	内圹南北2.42米、东西2.42米	180°	砖砌"凹"字形棺床		Aa
	M15	由阶梯墓道、甬道、墓室组成		长方形	内圹南北2.09米、东西2米	180°	砖砌"凹"字形棺床		Aa
	M16	由阶梯墓道、甬道、墓室组成		长方形	内圹南北2.35米、东西2.41米	180°	砖砌"凹"字形棺床	1段肢骨	Aa
	M17	由阶梯墓道、甬道、墓室组成		长方形	内圹南北2.03米、东西2.19米	180°	砖砌"凹"字形棺床	少量肢骨	Aa
	M18	由斜坡墓道、甬道、墓室组成		圆形	内径2.39米	180°	砖砌"凹"字形棺床	人骨散乱	Ab
河北省鹿泉市西龙贵墓葬(10座)	M19	由斜坡墓道、甬道、墓室组成		圆形	内径2.38米	177°	砖砌"凹"字形棺床	人骨散乱	Ab
河北省唐县东方秀轩小区墓葬(1座)	M1	由墓道、墓门、甬道、墓室组成	穹窿顶	圆形	直径2.8米、高2.1米	190°	砖砌棺床、木棺	1具头骨,零散肢骨	Ab
河北省唐县墓葬(3座)	M1	由墓道、墓门、墓室组成	穹窿顶	圆形	直径2.27—2.38米、高1.84米	352°		尸骨葬,单人,仰身直肢	Ab

续 表

墓地名称	墓 葬	结 构	墓顶形制	墓室形制	墓室尺寸	墓向	棺床及葬具	葬 俗	类型
河北省廊坊市晓廊坊小区墓葬（9座，2012LXLM7—M10、M13—M17）	M8	由墓道、甬道、墓门、墓室组成	穹窿顶	圆形	内径2.56米，残高1.4米	202°	砖砌长方形棺床、木棺		Ab
	M14			圆形	东西2.38米，南北2.45米，残高1.93米	196°			Ab
河北省定州市东沿里村墓葬（6座）		由墓道、甬道、墓门、墓室组成		圆形或半圆形			砖砌"凹"字形棺床		Ab
	1区M1—M7、M9—M24		多为穹窿顶	圆形 16					Ab
				半圆形 1					Ab
				梯形 4					Aa
				长方形 2					Aa
	2区M25—M35	由墓道、甬道、墓门、墓室组成，仿木构		圆形 9	墓室较小	南北向	砖砌棺床	多尸骨葬（1—2人）	Ab
				长方形 2					Aa
	3区M36—M41			圆形 4					Ab
				梯形 2					Aa
	4区M42—M61			圆形 15					Ab
				长方形 5					Aa
河北省平山县两岔村墓葬（6座）	M1	由墓道、甬道、墓门、墓室组成，仿木构、壁画	穹窿顶	六边形	宽3.17—3.26米，残高1.82米	170°	砖砌棺床	双人合葬、扰乱	Ac

续表

墓地名称	墓葬	结构	墓顶形制	墓室形制	墓室尺寸	墓向	棺床及葬具	葬俗	类型
河北省平山县两岔村墓葬（6座）	M2	由墓道、墓门、墓室组成，仿木构，壁画	穹隆顶	八边形	径2.8米，通高2.45米	160°	砖砌棺床	人骨扰乱	Ac
	M7	由墓道、墓门、墓室组成，仿木构，壁画	穹隆顶	八边形		160°	砖砌棺床		Ac
	M3	由墓道、墓门、墓室组成，仿木构	穹隆顶	圆形	直径2.45米，残高1.1米	160°	砖砌棺床		Ab
	M5	由墓道、墓门、墓室组成，仿木构	穹隆顶	圆形	直径2.63—2.8米，残高0.88米	160°	砖砌棺床		Ab
	M6	由墓道、墓门、墓室组成，仿木构	穹隆顶	圆形	直径2.6米	170°	砖砌棺床		Ab
河北省井陉县柿庄墓葬（13座）	柿庄M6	由墓道、墓门、墓室组成，仿木构，壁画	穹隆顶	方形	长2.77米，宽2.67米，高2.96米	188°	砖砌"凹"字形棺床		Aa
	柿庄M2	由墓道、墓门、墓室组成，仿木构，砖雕，壁画	穹隆顶，顶外部有须弥式建筑	方形	长2.68米，宽2.59米，高3.16米	195°	砖砌长方形棺床	尸骨葬（2具人骨）、火葬（1具）	Aa
	柿庄M7	由墓道、墓门、墓室组成，仿木构，砖雕，壁画	穹隆顶	方形	大小儿平同于M2	190°	砖砌棺床	尸骨葬（3具人骨）	Aa

272　金代墓葬的考古学研究

续　表

墓地名称	墓葬	结构	墓顶形制	墓室形制	墓室尺寸	墓向	棺床及葬具	葬俗	类型
	柿庄 M4	由墓道、墓门、墓室组成，仿木构，砖雕	穹隆顶	圆形	直径 3.24—3.34 米，高 3.32 米	188°	砖砌棺床	尸骨葬（1 具人骨），火葬（骨灰 1 堆）	Ab
	柿庄 M5	由墓道、墓门、墓室组成，仿木构，砖雕	穹隆顶，顶外部有须弥式建筑	圆形	直径 2.56—2.75 米，高 2.3 米	195°	砖砌棺床	尸骨葬（2 具人骨）	Ab
	柿庄 M3	由墓道、墓门、墓室组成，仿木构，砖雕，壁画	穹隆顶，顶外部有须弥式建筑	六边形	边长 1.25 米，高 3.5 米	190°	砖砌棺床	尸骨葬（2 具人骨）	Ac
	柿庄 M8	由墓道、墓门、墓室组成，仿木构，砖雕，壁画		六边形	边长 1.31—1.52 米	200°	砖砌棺床		Ac
	柿庄 M1	由墓道、墓门、墓室组成，仿木构，砖雕，壁画	穹隆顶	八边形	边长 0.64—0.89 米，高 2.78 米	190°	砖砌棺床	尸骨葬（2 具人骨）	Ac
	柿庄 M10	由墓道、墓门、墓室组成，仿木构，砖雕，壁画	穹隆顶	八边形					Ac
河北省井陉县柿庄墓葬（13 座）	北孤台 M3	由墓道、墓门、墓室组成，仿木构，砖雕，壁画		方形			砖砌棺床		Aa

附　表　273

续 表

墓地名称	墓葬	结构	墓顶形制	墓室形制	墓室尺寸	墓向	棺床及葬具	葬俗	类型
河北省井陉县柿庄墓葬（13座）	北孤台 M4	由墓道、甬道、墓室组成，壁画	穹隆顶，顶外部有须弥式建筑	长方形	长2米、宽1.51米、高1.84米	190°	砖砌棺床	尸骨葬，3具人骨（1具二次葬）	Aa
	北孤台 M1	由墓道、甬道、墓室组成，木构、砖雕、壁画		六边形		188°	砖砌棺床		Ac
	北孤台 M2	由墓道、甬道、墓室组成，木构、砖雕、壁画		六边形	边长1.39—1.54米	170°	砖砌棺床	尸骨葬（2具人骨）	Ac
河北省曲阳县涧磁村墓葬（1座）	M9	由墓道、甬道、墓室组成	穹隆顶	圆形	直径2.55米	180°	砖砌棺床	尸骨葬（2具人骨）	Ab
河北省内丘县胡里村墓葬（1座）	M1	由墓道、甬道、墓室组成，壁画		八边形	直径2.45米、高2.6米	180°	棺木碎块	被盗扰	Ac
河北省平乡县平乡镇墓葬（1座）	M1	由墓道、甬道、墓室组成，木构	穹隆顶	长方形	残长0.5米、宽1.2米、残高0.6米	200°	生土棺床，外包砖，木棺	尸骨葬，双人合葬	Aa
河北省邯郸市龙城小区墓葬（1座）	M14	由墓道、甬道、墓室组成，木构、砖雕		六边形	对角长2.88米、宽2.26米、残高1.85米	200°	砖砌六边形棺床	尸骨葬，男女双人合葬	Ac
河北省邯郸市连城别苑墓葬（2座）	M4	由墓道、甬道、墓室组成，仿木构、砖雕		八边形	长2米、宽2.1米、高0.9—1.08米	185°	砖砌棺床	2具头骨（男女各1具）	Ac

续 表

墓地名称	墓葬	结构	墓顶形制	墓室形制	墓室尺寸	墓向	棺床及葬具	葬俗	类型
河北省邯郸市连城别苑墓葬（2座）	M9	由墓道、墓门、甬道、墓室组成，仿木构，砖雕	穹窿顶	圆形	直径1.9—2.04米、高1.86米	194°	砖砌棺床	尸骨葬、单人葬（男性）	Ab
河北省邯郸市北张庄墓葬（5座）	M3—M7	由墓道、墓门、甬道、墓室组成，仿木构，壁画		八边形	对边长2.6—3.18米	185°—191°之间	砖砌"凹"字形棺床、未见葬具	人骨扰乱	Ac
	M7	由墓道、墓门、甬道、墓室组成		六边形	边长1.04—1.14米	190°	砖砌棺床、无葬具	3具人骨、迁葬	Ac
	M1	由墓道、甬道、墓室组成		圆形	直径1.36—1.46米	180°	砖砌棺床、无葬具	3具人骨、迁葬	Ab
	M3	由墓道、甬道、墓室组成，西北壁有1龛室		圆形	直径2.2米	175°	砖砌棺床、无葬具	3具人骨、迁葬	Ba
河北省邯郸市南湖小区墓葬（8座）	M2	由墓道、甬道、墓室组成		圆形				迁葬	Ab
	M4	由墓道、甬道、墓室组成		圆形				迁葬	Ab
	M6	由墓道、甬道、墓室组成		圆形				迁葬	Ab
	M10	由墓门、墓室组成		梯形	长2米、宽0.45—0.88米	180°		1具人骨、侧身直肢	Aa
	M11	由墓门、墓室组成		梯形					Aa

续表

墓地名称	墓葬	结构	墓顶形制	墓室形制	墓室尺寸	墓向	棺床及葬具	葬俗	类型
河北省三河县老辛庄墓葬（1座）	2016SLM1	由墓门、甬道、墓室组成	穹隆顶	方形	长2.9米、宽2.85米、高2.2米	185°	"凸"字形棺床、木棺	2具人骨、夫妇合葬	Aa
北京市房山营镇晏家堡村墓葬（1座）		由墓道、墓门、甬道、墓室组成、仿木构、壁画	穹隆顶	八边形	直径3.5米、残高2.4米	170°		火葬	Ac
北京市门头沟区大峪镇育新小学墓葬（1座）		由墓门墙、甬道、墓室组成、仿木构、壁画	穹隆顶	圆形	内直径3米、通高2.85米	190°	砖砌长方形棺床		Ab
北京市门头沟区永定镇何各庄墓葬（2座）	M1	由墓门、墓室组成	穹隆顶	圆形		南向	砖砌半圆形棺床	火葬	Ab
	M3	由墓门、墓室组成	穹隆顶	圆形		南向	砖砌半圆形棺床	火葬	Ab
北京市石景山区八角村墓葬（赵励，2座）	M1	由墓道、墓室组成、仿木构、壁画	穹隆顶	圆形	内直径2.3~2.38米、高2.25米、外直径2.42米、高2.7米	南向	砖砌"工"字形棺床	火葬、夫妇合葬、迁葬	Ab
	M2	与M1形制相同、已损坏							
北京市天坛公园墓葬（1座）	M1	由墓门、墓室组成	穹隆顶	圆形	直径1.9米、高1.8米	190°	圆形土台棺床、木匣	火葬	Ab
北京市大兴区小营墓葬（1座）	M1	由墓门墙、甬道、墓室组成、仿木构、壁画不存	穹隆顶	圆形	直径2.2米	176°	砖砌长方形棺床、木棺	火葬	Ab
北京市亦庄80号地墓葬（1座）	M50	由墓道、墓室组成	穹隆顶	圆形	直径3.16米	190°	砖砌长方形棺床	尸骨葬	Ab

续 表

墓地名称	墓葬	结构	墓顶形制	墓室形制	墓室尺寸	墓向	棺床及葬具	葬俗	类型
北京市朝阳区王四营乡墓葬（1座）	M6	由墓道、甬道、墓门、墓室组成		圆形	直径2.26米	180°	砖砌长方形棺床	火葬	Ab
北京市密云区大唐庄墓葬（3座）	M6	由墓道、门楼、甬道、墓室组成		圆形	直径2.24米	190°		火葬	Ab
	M7	由墓道、墓门、甬道、墓室组成		圆形	南北2.56米、东西2.57米、壁残高0.6米	192°			Ab
	M12	由墓道、门楼、甬道、墓室组成		圆形	南北3米、东西2.96米、壁残高0.48米	202°			Ab
	M22	由墓道、墓门、墓室组成	穹隆顶	椭圆形	土圹长径1.86米、短径1.68米、高1.7米	175°	砖砌棺床抹白灰、木骨灰函已朽	火葬	Ab
	M25	由墓道、天井、墓门、墓室组成	穹隆顶	椭圆形	土圹长径2.4米、短径2.2米、高1.62米	185°	砖砌棺床抹白灰、木骨灰函已朽	火葬	Ab
	M35	由墓道、天井、墓门、墓室组成	穹隆顶	椭圆形	长径1.54米、短径1.5米、墓口距墓底深0.9米	164°		火葬	Ab
北京市大兴区北程庄墓葬（3座）	M11	由祭台、墓道、墓门、墓室组成		长方形	东西长2.24米、南北宽2.2米、高2.24米	5°	砖砌棺床	尸骨葬、仰身直肢	Aa
北京市大兴区生物医药基地墓葬（4座）	M8	由墓道、墓门、墓室组成	穹隆顶	圆形	直径2.7米、残高0.8米	10°		尸骨葬、三人合葬、仰身直肢	Ab
	M13	由墓道、墓门、墓室组成	穹隆顶	圆形	直径3米、残高1.41米	5°		尸骨葬、双人合葬、骨殖散乱	Ab

续 表

墓地名称	墓葬	结 构	墓顶形制	墓室形制	墓室尺寸	墓向	棺床及葬具	葬 俗	类型
北京市大兴区生物医药基地墓葬（4座）	M10	带墓道、双室	拱形顶	长方形	南墓室长2.64米、宽1.11米、高1.14米；北墓室长2.55米、宽1.25米、高1.3米	297°	两室各1具木棺	双人合葬、仰身直肢	Bd
北京市大兴区伏达营村墓葬（1座）	M1	由墓道、墓室组成	穹窿顶	圆形	底直径2.3米、高2.4米	188°	砖砌棺床	残碎的烧骨渣	Ab
天津市静海县东滩头墓葬（1座）	M10	由墓道、墓门、墓室组成、仿木构	穹窿顶	椭圆形	径3.1米、高2.7米	22°	砖砌半圆形棺床、木棺	尸骨葬，女性人骨1具；男性人骨一堆（二次葬）	Ab
山西省大同市小南桥街墓葬（1座）	徐龟墓	由墓道、墓门、墓室组成、仿木构、壁画	穹窿顶	方形	边长1.68米、高2.18米	180°	砖砌长方形棺床、石函	火葬	Aa
山西省大同市城西墓葬（1座）	阎德源墓	由墓道、甬道、墓门、墓室组成、仿木构	攒尖顶	方形	长3.12米、宽3.11米、高3.28米	183°	砖砌长方形棺床、棺椁各1具	尸骨葬、单人仰身直肢	Aa
山西省大同市西郊墓葬（1座）	M1	由墓道、甬道、墓门、墓室组成、仿木构	攒尖顶	八边形	长3.3米、宽3米、高4米	南向	砖砌棺床、4具木棺	尸骨葬、四合葬	Ac
山西省大同市云中大学墓葬（2座）	M1	由墓道、墓门、墓室组成、仿木构	穹窿顶	长方形	长2米、宽1.92米	190°	砖砌长方形棺床、内填土、木棺	火葬	Aa
	M2（陈庆墓）	由墓道、墓门、墓室组成、仿木构	穹窿顶	近方形	长2.07米、宽1.97米、高2.2米	185°	砖砌长方形棺床、内填土、石函、内套小木棺	火葬、夫妇合葬	Aa
山西省繁峙县南关村墓葬（1座）			穹窿顶	圆形		183°	木棺		Ab

278　金代墓葬的考古学研究

续表

墓地名称	墓葬	结构	墓顶形制	墓室形制	墓室尺寸	墓向	棺床及葬具	葬俗	类型
山西省朔县北旺庄墓葬（3座）	M105	由墓道、墓门、墓室组成	穹隆顶	近圆形	直径2~2.35米，高1.4米	125°	8个陶、瓷罐	火葬	Ab
	M106	由墓道、墓门、墓室组成	穹隆顶	近圆形	直径2米，高1.4米	170°	5个陶、瓷罐	火葬	Ab
	M109	由墓道、墓门、墓室组成	穹隆顶	近圆形	直径约2.2~2.6米，高1.2米	330°	10个陶、瓷罐	火葬	Ab
山西省朔州市朔城区墓葬（1座）	僧人墓	由墓道、墓门、墓室组成	穹隆顶	近方形	长3.94米，宽3.72米	185°	砖砌"凹"字形两层台阶，置30具陶棺	火葬（二次葬，30多个个体）	Aa
山西省朔州城区南关外墓葬（1座）							石函	火葬	
山西省太原市郊小井峪村墓葬（1座）		由墓道、墓门、墓室组成，砖雕	攒尖顶	八边形	南北2.65米，东西2.86米，高2.8米	194°	砖砌"凹"字形棺床，木棺	人骨腐烂	Ac
山西省太原市郊义井村墓葬（1座）		由墓道、墓门、墓室组成，砖雕、壁画	攒尖顶	八边形	南北长2.78米，东西宽2.16米，高3.23米	210°			Ac
山西省太原市西郊西流村墓葬（1座）		由墓道、墓门、墓室组成，砖雕		八边形	南北长3.03米，东西宽2.5米，高2.93米	南向			Ac
山西省太原市东郊红沟村墓葬（1座）	M1（周全墓）	由墓道、墓门、墓室组成，彩绘砖雕	穹隆顶	八边形	南北长3.41米，东西宽2.69米	南向	砖砌"凹"字形棺床	人骨扰乱	Ac

附表 279

续 表

墓地名称	墓葬	结 构	墓顶形制	墓室形制	墓室尺寸	墓向	棺床及葬具	葬俗	类型
山西省汾阳高级护理学校墓葬（8座）	M1	由墓道、墓门、甬道、墓室组成，仿木构、砖雕	穹隆顶	长方形		西向		尸骨葬、单人葬	Aa
	M2	由墓道、墓门、甬道、墓室组成，仿木构、砖雕	攒尖顶	六边形	径宽2.3—2.5米，高3.4米	南向	木棺	尸骨葬、双人合葬	Ac
	M3	由墓道、墓门、甬道、墓室组成，仿木构、砖雕	穹隆顶	八边形		南向		尸骨葬、双人合葬	Ac
	M4	由墓道、墓门、甬道、墓室组成，仿木构、壁画	穹隆顶	长方形	长2.2米，宽1.5米	东向		尸骨葬、单人葬	Ac
	M5	由墓道、墓门、甬道、墓室组成，仿木构、彩绘砖雕	穹隆顶	八边形	径宽2.67—3.03米，高3.63米	东向	木棺	尸骨葬、双人合葬	Ac
	M6	由墓道、墓门、甬道、墓室组成，仿木构、砖雕、壁画	穹隆顶	长方形	长2.2米，宽1.5米	东向		尸骨葬、双人合葬、迁葬	Ac
	M7	由墓道、墓门、甬道、墓室组成，仿木构、砖雕	穹隆顶	八边形	长2.8米，宽1.68米	南向		尸骨葬、双人合葬（1具）	Ac
	M8	由墓道、甬道、墓室组成，仿木构、砖雕	穹隆顶	八边形		南向		尸骨葬、双人合葬	Ac

续　表

墓地名称	墓葬	结构	墓顶形制	墓室形制	墓室尺寸	墓向	棺床及葬具	葬俗	类型
山西省孝义市兑镇中学墓葬（4座）									
山西省孝义市下吐京村墓葬（1座）		由墓道、墓室、墓门组成，砖雕、壁画	穹隆顶	八边形	宽2.66米，高3.8米	177°		尸骨葬、单人葬	Ac
山西省孝义市新义街东街墓葬（1座）	M1（郭裕墓）	由墓道、墓门、墓室组成，仿木构、壁画	穹隆顶	八边形	壁边长0.8—1.4米，高3.1米	15°		尸骨葬、双人合葬	Ac
山西省孝义市汾西矿区采煤沉陷区金代墓葬（11座）		由墓道、墓门、墓室组成，仿木构	攒尖顶	2座墓室平面为六边形，余为八边形			棺床		
山西省平定县西关村墓葬（2座）	M1	由墓道、墓门、墓室组成，仿木构、壁画	攒尖顶	八边形	宽3.22—3.26米，高2.18米	176°	砖砌"凹"字形棺床	迁葬（8堆骨骸）	Ac
	M2	由墓道、墓门、墓室组成，仿木构、壁画	穹隆顶	八边形	宽2.9—3米	190°	砖砌"凹"字形棺床	尸骨葬、双人合葬	Ac
山西省文水县中舍村墓葬（2座）		由墓道、墓门、墓室组成，仿木构、砖雕、壁画	穹隆顶	八边形			砖砌棺床	尸骨葬（均为夫妇合葬）	Ac
山西省岚县北村墓葬（1座）				八边形	宽3.04米，进深3.65米	185°	砖砌"凹"字形棺床	2具人骨	Ac

续 表

墓地名称	墓葬	结构	墓顶形制	墓室形制	墓室尺寸	墓向	棺床及葬具	葬俗	类型
山西省盂县皇后村墓葬（1座）	M1	由墓道、甬道、墓室组成	穹隆顶	八边形	南北长2.66米，东西宽2.6米，高3.25米	坐北朝南	棺床	4具人骨（1具火葬）	Ac
山西省太原市东张村墓葬（6座，10TYYXM1—M5、M7）	M2	由墓道、甬道、墓室组成	穹隆顶	圆形	直径3.3米	185°	砖砌棺床		Ab
	M3	由墓道、甬道、墓室组成	穹隆顶	八边形	东西2.54米，南北2.5米，通高2.5米	170°	砖砌棺床，2具木棺	3具人骨	Ac
	M4	由墓道、甬道、墓室组成	穹隆顶	八边形	东西2.8米，南北2.3米，通高2.3米	175°	2具木棺	散乱	Ac
	M5	由墓道、甬道、墓室组成	穹隆顶	八边形	东西2.64米，南北2.36米，通高3.18米	170°	砖砌棺床	2具人骨	Ac
	M7	由墓道、甬道、墓室组成	穹隆顶	八边形	东西2.1米，南北2.16米，通高3.1米		砖砌棺床	3具人骨、迁葬	Ac
		由墓道、甬道、墓室组成	穹隆顶	八边形	东西2.4米，南北2.3米，通高2.5米		砖砌棺床，2具木棺	2具人骨	Ac
山西省阳泉市古坡墓葬（1座）	M1			八边形，3个耳室		170°			Bb
山西省晋中市龙白墓葬（1座）	M7	由墓道、墓门、甬道、墓室组成	穹隆顶	八边形	对边长2.3—2.54米，通高3米	170°	砖砌棺床	2具人骨，夫妇合葬（1具女性）迁葬	Ac
山西省汾阳市东龙观墓葬（7座）	M1	由墓道、墓门、墓室组成		方形	南北2.5米，东西2.4米，墓深4.5米	195°	砖棺床	4具人骨	Aa
	M2			八边形	底长2.9米，宽2.87米，墓深5.31米	108°	木棺	2具人骨、火葬	Ac

续 表

墓地名称	墓葬	结构	墓顶形制	墓室形制	墓室尺寸	墓向	棺床及葬具	葬俗	类型
山西省汾阳市东龙观墓葬（7座）	M3	由墓道、墓门、甬道、墓室组成	穹窿顶	六边形	墓室底长3.08米，宽2.7米，墓深3.44米	355°	发现棺环，棺木人骨腐朽	推测夫妇合葬	Ac
	M4	由墓道、墓门、甬道、墓室组成		方形	墓室底长1.5米，宽1.26米，墓深2.84米	105°	砖棺床	儿童单人葬	Aa
	M5	由墓道、墓门、甬道、墓室、明堂组成	穹窿顶	八边形	墓室底长2.8米，宽2.8米，墓深4.65米	190°	棺木，人骨腐朽	推测夫妇三人合葬，有火葬现象	Ac
	M6	由墓道、墓门、甬道、墓室组成		八边形	墓室底长2.3米，宽2.3米，墓深4.68米	20°	砖棺床		Ac
	M12	由墓道、墓门、甬道、墓室组成		八边形	墓室底长2.3米，宽2.3米，墓深2.94米	99°	砖棺床	2具人骨	Ac
	M601	由墓道、甬道、墓室组成		八边形	东西2.2米，南北2.3米，高1.86米	10°	砖砌棺床	2具人骨，仰身直肢，夫妇合葬	Ac
山西省汾阳市西堡墓葬（3座）	M603	由墓道、甬道、墓室组成		八边形	东西2.4米，南北2.2米，高2.6米	10°	砖砌棺床	2具人骨，夫妇合葬	Ac
	M701	由墓道、甬道、墓室组成		六边形	东西2米，南北1.4米，高1.8米	15°	砖砌棺床	2具人骨，男性仰身直肢，女性迁葬	Ac
山西省昔阳县松溪路墓葬（1座）				前室八边形，后室长方形		205°	"凹"字形棺床，未见葬具	尸骨葬，仰身直肢	Bc
山西省汾西北掌墓葬（7座）	M1	由墓道、甬道、墓室组成		六边形	对边距1.6米，残高1.5米	200°	人骨置于陶缸内	2具人骨	Ac

附 表 283

续表

墓地名称	墓葬	结构	墓顶形制	墓室形制	墓室尺寸	墓向	棺床及葬具	葬俗	类型
山西省汾西县北掌墓葬（7座）	M2	由墓道、甬道、墓室组成		六边形	对边距2.4米，高3.72米	180°	"凹"字形棺床，有棺痕	3具人骨，2具凌乱，为祔葬	Ac
	M3	由墓道、甬道、墓室组成，西北有1个耳室		六边形	对边距2.3米，残高2.52米	100°		6具人骨，5具置于陶缸内，1具置于耳室	Ba
	M4	由墓道、甬道、墓室组成		八边形	对边距2.3米	190°		5具人骨，3具置于陶缸内，2具置于墓室南部	Ac
	M5	由墓道、甬道、墓室组成		六边形	对边距2.7米	180°	砖砌棺床	2具零散人骨	Ac
	M6	由墓道、甬道、墓室组成		八边形	对边距2.68米，残高1.12米	170°		12具头骨，零散人骨	Ac
	M7	由墓道、甬道、墓室组成		六边形	对边距2.3米，残高1.58米	180°		6具人骨，分别置于陶缸内	Ac
山西省汾西郝家沟墓葬（4座）	2015FHM1	由墓门、甬道、墓室组成	叠涩藻井顶	八边形	内宽3.5米，进深3.05米	208°	砖砌棺床，残存棺木1具	残留人骨碎块	Ac
	M2	由墓门、甬道、墓室组成		八边形	横宽2.74米，进深2.7米，通高3.74米	200°	中部砌棺床，有棺木		Ac
	M19	由墓门、甬道、墓室组成		八边形	横宽2.74米	195°			Ac
	M153	由墓道、墓门、甬道、墓室组成		圆形	东西径3米，南北径3.1米，通高4.1米	200°	砖砌棺床，木棺	零星人骨，火葬	Ab

续 表

墓地名称	墓葬	结构	墓顶形制	墓室形制	墓室尺寸	墓向	棺床及葬具	葬俗	类型
山西省沁县上庄墓葬（1座）	M1	由墓道、墓门、甬道、墓室组成，有5个耳室		八边形	宽2.6米、进深2.5米、高4米	173°		13具人骨堆放	Bb
山西省壶关县上好牢村墓葬（2座）	M1	由墓道、前室、侧室及后室组成	前室穹窿顶	前室方形、后室长方形	前室长2.65米、宽3.6米、高2.08米，后室长2.1米、宽1.5米、高2.53米	198°	侧室、后室砖砌须弥座棺床	人骨扰动	Be
山西省稷山县化肥厂墓葬（1座）	M3	由墓道、墓门、甬道、墓室组成	穹窿顶	长方形	长2.5米、宽1.9米	190°			Aa
山西省万荣县庙前墓葬（1座）	M4	由墓道、墓门、甬道、墓室组成	穹窿顶	长方形	长1.92米、宽1.33米、高2米	350°	砖砌棺床	2具人骨、仰身直肢	Aa
山西省洪洞县范村墓葬（1座）	M8	由墓道、墓门、甬道、墓室组成，墓室有北侧室和西侧室	圆形券顶	长方形	长2米、宽1.2米、残高1.98米	190°			Aa
山西省闻喜县北张墓葬（1座）		由墓道、墓门、甬道、墓室组成		八边形	墓室2.85米、东西2.86米、高3.15米	355°	砖砌棺床	2具人骨、迁葬	Bb
	01LHSM1	由墓道、墓门、甬道、墓室组成	斗八藻井	方形	边长2米	170°		2具人骨、仰身直肢	Aa
山西省新绛县龙兴寺墓葬（3座）	01LHSM2	由墓道、墓门、甬道、墓室组成	叠涩覆斗状	长方形	南北2.61米、东西2.22米	180°	"回"字形棺床	3具人骨	Aa
	01LHSM3	由墓道、墓门、甬道、墓室组成		方形	南北2.34米、东西2.3米	180°	"回"字形棺床	3具人骨	Aa
		由墓道、墓门、甬道、墓室组成		方形	南北2.5米、东西2.4米	180°	"回"字形棺床	3具人骨	Aa

续 表

墓地名称	墓葬	结构	墓顶形制	墓室形制	墓室尺寸	墓向	棺床及葬具	葬俗	类型
山西省夏县西阴村墓葬（1座）		由墓道、墓门、墓室组成		长方形	南北2.1米、东西1.4米、高2.55米	180°	砖砌棺床	1具人骨、仰身直肢	Aa
山西省夏县上冯村墓葬（2座）	M1	由墓道、墓门、墓室组成		长方形	残长2.1米、宽1.3米、高2.75米			人骨破坏	Aa
	M2	由墓道、墓门、墓室组成		长方形	长2.34米、宽1.4米、高2.76米	270°	砖砌"凹"字形棺床	迁葬	Aa
山西省长子县南沟墓葬（1座）		由墓道、墓门、甬道、前室、后室组成	前室攒尖顶；后室券顶	前室方形、后室砖砌洞室，长方形	前室内边长2.45米；后室长方形内长0.91米、宽0.58米、前高0.75米、后高0.63米	212°	前室"凹"字形棺床、后室砖砌棺床	零星扰乱人骨	Bc
山西省侯马市东庄村墓葬（6座，M9、M12、M14、M7、M10、M5）		由墓道、墓门、墓室组成、砖雕仿木构	覆斗状	方形	边长2.32米	175°	砖砌棺床、有木棺朽痕	3具头骨、的下肢骨、年人骨骸	Aa
山西省陵川县玉泉村墓葬（1座）		由墓道、甬道、墓室组成	券顶	长方形	长2.7米、宽1.6米、残高1.4—1.7米	185°	石棺	仅存下颌骨和指骨	Aa
山西省长治市洽里村墓葬（1座）		由墓道、墓门、墓室组成、砖雕仿木构	攒尖顶	略呈方形	长2.35米、宽2.08米、高3.1米	189°	砖砌"凹"字形棺床	5具颅骨、肢骨	Aa
山西省襄汾县曲里村墓葬（1座）		由墓道、墓门、墓室组成、仿木构	穹窿顶	长方形	长1.8米、宽1.5米、高2米	180°	砖砌"凹"字形棺床	2具人骨（1具仰身直肢，1具迁葬）	Aa

续 表

墓地名称	墓葬	结构	墓顶形制	墓室形制	墓室尺寸	墓向	棺床及葬具	葬俗	类型
山西省襄汾县南董村墓葬（1座）		由墓道、墓门、前室、后室组成，仿木构、砖雕	前室攒尖顶，后室穹窿顶	前室近方形，后室长方形	前室长2.2米，宽1.85米，高3.4米，后室长2.65米，宽2.2米	175°	砖砌棺床，前室有木床	前室3具人骨，后室6具人骨	Bc
山西省襄汾县荆村沟村墓葬（1座）	65XJM1	由墓道、墓门、墓室组成，仿木构、砖雕	攒尖顶	六边形	宽2.4—2.89米，高3.5米	184°	砖砌棺床	2具人骨（夫妇合葬）	Ac
山西省襄汾县上庄村墓葬（1座）	65XSM1	由墓道、墓门、墓室组成，仿木构、砖雕	攒尖顶	六边形	宽2.02—2.4米，高3.25米	167°	木床2具	2具人骨（夫妇合葬）	Ac
山西省襄汾县西郭村墓葬（1座）	65XXM1	由墓道、墓门、前室、东西耳室、后室组成，仿木构、砖雕	攒尖顶	前室近方形，后室长方形	前室长2.92米，宽2.82米，高3.8米，后室长2.64米，宽2.42米，高3.8米	180°	后室有砖砌"凹"字形棺床		Be
山西省襄汾县侯村墓葬（1座）		由墓道、墓门、墓室组成，仿木构、砖雕	穹窿顶	略呈扁八角形	长2.8米，宽2.44米，高3.68米	坐北朝南		尸骨葬，3具颅骨	Ac
山西省曲沃县西南街墓葬（发掘2座）	M1（安法师墓葬）	由墓道、墓门、墓室组成，仿木构、彩绘	攒尖顶	正方形	长2.17米，宽2.4米，高2.9米			1具人骨，仰身直肢	Aa
山西省翼城县武池村墓葬（1座）	M4	由墓道、甬道、墓门、墓室组成，仿木构							
山西省翼城县武池村墓葬（1座）	2014SYM2	由墓道、甬道、墓门、墓室组成，墓南壁有一壁龛		近方形	东西2.35米，南北2.25米，高3.25米	157°	砖砌棺床	3具人骨	Ba

续 表

墓地名称	墓葬	结构	墓顶形制	墓室形制	墓室尺寸	墓向	棺床及葬具	葬俗	类型
山西省侯马市西郊牛村古城南墓葬（2座）	59H4M1（董明墓）	由墓道、墓门、墓室组成，仿木构、砖雕	八角藻井攒尖顶	方形	长2.26米，宽2.08米，高4.2米	南向	砖砌"凹"字形棺床	2具人骨	Aa
	59H4M2（董玘坚墓）	由墓道、墓门、墓室组成，仿木构、砖雕		方形		南向			Aa
山西省侯马市西郊牛村古城南墓葬（4座）	M31	由墓道、墓门、墓室组成，仿木构、砖雕	攒尖顶	方形	长2.1米	南向	砖砌"凹"字形棺床		Aa
	M29	由墓道、墓门、正、侧二室组成，仿木构、砖雕	正室攒尖顶，侧室券顶	正室方形，侧室长方形	正室边长2.15米，高3.65米；侧室长2.1米，宽0.58米	南向	正室有砖砌"凹"字形棺床	正室7具（二次葬），侧室2具	Ba
	M9	由墓道、墓门、墓室组成，仿木构、砖雕	攒尖顶	方形	边长2.2米	南向	砖砌"凹"字形棺床	4具人骨	Aa
	M5	由墓道、墓门、墓室组成，仿木构、砖雕	方锥形顶	长方形	长2.06米，宽1.48米	南向	一侧有砖砌棺床	2具人骨	Aa
山西省侯马市西郊牛村古城附近墓葬（4座）	64H4M101（董亨墓）	由墓道、墓门、墓室组成，仿木构、砖雕	攒尖顶	近方形	长2.1米，宽1.96米，高3.05米	177°	砖砌棺床、木床	2具人骨	Aa
	64H4M102（董海父子墓）	由墓道、墓门、前室、后室组成，仿木构、砖雕	攒尖顶	前后室皆为正方形，大小相等	前、后室边长2.3米，高3.92米	180°	两室都有"凹"字形砖砌棺床	11具人骨	Bc

续 表

墓地名称	墓葬	结构	墓顶形制	墓室形制	墓室尺寸	墓向	棺床及葬具	葬俗	类型
山西省侯马市西郊牛村古城附近墓葬（4座）	65H4M102（董氏一员）	由墓道、墓门、墓室组成，仿木构、砖雕	斗八藻井顶	方形	边长2.23米、高4米	176°	木床1具	2具人骨	Aa
	65H4M104（董氏一员）	由墓道、墓门、墓室组成，仿木构、砖雕	藻井穹隆顶	方形	边长2.3米	180°	砖砌"凹"字形棺床	3具头骨（1男2女）	Aa
山西省侯马市牛村东北墓葬（1座）	94H5M1（牛村M1）	由墓道、墓门、墓室组成，仿木构、砖雕	穹隆顶	长方形	长2.14米、宽1.91米、高2.32米	189°	砖砌棺床、木棺	2具人骨	Aa
山西省侯马市晋光药厂墓葬（1座）	95H12M1（晋光M1）	由墓道、墓门、墓室组成，仿木构、砖雕	攒尖顶	长方形	长2.1米、宽1.96米	187°	砖砌"凹"字形棺床	3具人骨（成年2具、小孩1具）	Aa
山西省侯马市乔村东北墓葬（1座）	M60	由墓道、墓门、墓室组成，仿木构、砖雕	攒尖顶	八边形	宽2.8米、高3米	175°	砖砌棺床	未发现	Ac
山西省侯马市乔村东北墓葬（2座）	M4309	由墓道、墓门、墓室组成，仿木构、砖雕	攒尖顶	近方形	长1.95米、宽1.9米、高2.75米	188°	砖砌棺床	3具人骨（迁葬）	Aa
	M596	由墓道、墓门、墓室组成，仿木构、砖雕	攒尖顶	近方形	长2米、宽1.89米、高2.7米	189°	砖砌"凹"字形棺床	2具人骨、仰身直肢	Aa
山西省侯马市大李村西北墓葬（1座）		由墓道、墓门、墓室组成，仿木构、砖雕	八角藻井攒尖顶	方形	边长2.2米	177°	砖砌"凹"字形棺床、木床	7具人骨（有迁葬）	Aa

续 表

墓地名称	墓葬	结构	墓顶形制	墓室形制	墓室尺寸	墓向	棺床及葬具	葬俗	类型
山西省侯马市基建一公司机运站墓葬（1座）	96H16M1	由墓道、墓门、墓室组成，仿木构，砖雕	攒尖顶	方形	边长2.19米	184°	砖砌棺床	2具人骨	Aa
山西省侯马市建工路墓葬（1座）		由墓道、墓门、墓室组成，仿木构，砖雕	八角藻井攒尖顶	略呈长方形	长2.45米、宽2.32米	170°	砖砌"凹"字形棺床	4具人骨	Aa
山西省侯马市文电二级站墓葬（1座）		由墓道、墓门、墓室组成，仿木构，砖雕	攒尖顶	方形	长2.09米、宽2.07米、残高2.6米	185°	砖砌棺床		Aa
山西省侯马市区东墓葬（1座）		由墓道、墓门、墓室组成，仿木构，砖雕	攒尖顶	方形	边长1.81米	175°		2具人骨	Aa
山西省新绛县南范庄墓葬（1座）		由墓门、前、后、左右耳室组成，砖雕	穹窿顶	前室近方形，后室呈方形，左右耳室大小同	前室长2.65米、宽2.52米、高4.5米；后室长2米、宽1.18米、高1.82米；左右耳室大小同，长2.16米、宽1.05米、高2.1米	175°			Be
山西省新绛县北王马村墓葬（1座）		由墓道、墓门、墓室组成，仿木构，砖雕	穹窿顶	长方形	长1.8米、宽1.4米、高2.51米	东南向	砖砌棺床	尸骨葬，2具人骨，仰身直肢	Aa
山西省新绛县三林镇墓葬（2座）	M1	由墓道、墓门、墓室组成，仿木构，砖雕	方锥形顶	长方形	长2.22米、宽1.8米、高3.36米	184°	砖砌棺床	2具人骨	Aa
	M2	由墓道、墓门、墓室组成，仿木构，砖雕	攒尖顶	正方形	长2.12米、高3.54米	南向	砖砌棺床	头骨、肢骨	Aa

续 表

墓地名称	墓葬	结构	墓顶形制	墓室形制	墓室尺寸	墓向	棺床及葬具	葬俗	类型
山西省稷山县马村墓葬（9座）	M1—M9	由墓道、墓门、墓室组成、仿木构、砖雕	覆斗式顶	长方形	一般大者长2.5米，宽2.1米，高3.5—4米；小者长2.1米，宽1.7米，高2.3—2.5米	南向	砖砌棺床		Aa
山西省稷山县化峪镇墓葬（5座）	M1—M5							多为2—3具人骨	Aa
山西省稷山县苗圃墓葬（1座）	M1								Aa
山西省绛县裴家堡墓葬（1座）		由墓道、墓门、墓室组成、仿木构、砖雕壁画	攒尖顶	正方形	边长2.44米，高4米	南向	砖砌棺床		Aa
山西省绛县下村墓葬（1座）		由墓道、墓门、甬道、两墓室组成、仿木构、砖雕	正室穹窿顶，侧室攒尖顶	正室为方形，侧室呈方形	正室边长2.6米，高4.26米，侧室长1.8米，宽1.7米	160°	侧室内砖砌"凹"字形棺床，木棺		Ba
山西省闻喜县小罗庄墓葬（6座）	M1	由墓道、墓门、墓室组成、仿木构、砖雕	八角藻井攒尖顶	方形	边长2.44米，高3.25米	129°	砖砌棺床	人骨扰乱严重	Aa
	M2	由墓道、墓门、墓室组成、仿木构、砖雕	八角藻井攒尖顶	方形	边长2.04米，高3.35米	138°	砖砌棺床	人骨扰乱严重	Aa
	M3	由墓道、墓门、墓室组成、仿木构、砖雕	八角藻井攒尖顶	方形	边长2.45米，高3.4米	154°	砖砌"凹"字形棺床	人骨扰乱严重	Aa

续 表

墓地名称	墓葬	结构	墓顶形制	墓室形制	墓室尺寸	墓向	棺床及葬具	葬俗	类型
山西省闻喜县小罗庄墓葬（6座）	M4	由墓道、墓门、墓室组成，仿木构，砖雕	八角藻井攒尖顶	方形	边长2.15米，高2.9米	141°	砖砌棺床	3具人骨（1男2女）	Aa
	M5	由墓道、墓门、墓室组成，仿木构，砖雕	八角藻井攒尖顶	方形	边长2.14米	130°	砖砌棺床	人骨扰乱严重	Aa
	M6	由墓道、墓门、墓室组成，仿木构，砖雕	八角藻井攒尖顶	方形	边长2.44米，高3.25米	141°	砖砌棺床	3具人骨（1男2女）	Aa
山西省闻喜县下阳村墓葬（2座）	1983M1	由墓门、墓室组成，仿木构，砖雕，壁画	盝顶	长方形	长2.88米，宽2.35米	165°	砖砌曲尺形棺床		Aa
	1987M2	由墓道、墓门、墓室组成，仿木构，砖雕，壁画	穹窿顶	长方形	长3.02米，宽1.88米，高2.64米	165°		尸骨葬，2具人骨，仰身直肢	Aa
山西省闻喜县中庄村墓葬（1座）		由墓道、墓门、墓室组成，仿木构，砖雕	穹窿顶	长方形		东南向	砖砌棺床		Aa
山西省闻喜县寺底村墓葬（1座）		由墓道、墓门、甬道、仿木构，砖雕，壁画	穹窿顶	长方形	长1.82米，宽1.5米，高2.56米	165°	砖砌"回"字形棺床	人骨凌乱不全	Aa
山西省闻喜县十庄村墓葬（1座）		仿木构，彩绘砖雕	穹窿顶	长方形			砖砌棺床		Aa

续 表

墓地名称	墓葬	结构	墓顶形制	墓室形制	墓室尺寸	墓向	棺床及葬具	葬俗	类型
山西省垣曲县东铺村墓葬（1座）		由墓门、墓室组成、仿木构，彩绘砖雕	八角藻井攒尖顶	方形	边长2.2米、高4米	10°	砖砌棺床		Aa
山西省运城市墓葬（4座）		有1座三室墓，壁画							
山西省永济县北杨村墓葬（1座）		砖券窑洞式				东北向	青石棺1具		
山西省沁县西林东庄村墓葬（1座）		由墓道、墓门、墓室组成，仿木构，彩绘砖雕	穹窿顶	八边形	进深3.2米、横宽2.85米、高3.5米	130°	砖砌"凹"字形棺床	4堆骨骸，4具头骨（迁葬）	Ac
山西省沁源县正中村墓葬（1座）		有二十四孝图							
山西省屯留县宋村墓葬（2座）	1999M1	由墓门、墓室组成，仿木构楼阁形式，壁画	攒尖顶	近方形	长2.4米、宽2.29米、高3.65米	180°			Aa
	1999M2	由墓道、墓门、墓室组成，仿木构，砖雕，壁画	攒尖顶	近方形	长3.3米、宽2.9米、高3.64米	180°	砖砌棺床	骨骼残段	Aa
山西省长子县石哲村墓葬（1座）		由墓道、墓门、墓室、壁龛组成，仿木构，砖雕，壁画	攒尖顶	方形	边长2.5米、高3.36米	183°	砖砌"凹"字形棺床	凌乱尸骨约10具个体	Bb

附 表 293

续 表

墓地名称	墓葬	结 构	墓顶形制	墓室形制	墓室尺寸	墓向	棺床及葬具	葬 俗	类型
山西省长子县小关村墓葬（1座）		由墓道、主室、甬道、北耳室组成，仿木构、砖雕、壁画	攒尖顶	方形	边长2.5米，高3.84米	206°	砖砌"凹"字形棺床		Ba
山西省长治市安昌村墓葬（1座）		由墓道、墓门、前室和6个耳室、后室组成，仿木构、砖雕、壁画	攒尖顶	前室近方形，后室为长方形，耳室为长方形	前室长2.25米、宽2.1米、高4米	205°			Bf
山西省长治市安昌村南墓葬（1座）	ZAM2	由墓道、甬道、墓室组成，仿木构、彩绘砖雕	穹窿顶	长方形	长2.56米、宽1.86米、高2.64米	175°		火化的朽骨两堆（迁葬）	Aa
山西省长治市故漳村墓葬（1座）		由墓道、墓门、正室、2个耳室组成，仿木构、砖雕、壁画	攒尖顶	正室近方形，耳室呈长方形	正室长2.75米、高2.5米、宽4.56米；耳室长1.85米、宽0.9米、高1.98米	190°		正室有3具头骨	Bb
山西省长治市李村沟墓葬（1座）		由墓道、甬道、墓室组成，仿木构、砖雕	穹窿顶	正方形	边长2.6米、高3.6米	180°	砖砌"凹"字形棺床、木棺		Aa
山西省长治市魏村墓葬（1座）		由墓道、甬道、墓门、墓室组成，9个壁龛组成，仿木构、砖雕、壁画	券顶	正室近方形，耳室呈长方形	正室长1.99米、宽1.75米、高3.17米	189°		未见人骨	Bb
山东省龙口市阎家店墓葬（19座）	M4	由长方形竖穴短墓道、墓门、墓室组成		长方形	长1.2米、宽1.06米、残高0.58米		砖砌棺床	尸骨葬（迁葬）、1具散乱人骨	Aa

294　金代墓葬的考古学研究

续 表

墓地名称	墓葬	结构	墓顶形制	墓室形制	墓室尺寸	墓向	棺床及葬具	葬俗	类型
	M3	由阶梯式墓道、墓门、门道、短墙、墓室组成，仿木构		圆形	直径3.2—2.7米，高2.55米	188°	砖砌棺床	双人迁葬	Ab
	M10	由阶梯式墓道、墓门、门道、短墙、墓室组成，仿木构		圆形	直径3.15米，高2.6米	188°	砖砌棺床	尸骨葬，1具头骨和散乱肢骨	Ab
	M11	由阶梯式墓道、墓门、门道、短墙、墓室组成，仿木构		圆形	直径3.06米，高2.64米	191°	砖砌棺床	无	Ab
	M12	由阶梯式墓道、墓门、门道、短墙、墓室组成，仿木构		圆形	直径3.1米，高3.3米	190°	砖砌棺床	尸骨葬，3具头骨和散乱肢骨	Ab
	M13	由阶梯式墓道、墓门、门道、短墙、墓室组成，仿木构		梯形	长2.8米，宽1.9—2.4米，高2.2米	192°	砖砌棺床	尸骨葬，填土中有1具头骨	Aa
山东省龙口市阎家店墓葬（19座）	M14	由阶梯式墓道、墓门、门道、短墙、墓室组成，仿木构		圆形	直径3.2米，高2.3米	185°	砖砌棺床	无	Ab

续 表

墓地名称	墓葬	结构	墓顶形制	墓室形制	墓室尺寸	墓向	棺床及葬具	葬俗	类型
山东省龙口市阎家店墓葬（19座）	M16	由长方形竖穴短墓道、墓门、甬道、墓室组成，仿木构	攒尖顶	圆形	直径1.34米，高1.3米	189°	砖砌棺床	双人迁葬	Ab
	M17	由长方形竖穴短墓道、墓门、甬道、墓室组成，仿木构		圆形	直径1.2米，高1.26米	187°	砖砌棺床	单人迁葬	Ab
	M18	由长方形竖穴短墓道、墓门、甬道、墓室组成，仿木构		圆形	直径1.32米，高1.46米		砖砌棺床	单人迁葬	Ab
	M19	由长方形竖穴短墓道、墓门、甬道、墓室组成，仿木构		圆形	直径1.2米，高1.36米	174°	砖砌棺床	单人迁葬	Ab
	M20	由长方形竖穴短墓道、墓门、甬道、墓室组成，仿木构		圆形	直径1.2米，高1.38米	182°	砖砌棺床	单人迁葬	Ab
	M21	由长方形竖穴短墓道、墓门、甬道、墓室组成，仿木构		圆形	直径1.4米，残高0.9米	190°	砖砌棺床	单人迁葬	Ab

续 表

墓地名称	墓葬	结构	墓顶形制	墓室形制	墓室尺寸	墓向	棺床及葬具	葬俗	类型
	M22	由长方形竖穴短墓道、墓门、甬道、墓室组成，仿木构	攒尖顶	圆形	直径1.36米、残高1.4米	205°	砖砌棺床	单人迁葬	Ab
	M23	由长方形竖穴短墓道、墓门、甬道、墓室组成，仿木构		梯形	长2.58米、宽0.58—1米、高0.7米	174°	砖砌棺床	单人迁葬	Aa
	M24	由长方形竖穴短墓道、墓门、甬道、墓室组成，仿木构		圆形	直径1.2米	204°	砖砌棺床	单人迁葬	Ab
山东省龙口市简家店墓葬（19座）	M26	由扇形竖穴短墓道、墓门、甬道、墓室组成，仿木构		梯形	长2.6米、宽1.1—1.75米	355°	砖砌棺床		Aa
	M27	由长方形竖穴短墓道、墓门、甬道、墓室组成，仿木构	攒尖顶	半圆形	长径1.44米、短径1.2米	163°	砖砌棺床	单人迁葬	Ab
	M28	由长方形竖穴短墓道、墓门、甬道、墓室组成，仿木构		圆形	直径1.16米	185°	砖砌棺床	单人迁葬	Ab

续 表

墓地名称	墓葬	结构	墓顶形制	墓室形制	墓室尺寸	墓向	棺床及葬具	葬俗	类型
山东省莱州市沟子杨墓葬（9座）		由墓道、甬道、墓门、墓室组成，仿木构	攒尖顶	圆形或曲边长方形		南向	砖砌棺床	迁葬	
山东省淄博市临淄区后李官庄墓葬（数量不清）		由墓道、甬道、墓门、墓室组成，仿木构		多为圆形					
山东省淄博市临淄区北金召村墓葬（1座）		由墓道、甬道、墓门、前室、后室组成，左右耳室，仿木构	穹窿顶	各墓室均为圆形	前室直径1.8米、后室直径2米，高2.76米、2.92米	南向	各室有砖砌棺床	尸骨葬、人骨散乱，2具个体	Be
山东省章丘县女郎山墓葬（1座）	M65	由墓道、甬道、墓门、墓室组成，仿木构、砖雕、壁画	穹窿顶	圆形	直径2.2米	190°	砖砌"凹"字形棺床	尸骨葬、1具人骨	Ab
山东省高唐县城西北墓葬（1座）	虞寅墓	由墓道、甬道、墓门、墓室组成，仿木构、砖雕、壁画		圆形	直径5米，残存壁高1.29米	189°	木棺	尸骨葬、4具人骨（1男3女）	Ab
山东省济南市商阜三十五中墓葬（1座）	M1	由墓道、甬道、墓门、墓室组成，仿木构、砖雕、壁画	穹窿顶	六边形	每面角距长1.93—2.1米	南向	砖砌棺床	尸骨葬、2具人骨	Ac
山东省济南市实验中学墓葬（1座）	M2	由墓道、甬道、墓门、墓室组成、砖雕	穹窿顶	圆形	直径2.3米，高1.95米	南向			Ab
山东省济南市铁厂墓葬（1座）	M3	由墓门、甬道、墓室组成，仿木构、砖雕	攒尖顶	圆形		南向		尸骨葬、2具头骨	Ab

298　金代墓葬的考古学研究

续 表

墓地名称	墓葬	结构	墓顶形制	墓室形制	墓室尺寸	墓向	棺床及葬具	葬俗	类型
山东省济南市历城区郑家庄墓葬（1座）	M1	由墓道、墓门、墓室组成，仿木构、砖雕	穹隆顶	圆形	直径2.6米，残高1.96米	南向	砖砌棺床	尸骨葬，人骨扰乱	Ab
山东省济南市大关庄墓葬（2座）	M4	由墓道、墓门、墓室组成，仿木构、砖雕	穹隆藻井顶	圆形	直径2.8米，高3.04米	193°	砖砌棺床	尸骨葬，2具人骨	Ab
	M2	由墓道、墓门、墓室组成，仿木构、砖雕	穹隆顶	圆形	直径2米，高3.04米	175°	砖砌棺床	尸骨葬，2具人骨	Ab
山东省济南市东王墓葬（1座）	M2	由墓道、墓门、墓室组成		近圆形	长径2.7米，短径2.45米，残高2.85米	185°	砖砌棺床、木棺2具	2具人骨，另有散乱人骨（迁葬）	Ab
山东省淄博市博山区墓葬（1座）	90BJM1	地宫性质	穹隆顶	长方形		180°	砖砌棺床、木棺	4具人头骨和肢骨	Aa
江苏省徐州市户部山墓葬（1座）	M2	地宫性质	四面坡顶	正方形	边长1.9米	南北向，南壁中开一门	有多龛，陶棺	火葬骨灰	Aa
安徽省濉溪县周大庄墓葬（43座）	M6	由墓道、墓门、墓道、三墓室组成	券顶	长方形	后室长0.75米，宽0.65米；左前室长1米，宽0.5米；右前室长0.96米，宽0.51米	181°		尸骨葬，3具人骨和成堆碎骨	Bh
	M7	由墓道、墓门、并列二墓室组成	券顶	长方形	左室长0.78米，宽0.29米；右室长0.78米，宽0.42米	175°		尸骨葬，1具人骨和成堆碎骨	Bd

附 表 299

续 表

墓地名称	墓葬	结构	墓顶形制	墓室形制	墓室尺寸	墓向	棺床及葬具	葬俗	类型
安徽省濉溪县周大庄墓葬（43座）	M15	由墓道、墓门、墓室组成	券顶	长方形	长1.06米、宽1.06米	175°		未见人骨	Aa
	M21	由墓道、墓门、墓室组成	券顶	椭圆形	长径1.34米、短径0.68米	175°			Ab
河南省鹿邑县涡河船闸墓葬（4座）	M1	由墓道、墓门、墓室组成		长方形		西南向			Aa
	M2	由墓道、墓门、墓室组成		长方形		西南向			Aa
	M3	由长方形竖穴墓道、墓门、墓室组成	穹隆顶	长方形	长1.4米、宽1.2米	210°			Aa
	M4								不详
河南省济源市龙潭湖墓葬（1座）		由墓室、墓道组成	穹隆顶	正方形		坐西朝东	棺床	1具人骨、火葬（迁葬）	Aa
河南省安阳市小任家庄墓葬（1座）	2017AYWY-PHQGZM27	由墓道、墓门、甬道、墓室组成、木构	穹隆顶	八边形	南北长3.33米、东西宽3.27米、高3.44米	134°	砖砌"回"字形棺床、木棺	骨架散乱，2具人骨	Ac
河南省安阳市高僧墓（1座）	M1	由墓道、墓门、甬道、墓室组成、木构	穹隆顶	八边形			砖砌棺床		Ac
河南省温县西关墓葬（1座）	91WXM1	由墓道、墓门、甬道、墓室组成、仿木构	穹隆顶	八边形	宽2.94米、残高3.05米	177°		尸骨腐朽	Ac
河南省林县墓葬（1座）	LM2（赵处墓）	由墓道、墓门、甬道、墓室组成、仿木构、砖雕、壁画	攒尖顶	八边形	长2.51米、宽2.48米、高2.58米	189°	砖砌"凹"字形棺床、2具木棺	尸骨无存、夫妇合葬	Ac

300　金代墓葬的考古学研究

续 表

墓地名称	墓葬	结构	墓顶形制	墓室形制	墓室尺寸	墓向	棺床及葬具	葬俗	类型
河南省鹤壁市东头村墓葬（1座）	95HHM3	由墓道、墓门、甬道、墓室组成、仿木构、砖雕	穹隆顶	八边形	长2.16米、宽2.14米、高2.38米	172°	砖砌棺床	尸骨葬、2具头骨（夫妇合葬）	Ac
河南省辉县百泉墓葬（1座）		由墓道、墓门、甬道、墓室组成、仿木构、砖雕	穹隆顶	八边形	长3.18米、宽3.14米、高2.94米	南向	砖砌"凹"字形棺床、木棺1具、陶棺2具	6具人骨（迁葬）	Ac
河南省修武县大位墓葬（1座）		由墓道、墓门、甬道、墓室组成、仿木构、砖雕、壁画	穹隆顶	六边形	长1.82米、宽1.64米、高2.15米	171°	砖砌棺床	2具人骨（迁葬）、西南壁砖洞有2具未成年人骨	Ac
河南省焦作市西郊新李封村墓葬（1座）	M1	由墓道、墓门、甬道、墓室组成、仿木构、砖雕	穹隆顶	八边形	高3.75米	南向			Ac
河南省焦作市北郊老万庄墓葬（3座）	M2	由墓道、墓门、甬道、墓室组成、仿木构、砖雕、壁画	穹隆顶	八边形	宽2.66米、高3.1米	179°	木棺床、木棺	尸骨葬、3具人骨	Ac
	M3（冯汝楫墓）	由墓道、墓门、甬道、墓室组成、仿木构、砖雕	穹隆顶	八边形	宽2.65米、高3.23米	178°	木棺	尸骨葬、1具人骨	Ac
河南省焦作市电厂墓葬（1座）		由墓道、墓门、甬道、墓室组成、仿木构、砖雕、壁画	穹隆顶	八边形	宽2.88米、高3.45米	177°			Ac

附表 301

续 表

墓地名称	墓葬	结构	墓顶形制	墓室形制	墓室尺寸	墓向	棺床及葬具	葬俗	类型
河南省焦作市马村砖村砖场墓葬（2座）		仿木构、砖雕							
河南省武陟县小董墓葬（1座）		由墓道、甬门、墓室组成，仿木构、砖雕	攒尖顶	八边形	长、宽均约2.63米，残高2.07米	173°	砖砌棺床、木棺	尸骨葬、人骨散乱	Ac
河南省新乡市区墓葬（1座）	M11	外观呈龟背状		六边形	长0.65米，宽0.62米，高0.77米	南北向			Ac
河南省三门峡市崤山西路墓葬（1座）	M1	由墓道、甬道、墓门、墓室组成，仿木构、壁画	攒尖顶	八边形	宽2.39米	163°	砖砌"凹"字形棺床	尸骨葬、1具人骨，仰身直肢；6个壁龛内有烧骨（火葬）	Ac
河南省义马市南郊（1座）	M156	由墓道、墓门、墓室组成，仿木构、砖雕	穹隆顶	长方形	长1.9米，宽1.58米，高约2.2米	190°	砖砌"凹"字形棺床、木棺	尸骨葬、2具人骨（1具迁葬）、仰身直肢	Aa
河南省义马市千秋路西村墓葬（1座）	M1	由墓道、天井、甬门、墓室组成，仿木构、北壁上东北角有小壁龛、砖雕、壁画	穹隆顶	长方形	长2.55米，宽1.65米	坐南朝北	砖砌"凹"字形棺床		Aa
河南省义马市狂口村墓葬（1座）	M1	由墓道、天井、甬道、墓室组成，仿木构	穹隆顶	长方形	东西长2.55米，南北宽1.65米，残高2.82米	13°	砖砌"凹"字形棺床	2具人骨、仰身直肢	Ba
河南省洛阳市洞西区王湾村南墓葬（1座）	HM2043	由墓道、过洞、天井、墓门、甬道、墓室组成	攒尖顶	八边形	墓室外壁宽2.5米	185°	砖砌棺床	人骨已朽	Ac

302　金代墓葬的考古学研究

续 表

墓地名称	墓葬	结构	墓顶形制	墓室形制	墓室尺寸	墓向	棺床及葬具	葬俗	类型
河南省洛阳市新区墓葬（1座）		由墓道、甬道、墓室组成	券顶	方形		坐北朝南			Aa
河南省洛阳市道北墓葬（1座）	LM1719	由墓道、墓门、墓室组成，仿木构、砖雕、壁画	攒尖顶	八边形	长 2.4 米，宽 2.24 米，高 3.4 米	182°	砖砌"凹"字形棺床		Ac
河南省洛阳市西郊涧西墓葬（1座）		由墓道、墓门、墓室组成，藻井、砖雕	藻井穹窿顶	八边形	边长 1.08 米	南向	砖砌"凹"字形棺床	尸骨葬，1 具人骨	Ac
河南省许昌市文峰路墓葬（2座）	M2		穹窿顶	八边形		185°			Ac
	M3	前后室	塔式穹窿顶	前室八边形，后室长方形		189°			Bc
河南省郑州市华南第二高中墓葬（1座）		由斜坡墓道、墓门、墓室组成，南壁有1个壁龛		六边形	南北进深 1.97 米，2.84 米	190°	砖砌棺床床、木棺	1 具人骨，迁葬	Ac
河南省淅川县下寨墓葬（1座）	M77			长方形	长 1.34 米，宽 0.9 米，高 0.95 米	345°		3 具人骨，迁葬	Ba
河南省宜阳县新建第一高中墓葬（1座）	LYXM1	由墓道、墓门、墓室组成，仿木构、砖雕、壁画	攒尖顶	方形	长 1.88 米，宽 2.4 米，残高 1.84 米	175°	砖砌"凹"字形棺床	尸骨葬，2 具人骨、仰身直肢	Aa
河南省伊川县沙元村墓葬（1座）	2003LYGSM1	由墓道、甬道、墓门、墓室组成，仿木构、砖雕	穹窿顶	近方形	长 2.2 米，宽 2.12 米，高 2.86 米	185°	砖砌"凹"字形棺床	尸骨葬，3 具人骨、仰身直肢	Aa

附表 303

续 表

墓地名称	墓葬	结构	墓顶形制	墓室形制	墓室尺寸	墓向	棺床及葬具	葬俗	类型
河南省荥阳市杜常村墓葬（1座）		仿木构，砖雕	攒尖顶	八边形		坐南朝北			Ac
河南省荥阳市广武镇楠闸村墓葬（1座）		由墓道、墓门、墓室组成，仿木构，砖雕	穹隆顶	八边形	径长2.8米，高约3米	180°	青石棺床，石棺		Ac
河南省登封县王上墓葬（1座）	93ZDWSM1	由墓道、墓门、墓室组成，仿木构，壁画	穹隆顶	八边形	径长2.48米，高3米	190°	砖砌棺床	尸骨葬，3具人骨架（1男2女）	Ac
河南省禹州市坡街墓葬（1座）		由墓道、墓门、墓室组成，仿木构，砖雕	穹隆顶	八边形	长2.94米，宽2.9米，高3.1米	190°	木棺4具	尸骨葬，7具人骨，迁葬	Ac
宁夏西吉县兴隆镇渔场墓葬（1座）	XJM1	由墓道、墓门、墓室组成，仿木构	八角形盝顶	略呈长方形	长2米，宽1.7米，高2.8米	168°	木棺	尸骨葬，2具人骨	Aa
甘肃省清水县董湾村墓葬（1座）		由墓门、甬道、墓室组成，仿木构，彩绘砖雕	攒尖顶	正方形	长2.4米，高3米	270°	木棺	尸骨葬，1具人骨和1堆骸骨	Ba
甘肃省静宁县张家垣墓葬（1座）		由墓道、墓门、墓室、壁龛组成，仿木构，彩绘壁画，砖雕	藻井攒尖顶	近方形	长2.4米，宽2.2米，高3.1米	190°		尸骨葬，4具散乱人骨	Aa
甘肃省定西市西巩苦河镇墓葬（1座）		由墓道、甬道、墓门、墓室组成	八角攒尖顶	方形	东西长2.31米，南北宽2.33米	90°	木棺（有棺钉）	3具人骨（1男2女）	Aa

续 表

墓地名称	墓葬	结构	墓顶形制	墓室形制	墓室尺寸	墓向	棺床及葬具	葬俗	类型
甘肃省定西教育学院墓葬（1座）		由墓道、墓门、墓室组成	攒尖顶	正方形	边长2.2米	坐北朝南		2人合葬	Aa
甘肃省兰州市榆中墓葬（1座）		由墓道、甬道、墓室组成		方形	边长2.3米	60°	木棺	4具人骨（3具散乱，1具完整），侧身屈肢	Aa
甘肃省兰州市中山林墓葬（1座）	M001	由墓道、墓门、正室、2个耳室组成，仿木构，砖雕	攒尖顶	正方形、耳室长方形		30°	砖砌棺床、木棺	尸骨葬，3具人骨	Bb
甘肃省会宁县桃花山墓葬（1座）	杨茂功墓		四角攒尖叠涩覆斗顶	方形	东西2.98米、南北4.08米	160°		人骨已朽	Aa
甘肃省会宁县祁家湾墓葬（1座）		由台阶式墓道、墓门、甬道、墓室组成，后壁有1个壁龛	六角攒尖顶	长方形	长1.82米、宽1.26米、高2.18米	坐东朝西	木棺（有木渣、铁钉）	残存人头骨及腿骨	Ba
甘肃省会宁县康家湾墓葬（1座）		由墓道、甬道、墓门、墓室组成	八角叠涩穹窿顶	方形	边长2—1.95米	75°	砖砌棺床、木棺（已朽）	3具人骨（1男2女）、仰身直肢	Aa
甘肃省临夏祁家庄墓葬（2座）	M1	由墓道、甬道、墓门、墓室组成，东、西、北三壁砌出壁龛		长方形	南北长2.1米、东西宽0.95米、高1.65米	坐北向南	木棺（已朽）		Bb
	M2	由墓道、甬道、墓门、墓室组成，东、西、北三壁砌出壁龛		长方形	南北长2.6米、东西宽2.35米、高2.73米	坐北向南	砖砌棺床、木棺（已朽）	2具人骨	Bb
甘肃省临夏铜匠庄村墓葬（1座）		由墓门、墓室组成	八边形覆斗状顶	长方形	长2.18米、宽2.03米、高2.18米	50°	木棺3具	3具人骨（1男2女）	Aa

续 表

墓地名称	墓葬	结构	墓顶形制	墓室形制	墓室尺寸	墓向	棺床及葬具	葬俗	类型
甘肃省临夏红园路墓葬（1座）		由墓道、墓门、墓室组成	八边形攒尖穹隆顶	方形	南北2.15米、东西2.13—2.15米、高2.47米	165°	砖砌棺床、木棺	2具人骨、夫妇合葬	Aa
甘肃省临夏四家嘴村墓葬（1座）		由墓道、墓门、墓室组成		方形	边长2.17米、高3.15米	坐西向东	木棺（已朽）	2具人骨、仰身直肢	Aa
甘肃省临夏南龙乡墓葬（1座）	王吉墓	由墓道、墓门、门楼、墓室组成，仿木构、砖雕	圆形藻井穹隆顶	略呈方形	边长2.33—2.35米、高2.69米	225°		尸骨葬、3具头骨（1男2女）	Aa
甘肃省和政县张家庄墓葬（1座）		由墓道、墓门、墓室组成	八角攒尖穹隆顶	方形	边长2.32—2.28米、高2.89米	130°	砖砌棺床	3具人骨（1男2女）	Aa
甘肃省康乐县苟家井自然村墓葬（1座）		三墓壁有壁龛		长方形	东西2.2米、南北2米			扰动人骨2具	Bb
陕西省千阳县冉家沟墓葬（1座）	赵海墓	由墓道、墓门、墓室组成，仿木构、彩绘砖雕	穹隆顶	正方形	边长2.15米、高3.75米		砖砌棺床、木棺	尸骨葬、4具人骨	Aa
陕西省宝鸡市长岭机器厂墓组（1座）		由墓道、平台、墓门、甬道、墓室组成	穹隆顶	正方形	长2.18米、宽2.32米、通高3.45米	240°	木棺	尸骨葬、2具人骨	Aa
陕西省韩城县安居寨墓葬（1座）		由墓道、墓门、墓室组成	覆斗形顶	长方形	长2.94米、宽2.05米、高1.8米	180°	陶棺4、木棺1具	火葬、7具人骨	Aa
陕西省甘泉柳河渠湾墓葬（1座）		由墓道、甬道、墓门、墓室组成，墓西北和东北壁各有一壁龛		八边形	宽3.15米、进深3.12米、高3.2米	坐北朝南	砖砌"凹"字形棺床、木棺2具	人骨散乱	Bb

306　金代墓葬的考古学研究

续表

墓地名称	墓葬	结构	墓顶形制	墓室形制	墓室尺寸	墓向	棺床及葬具	葬俗	类型
陕西省甘泉县袁庄村墓葬（4座）	M1（朱俊墓）	由墓道、墓门、甬道、墓室组成		方形	边长 2.14—2.17 米，高 2.58 米			4具颅骨和残骨殖	Aa
	M2	由墓道、墓门、甬道、墓室组成		长方形	长 1.85 米，宽 2.5 米，高 1.52 米				Aa
	M3（张忠墓）	由墓道、墓门、甬道、墓室组成		方形	边长 1.95 米，高 2.68 米				Aa
	M4	由墓道、墓门、甬道、墓室组成		方形	边长 1.85 米，高 2.65 米				Aa
陕西省渭南市靳尚村墓葬（1座）	M1	由墓道、甬道、墓室组成	穹窿顶	长方形		180°	砖砌棺床、木棺		Aa
陕西省西安市西影路李居柰墓（1座）		由墓道、墓门、墓室组成	砖券拱形顶	方形	内长 1.64 米，宽 1.22 米	90°	砖砌棺床、木匣	骨骸（火葬）	Aa

备注：共 546 余座。

附表 2.14 金代砖石（混筑）室墓统计表

墓地名称	墓葬	结构	墓顶形制	墓室形制	墓室尺寸	墓向	葬具	葬俗	类型
内蒙古喀喇沁旗两家村大黑山墓葬（1座）		由墓道、甬道、前室、东西壁龛、后室组成	后室顶部石券穹隆顶	平面"凸"字形，前室不规则形，后室方形	前室东西长 1.8—2 米，南北宽 1.6 米，壁残高 0.5—1.2 米；东西各一龛，高 0.55 米，宽 0.4 米，进深 0.36 米；后室边长 3 米，残高 0.6—1.2 米	193°	推测木棺（未见棺床，有棺钉、朽木）		B

续 表

墓地名称	墓葬	结 构	墓顶形制	墓室形制	墓室尺寸	墓向	葬 具	葬 俗	类型
河北省徐水县西黑山墓葬（3座）	M18	由墓道、墓门、短甬道、墓室组成		近圆形	直径2.18—2.25米，残高1.75米	192°	土筑半圆形棺床，石砌边缘	尸骨葬3具（均仰身直葬），迁葬1具	Ab
	M29	由墓道、墓门、甬道、墓室组成	券顶	圆角方形	宽2.55米，残高2.4米	189°	长方形砖砌棺床	尸骨葬2具人骨（仰身屈肢1具、仰身直肢1具）	Aa
	M46	由墓道、墓门、甬道、墓室组成	券顶	圆形	直径2.69—2.85米，高2.3米	178°	半圆形砖砌棺床、木棺	尸骨葬2具人骨（仰身屈肢1具、仰身直肢1具）	Ab
河北省井陉县柿庄墓葬（1座）	柿庄M9	由墓道、墓门、甬道、墓室组成，仿木构、砖雕、壁画	方锥形顶，顶外部有须弥式建筑	方形	长2.32米，宽2.14米，高2.7米	190°	棺床外缘砌砖，内填土	2具人骨	Aa
北京市门头沟区永定镇戒台寺庄墓葬（1座）	M2	由墓门、墓室组成	穹隆顶	圆形	直径2.3米，高2.25米	南向	砖砌半圆形棺床	火葬	Ab

备注：共计6座。

附表2.15 金代崖洞墓（瘗窟）统计表

墓葬名称	结 构	墓顶形制	墓室形制	墓室尺寸	葬 具	葬 俗
陕西省甘泉县阎山瘗窟（1座）	由前廊、门道、三洞室组成，仿木构楼阁、石雕	前室为弧形顶，中室为穹隆顶，后室为平顶	前、中、后三室	前室宽3.45米，进深3.58米，进深3.2米；中室宽2.42米，进深2.59米，高2.96米；后室宽3.1米，进深2.5米	"凹"字形石棺床、木棺	尸骨葬（男性8具、女性14具）

备注：共计1座。

308　金代墓葬的考古学研究

附表 4.1 金代墓葬所见孝行图人物统计表

墓葬名称	期别	类别	郭巨	王武子	陆绩	元觉	姜诗	舜子	鲍山	丁兰	赵孝宗	杨香	鲁义姑	孟宗	田真	老莱子	曾参	刘明达	刘殷	闵子骞	曹娥	韩伯俞	董永	睒子	蔡顺	王祥	王裒	江革	崔孝芬	子路	成子	唐氏	韩氏	茅容	画幅	备注
辽宁省锦西县大卧铺村 M1	早中期	石刻	√			√		√				√		√						√			√	√	√	2	√							√	14	榜题；1幅不明
辽宁省锦西县大卧铺村 M2	早中期	石刻	√			2		√				√		√						√			√	√	√	2	√								14	榜题；1幅不明
辽宁省辽阳县金厂村墓	早中期	石刻	√			√	√			√	√	√	√	√			√	√		√	√	√	√	√		√	√	√						√	18	
辽宁省鞍山市汪家峪墓	早中期	石刻	√			√						√	√	√		√	√	√	√	√	√	√	√	√	√	√	√	√				√			19	
山西省稷山县马村 M4	早中期	雕塑			√	√				√	√	√	√	√	√	√	√	√	√	√	√	√	√	√	√	√	√	√	√	√	√				24	榜题
山西省稷山县马村 M1	早中期	砖雕																			√	√													2	
山西省稷山县马村 M2	早中期	砖雕								√								√						√											4	

附表 309

续表

墓葬名称	期别	类别	郭巨	王武子	陆绩	元觉	姜诗	舜子	鲍山	丁兰	赵孝宗	杨香	鲁义姑	孟宗	田真	老莱子	曾参	刘明达	闵子骞	刘殷	曹娥	韩伯俞	董永	睒子	蔡顺	王祥	王裒	江革	崔孝芬	成子路	唐氏	韩氏	苯蓉	画幅	备注
山西省闻喜县中庄村墓	早中期	砖雕					√		2												√													7	
山西省屯留县宋村1999 M1	早期	壁画	√	√	√	√	√	√	√		√	√	√	√		√	√	√	√		√		√	√	√	√	√							24	榜题
山西省长治市魏村墓	早期	砖雕	√	√	√	√	√	√	√		√	√	√	√	2	√	√	√	√		√		√	√	√	√	√							24	榜题
河南省林县赵处处墓	早期	壁画	√	√	√	√	√	√	√		√	√	√	√		√	√	√	√		√		√	√	√	√	√							24	榜题
山西省侯马市牛村M1	早期	砖雕	√															√																1	
甘肃省会宁县莲花山墓	早期	壁画	√			√		√		√				√		√	√	√	√		√				√	√	√	√						13	1幅不明
山西省汾阳高级护校M5	中期	砖雕																					√											2	
山西省侯马市大李村墓	中期	砖雕												√																				2	榜题
山西省侯马市建工路墓	中期	砖雕																																2	

续表

墓葬名称	期别	类别	郭巨	王武子	陆绩	元觉	姜诗	舜子	鲍山	丁兰	赵孝宗	杨香	鲁义姑	孟宗	田真	老莱子	曾参	刘明达	闵子骞	刘殷	曹娥	韩伯俞	董永	睒子	蔡顺	王祥	王裒	江革	崔孝芬	成子路	曹氏	韩氏	茅蓉	画幅	备注
山西省闻喜县小罗庄M1	中期	砖雕		√										√			√				√					√								7	榜题
山西省闻喜县小罗庄M2	中期	砖雕		√				√					√	√			√				√					√		√						10	
山西省闻喜县小罗庄M6	中期	砖雕		√				√			√		√	√			√				√					√		√						10	
山西省垣曲县寺底村墓	中期	壁画	√			√							√	√					√		√		√			√								11	榜题
山西省垣曲县东铺村墓	中期	砖雕		√										√			√	√			√		√			√								12	4幅不明
山西省永济县北杨村墓	中期	石刻	√	√	√	√	√		√		√	√	√	√		√	√		√		√		√	√	√	√	√							24	榜题
山西省沁源县正中村墓	中期	壁画	√	√	√	√	√		√		√	√	√	√		√	√		√		√		√	√	√	√								24	
山西省沁县西林东庄村墓	中期	砖雕	√	√	√	√	√		√		√	√	√	√		√	√		√		√		√	√	√	√								24	榜题

续表

墓葬名称	期别	类别	郭巨	王武子	陆绩	元觉	姜诗	舜子	鲍山	丁兰	赵孝宗	杨香	鲁义姑	孟宗	田真	老莱子	曾参	刘明达	刘殷	曹娥	韩伯俞	董永	朕子	蔡顺	王祥	王裒	江革	崔孝芬	子路	成子	唐氏	韩氏	茅蓉	画幅	备注
山西省屯留县宋村1999 M2	中期	壁画	∨	∨	∨	∨	∨	∨	∨	∨	∨	∨	∨	∨	∨	∨	∨	∨	∨	∨	∨	∨	∨	∨	∨									24	榜题
山西省长子县南沟 M1	中期	壁画	∨	∨	∨	∨	∨	∨	∨	∨	∨	∨	∨	∨	∨	∨	∨	∨	∨	∨	∨	∨	∨	∨	∨									24	榜题
山西省长子县石哲村墓	中期	壁画	∨	∨	∨	∨	∨	∨	∨	∨	∨	∨	∨	∨	∨	∨	∨	∨	∨	∨	∨	∨	∨	∨	∨									24	榜题
山西省长子县小关村墓	中期	壁画	∨	∨	∨	∨	∨	∨	∨	∨	∨	∨	∨	∨	∨		∨	∨	∨	∨	∨	∨	∨	∨	∨									16	榜题
山西省长治市故漳村墓	中期	壁画	∨	∨	∨	∨	∨	∨	∨	∨	∨	∨	∨	∨	∨	∨	∨	∨	∨	∨	∨	∨	∨	∨	∨									22	榜题；1幅不明
山西省陵川县玉泉村墓	中期	壁画	∨									∨		∨	∨					∨		∨					∨							4	
河南省焦作市电厂墓	中期	砖雕	∨	∨															∨						∨		∨							3	
河南省修武县大位村墓	中期	砖雕				∨																			∨		∨		∨					6	
河南省荥阳市杜常村墓	中期	砖雕	∨						∨																									4	

续表

| 墓葬名称 | 期别 | 类别 | "孝行"人物 ||||||||||||||||||||| 画幅 | 备注 |
			郭巨	王武子	陆绩	元觉	姜诗	舜子	鲍山	丁兰	赵孝宗	杨香	鲁义姑	孟宗	田真	老莱子	曾参	刘明达	刘殷闵子骞	曹娥	韩伯俞	董永	睒子	蔡顺	王祥	王衰	江革	崔孝芬	子路	成子	唐氏	蓉茅		
河南省伊川县沙元村M1	中期	砖雕							∨						∨					∨				∨							6	
甘肃省临夏王吉墓	中期	砖雕				∨										∨								∨							2	
甘肃省静宁县张湾墓	中期	砖雕	∨					∨						∨			∨									∨					6	
甘肃省临夏四家嘴墓	中期	砖雕	∨			∨	∨	∨	∨					∨						∨				∨	∨						5	1幅不明
山西省沁县上庄M1	中晚期	砖雕	∨	∨	∨	∨	∨	∨					∨	∨	∨	∨	∨	∨	∨	∨	∨		∨	∨	∨	∨					21	榜题
山西省长治市镇里村墓	中晚期	石刻	∨	∨	∨	∨	∨	∨					∨	∨	∨	∨	∨		∨	∨	∨		∨	∨	∨	∨					24	榜题
甘肃省临夏红园路墓	中晚期	砖雕												∨			∨								∨	∨					4	
山西省襄汾县侯村墓	晚期	砖雕												∨										∨							18	其余15幅不明

续表

墓葬名称	期别	类别	郭巨	王武子	陆绩	元觉	姜诗	舜子	鲍山	丁兰	赵孝宗	杨香	鲁义姑	孟宗	田真	老莱子	曾参	刘明达	闵子骞	刘殷	曹娥	韩伯俞	董永	睒子	蔡顺	王祥	王裒	江革	崔孝芬	子路	成子	唐氏	韩氏	茅蓉	画幅	备注
山西省新绛县南范庄墓	晚期	砖雕	√	√	√	√	√		√	√	√		√	√	√	√	√	√	√	√	√	√	√		√	√		√							24	榜题
山西省侯马市牛村古城南M31	晚期	砖雕	√												2		2				√		√												6	
山西省绛县裴家堡墓	晚期	壁画									√			√									√										√		4	
山西省闻喜县下阳村1983M1	晚期	壁画	√											√		√							√												6	榜题
山西省长治市安昌村东北墓	晚期	壁画	√	√	√	√	√	√	√	√	√	√	√	√	√	√	√	√	√		√	√	√		√	√									24	榜题
河南省焦作市王庄邹琼墓	晚期	石刻	√			√						√		√			√		√		√		√			√									11	
河南省荥阳市槚闾村墓	晚期	石刻						√				√		√	√								√			√									8	
河南省义马市狂口村M1	晚期	壁画																										√							2	

续 表

| 墓葬名称 | 期别 | 类别 | \"孝行\"人物 ||||||||||||||||||||| 画幅 | 备注 |
			郭巨	王武子	陆绩	元觉	姜诗	舜子	鲍山	丁兰	赵孝宗	杨香	鲁义姑	孟宗	田真	老莱子	曾参	刘明达	闵子骞	刘殷	曹娥	韩伯俞	董永	睒子	蔡顺	王祥	江革	崔孝芬	子路	成子	唐氏	韩氏	茅蓉		
陕西省甘泉县袁庄村 M1	晚期	壁画	√											√			√						√			√			√					8	缺失 1
陕西省甘泉县袁庄村 M3	晚期	壁画			√									√											√	√							4	
陕西省甘泉县柳河渠湾墓	晚期	壁画	√											√	√								√			√	√						6	
陕西省千阳县冉家沟墓	晚期	砖雕	√																				√		√	√							4	
陕西省宝鸡市长岭机器厂墓	晚期	砖雕	√																√				√		√	√							4	
甘肃省清水县董湾村墓	晚期	砖雕								√				√							√		√			√			√					6	
甘肃省兰州市兰林 M001	晚期	砖雕	√											√									√			√								4	
甘肃省会宁县康湾湾墓	晚期	壁画					√																√			√			√					7	不明 3

备注：共计 57 座。

附表 4.2 金代墓葬所见散乐图乐舞组合统计表

墓葬名称	期别	类别	舞者	觱篥	横笛	短笛	排箫	笙	竽	琵琶	三弦琴	火不思	轧筝	筝	大鼓	腰鼓	手鼓	拍板	磬	备注
辽宁省锦西县大卧铺村 M2	早中期	石刻	1		1		2								1					
北京市石景山区八角村墓	早期	壁画		1	1										1	1	1	1		
北京市延庆县婴家堡村墓	早期	壁画								1					1					
河北省井陉区柿庄 M6	早期	壁画	1	1	1													1		
河南省温县西关村 91WXM1	早期	砖雕		1	1					1					1	2				
河南省林县赵处墓	早期	壁画	1	1	1													1		
山西省稷山县马村 M4	早期	砖雕		1	1				1						1	2		1		
山西省稷山县马村 M1	早中期	砖雕		1											1	1		1		
山西省稷山县马村 M5	早中期	砖雕		1											1	2		1		4人，有3人不清
山西省侯马市牛村 M1	早期	砖雕		1														1		
山西省大同市徐龟墓	中期	壁画		1	1			1						1						
山西省大同市南郊云中大学 M1	中期	壁画			1	1												1		

续 表

墓葬名称	期别	类别	舞者	觱篥	横笛	短笛	排箫	笙	竽	琵琶	三弦琴	火不思	轧筝	筝	大鼓	腰鼓	手鼓	拍板	磬	备注
山西省闻喜县小罗庄M1	中期	砖雕	2	1			1	1						1					1	
山西省闻喜县小罗庄M2	中期	砖雕	1	1	1			1		1				1		1	1		1	
山西省闻喜县小罗庄M5	中期	砖雕	1		1		1			1				1		1			1	
山西省闻喜县小罗庄M6	中期	砖雕	2	1				1		1				1						
河南省荥阳市杜常村墓	中期	砖雕	1		1		1	1												
河南省修武县大位村墓	中期	砖雕		1	1											3	1	1		
山西省闻喜县寺底村墓	中晚期	砖雕	1		1		2	2								1	1	1		
河南省洛阳市道北LM1719	中晚期	砖雕	1		1						1				1					
山东省高唐县虞寅墓	晚期	壁画			1			1									1	1		
山西省襄汾县侯村墓	晚期	砖雕		1	1			1										1		
山西省襄汾县荆村沟M 65XJM1	晚期	砖雕	1	2	1										1	2				
山西省襄汾县上庄村65XSM1	晚期	砖雕	1		1		1	1								1				

续表

墓葬名称	期别	类别	舞者	觱篥	横笛	短笛	排箫	笙	竽	琵琶	三弦琴	火不思	轧筝	筝	大鼓	腰鼓	手鼓	拍板	磬	备注
山西省襄汾县南董墓	晚期	砖雕	1	1	2										1	1		2		
山西省新绛县南范庄墓	晚期	砖雕	1	1	1													1		
山西省闻喜县小罗庄 M4	晚期	砖雕						1		1				1		1				
山西省长治市安昌村南 ZAM2	晚期	砖雕	1	2	2	2	2			1		1	1		1	1		1		
河南省焦作市王庄村邹琼墓	晚期	石刻	2	3		2									1	2	2	1		

备注：共计 29 座。

附表 5.1 金代纪年墓葬统计表

序号	墓葬名称	年代	墓葬类型	典型器物	纪年资料	墓葬属区	期别
1	黑龙江省阿城巨子村完颜晏墓	大定二年（1162年）	石椁墓	双鹅玉饰、竹节形金环	墨书木牌及银质铭牌	Ⅰ区	中期
2	吉林省农安县北门外赵景兴墓	大定二十二年（1182年）	土坑石函墓		石函铭刻	Ⅰ区	中期
3	吉林省舒兰县小城子第 4 墓区 M1（昭勇大将军夫妇墓）	大定二十六年（1186年）	土坑石函墓		墓碑	Ⅰ区	中期
4	辽宁省铁岭县前下塔子墓	泰和五年（1205年）	石椁墓	白瓷小碟 4 件、白瓷盘 4 件、铁带卡	B 型石墓志 1 方	Ⅰ区	晚期

续 表

序号	墓葬名称	年 代	墓葬类型	典 型 器 物	纪年资料	墓葬属区	期别
5	河北省蔚城县北场村时丰墓	皇统三年（1143年）	砖石椁墓	白釉瓷片（碗、盘、碟）、残铜镜1件	A型石墓志2合	Ⅱ区	早期
6	河北省蔚城县北场村时立爱墓	皇统三年（1143年）	多室砖室墓	白釉瓷片（碗、盘、碟）、陶器残片（盆、盘、碟、镂孔雕花器座）	A型石墓志2合	Ⅱ区	早期
7	北京市石景山区八角村赵励墓	皇统三年（1143年）	圆形砖室墓	瓷器8件、陶器20余件、银簪、宋钱	A型石墓志1合	Ⅱ区	早期
8	辽宁省朝阳市北方航空朝阳飞行大队墓	皇统九年（1149年）	六边形砖室墓	铜面具1件、陶器15件、瓷器14件、鎏金银饰件2件、铜镜等	砖买地券1方	Ⅱ区	早期
9	河北省兴隆县木林子萧仲恭墓	天德二年（1150年）	前、中、后三室砖室墓		契丹小字A型石墓志1合	Ⅱ区	早期
10	河北省蔚县城东砖室墓	天德二年（1150年）	方形砖室墓	白瓷大碗1件、白瓷中碗2件、白瓷划花中碗1件、白瓷大盘1件、白瓷中盘1件、铁器白瓷杯1件、白瓷小碟1件、铜钱2枚	砖买地券1方	Ⅱ区	早期
11	辽宁省喀左县利州商业街金墓	天德四年（1152年）	前、后室砖室墓	被盗；瓷梅瓶1件	B型石墓志1方	Ⅱ区	早期
12	山西省大同市南郊云中大学M2	正隆四年（1159年）	方形砖室墓	瓷器12件、陶器1件、铜镜1件、铁器5件	B型石墓志1方	Ⅱ区	中期
13	山西省大同市徐龟墓	大定元年（1161年）	方形砖室墓	瓷器11件、陶器9件、铁器4件	石棺铭刻	Ⅱ区	中期
14	山西省大同市十里铺村M11	大定四年（1164年）	土坑石函墓	黑瓷瓶2件、"开元通宝"2枚	石函铭刻	Ⅱ区	中期
15	山西省大同市十里铺村M13	大定四年（1164年）	土坑石函墓	唐、北宋铜钱10枚	石函铭刻	Ⅱ区	中期

附 表 319

续 表

序号	墓葬名称	年 代	墓葬类型	典 型 器 物	纪年资料	墓葬属区	期别
16	山西省大同市十里铺村M14	大定四年（1164年）	土坑石函墓	黑瓷瓶2件、北宋、唐、金代铜钱46枚	石函铭刻	Ⅱ区	中期
17	内蒙古敖汉旗老虎沟M1	大定十年（1170年）	八边形砖室墓	瓷盘4件、铜饰件1件、铜丝网络	契丹小字A型汉白玉墓志1合	Ⅱ区	中期
18	内蒙古和林格尔县盛乐经济开发区M500	大定十一年（1171年）	土坑石函墓		石函铭刻	Ⅱ区	中期
19	河北省崇礼县水晶屯M1	大定十三年（1173年）	（竖井式墓道）土洞墓	白釉瓷碗1件、铜镜1件、唐、北宋铜钱4枚	B型石墓志2方	Ⅱ区	中期
20	山西省朔县北旺庄M109	乙未年（1175年）	圆形砖室墓	陶罐8件、瓷碗2件、陶盆2件、瓷碗1件、瓷盘4件、陶盖1件、铜器1件、骨簪1件、唐、宋、北宋铜钱12枚	刻划铭文	Ⅱ区	中期
21	北京市通县三间房村M1（石宗璧）	大定十七年（1177年）	石椁墓	陶罐7件、瓷盘10件、铜器1件、金饰片1件、唐、北宋铜钱84枚	A型石墓志1合	Ⅱ区	中期
22	山西省朔州市朔城区墓（僧人墓）	大定十九年（1179年）	方形砖室墓		B型石墓志1方、砖墓志5方	Ⅱ区	中期
23	北京市门头沟区妙峰山公社桃沟大队仰山村窝鲁欢墓	大定二十一年（1181年）	方形砖室墓		B型石墓志1方	Ⅱ区	中期
24	辽宁省朝阳市师范学校墓（马令）	大定二十四年（1184年）		瓷碟4件、小瓷碗1件、鸡腿坛1件、陶瓶1件、骨梳1件、新莽"大泉五十"1枚	题记	Ⅱ区	中期
25	北京市丰台区米粮屯乌古论窝论墓	大定二十四年（1184年）	石椁墓	瓷器10件、玉器4件、石制品6件（套）	A型石墓志1合	Ⅱ区	中期

320　金代墓葬的考古学研究

续 表

序号	墓葬名称	年 代	墓葬类型	典型器物	纪年资料	墓葬属区	期别
26	山西省朔州城区南关外墓	大定二十六年（1186年）	砖室墓	铜镜、"正隆元宝"	B型石墓志1方	Ⅱ区	中期
27	河北省宣化下八里张子行墓	明昌元年（1190年）	砖室墓		B型石墓志1方	Ⅱ区	晚期
28	山西省大同市陶德源墓	明昌元年（1190年）	方形砖室墓	木器20件、漆器14件、牛角印章5方、瓷器16件、丝织品24件、石香炉1件、石狮2件、玉枕1件、铜器、骨器、陶器20件	B型石墓志1方	Ⅱ区	晚期
29	河北省宣化下八里村张子忠墓	明昌四年（1193年）	长方形砖室墓		B型石墓志1方	Ⅱ区	晚期
30	内蒙古敖汉旗英凤沟M2	承安元年（1196年）	土坑石函墓		B型石墓志1方	Ⅱ区	晚期
31	北京市石景山区鲁谷M35（吕嗣延）	泰和元年（1201年）	石椁墓	白釉瓷罐5件、八棱双系青釉瓷瓶1件、铜钱	A型石墓志1合	Ⅱ区	晚期
32	北京市石景山区鲁谷M56（吕嗣延父辈）	泰和元年（1201年）	石椁墓	玉壶春瓶1件	A型石墓志1合	Ⅱ区	晚期
33	北京市丰台区米粮屯乌古论元忠夫妇墓	泰和元年（1201年）和大安元年（1209年）	石椁墓	石狮1件、石板1件、围棋状玉器2件、厌胜钱1枚、瓦当、滴水、铰兽、砖等	A型石墓志2合、墓碑2通	Ⅱ区	晚期
34	北京市西郊香山蒲察胡沙墓	泰和二年（1202年）	石椁墓	瓷器残片3片	A型石墓志1合	Ⅱ区	晚期
35	北京市平谷东高村巨家坟墓	泰和三年（1203年）	石椁墓	瓷器14件、玉器9件、木器1件、铜器6件、铜钱33枚	B型石墓志1方	Ⅱ区	晚期

续 表

序号	墓葬名称	年代	墓葬类型	典型器物	纪年资料	墓葬属区	期别
36	北京市房山区城关镇崔宅墓	泰和三年（1203年）	土坑石函墓		A型汉白玉墓志1合	Ⅱ区	晚期
37	河北省滦平县杨树沟村墓	泰和八年（1208年）	土坑石函墓		石函铭刻	Ⅱ区	晚期
38	辽宁省阜新市西山西山屯墓	癸巳年（1233年）	圆形砖室墓	瓷碗2件，瓷碟3件	B型石墓志1方	Ⅱ区	晚期
39	山西省太原市东郊红沟村墓	庚申年（1140年）	砖室墓	"绍兴元宝"1枚	题记	Ⅲ区	早期
40	河北省内丘县胡里村墓	正隆二年（1157年）	八边形砖室墓	唐、宋铜钱6枚	砖买地券1方	Ⅲ区	中期
41	山西省离石县马茂庄墓	正隆四年（1159年）	土洞墓	陶魂塔1件、黑瓷梅瓶1件、小陶罐11件、铁牛1件、铜镜1件	砖墓志1方	Ⅲ区	中期
42	山西省汾阳市东龙观M40	正隆四年（1159年）	土洞墓	陶砚1件、白釉瓷钵1件、白釉黑花腰圆形瓷枕1件、白釉黑花加彩圆形瓷盘1件、白釉黑花腰圆形瓷枕1件、唐、宋铜钱4枚、骨簪1件	瓦砚铭文	Ⅲ区	中期
43	山西省汾阳市东龙观M3	正隆六年（1161年）	六边形砖室墓	陶钵3件、陶瓶1件、地心砖1件、白釉黑瓷碗1件、黑釉兔毫碗1件、铁牛1件	砖买地券1方	Ⅲ区	中期
44	山西省盂县皇后村金墓	大定八年（1168年）	八边形砖室墓	煤精石带銙11件、铜钗1件、白釉瓷盏1件	墨书题记	Ⅲ区	中期
45	山西省太原市郊义井墓	大定十五年（1175年）	八边形砖室墓	圆白瓷盒1件	题记	Ⅲ区	中期

322　金代墓葬的考古学研究

续 表

序号	墓葬名称	年代	墓葬类型	典型器物	纪年资料	墓葬属区	期别
46	山西省汾阳市东龙观 M5	明昌六年（1195 年）	八边形砖室墓	陶钵 2 件、陶罐 2 件、明堂陶罐 1 件、陶魂瓶 1 件、澄泥砚 1 件、地心砖 1 件、泥钱若干、白釉碗 1 件、白釉盘 1 件、黑釉盏 1 件、绿釉划花牡丹纹八角形枕 1 件、铁牛 1 件、铁棺环 1 件、铁钱 1 枚、墓块 1 块	砖买地券 2 方	Ⅲ区	晚期
47	山西省孝义市下吐京村墓	承安三年（1198 年）	八边形砖室墓	铜镜 1 件、铁灯 1 件、铁牛 1 件、陶罐 1 件、陶杯 1 件	题记	Ⅲ区	晚期
48	山西省孝义市新义街墓	大安元年（1209 年）	八边形砖室墓	陶罐 4 件、陶楼 1 件、陶牛 1 件、瓷碗 1 件、瓷枕 1 件、铁环 4 件、铁牛 1 件、"至和通宝" 1 枚	砖买地券 1 方	Ⅲ区	晚期
49	河南省鹿邑县涡河船闸 M2	大定二十年（1180 年）	长方形砖室墓		B 型石墓志 1 方	Ⅳ区	中期
50	山东省济南市商南阜三十五中学 M1	明昌三年（1192 年）	六边形砖室墓	白瓷碗 1 件、唐末铜钱 51 枚	题记	Ⅳ区	晚期
51	山东省高唐县虞黄墓	承安二年（1197 年）	圆形砖室墓	白瓷大碗 1 件、开片瓷盘 1 件、白瓷盘 3 件	B 型石墓志 2 方	Ⅳ区	晚期
52	山东省滕县苏瑀墓	承安四年（1199 年）	石椁墓	铜镜 2 件、木梳 1 件、残纸卷 1 件、铜钱 41 枚	B 型石墓志 1 方	Ⅳ区	晚期
53	山东省济南市大官庄村 M1	泰和元年（1201 年）	圆形砖室墓	大瓷碗 2 件、小瓷碗 1 件、"嘉祐通宝" 2 枚	题记	Ⅳ区	晚期
54	山东省淄博市博山区 90BJM1	大安二年（1210 年）	长方形砖室墓	黑釉粉杠罐 1 件、白釉盘 4 件、白釉 5 件、系瓶 1 件、白釉碗 1 件、酱色碗 1 件、铁棺钉 3 枚	墨题记	Ⅳ区	晚期

附 表 323

续 表

序号	墓葬名称	年代	墓葬类型	典型器物	纪年资料	墓葬属区	期别
55	山西省屯留县宋村1999M1	天会十三年（1135年）	方形砖室墓	白瓷枕1件、白瓷钵1件、白瓷碗2件、白瓷碗1件、瓷罐1件、带盖陶罐5件、鼓腹陶罐1件	题记	Ⅴ区	早期
56	河南省济源市龙潭湖M1杨志墓	天眷二年（1139年）	方形砖室墓	未见随葬品	B型石墓志1方	Ⅴ区	早期
57	山西省长治市安昌村南ZAM8	皇统三年（1143年）	多室石室墓	白瓷枕1件、白瓷碗2件、白瓷钵1件、瓷罐1件、带盖陶罐5件、鼓腹陶罐1件	B型石墓志1方	Ⅴ区	早期
58	河南省林县LM2（赵处）	皇统三年（1143年）	八边形砖室墓	陶瓷器23件、铜器4件、唐、宋铜钱149枚、玛瑙环1件	题记	Ⅴ区	早期
59	河南省孟津县麻屯C8M1159	天德二年（1150年）	土洞墓	白瓷瓶3件、卵石4块	砖买地券1方	Ⅴ区	早期
60	山西省侯马市牛村94H5M1	天德三年（1151年）	长方形砖室墓	瓷灯盏1件、瓷碗1件	题刻	Ⅴ区	早期
61	山西省长治市魏村墓	贞元元年（1153年）	多室砖室墓	无存	石棺铭刻	Ⅴ区	中期
62	山西省永济县北杨村墓	正隆元年（1156年）	砖室墓		砖墓志1方	Ⅴ区	中期
63	山西省曲沃县西南街安法师墓	正隆元年（1156年）	方形砖室墓	瓷碗1件		Ⅴ区	中期
64	山西省闻喜县小罗庄M1	正隆—大定（1156—1161年）	方形砖室墓		题记	Ⅴ区	中期
65	山西省长子县石哲村墓	正隆三年（1158年）	方形砖室墓	瓷枕1件、白釉瓷碗1件、黑釉瓷碗1件、宋代铜钱2枚	题记	Ⅴ区	中期
66	河南省安阳市高普墓（M1）	正隆四年（1159年）	八边形砖室墓		B型石墓志1方	Ⅴ区	中期

续 表

序号	墓葬名称	年 代	墓葬类型	典型器物	纪年资料	墓葬属区	期别
67	河南省洛阳市苗北村ⅠM3634	正隆五年（1160年）	土洞墓	卵石5块	砖买地券1方	Ⅴ区	中期
68	山西省翼城县武池村M4	大定二年（1162年）	砖室墓		砖买地券1方	Ⅴ区	中期
69	河南省三门峡市崤山西路M1	大定七年（1167年）	八边形砖室墓	白瓷瓶1件、瓷枕1件、陶罐1件、陶盒7件	题记	Ⅴ区	中期
70	山西省陵川县玉泉村墓	大定九年（1169年）	方形砖室墓		B型石墓志1方	Ⅴ区	中期
71	山西省侯马市西郊64H4M101	大定十三年（1173年）	方形砖室墓	黑瓷小灯盏	题记	Ⅴ区	中期
72	山西省长子县小关村墓	大定十四年（1174年）	多室砖室墓	无存	题记	Ⅴ区	中期
73	山西省侯马市大李村墓	大定二十年（1180年）	方形砖室墓	白瓷碗3件	题记	Ⅴ区	中期
74	山西省长治市石棺墓	大定二十年（1180年）	土坑石棺墓		棺身铭刻	Ⅴ区	中期
75	山西省稷山县马村M7	大定二十一年（1181年）	长方形砖室墓		墓碣题刻	Ⅴ区	中期
76	山西省汾西县郝家沟2015FHM1	大定二十二年（1182年）	八边形砖室墓	残留白瓷盘1件、铜钗1件	青砖买地券1方	Ⅴ区	中期
77	山西省垣曲县东铺村墓	大定二十三年（1183年）	方形砖室墓	陶碗1件	砖买地券2方	Ⅴ区	中期
78	河南省淅川下寨M77	大定二十三年（1183年）	长方形砖室墓		砖买地券1方	Ⅴ区	中期

续 表

序号	墓葬名称	年 代	墓葬类型	典 型 器 物	纪年资料	墓葬属区	期别
79	山西省闻喜县小罗庄 M2	大定二十八年（1188年）	方形砖室墓		砖买地券1方	Ⅴ区	中期
80	河南省焦作市马作村砖场墓	大定二十八年（1188年）	砖室墓		砖买地券1方	Ⅴ区	中期
81	山西省长治市故漳村墓	大定二十九年（1189年）	多室砖室墓	瓷枕1件、白瓷碗1件、黑瓷碗底1件、灰陶罐5件、两宋铜钱89枚	题记	Ⅴ区	中期
82	河南省焦作市电厂墓	大定二十九年（1189年）	八边形砖室墓	瓷碗2件、瓷器残片、"天禧通宝"1枚	题记	Ⅴ区	中期
83	山西省闻喜县下阳村1983M1	大金明昌辛亥岁（1191年）	长方形砖室墓	无存	题记	Ⅴ区	晚期
84	山西省襄汾县侯村墓	明昌五年（1194年）	扁八角形砖室墓		墓室刻铭	Ⅴ区	晚期
85	河南省宜阳县LYXM1	明昌五年（1194年）	方形砖室墓	瓷碗1件、隋五铢1枚、北宋钱26枚	题记	Ⅴ区	晚期
86	山西省长治市安昌村东北砖室墓	明昌六年（1195年）	多室砖室墓	陶罐1件、铜簪1件、铁犁1件、铁镰1件、北宋铜钱6枚	题记	Ⅴ区	晚期
87	山西省侯马市西郊64H4M102	承安元年（1196年）	前、后室砖室墓	漆器3件、彩瓷盘1件、瓷碗1件、双耳瓷罐1件、大口瓷罐1件、瓷灯盏3件、北宋铜钱2件、铜镜1枚	砖买地券1方	Ⅴ区	晚期
88	河南省焦作市郊老万庄 M3	戊午年（1198年）	八边形砖室墓		铜买地券1方	Ⅴ区	晚期
89	河南省焦作市西司区郊王庄乌陵墓	承安四年（1199年）	八边形石室墓		题刻	Ⅴ区	晚期
90	山西省侯马市乔村 M4309	泰和二年（1202年）	方形砖室墓	黑瓷盘1件	砖买地券1方	Ⅴ区	晚期

326　金代墓葬的考古学研究

续 表

序号	墓葬名称	年代	墓葬类型	典型器物	纪年资料	墓葬属区	期别
91	河南省荥阳市桶南村墓	泰和四年（1204年）	八边形砖室墓		石棺铭刻	V区	晚期
92	河南省义马市千秋西路墓	大安元年（1209年）	长方形砖室墓	小瓷碗、铁犁铧	砖墓志1方	V区	晚期
93	河南省义马市狂口村M1	大安元年（1209年）	长方形砖室墓	黑釉瓷碗1件、铁犁铧1件	方形砖墓志1方	V区	晚期
94	山西省侯马市59H4M1（董明）	大安二年（1210年）	方形砖室墓	白瓷碗2件、印花白瓷盘1件、印花青瓷盘1件、小白瓷碗1件、小白瓷碟1件、竹筷1双、木梳1件、木篦1件、木橇1件	砖买地券1方	V区	晚期
95	山西省侯马市59H4M2（董记坚）	大安二年（1210年）	方形砖室墓		砖买地券1方	V区	晚期
96	山西省马市晋光瓷厂95H12M1	大安二年（1210年）	长方形砖室墓	砂锅1件、瓷灯盘	砖买地券1方	V区	晚期
97	山西省永和县可托村墓	大安三年（1211年）	土坑石棺墓		棺身铭刻	V区	晚期
98	山西省侯马市牛村古城南M31	崇庆元年（1212年）	方形砖室墓		题记	V区	晚期
99	河南省辉县百泉墓	崇庆元年（1212年）	八边形砖室墓	白瓷片1片、复原瓷杯1件	题记	V区	晚期
100	河南省义马市南郊M156	贞祐四年（1216年）	长方形砖室墓	白瓷碗1件、白玉环1件	砖墓志1方	V区	晚期
101	甘肃省会宁县连花山墓	皇统六年（1146年）	方形砖室墓	瓷碗1件、瓷罐1件、银酒壶1件、银碟4件、铜灯1件、方形墓志铭砖1块（铭文不清）	铜灯铭文	VI区	早期

续 表

序号	墓葬名称	年代	墓葬类型	典型器物	纪年资料	墓葬属区	期别
102	甘肃省临夏四家嘴村墓葬	大定十四年（1174年）	方形砖室墓		铭文砖1块	Ⅵ区	中期
103	甘肃省临夏南龙乡王吉墓	大定十五年（1175年）	方形砖室墓	陶豆1件、铜镜1件	砖墓志1方	Ⅵ区	中期
104	陕西省韩城县安居寨僧群墓	大定十八年（1178年）	长方形砖室墓	瓷枕1件、残砖1块	陶棺题记	Ⅵ区	中期
105	甘肃省临夏枹罕镇铜匠庄村墓葬	大定二十七年（1187年）	方形砖室墓	灰陶罐2件、器盖1件、灰陶瓶1件、料珠8枚、铜簪1件、铜钗1件	刻铭砖	Ⅵ区	中期
106	陕西省甘泉县袁庄村M3	大定廿九年（1189年）	方形砖室墓	无存	题记	Ⅵ区	中期
107	陕西省甘泉县袁庄村M4	大定廿九年（1189年）	方形砖室墓	无存	题记	Ⅵ区	中期
108	陕西省西安市北郊西安医疗设备厂墓	明昌三年（1192年）	竖穴土洞墓	陶罐3件、陶釜5件、铁猪1件、铁牛1件	砖买地券1方	Ⅵ区	晚期
109	陕西省耀县董家河97YDM2	明昌四年（1193年）	竖穴土洞墓	铁钱1枚	砖买地券1方	Ⅵ区	晚期
110	陕西省千阳县冉家沟赵海墓	明昌四年（1193年）	方形砖室墓	瓷罐1件、瓷盏3件、料石耳饰2件、陶兽面3件	砖买地券1方	Ⅵ区	晚期
111	陕西省甘泉县袁庄村M1	明昌四年（1193年）	方形砖室墓	无存	题记	Ⅵ区	晚期
112	陕西省西安市黄渠头村M88	贞祐四年（1216年）	土洞墓	镇墓石4块、瓷器18件、香炉、铁牛、铁猪	砖买地券1方	Ⅵ区	晚期
113	陕西省西安市西影路李居柔墓	正大三年（1226年）	方形砖室墓	陶器7件、瓷器11件、金属器11件、铜钱21枚、其他6件	青砖买地券1方	Ⅵ区	晚期

备注：共计113座。

附表 6.1　金代墓葬中出土与"墓内安金者"有关的金属器情况统计表

墓 葬 名 称	器　物	墓葬类型	年代	分区
黑龙江省阿城阿南变电站 M2	铁牌 1 件	砖椁墓	中晚期	Ⅰ区
吉林省舒兰县小城子墓地石室墓	铁牌 1 件	石室墓	中期	Ⅰ区
吉林省长岭县蛤蟆沁 M1	铁刀 2 件	砖室墓	早中期	Ⅰ区
辽宁省辽阳市隆昌中学墓	铁剪刀 1 件	石室墓	中晚期	Ⅰ区
辽宁省沈阳市八王寺Ⅰ M5	铁剪刀 1 件	砖椁墓	早期	Ⅰ区
辽宁省沈阳市五爱墓地 M37	铁剪刀 1 件	土坑木棺墓	晚期	Ⅰ区
北京市通县三间房村 M2	铁剪刀 1 件	石椁墓	中期	Ⅱ区
山西省朔县北旺庄 M106	长方形铁板 2 件	砖室墓	中晚期	Ⅱ区
河北省迁安市开发区 M2	铁剪刀 1 件	砖室墓	中晚期	Ⅱ区
河北省迁安市开发区 M3	铁刀等 2 件、银剪 1 件	砖室墓	中晚期	Ⅱ区
山西省汾阳市东龙观 M47	镇墓铁器 1 件	土洞墓	中期	Ⅲ区
山西省左权县石匣墓地 M15	铁灯盏 1 件	土洞墓	中晚期	Ⅲ区
山西省孝义市下吐京村墓	铁灯 1 件	砖室墓	1198 年	Ⅲ区
山东省沂水县教师进修学校 M2	铁剪刀 1 件	砖椁墓	早期	Ⅳ区
山西省夏县西阴村墓	铁犁铧 1 件	砖室墓	早中期	Ⅴ区
山西省临汾市天马—曲村 M6117	铁镰 1 件	土洞墓	晚期	Ⅴ区
山西省长治市安昌村（东北）墓	铁犁 1 件、铁镰 1 件	砖室墓	1195 年	Ⅴ区
河南省义马市狂口村 M1	铁犁铧 1 件	砖室墓	1209 年	Ⅴ区
河南省义马市千秋西路墓	铁犁铧 1 件	砖室墓	1209 年	Ⅴ区
河南省新乡市区 M11	铁器 2 件（似为铁灯）	砖室墓	早期	Ⅴ区
河南省荥阳市城关 XJM7	铁犁铧 1 件、铁耧铧 1 件	土洞墓	中期	Ⅴ区
河南省淅川县下寨 M77	铁灯 1 件	砖室墓	1183 年	Ⅴ区
甘肃省会宁县桃花山杨茂功墓	铜灯 1 件	砖室墓	1146 年	Ⅵ区
陕西省西安市西影路李居柔墓	铁灯 2 件	砖室墓	1226 年	Ⅵ区
陕西省西安市夏殿村 M30	铁削 1 件、铁斧 1 件	土洞墓	中晚期	Ⅵ区

附表 6.2 迁葬及合葬墓情况统计表（夫妇合葬）

墓 葬 名 称	墓葬类型	葬 俗	年 代	分区
吉林省长岭县南岗墓	砖室墓	尸骨葬，男女人骨各1具（仰身直肢）	中晚期	I区
吉林省舒兰县小城子墓群第3墓区M1（完颜守道）	砖石椁墓	尸骨葬，2具人骨	晚期	I区
辽宁省辽阳市隆昌中学M2	石室墓	尸骨葬，1具人骨（仰身直肢）；火葬，1具个体	中晚期	I区
内蒙古库伦旗后柜村墓	石室墓	2具人骨（仰身直肢）	晚期	II区
内蒙古敖汉旗英凤沟M2	土坑石函墓	火葬（迁葬）	晚期（1196年）	II区
内蒙古敖汉旗老虎沟M1	砖室墓	尸骨葬，2具人骨	中期（1170年）	II区
辽宁省阜新市南瓦村墓	石室墓	尸骨葬（夫妇合葬）	中期	II区
辽宁省朝阳市范师校墓	砖室墓	火葬（夫妇合葬）	中晚期（1184年）	II区
辽宁省朝阳市召都巴墓	砖室墓	火葬（夫妇合葬）	早期	II区
河北省唐山市陡河水库徐庄M80	砖室墓	尸骨葬，2具人骨	中晚期	II区
河北省迁安市开发区M2	砖室墓	2具头骨、人骨扰乱	中晚期	II区
河北省迁安小王庄98QXM1	砖室墓	尸骨葬，1具人骨；火葬，骨灰	早期	II区
河北省崇礼县水晶屯M1	土洞墓	火葬（夫妇合葬）	中期（1173年）	II区
北京市门头沟区妙峰山公社仰山村窝鲁欢墓	石椁墓	迁葬	中期（1181年）	II区
北京市石景山区八角村M1（赵励）	砖室墓	火葬（夫妇合葬，1具为迁葬）	早期（1143年）	II区
北京市房山区城关崔宅墓	土坑石函墓	迁葬	晚期（1203年）	II区
北京市丰台区米粮屯乌古论忠元夫妇墓	石椁墓	夫妇合葬	晚期（1201年，1209年）	II区

续表

墓 葬 名 称	墓葬类型	葬 俗	年 代	分区
天津市静海县东滩头 M10	砖室墓	尸骨葬，1具女性人骨；迁葬、一堆男性人骨	中晚期	Ⅱ区
内蒙古武川县乌兰窑子 M2	石室墓	尸骨葬，2具人骨	中晚期	Ⅱ区
内蒙古和林格尔县西沟门 M1	砖室墓	尸骨葬，2具人骨	中晚期	Ⅱ区
山西省大同市南郊云中大学 M2	砖室墓	夫妇合葬	中期（1159年）	Ⅱ区
山西省大同市南郊云中大学 M40	土洞墓	2具人骨（仰身直葬，夫妇同棺合葬）	中期（1159年）	Ⅲ区
山西省汾阳高级护理学校 M2	砖室墓	2具人骨	中期	Ⅲ区
山西省汾阳高级护理学校 M3	砖室墓	2具人骨	中期	Ⅲ区
山西省汾阳高级护理学校 M5	砖室墓	2具人骨	早期	Ⅲ区
山西省汾阳高级护理学校 M6	砖室墓	2具人骨（1具为迁葬）	中期	Ⅲ区
山西省汾阳高级护理学校 M7	砖室墓	2具人骨	中期	Ⅲ区
山西省汾阳高级护理学校 M8	砖室墓	2具人骨	晚期（1209年）	Ⅲ区
山西省孝义市新义东街 M1	砖室墓	夫妇合葬	早期	Ⅲ区
山西省平定县西关村 M2	砖室墓	2具人骨（仰身直肢）	中晚期	Ⅲ区
山西省文水县中合村墓（2座）	砖室墓	2具人骨	中晚期	Ⅲ区
山西省汾阳市西堡 M601	砖室墓	2具人骨	中晚期	Ⅲ区
山西省汾阳市西堡 M603	砖室墓	2具人骨（男性仰身直肢，女性迁葬）	中晚期	Ⅲ区
山西省汾阳市西堡 M701	砖室墓	推测夫妇合葬	中期（1161年）	Ⅲ区
山西省汾阳市东龙观 M3	砖室墓			

续表

墓 葬 名 称	墓葬类型	葬 俗	年 代	分区
山西省汾阳市东龙观 M5	砖室墓	推测夫妇三人合葬，有火葬现象	晚期（1195年）	Ⅲ区
山西省晋中市龙白 M7	砖室墓	2具人骨（夫妇合葬，1具女性迁葬）	中期	Ⅲ区
河北省三河县老辛庄 M1	砖室墓	2具人骨（夫妇合葬）	中期	Ⅲ区
河北省鹿泉市西龙贵 M12	砖室墓	2具头骨（夫妇合葬，人骨扰乱）	中晚期	Ⅲ区
河北省徐水县西黑山 M14	砖室墓	2具人骨（1具迁葬）	晚期	Ⅲ区
河北省徐水县西黑山 M20	砖室墓	2具人骨（1具迁葬）	中期	Ⅲ区
河北省徐水县西黑山 M24	砖室墓	2具人骨	中期	Ⅲ区
河北省徐水县西黑山 M26	砖室墓	2具人骨（迁葬）	中期	Ⅲ区
河北省徐水县西黑山 M50	砖室墓	2具人骨（迁葬）	晚期	Ⅲ区
河北省徐水县西黑山 M30	石室墓	尸骨葬，2具人骨（1具仰身直肢，1具迁葬）	早中期	Ⅲ区
河北省徐水县西黑山 M49	石室墓	尸骨葬，2具人骨（1具仰身直肢，1具侧身直肢）	晚期	Ⅲ区
河北省徐水县西黑山 M52	石室墓	尸骨葬，2具人骨（仰身直肢）	晚期	Ⅲ区
河北省徐水县西黑山 M29	砖石（混筑）室墓	尸骨葬，2具人骨（1具仰身屈肢，1具仰身直肢）	早中期	Ⅲ区
河北省徐水县西黑山 M46	砖石（混筑）室墓	尸骨葬，2具人骨（1具仰身屈肢，1具仰身直肢）	晚期	Ⅲ区
河北省井陉县柿庄 M4	砖室墓	1具人骨、一堆骨灰	晚期	Ⅲ区
河北省井陉县柿庄 M5	砖室墓	2具人骨	晚期	Ⅲ区
河北省井陉县柿庄 M3	砖室墓	2具人骨	晚期	Ⅲ区
河北省井陉县柿庄 M1	砖室墓	2具人骨	中期	Ⅲ区

续 表

墓 葬 名 称	墓葬类型	葬 俗	年 代	分 区
河北省井陉县南梅庄 M9	砖石混筑室墓	2 具人骨	晚期	Ⅲ区
河北省井陉县北孤台 M2	砖室墓	2 具人骨	晚期	Ⅲ区
河北省平乡县平乡镇 M1	砖室墓	2 具人骨		Ⅲ区
河北省邯郸市龙城小区 M14	砖室墓	2 具人骨（男女人骨各 1 具）	早期	Ⅲ区
河北省邯郸市连城别苑小区 M4	砖室墓	2 具男女头骨	早期	Ⅲ区
河北省邯郸市北张庄 M3	砖室墓	2 具人骨（男女人骨各 1 具）、被扰乱	早中期	Ⅲ区
山东省龙口市阎家店 M15	砖室墓	尸骨葬（迁葬）、2 具人头骨、人骨散乱		Ⅳ区
山东省龙口市阎家店 M4	砖椁墓	尸骨葬（迁葬）、1 具人骨散乱		Ⅳ区
山东省莱州市沟子杨墓葬（9 座）	砖室墓	迁葬		Ⅳ区
山东省淄博市临淄区北金召村墓	砖室墓	尸骨葬、人骨散乱、2 具个体	中晚期	Ⅳ区
山东省章丘县女郎山 M65	砖室墓	尸骨葬、1 具人骨	晚期（1192 年）	Ⅳ区
山东省济南市商阜三十五中学 M1	砖椁墓	尸骨葬、2 具人骨	晚期	Ⅳ区
山东省济南市铁厂 M3	砖室墓	尸骨葬、2 具头骨	晚期	Ⅳ区
山东省济南市历城区郑家庄墓	砖室墓	尸骨葬、人骨扰乱	晚期	Ⅳ区
山西省临汾市西赵 M19	土洞墓	2 具人骨、共用一棺（女仰身直肢，男迁葬）	晚期	Ⅴ区
山西省临汾市天马—曲村 M6116	土洞墓	头骨数块	晚期	Ⅴ区
山西省临汾市天马—曲村 M6117	土洞墓	2 具人骨（仰身直肢）	晚期	Ⅴ区
山西省襄汾县贾庄墓	砖室墓	2 具人骨（1 具仰身直肢，1 具迁葬）	晚期	Ⅴ区

续 表

墓 葬 名 称	墓葬类型	葬 俗	年 代	分区
山西省襄汾县荆村沟村 65XJM1	砖室墓	2具人骨（夫妇合葬）	晚期	Ⅴ区
山西省襄汾县上庄村 65XSM1	砖室墓	2具人骨（夫妇合葬）	晚期	Ⅴ区
山西省侯马市董氏 59H4M1（董明）	砖室墓	2具人骨	晚期（1210年）	Ⅴ区
山西省侯马市西郊牛村古城南 M5	砖室墓	2具人骨	晚期	Ⅴ区
山西省侯马市西郊 64H4M101（董万）	砖室墓	2具人骨	中期（1173年）	Ⅴ区
山西省侯马市西郊 65H4M102	砖室墓	2具人骨	晚期	Ⅴ区
山西省侯马市牛村 94H5M1	砖室墓	2具人骨（仰身直肢）	早期（1151年）	Ⅴ区
山西省侯马市乔村 M596	砖室墓	2具人骨	晚期	Ⅴ区
山西省侯马市省建一公司机运站 96H16M1	砖室墓	2具人骨（仰身直肢）	早期	Ⅴ区
山西省侯马市区北王马村东墓	砖室墓	2具人骨	中晚期	Ⅴ区
山西省新绛县三林镇 M1	砖室墓	头骨，肢骨	中期	Ⅴ区
山西省新绛县三林镇 M2	砖室墓	2具人骨	中期	Ⅴ区
山西省稷山县马村 M6	砖室墓	2具人骨（仰身直肢）	早中期	Ⅴ区
山西省稷山县马村 M7	砖室墓	2具人骨	中期	Ⅴ区
山西省闻喜县下阳村 1987M2	砖室墓	2具人骨（夫妇合葬）	晚期（1191年）	Ⅴ区
山西省闻喜县下阳村 1983M1	砖室墓	迁葬	中期	Ⅴ区
山西省长治市安昌村南 ZAM2	砖室墓	火化的两堆朽骨（迁葬）	晚期	Ⅴ区

续 表

墓 葬 名 称	墓葬类型	葬 俗	年 代	分区
河南省林县 LM2（赵处）	砖室墓	尸骨无存（夫妇合葬）	早期（1143年）	Ⅴ区
河南省安阳市鄢家湾 M1—M5	土洞墓	二人合葬3座、单人葬1座、迁葬1座	中晚期	Ⅴ区
河南省鹤壁市东头村 95HHM3	砖室墓	2具头骨（夫妇合葬）	中期	Ⅴ区
河南省义马市新市区南郊墓	砖室墓	2具人骨（仰身直肢）	晚期（1216年）	Ⅴ区
宁夏西吉县兴隆渔场 XJM1	砖室墓	尸骨葬、2具人骨	中晚期	Ⅵ区
甘肃省定西县教育学院墓	砖室墓	二人合葬	中晚期	Ⅵ区
甘肃省临夏红园路墓葬	砖室墓	2具人骨（夫妇合葬）	中晚期	Ⅵ区
陕西省宝鸡市长岭机器厂墓	砖室墓	尸骨葬、2具人骨	晚期（明昌年间，1190—1196年）	Ⅵ区
陕西省西安市北郊西安医疗设备厂墓	土洞墓	尸骨葬、二人合葬（仰身直肢）	晚期（1192年）	Ⅵ区
陕西省耀县董家河 97YDM2	土洞墓	尸骨葬、2具人骨	晚期（1193年）	Ⅵ区

附表 6.3 迁葬及合葬墓情况统计表（多人合葬）

墓 葬 名 称	墓葬类型	葬 俗	年 代	分区
吉林省舒兰县小城子墓地2墓区石室墓	石室墓	火葬（石函5具）	中期	Ⅰ区
吉林省长岭县蛤蟆沁 M1	砖室墓	尸骨葬、4具人骨（被扰动）	中期	Ⅰ区
北京市大兴区生物医药基地 M8	砖室墓	尸骨葬、3具人骨（仰身直肢）	中晚期	Ⅱ区
河北省迁安开发区 M3	砖室墓	3具人骨、1罐骨灰	中晚期	Ⅱ区

附 表 335

续表

墓 葬 名 称	墓葬类型	葬 俗	年 代	分区
河北省新城县北场村时立爱墓	砖室墓	夫妇四人合葬	早期（1143年）	Ⅱ区
山西省大同市西郊墓	砖室墓	尸骨葬，4具人骨	中晚期	Ⅱ区
山西省平定县西关村 M1	砖室墓	8堆骨骸（迁葬）	早期	Ⅲ区
山西省平定县西关村 M2	砖室墓	男女人骨各2具	早期	Ⅲ区
山西省左权县石匣墓葬 M11	土洞墓	3具人骨（1具仰身直肢，2具迁葬）	中晚期	Ⅲ区
山西省左权县石匣墓葬 M14	土洞墓	3具人骨（迁葬）	中晚期	Ⅲ区
山西省左权县石匣墓葬 M15	土洞墓	4具人骨（1具仰身直肢，3具迁葬）	中晚期	Ⅲ区
山西省左权县石匣墓葬 M26	砖室墓	东室2具人骨（1具迁葬），西室3具人骨（2具迁葬）	中晚期	Ⅲ区
山西省盂县皇后村墓葬	砖室墓	4具人骨（1具火葬）	中期（1168年）	Ⅲ区
山西省太原市东张村 M2	砖室墓	3具尸骨	中期	Ⅲ区
山西省太原市东张村 M5	砖室墓	3具尸骨（迁葬）	晚期	Ⅲ区
山西省汾阳市龙观 M1	砖室墓	3具人骨	早期	Ⅲ区
山西省汾阳市东龙观 M45	土洞墓	3具人骨	中晚期	Ⅲ区
河北省邯郸市南湖小区 M7	砖室墓	3具人骨（迁葬）	早期	Ⅲ区
河北省邯郸市南湖小区 M1	砖室墓	3具人骨（迁葬）	中晚期	Ⅲ区
河北省邯郸市南湖小区 M3	砖室墓	3具人骨（迁葬）	中晚期	Ⅲ区
河北省徐水县西黑山 M25	砖室墓	2具人骨（1具火葬）	中晚期	Ⅲ区
河北省徐水县西黑山 M27	砖室墓	3具人骨（1具迁葬）	中期	Ⅲ区

续 表

墓 葬 名 称	墓葬类型	葬　俗	年　代	分区
河北省徐水县西黑山 M28	砖室墓	三人合葬，人骨扰乱	早中期	Ⅲ区
河北省徐水县西黑山 M18	砖石（混筑）室墓	尸骨葬，3 具人骨（均仰身直肢，中间 1 具迁葬）	晚期	Ⅲ区
河北省井陉县柿庄 M2	砖室墓	3 具人骨	中期	Ⅲ区
河北省井陉县柿庄 M7	砖室墓	3 具人骨	晚期	Ⅲ区
河北省井陉县北孤台 M4	砖室墓	3 具人骨（迁葬）	晚期	Ⅲ区
河北省石家庄市赵陵铺镇 M1	土洞墓	4 具人骨（头骨和肢骨）	中晚期	Ⅲ区
山东省淄博市博山区	砖室墓	尸骨葬（1 男 3 女）	晚期（1210 年）	Ⅳ区
山东省高唐县城虞黄墓	砖室墓	均有 2~4 具人骨或碎骨（迁葬）	晚期（1197 年）	Ⅳ区
安徽省濉溪县同大庄墓葬（42 座）	砖室墓	3 具人骨（2 具凌乱，为袝葬）	中晚期	Ⅳ区
山西省汾西县北掌 M2	砖室墓	6 具人骨（5 具置于陶缸，1 具置于耳室）	中晚期	Ⅴ区
山西省汾西县北掌 M3	砖室墓	5 具人骨（3 具置于陶缸，2 具置于墓室南部）	中晚期	Ⅴ区
山西省汾西县北掌 M4	砖室墓	12 具头骨，零散人骨	中晚期	Ⅴ区
山西省汾西县北掌 M6	砖室墓	6 具人骨（分别置于陶缸中）	中晚期	Ⅴ区
山西省汾西县北掌 M7	砖室墓	13 具人骨（堆放）	中晚期	Ⅴ区
山西省沁县上庄墓葬	砖室墓	3 具人骨	晚期	Ⅴ区
山西省新绛县龙兴村 M1	砖室墓	3 具人骨	晚期	Ⅴ区
山西省新绛县龙兴村 M2	砖室墓	3 具人骨	晚期	Ⅴ区
山西省新绛县龙兴村 M3	砖室墓	3 具人骨	晚期	Ⅴ区

续表

墓 葬 名 称	墓葬类型	葬 俗	年 代	分区
山西省陵川县玉泉村墓	砖室墓	3具头骨、下肢骨和未成年人骨骸（迁葬）	中期（1169年）	V区
山西省翼城县武池村墓	砖室墓	3具人骨	晚期	V区
山西省襄汾县曲里村墓	砖室墓	5具颅骨、肢骨	晚期	V区
山西省襄汾县南董村墓	砖室墓	前室3具人骨，后室6具人骨	晚期	V区
山西省侯马市牛村古城南M29	砖室墓	主室7具人骨（迁葬）、侧室2具人骨	晚期	V区
山西省侯马市牛村古城南M9	砖室墓	4具人骨	晚期	V区
山西省侯马市西郊64H4M102	砖室墓	11具人骨（迁葬）	晚期（1196年）	V区
山西省侯马市西郊65H4M104	砖室墓	3具头骨（1男2女）	晚期（1210年）	V区
山西省侯马市晋光药厂95H12M1	砖室墓	3具人骨	晚期（1210年）	V区
山西省侯马市乔村M4309	砖室墓	3具人骨（迁葬）	晚期（1202年）	V区
山西省侯马市大李村墓	砖室墓	7具人骨	中期（1180年）	V区
山西省侯马市建工路墓	砖室墓	4具人骨	中期	V区
山西省稷山县马村M4	砖室墓	3具人骨	早期	V区
山西省稷山县马村M5	砖室墓	3具人骨	早中期	V区
山西省稷山县马村M8	砖室墓	3具人骨	早中期	V区
山西省闻喜县小罗庄M4	砖室墓	3具人骨（1男2女）	晚期	V区
山西省闻喜县小罗庄M6	砖室墓	3具人骨（1男2女）	中期	V区
山西省沁县西林东庄村墓	砖室墓	4堆骨骸、4具头骨（迁葬）	中期	V区

续表

墓 葬 名 称	墓葬类型	葬 俗	年 代	分区
山西省长子县石哲村墓	砖室墓	约10具凌乱尸骨	中期（1158年）	V区
山西省长治市安昌村（南）ZAM8	石室墓	3具具骸、5堆火化的遗骸	早期（1143年）	V区
山西省长治市故漳村墓	砖室墓	主室3具头骨（迁葬）	中期（1189年）	V区
河南省辉县百泉村墓	砖室墓	6具人骨（迁葬）	晚期（1212年）	V区
河南省修武县大位村墓	砖室墓	2具成年人骨，西南壁砖洞有2具未成年人骨（均为迁葬）	中期	V区
河南省焦作市郊老万庄M2	砖室墓	3具人骨	中期	V区
河南省三门峡市崤山西路M1	砖室墓	1具人骨、仰身直肢，6个壁龛内有烧骨	中期（1167年）	V区
河南省伊川县沙元村2003LYGSM1	砖室墓	3具人骨（仰身直肢）	中期	V区
河南省登封县王上93ZDWSM1	砖室墓	3具成年人骨（1男2女）	中晚期	V区
河南省禹州市坡街墓	砖室墓	7具人骨（迁葬）	中期（1183年）	V区
河南省淅川县下寨M77	砖室墓	3具人骨	中晚期	V区
甘肃省定西市西巩驿镇苦河墓葬	砖室墓	3具人骨（1男2女）	中期	VI区
甘肃省静宁县张家湾墓	砖室墓	尸骨葬、4具散乱人骨	晚期	VI区
甘肃省兰州市榆中墓葬	砖室墓	4具人骨（3具散乱、1具完整、侧身屈肢）	晚期	VI区
甘肃省兰州市中山林M001	砖室墓	尸骨葬、3具人骨	晚期	VI区
甘肃省会宁县康湾墓葬	砖室墓	3具人骨（1男2女）、仰身直肢	晚期	VI区
甘肃省临夏枸罕镇铜匠庄村墓葬	砖室墓	3具人骨	中期（1187年）	VI区

续表

墓葬名称	墓葬类型	葬 俗	年 代	分区
甘肃省临夏南龙乡墓	砖室墓	尸骨葬，3具人骨	中期（1175年）	Ⅵ区
甘肃省和政县张家庄墓葬	砖室墓	3具人骨（1男2女）	中期	Ⅵ区
陕西省千阳县冉家沟墓	砖室墓	尸骨葬，4具人骨	晚期（1193年）	Ⅵ区
陕西省耀县董家河97YDM1	土洞墓	尸骨葬，3具人骨	晚期（明昌年间，1190—1196年）	Ⅵ区
陕西省甘泉县袁庄村M1	砖室墓	尸骨葬，4具头骨和残骨殖	晚期（1193年）	Ⅵ区

附表7.1 金代墓葬出土带盖石墓志（A型）

墓葬名称	质地	形状	尺寸	纹饰	墓主人身份（级别）	年代
北京市张山营镇晏家堡村墓	石	正方形	边长55厘米	盖四边阴刻十二辰像和云纹	吕夫人	早期
河北省新城县时立爱墓	石	正方形	边长114厘米，志、盖各厚20厘米	盖四角阴刻大牡丹花叶、十二辰像、八卦和卷草图案	开府仪同三司、谥忠厚钜鹿郡口（正一品）	1143年
河北省新城县时立爱（三位妻子）墓	石	正方形	略小于时立爱墓志		时立爱三位妻子	1143年
河北省新城县时丰墓	石	正方形	边长78厘米，志、盖各厚12厘米	盖四角阴刻大牡丹花叶和十二辰像	礼宾使，赠镇东军节度使（从三品），同中书门下平章事	1143年
河北省新城县时丰（妻）墓	石	正方形	大小略当于时丰墓志		时丰妻子	1143年

续 表

墓葬名称	质 地	形 状	尺 寸	纹 饰	墓主人身份（级别）	年 代
北京市石景山区八角村墓（赵励）	石	正方形、盝顶	志石边长67厘米		将仕郎、秘书省校书郎（从七品）	1143年
河北省兴隆县梓木林子萧仲恭墓（契丹小字）	石	正方形、盝顶	志石、盖边长118厘米，厚17厘米，盖顶上盖边长65.5厘米、宽63厘米	盖四角阴刻大牡丹花叶、十二辰像，八卦、缠枝忍冬图案	燕京之留守趣国王（正一品）	1150年
北京市海淀区韩诩墓	石	正方形			宣威将军、同知威州军州事，上骑都尉（正五品）	1150年
辽宁省北票县扣卜营子乡吴舜辟墓	青砂岩	正方形	志石长69.7厘米，宽67.7厘米，厚4.6厘米		武安县令、上骑都尉（正五品）	1151年
北京市海淀区南辛庄M1（张口震）	花岗岩	略呈正方形，背面呈覆斗形，盖无存	志石长65厘米，宽63厘米，志石厚14厘米		宣武将军、骑都尉（从五品）	1153—1160年
北京市磁器口吕恭墓	青石	正方形、盝顶	边长45厘米，盖厚11厘米，志石厚7厘米	残存牡丹纹图案	修武校尉（从八品上）	1161—1167年
北京市石景山区金王村吴前鉴墓	青石	正方形、盝顶	志石边长75厘米，厚8.5厘米	志盖周边环刻十二生肖像；志石环刻回纹	定远大将军（从四品中）、利涉军节度副使	1167年
内蒙古敖汉旗老虎沟M1（契丹小字）	汉白玉	长方形、盝顶	志石长110厘米、宽95厘米、厚10厘米，盖长110厘米、宽95厘米，厚8厘米	盖无纹饰	博州防御使（从四品）	1170年（或1171年）
北京市通县三间房石宗璧墓	大理石	正方形、盝顶	志石长61厘米，宽60厘米，厚9厘米		宣威将军河东路第一将正将兼知大和寨事、上骑都（正五品）	1177年

续表

墓葬名称	质 地	形 状	尺 寸	纹 饰	墓主人身份（级别）	年 代
北京市石景山区鲁谷M35（吕嗣延）	青石	正方形、盝顶	志石边长64.5厘米，厚7.5—10厘米，盝顶盖上部边长40厘米、底边长67.8厘米，总厚11.2厘米	盖为素面	殿中侍御史，太常少卿（正五品）	1177年刻志（1201年迁葬增刻文字）
北京市丰台区米粮屯乌古论窝论墓	青石	正方形、盝顶	志石边长93厘米，厚10厘米		金紫光禄大夫（正二品）	1184年
辽宁省开原县黄龙冈刘元德墓	淡红色砂岩	近方形	志石长67厘米，宽57厘米，厚6厘米		信武将军，涿州同知（从五品上）	1190年
河北省三河县行仁庄何仲姝墓	石灰石	正方形、盝顶	志石边长51厘米，厚13厘米，盝顶盖上部边长49厘米，厚13厘米，底边长34.5厘米，厚7.5厘米		奉直大夫（从六品），授大理评事	1192年
北京市石景山区鲁谷M56（吕嗣延父辈）	青石	正方形、盝顶	志石边长62—63厘米，厚10—13厘米，盝顶盖上部边长28厘米、底边长63厘米，总厚12—13厘米	盖四面斜坡阴刻十二辰像		辽代刻志（1201年迁葬增刻文字）
北京市丰台区米粮屯乌古论忠夫妇墓	汉白玉	正方形、盝顶	志石边长111厘米，厚26厘米		开府仪同三司判彰德尹驸马都尉任国简定公（从一品）	1201年
北京市西郊香山浦察胡沙墓	青石	长方形	志石长83厘米，宽72厘米，盖长85厘米，厚5厘米，宽72厘米，厚4.5厘米		光禄大夫，南京留守（从二品）	1202年
北京市房山区城关镇崔宪墓	汉白玉	正方形、盝顶	盖边长84厘米，缘厚5厘米，志石厚9厘米	盖面与斜坡无文字和纹饰	孝义县丞（从七品下）	1203年

续表

墓葬名称	质地	形状	尺寸	纹饰	墓主人身份（级别）	年代
北京市西郊百万庄张汝猷墓	盖为青石，志石为汉白玉	正方形	盖边长91厘米，厚10厘米，志石长91厘米，厚11厘米，宽89厘米		宣威将军、右宣徽使（正三品）	1207年
北京市丰台区米粮屯乌古论元忠夫妇墓	汉白玉	正方形、盝顶	志石边长115厘米，厚21厘米		乌古论元忠之妻，鲁国大长公主	1209年

附表7.2 金代墓葬出土无盖石墓志（B型）

墓葬名称	质地	形状	尺寸	纹饰	墓主人身份（级别）	年代
河南省济源市龙潭湖墓	青石	长方形	长74.9厘米，宽52厘米，厚11.2厘米		杨志"故赠登州防御使"	1139年
山西省长治市安昌村南ZAM8	青灰石	长方形、上端圆弧形	长54厘米，宽32—37厘米，厚10厘米		农桑富户	1143年
辽宁省喀左县利州商业街墓（冯兴安）	绿砂岩	长方形（有碑座）	高94厘米，宽66厘米，厚15厘米	志文外侧刻双阴线	广威将军（正五品）	1152年
河南省安阳市大华时代广场墓（M1）					高僧	1159年
山西省大同市云中大学M2（陈庆）	细砂岩	长方形、上端抹角	长49厘米，宽40厘米，厚11.5厘米		进义校尉（正九品下）	1159年
山西省陵川县玉泉村墓	青石	长方形、上端圆弧形	长90厘米，宽58厘米，厚17厘米		农桑富户	1169年
河北省崇礼县水晶屯M1（2方）	刻写题记	长方形、上端圆弧形	长14.4厘米，宽11.1厘米，厚3厘米		李孝均与其妻阿康	1173年

附表 343

续 表

墓葬名称	质地	形 状	尺 寸	纹 饰	墓主人身份（级别）	年 代
河北省崇礼县水晶屯 M1（2方）	墨书题记	长方形、上端圆弧形	长 12.6 厘米、宽 9 厘米、厚 3.5 厘米		李孝均与其妻阿康	1173 年
山西省朔州市朔城区砖室墓（标本27）	青石	长方形	长 37 厘米、宽 29 厘米、厚 6 厘米		首座僧法昶等	1179 年
河南省鹿邑县涡河船闸 M2	青石	上端圆弧状	长 52 厘米、宽 37 厘米、厚 8.5 厘米	周边有忍冬纹	中下级官吏	1180 年
北京市门头沟区妙峰山公社仰山栖隐寺鲁欢墓	石	长方形	长 50 厘米、宽 42 厘米		太保，兖国王（正一品）	1181 年
山西省朔州城区南关外墓（李汝为）	石灰岩	方形	长 40 厘米、宽 36 厘米、厚 10 厘米		下级官吏	1186 年
山西省大同市简德源墓	石	长方形	长 67 厘米、宽 49 厘米、厚 16.5 厘米		道士（西京玉虚观主宗大师）	1190 年
河北省宣化下八里村张子行墓	石	长方形、上端抹角	长 43 厘米、宽 35 厘米、厚 5 厘米	正反两面刻纹	保义副尉（从九品上）	1190 年
河北省宣化下八里村张子忠墓	石	长方形			昭信校尉（正七品下）	1193 年
内蒙古敖汉旗英凤沟 M2（完颜之）	石	长方形、上端两端抹角	长 38 厘米、宽 31 厘米、厚 4 厘米		镇国上将军、侍卫亲军马军都指挥使（从三品）	1196 年
山东省高唐县虞寅墓（2方）	石	长方形、上部两端抹角	上长 114 厘米、宽 68 厘米、厚 18 厘米；下长 105 厘米、宽 64.5 厘米、厚 20.5 厘米		信武将军骑都尉（从五品上）	1197 年
山东省滕县苏祠墓	花岗岩	长方形、上端抹角	长 25 厘米、宽 18 厘米、厚 6 厘米		平民	1199 年

344　金代墓葬的考古学研究

续 表

墓葬名称	质地	形状	尺寸	纹饰	墓主人身份（级别）	年代
北京市平谷东高村巨家坟墓	石		长47厘米、宽34厘米、厚9厘米		监妫州县酒（正四品）	1203年
辽宁省铁岭县前下塔子墓	青石	长方形，上端抹角	长73厘米、宽50厘米、厚5厘米		下级官吏	1205年
辽宁省阜新市西山屯墓	黑色页岩	长方形，四周抹角	长42厘米、宽24.7厘米		住持僧人（"紫衣宝严大德"）	1233年
河南省许昌市文峰路M3	青灰色白灰岩	方形	边长35厘米、厚12厘米		文字不可辨；贵族	金中晚期

附表7.3 A型石墓志与墓主人身份对照统计表

墓志尺寸	宗室成员	一品	二品	三至四品	五至六品	七至九品	官员家属
100厘米以上	1	3		1			
90—100厘米			1	1			1
80—90厘米			1			1	
70—80厘米				2			1
60—70厘米					5	1	1
60厘米以下					1	1	1
总计（22例）	1	3	2	4	6	3	3

附表 7.4　金代墓葬出土砖墓志

墓 葬 名 称	质地	形　　状	尺　　寸	墓主人身份（级别）	年　代
甘肃省会宁县莲花山墓	砖	方形（志文漫漶不清）	边长 31 厘米		1146 年
山西省曲沃县安法师墓	砖	长方形，有长方体碑座	长 45 厘米、宽 24 厘米、厚 6 厘米	道士	1156 年
山西省离石县马茂庄土洞墓	砖	长方形	长 44.5 厘米、宽 31 厘米、厚 6 厘米	平民	1159 年
甘肃省临夏南龙乡王吉墓	砖	近方形、上端圆弧	长 30 厘米、宽 28.5 厘米、厚 4.5 厘米	进义校尉（正九品下）	1175 年
山西省朔州市朔城区砖室墓（标本 28）	砖	方形	边长 37 厘米、厚 5 厘米	僧人	1179 年
山西省朔州市朔城区砖室墓（标本 29）	砖	方形	边长 35 厘米、厚 5 厘米	僧人	1179 年
山西省朔州市朔城区砖室墓（标本 30）	砖	方形	边长 35 厘米、厚 5 厘米	僧人	1179 年
山西省朔州市朔城区砖室墓（标本 32）	砖	方形	边长 35 厘米、厚 5 厘米	僧人	1179 年
山西省朔州市朔城区砖室墓（标本 33）	砖	长方形	长 35.5 厘米、宽 18 厘米、厚 5 厘米	僧人	1179 年
河南省义马市千秋西路墓	砖				1209 年
河南省义马市狂口村 M1	砖	方形（志文模糊不清）	边长 30 厘米、厚 4.5 厘米	推测官吏	1209 年
河南省义马市南郊 M156	砖	方形	边长 34 厘米、厚 6 厘米	富户	1216 年

附表 7.5　金代墓葬出土买地券

墓 葬 名 称	质地	形状	尺　　寸	墓主人身份（级别）	年 代
辽宁省朝阳市北方航空飞行大队墓	砖	方形	边长 40 厘米，厚 7 厘米	下级官吏李幹妻	1149 年
河北省蔚县城东砖室墓	砖	长方形	长 34 厘米，宽 24 厘米，厚 7 厘米	平民	1150 年
河南省孟津县麻屯 M1159	砖	方形	边长 29.5 厘米，厚 6 厘米	平民	1150 年
河北省内丘县胡里村墓	砖	方形	边长 29 厘米，厚 7 厘米	富户	1157 年
河南省洛阳市苗北村 I M3634	砖	方形	边长 30 厘米，厚 5 厘米	唐寅（平民）	1160 年
山西省汾阳县东龙观 M3	砖	方形	边长 34 厘米，厚 5 厘米	富户	1161 年
山西省翼城县武池村 M4	砖	方形		平民	1162 年
山西省汾西县郝家沟 2015FH M1	砖	方形	边长 33 厘米，厚 5.5 厘米	富商	1182 年
山西省垣曲县东铺村墓（2 方）	砖	方形		平民	1183 年
河南省淅川县下寨 M77	砖	方形	边长分别为 30.4 厘米、29.6 厘米，厚 4.73 厘米	平民	1183 年
山西省闻喜县小罗庄 M2	砖	方形		平民	1188 年
河南省焦作市马作村砖场墓	砖	方形		平民	1188 年
陕西省西安市北郊土洞墓（潘顺）	砖	方形	边长 32 厘米，厚 5.5 厘米	平民	1192 年
陕西省耀县董家河 97YD M2	砖	方形	边长 35 厘米，厚 5 厘米	平民	1193 年
陕西省千阳县冉家沟墓（赵海）	砖	方形	边长 30.5 厘米，厚 5.5 厘米	富户	1193 年

续 表

墓 葬 名 称	质地	形状	尺　　寸	墓主人身份（级别）	年　代
山西省汾阳县东龙观 M5（2方）	砖	方形	均为边长 34 厘米，厚 5 厘米	富户	1195 年
山西省侯马市 64H4M102（董海父子）	砖	长方形	长 36 厘米、宽 25 厘米	富户	1196 年
河南省焦作市郊老万庄 M3（冯汝楫）	铜			下级官吏	1198 年
山西省侯马市乔村 M4309	砖	方形	边长 33 厘米，厚 5 厘米	平民	1202 年
山西省孝义市新义东街墓（郭裕）	砖			进义副尉（从九品下）	1209 年
山西省侯马市晋光药厂 95H12M1	砖			平民	1210 年
山西省侯马市 59H4M1（董明）	砖	长方形		平民	1210 年
山西省侯马市 59H4M2（董记坚）	砖	长方形		平民	1210 年
陕西省西安市黄渠头村 M88	砖	方形	边长分别为 30.2 厘米、29.5 厘米，厚 5 厘米	富商	1216 年
陕西省西安市西影路墓（李居柔）	砖	方形	边长 29 厘米，厚 5 厘米	资政大夫（文官正三品）	1226 年
河南省修武县大位村墓	砖	方形	边长 37 厘米，厚 5.5 厘米	漫漶不清	中期
河南省禹州市坡街砖室墓	砖	方形	边长 33 厘米，厚 5.5 厘米	漫漶不清	中期
山西省大同市西郊砖室墓	砖	方形	边长 50 厘米，厚 6 厘米	漫漶不清	中晚期
山西省绛县裴家堡墓	砖			漫漶不清	晚期
山西省岚县北村砖室墓	砖	方形	边长分别为 30 厘米、29.5 厘米，厚 4.7—4.8 厘米	朱砂楷书，漫漶不清	金代

参考文献

(一) 古代文献

(晋) 郭璞：《葬经》，湖北崇文书局，清光绪三年 (1877年) 官刻本。

(宋) 司马光：《温国文正司马公文集》，《四部丛刊初编·集部》，缩印常熟瞿氏藏宋绍兴本，上海商务印书馆，1919—1922年。

(宋) 司马光：《司马氏书仪》，《丛书集成初编》本，商务印书馆，1936年。

(宋) 王洙等编撰，(金) 毕履道、张谦校，金身佳整理：《地理新书校理》，湘潭大学出版社，2012年。

(宋) 徐梦莘：《三朝北盟会编》，上海古籍出版社，1987年。

(宋) 罗大经：《鹤林玉露》，中华书局，1983年。

(宋) 宇文懋昭撰，崔文印校证：《大金国志校证》，中华书局，1986年。

(宋) 洪皓：《松漠纪闻》，《长白丛书 (初集)》，吉林文史出版社，1986年。

(宋) 文惟简：《虏廷事实》，《说郛》，中国书店，1986年 (据涵芬楼本影印)。

(宋) 李心传：《建炎以来系年要录》，上海古籍出版社，1992年。

(宋) 耐得翁：《都城纪胜》，中国商业出版社，1982年。

(元) 陶宗仪：《南村辍耕录》，中华书局，2004年。

(元) 脱脱等撰：《宋史》，中华书局，1985年。

(元) 脱脱等撰：《辽史》，中华书局，1974年。

(元) 脱脱等撰：《金史》，中华书局，1975年。

(清) 董秉忠主修：《盛京通志》，清康熙二十三年 (1684年) 刻本。

(清) 阿桂等纂修：《盛京通志》，辽海出版社，1997年。

(清) 吴大澂：《皇华纪程》，《长白丛书 (初集)》，吉林文史出版社，1986年。

(清) 高士奇：《扈从东巡日录》，《长白丛书 (初集)》，吉林文史出版社，1986年。

(清) 长顺主修：《吉林通志》，吉林文史出版社，1986年。

(清) 阿桂等撰：《满洲源流考》，辽宁民族出版社，1988年。

(清) 穆彰阿、(清) 潘锡恩等纂修：《大清一统志》，上海古籍出版社，2008年。

(清) 曹廷杰：《东三省舆地图说》，《曹廷杰集》，中华书局，1985年。

(清) 杨宾：《柳边纪略》，《龙江三纪》，黑龙江人民出版社，1985年。

(二) 研究专著

吴荣桂：《双阳县乡土志》，1926年再版修订铅印本。

金毓黻：《辽东文献征略》，1927年。

金毓黻：《辽金旧墓记》，《东北丛刊》，1930 年。
《"满洲国"古迹古物调查报告书》第四编《吉林·滨江两省に於ける金代の史迹》，1941 年。
宿白：《白沙宋墓》，文物出版社，1957 年。
陈述：《金史拾补五种》，科学出版社，1960 年。
中国科学院考古研究所：《新中国的考古收获》，文物出版社，1961 年。
文物编辑委员会：《文物考古工作三十年（1949—1979）》，文物出版社，1979 年。
张博泉：《金代经济史略》，辽宁人民出版社，1981 年。
谭其骧主编：《中国历史地图集·第六册·宋辽金时期》，中国地图出版社，1982 年。
张博泉：《金史简编》，辽宁人民出版社，1984 年。
中国社会科学院考古研究所：《新中国的考古发现和研究》，文物出版社，1984 年。
中国大百科全书总编辑委员会《考古学》编辑委员会、中国大百科全书出版社编辑部：《中国大百科全书·考古学》，中国大百科全书出版社，1986 年。
北京市文物研究所：《北京考古四十年》，北京燕山出版社，1990 年。
文物编辑委员会：《文物考古工作十年（1979—1989）》，文物出版社，1991 年。
程民生：《宋代地域经济》，河南大学出版社，1992 年。
山西省考古研究所：《山西考古四十年》，山西人民出版社，1994 年。
河南省文物考古研究所：《河南考古四十年（1952—1992）》，河南人民出版社，1994 年。
赵济主编：《中国自然地理（第三版）》，高等教育出版社，1995 年。
朱瑞熙、刘复生、张邦炜、蔡崇榜、王曾瑜：《宋辽西夏金社会生活史》，中国社会科学出版社，1998 年。
景李虎：《宋金杂剧概论》，广东高等教育出版社，1998 年。
山西省考古研究所：《平阳金墓砖雕》，山西人民出版社，1999 年。
文物出版社：《新中国考古五十年》，文物出版社，1999 年。
宋德金、史金波：《中国风俗通史·辽金西夏卷》，上海文艺出版社，2001 年。
徐吉军、方建新、方健、吕凤棠：《中国风俗通史·宋代卷》，上海文艺出版社，2001 年。
李锡厚、白滨：《辽金西夏史》，上海人民出版社，2003 年。
陈振：《宋史》，上海人民出版社，2004 年。
秦大树：《宋元明考古》，文物出版社，2004 年。
刘涛：《宋辽金纪年瓷器》，文物出版社，2004 年。
山西省考古研究所：《侯马乔村墓地（1959—1996）》，科学出版社，2004 年。
郑州市文物考古研究所：《郑州宋金壁画墓》，科学出版社，2005 年。
山东省文物考古研究所：《山东 20 世纪的考古发现和研究》，科学出版社，2005 年。
董新林：《中国古代陵墓考古研究》，福建人民出版社，2005 年。
北京市文物研究所：《北京地区辽金墓葬壁画保护研究》，科学出版社，2008 年。
国家文物局：《新中国考古六十年（1949—2009）》，文物出版社，2009 年。
洛阳市文物工作队：《历程——洛阳市文物工作队三十年》，文物出版社，2011 年。
《中国墓室壁画全集》编辑委员会：《中国墓室壁画全集（3）：宋辽金元》，河北教育出版社，2011 年。
王进先：《长治市宋金元墓室建筑艺术研究》，文物出版社，2015 年。
马珑主编：《临夏考古——临夏回族自治州博物馆论文集》，甘肃文化出版社，2016 年。

郭永利：《甘肃境内宋金元墓葬的调查、整理与研究》，科学出版社，2019年。
邓菲：《中原北方地区宋金墓葬艺术研究》，文物出版社，2019年。

（三）研究论文（按发表时间顺序排列）

徐苹芳：《宋元时代的火葬》，《文物参考资料》1956年第9期。
关松房：《金代瓷器和钧窑的问题》，《文物参考资料》1958年第2期。
刘念兹：《中国戏曲舞台艺术在十三世纪初叶已经形成——金代侯马董氏墓舞台调查报告》，《戏剧研究》1959年第2期。
苏天钧：《十年来北京市所发现的重要古代墓葬和遗址》，《考古》1959年第3期。
周贻白：《侯马董氏墓中五个砖俑的研究》，《文物》1959年第10期。
徐苹芳：《宋代的杂剧雕砖》，《文物》1960年第5期。
周贻白：《北宋墓葬中人物雕砖的研究》，《文物》1961年第10期。
徐苹芳：《唐宋墓葬中的"明器神煞"与"墓仪"制度——读〈大汉原陵秘葬经〉札记》，《考古》1963年第2期。
刘念兹：《从建国后发现的一些文物看金元杂剧在平阳地区的发展》，《文物》1973年第3期。
华泉：《完颜忠墓神道碑与金代的恤品路》，《文物》1976年第4期。
黑龙江省文物考古工作队：《从出土文物看黑龙江地区的金代社会》，《文物》1977年第4期。
赵光林、张宁：《金代瓷器的初步探索》，《考古》1979年第5期。
刘念兹：《宋杂剧丁都赛雕砖考》，《文物》1980年第2期。
陈述：《谈辽金元"烧饭"之俗》，《历史研究》1980年第5期。
齐心：《金蒲察胡沙墓志铭考释》，《北京史论文集》，北京史研究会编印，1980年。
李方玉、龙宝章：《金代虞寅墓室壁画》，《文物》1982年第1期。
贾敬颜：《"烧饭"之俗小议》，《中央民族学院学报（哲学社会科学版）》1982年第1期。
庞志国：《完颜希尹家族墓群石雕艺术初探》，《文物》1982年第3期。
宋德金：《金代女真族俗述论》，《历史研究》1982年第3期。
景爱：《辽金时代的火葬墓》，《东北考古与历史》第1辑，文物出版社，1982年。
阎万章：《河北兴隆金墓出土契丹文墓志铭考释》，《东北考古与历史》第1辑，文物出版社，1982年。
冯永谦：《金刘元德墓志考》，《黑龙江文物丛刊》1983年第1期。
孙传贤：《焦作市西冯封村雕砖墓几个有关问题的探讨》，《中原文物》1983年第1期。
胡平生：《金代虞寅墓志的"古文"盖文》，《文物》1983年第7期。
关天相：《对〈金代虞寅墓室壁画〉一文的商榷》，《文物》1983年第7期。
北京市文物工作队：《北京金墓发掘简报》，《北京文物与考古》第一辑，北京燕山出版社，1983年。
庞志国：《略论东北地区金代石函葬》，《黑龙江文物丛刊》1984年第4期。
齐心：《金代韩谀墓志考》，《考古》1984年第8期。
廖奔：《温县宋墓杂剧雕砖考》，《文物》1984年第8期。
马洪路：《金信武将军刘元德墓志补正》，《北方文物》1985年第3期。
刘红宇：《关于金代完颜娄室墓的几个问题》，《长春史志》1986年第2期。
刘红宇：《长春近郊的金代完颜娄室墓》，《北方文物》1986年第4期。
刘红宇：《长春市周围的金代墓葬》，《博物馆研究》1987年第2期。

李宇峰：《金吴舜辟墓志》，《辽海文物学刊》1987年第2期。

杨富斗：《稷山、新绛金元墓杂剧砖雕研究》，《考古与文物》1987年第2期。

杨晶：《辽代火葬墓》，《辽金史论集》第三辑，书目文献出版社，1987年。

杜承武：《辽代墓葬出土的铜丝网络与面具》，《辽金史论集》第一辑，上海古籍出版社，1987年。

张英：《金代完颜娄室碑文考——兼谈娄室葬地》，《北方文物》1988年第1期。

胡顺利：《金代信武将军刘元德墓志补说》，《北方文物》1988年第1期。

秦大树：《金墓概述》，《辽海文物学刊》1988年第2期。

胡顺利：《关于金代吴舜辟墓志考释的一点意见》，《辽海文物学刊》1988年第2期。

史学谦：《试论山西地区的金墓》，《考古与文物》1988年第3期。

张英、方起东：《金完颜娄室墓地和神道碑的复原论证》，《博物馆研究》1989年第1期。

陈相伟：《金完颜希尹碑建碑年代考》，《博物馆研究》1989年第1期。

李裕群：《宋元买地券研究》，《文物季刊》1989年第2期。

李健才：《金代女真墓葬的演变》，《辽金史论集》第四辑，书目文献出版社，1989年。

刘肃勇：《金完颜希尹神道建碑年代辨析》，《东北地方史研究》1990年第1期。

刘晓东、杨志军、郝思德、李陈奇：《试论金代女真贵族墓葬的类型及演变》，《辽海文物学刊》1991年第1期。

景李虎、王福才、延保全：《金代乐舞杂剧石刻的新发现》，《文物》1991年第12期。

侯珺：《金〈张汝猷墓志〉考释》，《北京文物与考古》第二辑，北京燕山出版社，1991年。

张英：《金代丧俗考（上）》，《博物馆研究》1992年第2期。

张英：《金代丧俗考（下）》，《博物馆研究》1992年第3期。

林沄：《完颜忠神道碑再考》，《北方文物》1992年第4期。

梁白泉：《墓饰"妇人启门"含义揣测》，《中国文物报》1992年11月8日。

陈相伟：《试论金代石椁墓》，《博物馆研究》1993年第1期。

张英、方起东：《金完颜娄室神道碑碑文译注（上）》，《博物馆研究》1993年第2期。

张英、方起东：《金完颜娄室神道碑碑文译注（下）》，《博物馆研究》1993年第3期。

刘毅：《妇人启门管见》，《中国文物报》1993年5月16日。

哈尔滨医科大学、黑龙江省公安厅：《阿城巨源金代齐国王墓古尸的医学研究》，《考古》1993年第12期。

刘晓东：《金代土坑石椁墓及相关问题》，《青果集：吉林大学考古专业成立二十周年考古论文集》，知识出版社，1993年。

段鹏琦：《我国古墓葬中发现的孝悌图象》，《中国考古学论丛（中国社会科学院考古研究所建所40周年纪念）》，科学出版社，1993年。

安文荣：《长春市金墓初探》，《长春文物》第7辑，1994年。

俞永炳：《宋辽金纪年墓和塔基出土的瓷器》，《考古》1994年第1期。

齐心：《金张歧墓志考——兼论张氏族系》，《北京文物与考古》第四辑，北京燕山出版社，1994年。

黄登民、李云凯、徐凤媛：《金代女真人火葬墓流行原因初探》，《黑龙江民族丛刊》1995年第1期。

杨晶：《辽代汉人墓葬概述》，《文物春秋》1995年第2期。

田华：《金代铜镜的刻款及相关问题》，《北方文物》1995年第3期。

陈相伟：《试论金代壁画墓》，《辽金史论集》第九辑，中州古籍出版社，1995年。
陈朝云：《黄河中下游地区金代砖室墓探论》，《郑州大学学报（哲学社会科学版）》1996年第1期。
丁勇：《内蒙古博物馆馆藏金代铜镜浅谈》，《内蒙古文物考古》1996年第1期。
廖奔：《中国古代剧场形制沿革》，《文物》1996年第2期。
徐苹芳：《僧伽造像的发现和僧伽崇拜》，《文物》1996年第5期。
田华、邱玉春：《再论金代铜镜的刻款及相关问题》，《求是学刊》1996年第6期。
宿白：《关于河北四处古墓的札记》，《文物》1996年第9期。
俞伟超：《中国古墓壁画内容变化的阶段性——〈河北古代墓葬壁画精粹展〉座谈会上的发言提纲》，《文物》1996年第9期。
徐苹芳：《看〈河北古代墓葬壁画精粹展〉札记》，《文物》1996年第9期。
黄景略：《中国古代墓葬壁画的缩影》，《文物》1996年第9期。
杨富斗、杨及耕：《金墓砖雕丛探》，《文物季刊》1997年第4期。
陈春霞：《金完颜希尹碑建碑年代补证》，《学习与探索》1998年第1期。
托克托县博物馆：《托克托县发现金代买地合同分券》，《内蒙古文物考古》1998年第1期。
申云艳、齐瑜：《金代墓室壁画分区与内容分类试探》，《山东大学学报（哲学社会科学版）》1998年第2期。
绛石、国杰：《新绛出土宋金杂剧社火砖雕》，《中国文物报》1998年9月9日。
裴淑兰、冀艳坤：《金代铜镜检验刻记浅析》，《河北省考古文集》，东方出版社，1998年。
刘浦江：《内蒙古敖汉旗出土的金代契丹小字墓志残石考释》，《考古》1999年第5期。
刘明科：《宝鸡市长岭机器厂宋墓时代质疑》，《文博》2000年第1期。
杨富斗：《侯马金墓怀旧》，《文物世界》2000年第2期。
廖奔：《宋金元仿木结构砖雕墓及其乐舞装饰》，《文物》2000年第5期。
徐苹芳：《中国历史考古学分区问题的思考》，《考古》2000年第7期。
夏鼐：《临洮寺洼山发掘记》，《考古学论文集》，河北教育出版社，2000年。
宁立新、雷云贵：《朔州市朔城区金代僧人丛葬墓发掘简报》，《山西省考古学会论文集（三）》，山西古籍出版社，2000年。
吴文衔、李雅彬：《新香坊辽金墓葬清理发掘追记》，《历史的见证》，《哈尔滨文史资料》第22辑，2000年。
高士英：《朔州出土金代墓志》，《考古与文物》2001年第2期。
河北省文物研究所：《河北省博野县刘陀店宋金墓群发掘简报》，《河北省考古文集（二）》，北京燕山出版社，2001年。
孟繁峰：《河北宋、金墓壁画及柿庄壁画墓的时代》，《河北省考古文集（二）》，北京燕山出版社，2001年。
陈相伟：《试论东北、河北等地金代墓葬的类型和演变》，《辽金史论集》第六辑，社会科学文献出版社，2001年。
贺勇、刘海文：《金代张子行墓志初探——兼析下八里墓群的始建年代及墓穴排列》，《文物春秋》2002年第3期。
张克仁：《甘肃定西发现金代画像砖墓》，《中国文物报》2002年7月5日。
马金花：《山西金代壁画墓初步研究》，《文物春秋》2002年第5期。

周峰：《从朔州出土金代李汝为墓志谈正隆年号问题》，《考古与文物》2003年第1期。

王国维：《烧饭》，《观堂集林》，河北教育出版社，2003年。

张新斌、王春玲：《新乡宋金墓葬及其相关问题》，《中原文物考古研究》，大象出版社，2003年。

徐海峰：《涿州元代壁画墓孝义故事图浅析》，《文物春秋》2004年第4期。

董新林：《辽代墓葬形制与分期略论》，《考古》2004年第8期。

邓文宽：《〈金天会十三年乙卯岁（1135年）历日〉疏证》，《文物》2004年第10期。

田建文、李永敏：《马村砖雕墓与段氏刻铭砖》，《文物世界》2005年第1期。

焦强：《金代徐龟墓壁画认识》，《文物世界》2005年第1期。

孙永和、孙丽萍、张红勤：《山西曲沃西南街发现金代安法师墓》，《中国文物报》2005年2月9日。

冯恩学：《辽墓启门图之探讨》，《北方文物》2005年第4期。

方殿春：《辽宁地区"行孝图"墓葬的讨论》，《博物馆研究》2005年第4期。

许宝哲：《中国墓室壁画发展脉络浅见》，《文物世界》2005年第3期。

李军：《邢台宋墓出土"官"字款瓷器》，《文物春秋》2005年第5期。

陈康：《金代赵励墓志考》，《北京辽金文物研究》，北京燕山出版社，2005年。

刘肃勇：《金代窝鲁欢墓志所记史事考探》，《北京辽金文物研究》，北京燕山出版社，2005年。

陈亚洲：《金代〈崔宪墓志铭〉》，《北京辽金文物研究》，北京燕山出版社，2005年。

赵明星：《宋代仿木构墓葬形制及对辽金墓葬的影响》，《边疆考古研究》第4辑，科学出版社，2006年。

黄秀纯、熊永强、陈亚洲：《北京金代皇陵历史沿革与墓主人考》，《北京文博》2006年第3期。

刘淼：《金代定窑瓷器的初步研究》，《文物春秋》2006年第2期。

孟原召：《唐至元代墓葬中出土的铁牛铁猪》，《中原文物》2007年第1期。

孙勐、朱至刚、安凯：《北京石景山区鲁谷发掘金代家族墓及明清墓葬》，《中国文物报》2007年11月23日。

王久宇、王锴：《阿城金代贵族墓碑的发现和考证》，《北方文物》2007年第4期。

袁泉：《从墓葬中的"茶酒题材"看元代丧祭文化》，《边疆考古研究》第6辑，科学出版社，2007年。

河北省文物研究所、邢台市文物管理处、平乡县文物保管所：《平乡县平乡镇遗址发掘简报》，《河北省考古文集（三）》，科学出版社，2007年。

河北省文物研究所、邯郸市文物研究所、涉县文物保护管理所：《河北涉县台村宋金及清代墓葬发掘简报》，《河北省考古文集（三）》，科学出版社，2007年。

李敏、李恩玮、李军、李淑芹：《邢台旅馆汉唐宋墓葬的发掘》，《河北省考古文集（三）》，科学出版社，2007年。

〔日〕吉本智慧子：《契丹小字〈金代博州防御使墓志铭〉墓主非移剌斡里朵——兼论金朝初期无"女真国"之国号》，《辽金史论集》第十辑，中国社会科学出版社，2007年。

黄信：《河北涉县南岗墓地考古发掘有重要收获》，《中国文物报》2008年6月27日。

孙勐：《北京出土金代东平县君韩氏墓志考释》，《中国历史文物》2008年第4期。

袁泉：《宋金墓葬"猫雀"题材考》，《考古与文物》2008年第4期。

刘淼：《考古发现的金代定窑瓷器初步探讨》，《考古》2008年第9期。

马昇、王俊：《山西宋金墓葬考古取得重要发现》，《中国文物报》2008年11月19日。

卢青峰、张永清：《试论燕云地区金代墓葬》，《文物世界》2008年第6期。
董新林：《北宋金元墓葬壁饰所见"二十四孝"故事与高丽〈孝行录〉》，《华夏考古》2009年第2期。
孙勐：《北京石景山出土金代吕嗣延墓志考释》，《北方文物》2009年第3期。
张鹏：《金墓壁画的考古发现与美术史研究》，《民族艺术》2009年第3期。
刘未：《大同金代张澄石棺铭跋》，《山西大同大学学报》2009年第3期。
于璞、王炜、朱志刚、李春山：《北京大兴辽金墓葬发掘取得重要收获》，《中国文物报》2009年4月8日。
邓菲：《关于宋金墓葬中孝行图的思考》，《中原文物》2009年第4期。
张帆：《豫北和晋南宋金墓杂剧形象的比较研究》，《中原文物》2009年第4期。
丁利娜：《北京地区金代墓葬概述》，《文物春秋》2009年第4期。
董新林：《屯留宋村金代壁画墓考论》，《新果集——庆祝林沄先生七十华诞论文集》，科学出版社，2009年。
穆鉴臣、穆鸿利：《金完颜希尹神道碑研究述略》，《北方文物》2010年第2期。
李浩楠：《山西屯留宋村金代壁画墓题记考释》，《北方文物》2010年第3期。
卫文革：《墓葬资料中所见二十四孝之发展演变》，《文物世界》2010年第5期。
彭善国、徐戎戎：《辽阳金正隆五年瓷质"明堂之券"》，《文物》2010年第12期。
冯恩学：《对完颜希尹墓地出土"铁券"性质的新认识》，《边疆考古研究》第9辑，科学出版社，2010年。
吴敬：《从金陵考古发现看金代女真人的汉化问题》，《边疆考古研究》第9辑，科学出版社，2010年。
邵海波、吴敬：《辽代契丹人与金代女真人汉化过程的对比研究——以陵墓材料为线索的考古学观察》，《草原文物》2011年第2期。
易晴：《宋金中原地区壁画墓"墓主人对（并）坐"图像探析》，《中原文物》2011年第2期。
王海英：《代县发现金代墓志铭考释》，《文物世界》2011年第2期。
孙建权：《金代韩景□神道碑考释》，《北京文博文丛》2011年第2辑。
董坤玉：《北京地区辽金壁画墓研究》，《北京文博文丛》2011年第3辑。
邓菲：《宋金时期砖雕壁画墓的图像题材探析》，《美术研究》2011年第3期。
刘晓飞：《金代墓饰中的宗教因素》，《青海民族大学学报（社会科学版）》2011年第4期。
陈彦平：《甘肃清水宋（金）墓画像砖的人物造型》，《美术教育研究》2011年第5期。
王科社、陈辅泰：《杨茂公铜灯与墓葬年代修正——兼谈宋金交替之际祖厉河流域文化面貌的转变》，《丝绸之路》2011年第20期。
关树东：《屯留宋村金墓题记考释》，《隋唐辽宋金元史论丛》第一辑，紫禁城出版社，2011年。
赵冉：《宋元墓葬中榜题、题记研究》，《南方文物》2012年第1期。
王新英：《金代墓志等级制度研究——以出土墓志为中心》，《兰州学刊》2012年第1期。
李清泉：《空间逻辑与视觉意味——宋辽金墓"妇人启门"图新论》，《美术学报》2012年第2期。
夏素颖：《河北地区宋金墓葬研究》，《文物春秋》2012年第2期。
李军：《浅论宋金时期河东丧葬习俗》，《文物世界》2012年第3期。
于力凡：《金代明昌、承安年款圈带铭文铜镜及相关问题探讨》，《北京文博文丛》2012年第3辑。
伊葆力、杨卫东：《金初〈王宗孟墓志〉考》，《文物春秋》2012年第5期。
吴敬：《金代女真贵族墓汉化的再探索》，《考古》2012年第10期。

杨及耘：《晋南地区金代砖室墓丛葬现象探讨》，《有实其积：纪念山西省考古研究所六十华诞文集》，山西人民出版社，2012年。

倪彬：《金代张守仁墓志考》，《文物春秋》2013年第3期。

付志杰、李俊芳：《张守节墓志发微》，《文物春秋》2013年第3期。

田多：《晋南地区宋金纪年墓对比研究》，《北京教育学院学报》2013年第4期。

付艳华、刘米兰：《廊坊市晓廊坊小区金代墓葬出土瓷器研究》，《中国文物报》2013年11月6日。

任林平：《中原地区宋金元墓葬墓主图像的再思考》，《中国文物报》2014年2月28日。

王义印：《山西屯留宋村金代壁画墓墨书题记研究》，《中原文物》2014年第6期。

董新林：《长城以北地区金墓初探》，《北方文物》2014年第3期。

邓菲：《试析宋金时期砖雕壁画墓的营建工艺——从洛阳关林庙宋墓谈起》，《考古与文物》2015年第1期。

丁雨：《浅议宋金墓葬中的启门图》，《考古与文物》2015年第1期。

姚庆、张童心：《〈北京金代皇陵〉评述》，《北京文博文丛》2015年第4辑。

郝红星：《辽宋金壁画墓观察》，《郑州文物考古与研究（三）》，科学出版社，2016年。

后晓荣：《宋金"画像二十四孝"——中国最早、最成熟的二十四孝》，《西部考古》第12辑，科学出版社，2016年。

陈朝云、刘梦娜：《大金进义校尉焦君墓志研究》，《中原文物》2017年第1期。

宋德金：《金代买地券考述》，《北方文物》2017年第1期。

李宝宗：《从洛阳金代纪年墓杂剧砖雕看戏曲成熟年代》，《中国文物报》2017年8月22日。

王新英：《金代时立爱家族成员时丰妻张氏墓志铭考释》，《北方文物》2017年第4期。

黄小钰：《宋金元壁画墓中墓主夫妇图像的流变及象征意义再思》，《北京文博文丛》2018年第1辑。

周峰：《金代郭周墓铭考释》，《北方文物》2018年第2期。

张丽洁：《宋金砖雕墓中的全真道教——从晋南宋金砖雕墓戏台的位置谈起》，《文物世界》2018年第3期。

周峰：《金代赵好古墓志考释》，《北京文博文丛》2018年第4辑。

关树东：《宋辽金元铁券考》，《北方文物》2018年第4期。

孙连娣：《考古视角下儒家孝道礼仪观探析——以晋南、晋东南金代墓葬砖雕壁画为例》，《辽宁教育行政学院学报》2018年第4期。

李庆玲：《宋元墓葬中二十四孝图像研究综述》，《河南工程学院学报（社会科学版）》2018年第4期。

张鹏：《金代女真功臣墓葬艺术研究——以乌古论窝论家族墓葬为中心》，《美术研究》2018年第5期。

王彦玉、李孜宣：《大同地区金元道士墓研究》，《四川文物》2018年第6期。

苗霖霖：《金朝墓志研究述论》，《中国史研究动态》2019年第1期。

冯利营：《〈大金故礼宾副使时公夫人张氏墓志铭〉再考释》，《文物春秋》2019年第5期。

王利霞：《试论大同辽金壁画墓的布局与特点》，《文物世界》2019年第6期。

王利民：《金代阎德源墓的研究与审视》，《文物天地》2019年第11期。

（四）考古报告

甘肃省文物队、甘肃省博物馆、嘉峪关市文物管理所：《嘉峪关壁画墓发掘报告》，文物出版社，1985年。

北京大学考古学系商周组、山西省考古研究所：《天马—曲村（1980—1989）》，科学出版社，2000年。
山西省考古研究所：《侯马乔村墓地（1959—1996）》，科学出版社，2004年。
北京市文物研究所：《北京金代皇陵》，文物出版社，2006年。
南水北调中线干线工程建设管理局、河北省南水北调工程建设委员会办公室、河北省文物局：《徐水西黑山——金元时期墓地发掘报告》，文物出版社，2007年。
北京市文物研究所：《北京亦庄考古发掘报告（2003—2005年）》，科学出版社，2009年。
北京市文物研究所：《北京龙泉务辽金墓葬发掘报告》，科学出版社，2009年。
北京市文物研究所：《鲁谷金代吕氏家族墓葬发掘报告》，科学出版社，2010年。
北京市文物研究所：《密云大唐庄——白河流域古代墓葬发掘报告》，上海古籍出版社，2010年。
北京市文物研究所：《大兴北程庄墓地：北魏、唐、辽、金、清代墓葬发掘报告》，科学出版社，2010年。
山西省考古研究所、汾阳市文物旅游局、汾阳市博物馆：《汾阳东龙观宋金壁画墓》，文物出版社，2012年。
南水北调中线干线工程建设管理局、河北省南水北调工程建设领导小组办公室、河北省文物局：《石家庄元氏、鹿泉墓葬发掘报告》，科学出版社，2014年。
北京市文物研究所：《京沪高铁北京段与北京新少年宫——考古发掘报告集》，上海古籍出版社，2014年。
河南省文物局：《淅川下寨遗址——东晋至明清墓葬发掘报告》，科学出版社，2016年。
山西省考古研究所、临汾市文物旅游局：《临汾西赵——隋唐金元明清墓葬》，科学出版社，2017年。

（五）考古简报

畅文斋：《太原东郊红沟宋墓清理报道》，《文物参考资料》1954年第6期。
汪宇平：《昭乌达盟林东清理了十座辽代墓葬》，《文物参考资料》1955年第2期。
山西省文物管理委员会：《山西洪赵县坊堆村古遗址墓群清理简报》，《文物参考资料》1955年第4期。
张德光：《山西绛县裴家堡古墓清理简报》，《考古通讯》1955年第4期。
解廷琦、解希恭、杨陌公：《太原市郊古墓、古寺庙遗址清理简报》，《考古通讯》1955年第4期。
吕遵谔：《山西垣曲东铺村的金墓》，《考古通讯》1956年第1期。
周到：《河南安阳郭家湾小型金代墓》，《考古通讯》1957年第2期。
甘肃省文物管理委员会：《兰州中山林金代雕砖墓清理简报》，《文物参考资料》1957年第3期。
吉林省文物管理委员会：《吉林梨树县偏脸城址调查记》，《考古通讯》1958年第3期。
河北省文物管理委员会：《唐山市陡河水库汉、唐、金、元、明墓发掘简报》，《考古通讯》1958年第3期。
山西云岗古物保养所清理组：《山西大同市西南郊唐、辽、金墓清理简报》，《考古通讯》1958年第6期。
杨富斗：《山西新绛三林镇两座仿木构的宋代砖墓》，《考古通讯》1958年第6期。
陕西省文物管理委员会：《陕西兴平县西郊清理宋墓一座》，《文物》1959年第2期。
山西省文管会侯马工作站：《侯马金代董氏墓介绍》，《文物》1959年第6期。
河北省文物管理委员会：《河北石家庄市赵陵铺镇古墓清理简报》，《考古》1959年第7期。
李逸友：《昭盟巴林左旗林东镇金墓》，《文物》1959年第7期。
刘镇伟：《洛阳涧西金墓清理记》，《考古》1959年第12期。

雁羽：《锦西大卧铺辽金时代画象石墓》，《考古》1960年第2期。
王增新：《辽宁辽阳县金厂辽画象石墓》，《考古》1960年第2期。
山西省文物管理委员会、山西省考古研究所：《山西孝义下吐京和梁家庄金、元墓发掘简报》，《考古》1960年第7期。
内蒙古自治区文物工作队：《辽中京西城外的古墓葬》，《文物》1961年第9期。
张秉信：《山西大同西郊的一座金墓》，《考古》1961年第11期。
山西省文物管理委员会侯马工作站：《山西侯马金墓发掘简报》，《考古》1961年第12期。
河北省文化局文物工作队：《河北井陉县柿庄宋墓发掘报告》，《考古学报》1962年第2期。
辽宁省博物馆：《辽宁朝阳金代壁画墓》，《考古》1962年第4期。
河北省文化局文物工作队：《河北新城县北场村金时立爱和时丰墓发掘记》，《考古》1962年第12期。
北京市文物工作队：《北京天坛公园内发现古墓》，《考古》1963年第3期。
吉林省博物馆：《吉林省扶余县的一座辽金墓》，《考古》1963年第11期。
戴尊德：《山西太原郊区宋、金、元代砖墓》，《考古》1965年第1期。
王秀生：《山西长治李村沟壁画墓清理》，《考古》1965年第7期。
河北省文化局文物工作队：《河北曲阳涧磁村发掘的唐宋墓葬》，《考古》1965年第10期。
北京市文物管理处：《近年来北京发现的几座辽墓》，《考古》1972年第3期。
王静如：《兴隆出土金代契丹文墓志铭解》，《考古》1973年第5期。
郑绍宗：《兴隆县梓木林子发现的契丹文墓志铭》，《考古》1973年第5期。
黑龙江省文物考古工作队：《绥滨永生的金代平民墓》，《文物》1977年第4期。
黑龙江省文物考古工作队：《松花江下游奥里米古城及其周围的金代墓群》，《文物》1977年第4期。
黑龙江省文物考古工作队：《黑龙江畔绥滨中兴古城和金代墓群》，《文物》1977年第4期。
张先得、黄秀纯：《北京市房山县发现石椁墓》，《文物》1977年第6期。
北京市文物管理处：《北京先农坛金墓》，《文物》1977年第11期。
北京市文物管理处：《北京市通县金代墓葬发掘简报》，《文物》1977年第11期。
辽阳市文物管理所：《辽阳发现辽墓和金墓》，《文物》1977年第12期。
大同市博物馆：《大同金代阎德源墓发掘简报》，《文物》1978年第4期。
杨宝顺：《焦作金墓发掘简报》，《河南文博通讯》1979年第1期。
河南省博物馆：《河南武陟县小董金代雕砖墓》，《文物》1979年第2期。
济南市博物馆：《济南市区发现金墓》，《考古》1979年第6期。
临汾地区丁村文化工作站：《山西襄汾县南董金墓清理简报》，《文物》1979年第8期。
河南省博物馆、焦作市博物馆：《河南焦作金墓发掘简报》，《文物》1979年第8期。
崔德文：《盖县路西金墓清理简报》，《辽宁文物》1980年第1期。
河南省博物馆、焦作市博物馆：《焦作金代壁画墓发掘简报》，《河南文博通讯》1980年第4期。
田广金：《四子王旗红格尔地区金代墓葬和遗址》，《内蒙古文物考古》1981年创刊号。
鞍山市文化局、辽宁省博物馆：《辽宁鞍山市汪家峪辽画象石墓》，《考古》1981年第3期。
聊城地区博物馆：《山东高唐金代虞寅墓发掘简报》，《文物》1982年第1期。
山西省考古研究所：《山西新绛南范庄、吴岭庄金元墓发掘简报》，《文物》1983年第1期。
山西省考古研究所：《山西稷山金墓发掘简报》，《文物》1983年第1期。
蔚县博物馆：《河北省蔚县元代墓葬》，《考古》1983年第3期。

山西省考古研究所：《山西侯马 104 号金墓》，《考古与文物》1983 年第 6 期。
荣孟源：《元大德墓为金天德墓》，《考古》1983 年第 7 期。
洛阳博物馆：《洛阳涧西三座宋代仿木构砖室墓》，《文物》1983 年第 8 期。
〔俄〕B.C. 斯塔里科夫著，高晓梅译：《哈尔滨附近金代墓地的最初发现》，《黑龙江文物丛刊》1984 年第 1 期。
干志耿、魏国忠：《绥滨三号辽代女真墓群清理与五国部文化探索》，《考古与文物》1984 年第 2 期。
安路：《哈尔滨新香坊金墓发掘综述》，《黑龙江史志》1984 年第 2 期。
安达县图书馆：《安达县昌德公社小南山墓群简介》，《黑龙江文物丛刊》1984 年第 2 期。
滕县博物馆：《山东滕县金苏瑀墓》，《考古》1984 年第 4 期。
景爱：《哈尔滨王岗华滨金墓》，《黑龙江文物丛刊》1984 年第 4 期。
长治市博物馆：《山西长治市故漳金代纪年墓》，《考古》1984 年第 8 期。
敖汉旗文物管理所：《内蒙古昭乌达盟敖汉旗北三家辽墓》，《考古》1984 年第 11 期。
河南省文物研究所、新乡市博物馆、新乡地区文管会：《河南省新乡县丁固城古墓地发掘报告》，《中原文物》1985 年第 2 期。
山西省考古研究所晋东南工作站：《山西长子县石哲金代壁画墓》，《文物》1985 年第 6 期。
张青晋：《山西永济发现金代贞元元年青石棺》，《文物》1985 年第 8 期。
平凉地区博物馆：《甘肃静宁发现金代墓葬》，《考古》1985 年第 9 期。
李庆发：《辽阳隆昌两座辽金墓》，《辽海文物学刊》1986 年第 2 期。
王进先：《山西长治市发现金代石棺》，《考古》1986 年第 2 期。
王建国：《敖汉旗小柳条沟金代墓葬》，《内蒙古文物考古》1986 年第 4 期。
陶富海、解希恭：《山西襄汾县曲里村金元墓清理简报》，《文物》1986 年第 12 期。
山西省考古研究所、山西省闻喜县博物馆：《山西省闻喜县金代砖雕、壁画墓》，《文物》1986 年第 12 期。
宁立新：《山西朔县金代火葬墓》，《文物》1987 年第 6 期。
敖汉旗文物管理所：《内蒙古敖汉旗英凤沟金代墓地》，《文物》1987 年第 8 期。
新乡地区文物管理委员会、辉县百泉文物管理所：《河南辉县百泉金墓发掘简报》，《考古》1987 年第 10 期。
任喜来、呼林贵：《陕西韩城金代僧群墓》，《文博》1988 年第 1 期。
吉林省文物考古研究所：《吉林镇赉县黄家围子遗址发掘简报》，《考古》1988 年第 2 期。
铁岭市博物馆、铁岭县文物管理所：《铁岭县前下塔子金墓》，《辽海文物学刊》1988 年第 2 期。
北京市海淀区文化文物局：《北京市海淀区南辛庄金墓清理简报》，《文物》1988 年第 7 期。
闻喜县博物馆：《山西闻喜寺底金墓》，《文物》1988 年第 7 期。
陶富海：《山西襄汾县的四座金元时期墓葬》，《考古》1988 年第 12 期。
黑龙江省文物考古研究所：《"金源故地"发现金齐国王墓》，《北方文物》1989 年第 1 期。
永吉县文管所：《吉林永吉旧站金代墓调查简报》，《北方文物》1989 年第 1 期。
长春市文物管理委员会办公室：《完颜娄室神道碑碑亭及遗物》，《博物馆研究》1989 年第 2 期。
张燕、李安福：《陕西甘泉县金代瘞窟清理简报》，《文物》1989 年第 5 期。
解希恭、阎金铸：《山西永和县出土金大安三年石棺》，《文物》1989 年第 5 期。
乌兰察布盟文物工作站：《内蒙古武川县乌兰窑子金墓清理简报》，《考古》1989 年第 8 期。

山西省考古研究所：《山西襄汾金墓清理简报》，《文物》1989年第10期。
黑龙江省文物考古研究所：《黑龙江阿城巨源金代齐国王墓发掘简报》，《文物》1989年第10期。
阎景全：《黑龙江省阿城市双城村金墓群出土文物整理报告》，《北方文物》1990年第2期。
林树山：《黑龙江左岸女真人的墓葬遗存》，《辽海文物学刊》1990年第2期。
辽宁省文物考古研究所：《朝阳重型机器厂金墓》，《辽海文物学刊》1990年第2期。
张家口地区文管所：《河北怀安下王屯壁画墓发掘简报》，《考古》1990年第3期。
陈相伟：《完颜希尹家族墓地的调查和发掘》，《博物馆研究》1990年第3期。
刘红宇：《长春市郊完颜娄室墓的考古新收获》，《北方文物》1990年第4期。
河南省文物研究所、禹州市文管会：《禹州市坡街宋壁画墓清理简报》，《中原文物》1990年第4期。
焦作市文物工作队：《焦作电厂金墓发掘简报》，《中原文物》1990年第4期。
郑州市文物工作队、荥阳县文物保护所：《河南荥阳城关发现两座金墓》，《华夏考古》1990年第4期。
闻喜县博物馆：《山西闻喜下阳宋金时期墓》，《文物》1990年第5期。
长治市博物馆：《山西长治安昌金墓》，《文物》1990年第5期。
张家口市文物管理所、张家口市宣化区文物保管所：《河北宣化下八里辽金壁画墓》，《文物》1990年第10期。
岳连建：《长安县西韦村唐、金墓葬》，《中国考古学年鉴1989》，文物出版社，1990年。
蔚县博物馆：《河北蔚县高院墙村金墓》，《文物春秋》1991年第3期。
滦平县文物保管所：《河北滦平县北李营乡发现石棺墓》，《文物春秋》1991年第3期。
胡秀杰、田华：《黑龙江省绥滨中兴墓群出土的文物》，《北方文物》1991年第4期。
长春市文物管理委员会办公室：《长春市石碑岭金代墓地发掘简报》，《考古》1991年第4期。
倪志俊、韩国河、程林泉：《西安市北郊金代墓葬发掘简报》，《考古与文物》1991年第6期。
山西省考古研究所、汾阳县博物馆：《山西汾阳金墓发掘简报》，《文物》1991年第12期。
李文龙：《河北唐县发现金代墓葬》，《文物春秋》1992年第1期。
于宝东：《内蒙古库伦旗后柜金元时期墓葬》，《北方文物》1992年第2期。
田华、胡秀杰、周美茹：《黑龙江省绥滨永生墓群原貌》，《北方文物》1992年第3期。
大同市博物馆：《大同市南郊金代壁画墓》，《考古学报》1992年第4期。
祁庆国：《门头沟区金代壁画墓》，《中国考古学年鉴1991》，文物出版社，1992年。
张家口地区文管所：《怀来县桑园发现辽金时代墓葬》，《文物春秋》1993年第2期。
三门峡市文物工作队、义马市文物管理委员会：《义马市金代砖雕墓发掘简报》，《华夏考古》1993年第4期。
三门峡市文物工作队：《三门峡市崤山西路发现三座古墓》，《华夏考古》1993年第4期。
宁夏文物考古研究所、西吉县文物管理所：《宁夏西吉县汉、金墓发掘简报》，《考古》1993年第5期。
运城行署文化局、绛县博物馆：《山西绛县下村发现一座砖雕墓》，《考古》1993年第7期。
河北省文物研究所、河北大学历史系、三河县文物保管所：《河北三河县辽金元时代墓葬出土遗物》，《考古》1993年第12期。
崔利明：《内蒙古和林县发现一座金墓》，《考古》1993年第12期。
济青公路文物考古队绣惠分队：《章丘女郎山宋金元明壁画墓的发掘》，《济青高级公路章丘工段考古发掘报告集》，齐鲁书社，1993年。
商彤流、王金元：《离石马茂庄发现一座金墓》，《文物季刊》1994年第1期。

张家口地区文物事业管理处：《河北崇礼县水晶屯发现一座金代石函墓》，《文物春秋》1994年第2期。
河南省文物考古研究所：《河南鹿邑涡河船闸金墓发掘简报》，《华夏考古》1994年第2期。
宝鸡市考古队、千阳县文化馆：《陕西千阳发现金明昌四年雕砖画墓》，《文博》1994年第5期。
郑州市文物工作队：《登封王上壁画墓发掘简报》，《文物》1994年第10期。
贺勇：《河北崇礼县水晶屯发现一座金代石函墓》，《考古》1994年第11期。
临夏回族自治州博物馆：《甘肃临夏金代砖雕墓》，《文物》1994年第12期。
李华：《北京门头沟区永定镇金墓》，《北京文物与考古》第四辑，北京燕山出版社，1994年。
杨学林：《北京平谷东高村巨家坟金代墓葬发掘简报》，《北京文物与考古》第四辑，北京燕山出版社，1994年。
朱达：《朝阳七道泉子金代壁画墓》，《中国考古学年鉴1992》，文物出版社，1994年。
邸明：《河北静海东滩头发现宋金墓》，《考古》1995年第1期。
〔俄〕L.M.雅克弗列夫著，佟希达译：《阿什河上游的金代墓葬》，《北方文物》1995年第1期。
胡秀杰：《黑龙江省绥滨奥里米古城及其周围墓群出土文物》，《北方文物》1995年第2期。
焦作市文物工作队、修武县文物管理所：《河南修武大位金代杂剧砖雕墓》，《文物》1995年第2期。
朱志民：《内蒙古敖汉旗老虎沟金代博州防御使墓》，《考古》1995年第9期。
金家广：《三河县行仁庄辽金火葬墓群》，《中国考古学年鉴1993》，文物出版社，1995年。
张新斌：《河南新乡市宋金墓》，《考古》1996年第1期。
洛阳市文物工作队：《洛阳孟津县麻屯金墓发掘简报》，《华夏考古》1996年第1期。
罗火金、王再建：《河南温县西关宋墓》，《华夏考古》1996年第1期。
李少兵、索秀芬：《林西县土庙子村金代墓葬》，《内蒙古文物考古》1996年第1期。
辽宁省朝阳县文物管理所：《辽宁朝阳县联合乡金墓》，《华夏考古》1996年第3期。
山西省考古研究所侯马工作站：《山西省建一公司机运站金墓发掘简报》，《文物季刊》1996年第3期。
山西省考古研究所侯马工作站：《侯马两座金代纪年墓发掘报告》，《文物季刊》1996年第3期。
山西省考古研究所侯马工作站：《侯马乔村金元墓》，《文物季刊》1996年第3期。
鹤壁市文物工作队：《鹤壁市东头村金墓发掘简报》，《中原文物》1996年第3期。
山西省考古研究所、阳泉市文物管理委员会、平定县文物管理所：《山西平定宋、金壁画墓简报》，《文物》1996年第5期。
林甸县文物管理所：《林甸县四合乡渔场金代墓葬调查简报》，《北方文物》1997年第2期。
邱金辉：《朝阳联合金墓》，《博物馆研究》1997年第3期。
河南省文物考古研究所、荥阳市文物保管所：《河南荥阳金墓发掘简报》，《华夏考古》1997年第3期。
山西省考古研究所侯马工作站：《侯马101号金墓》，《文物季刊》1997年第3期。
山西省考古研究所侯马工作站：《山西稷山马村4号金墓》，《文物季刊》1997年第4期。
山西省考古研究所侯马工作站：《侯马102号金墓》，《文物季刊》1997年第4期。
山西省考古研究所侯马工作站：《侯马65H4M102金墓》，《文物季刊》1997年第4期。
山东省沂水县博物馆：《山东沂水县金代墓葬》，《考古学集刊》第11集，中国大百科全书出版社，1997年。
赵振生：《阜新市郊南瓦金代墓葬》，《中国考古集成·东北卷（17）》，北京出版社，1997年。
徐翰煊、庞志国：《金代左丞相完颜希尹家族墓调查试掘简报》，《中国考古集成·东北卷（18）》，北京出版社，1997 年。

铜川市考古研究所：《陕西耀县董家河金墓清理简报》，《文博》1998 年第 1 期。

张增午：《河南林县金墓清理简报》，《华夏考古》1998 年第 2 期。

山西省考古研究所侯马工作站：《侯马市交电二级站金墓发掘报告》，《文物季刊》1998 年第 2 期。

卢建国、官波舟：《宝鸡市长岭机器厂宋墓清理简报》，《文博》1998 年第 6 期。

袁秀明、梁恒堂：《山西文水发掘宋金壁画》，《中国文物报》1998 年 10 月 28 日。

高青山、杨及耘：《侯马抢救发掘金代墓葬》，《中国文物报》1998 年 11 月 29 日。

赵学锋：《张北清理一处金代骨灰埋葬坑穴》，《中国文物报》1998 年 12 月 13 日。

史智民、王保林：《河南义马发现一座彩绘砖雕壁画墓》，《中国文物报》1999 年 6 月 20 日。

方明达、王志国：《绥滨县奥里米辽金墓葬抢救性发掘》，《北方文物》1999 年第 2 期。

山西省考古研究所侯马工作站：《侯马大李金代纪年墓》，《文物季刊》1999 年第 3 期。

张景明：《内蒙古巴林左旗王家湾金代墓葬》，《考古》1999 年第 4 期。

商彤流、郭海林：《山西沁县发现金代砖雕墓》，《文物》2000 年第 6 期。

郑州市文物考古研究所、荥阳市文物保护管理所：《荥阳杜常村金代砖雕墓》，《中原文物》2000 年第 6 期。

河北省文物研究所：《河北平山县两岔宋墓》，《考古》2000 年第 9 期。

河北省文物研究所、邯郸市文物管理处：《河北邯郸北张庄金墓发掘简报》，《文物春秋》2001 年第 1 期。

李树伟、杜志军：《滦南县出土金代石函》，《文物春秋》2001 年第 2 期。

孝义市博物馆：《山西孝义市发现一座金墓》，《考古》2001 年第 4 期。

山西省考古研究所侯马工作站：《多姿多彩的金墓砖雕——闻喜中庄金墓》，《文物世界》2001 年第 6 期。

毛玮民等：《山西省孝义市发现金代古墓群》，《中国文物报》2001 年 6 月 3 日。

张羽：《山西发现金代彩绘砖墓》，《中国文物报》2001 年 8 月 12 日。

韩世荣、马志刚：《山西运城发现金代砖室彩绘墓》，《中国文物报》2001 年 9 月 28 日。

侯马市文物局：《山西侯马建工路金墓发掘简报》，《考古与文物》2002 年增刊·汉唐考古。

石景山文物管理所：《石景山出土罕见金代壁画墓》，《北京文博》2002 年第 2 期。

北京市文物研究所：《磁器口出土金代石椁墓发掘简报》，《北京文博》2002 年第 4 期。

河北省唐山市文物管理处、迁安市文物管理所：《河北省迁安市开发区金代墓葬发掘清理报告》，《北方文物》2002 年第 4 期。

贾成惠：《河北内丘胡里村金代壁画墓》，《文物春秋》2002 年第 4 期。

洛阳市第二文物工作队：《洛阳道北金代砖雕墓》，《文物》2002 年第 9 期。

安徽省文物考古研究所、濉溪县文物保护管理所：《安徽省濉溪县周大庄宋金墓葬》，《东南文化》2002 年第 11 期。

王清林、王策：《磁器口出土的金代石椁墓》，《北京文物与考古》第五辑，北京燕山出版社，2002 年。

王春雷：《阿什河乡新城村的金代墓群》，《金上京历史文物研究文集》，人民文学出版社，2002 年。

商彤流、杨林中、李永杰：《长治市北郊安昌村出土金代墓葬》，《文物世界》2003 年第 1 期。

许淑珍：《山东淄博市临淄宋金壁画墓》，《华夏考古》2003 年第 1 期。

山西省考古研究所、长治市博物馆：《山西屯留宋村金代壁画墓》，《文物》2003 年第 3 期。

朝阳市博物馆：《辽宁朝阳重型机器厂辽金墓》，《北方文物》2003年第4期。
商彤流：《沁县故县镇金代墓室墓》，《中国考古学年鉴2002》，文物出版社，2003年。
赵建龙：《庆阳县城开发区隋至清代墓群》，《中国考古学年鉴2002》，文物出版社，2003年。
李永敏、杨及耘：《闻喜中庄新石器时代遗址及两汉宋金墓葬》，《中国考古学年鉴2002》，文物出版社，2003年。
梅惠杰、徐海峰：《定州东沿里东汉、北朝和金代墓葬》，《中国考古学年鉴2002》，文物出版社，2003年。
山东省文物考古研究所、龙口市博物馆：《山东龙口市阎家店遗址发掘简报》，《华夏考古》2004年第3期。
张亚平：《佳木斯市黎明村辽金墓群出土的文物》，《北方文物》2004年第4期。
张庆国：《宁安市前莲花村金代墓葬清理简报》，《北方文物》2004年第4期。
咸阳市文物考古研究所：《咸阳瑞祥小区发现的金墓》，《文博》2004年第5期。
甘肃省文物考古研究所：《甘肃会宁宋墓发掘简报》，《考古与文物》2004年第5期。
邯郸市文物保护研究所：《邯郸市连城别苑古墓发掘简报》，《文物春秋》2004年第6期。
邯郸市文物保护研究所：《邯郸市龙城小区墓葬发掘简报》，《文物春秋》2004年第6期。
大同市博物馆：《山西大同市金代徐龟墓》，《考古》2004年第9期。
阜新市博物馆：《辽宁阜新市发现一座金代墓葬》，《考古》2004年第9期。
王清林、朱志刚、刘风亮：《大兴区小营出土金代墓葬》，《北京文物与考古》第六辑，民族出版社，2004年。
朝阳市博物馆、龙城区博物馆：《辽宁轮胎附属厂古墓清理简报》，《边疆考古研究》第3辑，科学出版社，2004年。
商彤流：《长治市安昌村出土的金代墓葬》，《艺术史研究》第6辑，中山大学出版社，2004年。
崔天勇、王绪德：《莱州市沟子杨金代墓地》，《中国考古学年鉴2003》，文物出版社，2004年。
北京市文物研究所、延庆县文物管理所：《延庆县时尚纺织品有限公司壁画墓发掘简报》，《北京文博》2005年第3期。
朝阳市博物馆、朝阳市龙城区博物馆：《辽宁朝阳召都巴金墓》，《北方文物》2005年第3期。
洛阳市第二文物工作队：《洛阳伊川雕砖墓发掘简报》，《文物》2005年第4期。
刘善沂、王惠明：《济南市历城区宋元壁画墓》，《文物》2005年第11期。
王林：《安徽濉溪宋金墓葬及相关问题刍议》，《文物研究》第十四辑，黄山书社，2005年。
韩锋：《阿城市双城村发现一座金代墓葬》，《北方文物》2006年第2期。
迁安市博物馆：《迁安小王庄金代墓葬清理简报》，《文物春秋》2006年第3期。
李军：《邢台旅馆唐、金墓葬》，《文物春秋》2006年第6期。
沈阳市文物考古研究所：《沈阳市小北街金代墓葬发掘简报》，《考古》2006年第11期。
兰州市博物馆、榆中县博物馆：《兰州榆中金代墓葬清理简报》，《甘肃省博物馆学术论文集》，三秦出版社，2006年。
定西市安定区博物馆：《定西金代仿木彩绘砖墓》，《甘肃省博物馆学术论文集》，三秦出版社，2006年。
李永敏、范文谦、谢尧亭：《翼城县原村和武池村金元明清墓葬》，《中国考古学年鉴2005》，文物出版社，2006年。
北京市文物研究所：《密云县大唐庄墓葬区发掘简报》，《北京文博》2007年第2期。

贾庆元、高雷：《颍上县陈庄金代及清代墓群》，《中国考古学年鉴2006》，文物出版社，2007年。
李慧：《山西襄汾侯村金代纪年砖雕墓》，《文物》2008年第2期。
北京大学中国考古学研究中心、甘肃省文物考古研究所：《甘肃省清水县贾川乡董湾村金墓》，《考古与文物》2008年第4期。
河南省文物考古研究所：《河南荥阳市关帝庙遗址唐、金墓葬发掘简报》，《华夏考古》2008年第4期。
洛阳市第二文物工作队：《宜阳发现一座金代纪年壁画墓》，《中原文物》2008年第4期。
济南市博物馆、济南市考古所：《济南市宋金砖雕壁画墓》，《文物》2008年第8期。
长治市博物馆：《山西长子县小关村金代纪年壁画墓》，《文物》2008年第10期。
北京市文物研究所、平谷区文物管理所：《京平高速公路工程考古发掘报告》，《北京考古》第二辑，北京燕山出版社，2008年。
北京市文物研究所、海淀区文物管理所：《北京市物资储备学校住宅楼工程2007年考古发掘报告》，《北京考古》第二辑，北京燕山出版社，2008年。
北京市文物研究所：《昌平张营遗址北区墓葬发掘报告》，《北京考古》第二辑，北京燕山出版社，2008年。
长治市博物馆：《山西长治市魏村金代纪年彩绘砖雕墓》，《考古》2009年第1期。
邯郸市文物保护研究所：《邯郸市南湖小区古墓葬发掘简报》，《文物春秋》2009年第1期。
徐州博物馆：《徐州户部山东汉至金代墓葬发掘简报》，《考古与文物》2009年第2期。
北京市文物研究所：《北京华能热电厂墓地发掘简报》，《北京文博》2009年第3期。
郑州市文物考古研究院：《郑州高新区贾庄宋金墓葬发掘简报》，《中原文物》2009年第4期。
郑州市文物考古研究院：《河南中博股份有限公司宋金墓发掘简报》，《中原文物》2009年第6期。
甘泉县博物馆：《陕西甘泉金代壁画墓》，《文物》2009年第7期。
陕西延安市甘泉县普查队：《陕西甘泉金代砖雕壁画墓》，《2008年第三次全国文物普查重要新发现》，科学出版社，2009年。
商彤流、郑林有：《陵川县玉泉村金代壁画墓》，《中国考古学年鉴2008》，文物出版社，2009年。
畅红霞：《孝义市汾西矿区采煤沉陷区战国汉代金代墓葬》，《中国考古学年鉴2008》，文物出版社，2009年。
张英军、林光旭、李振光：《莱州市后扒埠金代墓地》，《中国考古学年鉴2008》，文物出版社，2009年。
许昌市文物工作队：《许昌文峰路金墓发掘简报》，《中原文物》2010年第1期。
山西省考古研究所、汾阳市文物旅游局：《2008年山西汾阳东龙观宋金墓地发掘简报》，《文物》2010年第2期。
庞志国：《1979—1980年间完颜希尹家族墓地的调查与发掘》，《东北史地》2010年第4期。
山西省吕梁市文物技术开发中心：《岚县北村金墓发掘简报》，《文物世界》2010年第5期。
陕西省考古研究院：《西安南郊夏殿村金代墓葬发掘简报》，《考古与文物》2010年第5期。
陕西省考古研究院：《西安南郊孟村宋金墓发掘简报》，《考古与文物》2010年第5期。
山西省考古研究所：《山西左权县石匣墓地的发掘及主要收获》，《中国文物报》2010年9月24日。
临夏州博物馆、临夏市博物馆：《临夏市红园路金代砖雕墓清理简报》，《陇右文博》2011年第1期。
沈阳市文物考古研究所：《沈阳八王寺地区考古发掘报告》，辽海出版社，2011年。
山西省考古研究所侯马工作站：《稷山县化肥厂金墓发掘报告》，《文物世界》2011年第4期。

朝阳博物馆：《辽宁朝阳市金代纪年墓葬的发掘》，《考古》2012年第3期。

山西省考古研究所、长治市文物旅游局、壶关县文体广电局：《山西壶关县上好牢村宋金时期墓葬》，《考古》2012年第4期。

唐县文物保管所：《唐县发现金代墓葬》，《文物春秋》2012年第6期。

北京市文物研究所：《北京市大兴区生物医药基地金元墓葬发掘简报》，《北京文博文丛》2012年第3辑。

李鸿雁：《山东淄博市博山区金代壁画墓》，《考古》2012年第10期。

运城市文物工作站：《北赵引黄工程万荣庙前墓葬发掘简报》，《三晋考古》第四辑（下），上海古籍出版社，2012年。

山西省考古研究所：《汾阳杏花村西堡墓地发掘简报》，《三晋考古》第四辑（下），上海古籍出版社，2012年。

山西省考古研究所：《洪洞范村金墓发掘简报》，《三晋考古》第四辑（下），上海古籍出版社，2012年。

运城市文物研究所：《闻喜北张金墓发掘简报》，《三晋考古》第四辑（下），上海古籍出版社，2012年。

山西省考古研究所：《汾西县北掌墓地发掘简报》，《三晋考古》第四辑（下），上海古籍出版社，2012年。

山西省考古研究所、左权县文物旅游局：《左权石匣墓地发掘报告》，《三晋考古》第四辑（下），上海古籍出版社，2012年。

山西省考古研究所、临汾市文物局、襄汾县博物馆：《新绛龙兴村金墓发掘报告》，《三晋考古》第四辑（下），上海古籍出版社，2012年。

临夏回族自治州博物馆：《和政县张家庄金代砖雕墓清理简报》，《陇右文博》2013年第2期。

安定区博物馆：《安定区西巩镇苦河金墓清理简报》，《陇右文博》2013年第2期。

内蒙古自治区文物考古研究所、赤峰市博物馆：《赤峰市喀喇沁旗美林镇两家村大黑山金墓发掘简报》，《内蒙古文物考古文集——配合国家基本建设专集》第四辑，科学出版社，2013年。

洛阳市文物考古研究院：《河南洛阳市苗北村五代、宋金墓葬发掘简报》，《考古》2013年第4期。

廊坊市文物管理处：《廊坊市晓廊坊小区金代墓群发掘简报》，《文物春秋》2013年第3期。

临夏市博物馆：《临夏祁家庄宋代砖雕墓清理简报》，《陇右文博》2014年第1期。

张家口市宣化区文物保管所：《河北宣化辽金壁画墓发掘简报》，《文物》2014年第3期。

河南省济源市文物工作队：《河南济源首次发现金代纪年墓》，《中国文物报》2014年6月20日。

延安市文物研究所：《陕西甘泉城关镇袁庄村金代纪年画像砖墓群调查简报》，《考古与文物》2014年第3期。

陕西省考古研究院、渭南市中心博物馆：《陕西渭南靳尚村金末元初壁画墓发掘简报》，《考古与文物》2014年第3期。

西安市文物保护考古研究院、辽宁师范大学历史文化旅游学院：《西安南郊黄渠头村金墓发掘简报》，《文物春秋》2014年第5期。

运城市河东博物馆、夏县文物旅游局：《山西夏县宋金墓的发掘》，《考古》2014年第11期。

赵培青：《山西盂县皇后村宋金壁画墓》，《文物世界》2015年第1期。

山西省考古研究所、首都师范大学历史学院、忻州市文物管理处、繁峙县文物管理所：《山西繁峙南关村金代壁画墓发掘简报》，《考古与文物》2015年第1期。

山西省考古研究所、昔阳县文物管理所、昔阳县博物馆：《山西昔阳松溪路宋金墓发掘简报》，《考古与文物》2015年第1期。

郑州大学历史学院考古系、河南省文物局南水北调文物保护办公室：《荥阳后真村墓地唐、宋、金墓发掘简报》，《中原文物》2015年第1期。

会宁县博物馆：《会宁康湾金末元初壁画墓清理简报》，《陇右文博》2015年第1期。

张庆捷、王晓毅、白曙璋：《山西沁县上庄村发现一座金代砖室墓》，《中国文物报》2015年9月25日。

大同市考古研究所：《山西大同西环路辽金墓发掘简报》，《文物》2015年第12期。

沈阳市文物考古研究所：《沈阳市五爱墓群发掘报告》，《沈阳考古文集》第5集，科学出版社，2015年。

河南省文物考古研究院、济源市文物工作队：《济源市龙潭宋金墓葬发掘简报》，《中国国家博物馆馆刊》2016年第2期。

山西省考古研究所、沁县文物馆：《山西沁县上庄金墓发掘简报》，《文物》2016年第8期。

武俊华：《山西汾西郝家沟发掘金元、明清时期墓地》，《中国文物报》2016年9月13日。

阳泉市文物管理处：《山西阳泉古城金墓发掘简报》，《文物》2016年第10期。

山西省考古研究所：《山西发掘长子南沟金代壁画墓》，《中国文物报》2016年11月18日。

西北大学文化遗产学院、甘泉县博物馆：《陕西甘泉柳河渠湾金代壁画墓发掘简报》，《文物》2016年第11期。

邹城市文物局：《山东邹城峰山北龙河宋金墓发掘简报》，《文物》2017年第1期。

洛阳市文物考古研究院：《洛阳市涧西区王湾村南金代砖雕墓发掘简报》，《洛阳考古》2017年第2期。

内蒙古师范大学历史文化学院、内蒙古文物考古研究所：《内蒙古准格尔旗薛家湾镇巴润哈岱乡西黑岱墓地发掘简报》，《北方文物》2017年第2期。

陕西省考古研究院：《陕西西安金代李居柔墓发掘简报》，《考古与文物》2017年第2期。

费建文：《信仰的力量：山东威海郤家金代石函墓》，《大众考古》2017年第4期。

山西省考古研究所：《山西侯马发现金代家族墓地》，《中国文物报》2017年5月5日。

临夏州博物馆考古研究部：《临夏康乐县发现一座金代砖雕墓》，《中国文物报》2017年6月16日。

喀左县博物馆：《辽宁喀左县利州商业街金代纪年墓葬的发掘》，《北方文物》2017年第4期。

廊坊市文物管理处：《河北三河老辛庄金代砖室墓清理简报》，《文物春秋》2017年第6期。

三门峡市文物考古研究所：《河南义马狂口村金代砖雕壁画墓发掘简报》，《文物》2017年第6期。

山西省考古研究所、长治市外事侨务与文物旅游局、长子县文物旅游局：《山西长子南沟金代壁画墓发掘简报》，《文物》2017年第12期。

北京市文物研究所：《北京市密云区金代石棺墓发掘简报》，《北方文物》2018年第2期。

山西省考古研究所、汾西县文物旅游局：《山西汾西郝家沟金代纪年壁画墓发掘简报》，《文物》2018年第2期。

冯钢：《尖草坪区东张村金代墓群发掘简报》，《文物世界》2018年第3期。

河北省文物研究所、承德市文物局、隆化县文物保管所：《河北隆化县孙志沟墓葬清理简报》，《北方文物》2018年第4期。

大同市考古研究所：《大同和平社辽金墓群发掘简报》，《文物世界》2018年第5期。

山西省考古研究所、长治县博物馆：《山西长治县出土金代石棺》，《中国国家博物馆馆刊》2018年第6期。

山西省考古研究所、陵川县文物局：《山西陵川玉泉金代壁画墓发掘简报》，《文物》2018年第9期。
济南市考古研究所：《济南章丘发现宋至清代墓葬》，《中国文物报》2018年11月16日。
山西省考古研究所、临汾市文物工作站、汾西县文物旅游局：《山西汾西郝家沟金代墓葬发掘简报》，《中国国家博物馆馆刊》2018年第12期。
郑州市文物考古研究院：《郑州华南城二路金代砖雕壁画墓发掘简报》，《中原文物》2019第1期。
内蒙古自治区文物考古研究所：《凉城县古城梁遗址周边的辽金代墓葬》，《草原文物》2019年第2期。
山西省考古研究所：《山西翼城武池金墓发掘简报》，《文物》2019年第2期。
安阳市文物考古研究所、北京大学考古文博学院：《河南安阳小任家庄金代砖雕壁画墓发掘简报》，《文物》2019年第2期。
吉林大学考古学院、吉林省文物考古研究所、东北师范大学历史文化学院等：《吉林长岭县蛤蟆沁金代砖室墓发掘简报》，《北方文物》2019年第2期。
孔德铭、于浩、焦鹏：《河南安阳金代高僧砖雕壁画墓》，《大众考古》2019年第3期。
北京市文物研究所：《北京金陵石门峪陵区2017年考古调查简报》，《北方文物》2019年第4期。
黑龙江省文物考古研究所：《黑龙江阿城发现金代墓葬》，《中国文物报》2019年8月9日。
山西省考古研究所、晋中市考古研究所：《山西晋中龙白金墓发掘简报》，《文物》2019年第11期。
济南市考古研究所：《济南市长清区东王宋金墓地发掘简报》，《东方考古》第15集，科学出版社，2019年。
兰州大学历史文化学院考古学及博物馆学研究所、会宁县博物馆：《甘肃会宁县祁家湾金墓发掘简报》，《考古学集刊》第22集，社会科学文献出版社，2019年。

（六）博硕士论文

雷生霖：《黄河中下游地区宋金墓》，北京大学硕士学位论文，1994年。
冯恩学：《辽墓初探》，吉林大学博士学位论文，1995年。
刘耀辉：《晋南地区宋金墓葬研究》，北京大学硕士学位论文，2002年。
薛豫晓：《宋辽金元墓葬中"开芳宴"图象研究》，四川大学硕士学位论文，2007年。
卢青峰：《金代墓葬探究》，郑州大学硕士学位论文，2007年。
吴敬：《南方地区宋代墓葬的区域性及相关问题研究》，吉林大学博士学位论文，2008年。
胡志明：《宋金墓葬孝子图像初探》，中央美术学院硕士学位论文，2010年。
罗丹：《淮南地区宋金墓葬研究》，中央民族大学硕士学位论文，2011年。
许若茜：《山西金墓分区分期研究》，中央民族大学硕士学位论文，2011年。
任林平：《晋中南地区宋金墓葬研究》，南京大学硕士学位论文，2012年。
顾聆博：《完颜希尹家族墓地研究》，吉林大学硕士学位论文，2012年。
席倩茜：《晋南金墓砖雕中的戏曲图像研究》，山西大学硕士学位论文，2012年。
梁娜：《女真墓葬中的萨满文化因素考察》，吉林大学硕士学位论文，2012年。
王丽颖：《中国北方地区宋金墓葬中宴饮图装饰研究》，山西大学硕士学位论文，2013年。
郝军军：《金代墓葬的区域性及相关问题研究》，吉林大学博士学位论文，2016年。
王成：《陕甘宁地区金代砖雕壁画墓图像装饰研究》，中央美术学院硕士学位论文，2017年。
刘欣：《论山东地区宋金元砖雕壁画墓的营造工艺》，山东大学硕士学位论文，2017年。
牛舒婧：《河南地区宋金时期墓葬出土瓷器初步研究》，西北大学硕士学位论文，2017年。

牛姣：《甘肃地区宋金元代砖雕墓壁画研究》，西北师范大学硕士学位论文，2018年。

王励为：《河南地区宋金墓葬雕砖研究》，天津师范大学硕士学位论文，2018年。

聂炜：《晋北地区金代墓室壁画图像研究》，太原理工大学硕士学位论文，2019年。

汤艳杰：《金代墓葬文化差异研究》，河北大学硕士学位论文，2019年。

王俊婷：《晋南豫西北地区宋金墓葬音乐砖雕研究》，西安音乐学院硕士学位论文，2019年。

王鹏粉：《山西长治地区金代墓室壁画〈二十四孝图〉研究》，华中师范大学硕士学位论文，2019年。

于桐：《辽金时期鲁谷吕氏家族研究》，吉林大学硕士学位论文，2019年。

赵东海：《宋元时期长城以南地区火葬墓的考古学研究》，吉林大学硕士学位论文，2019年。

孙帅杰：《金代墓室壁画研究》，吉林大学硕士学位论文，2019年。

（文献资料截至2019年12月）

后 记

本书是在我的博士论文《金代墓葬研究》基础上修订而成的。

2004年，我重返母校吉林大学随朱永刚先生攻读博士学位。先生是一位治学严谨、为人谦逊宽厚的学者，每每和先生汇报请益学术问题时，先生总是在倾听后给予宏观学术方向的引领和指导。从先生学习这六年，是我参加工作后受益终生的宝贵财富和难忘经历。

2005年4月，入学第二年，我开始思考博士论文的选题与写作，原本计划继续做汉以前东北考古的选题。在思索的过程中，和许永杰先生通话请益。许老师认为，博士论文的选题可以更宽广一些，可做些新挑战，并为我分析了几个东北区域的选题，其中就包括辽金方面的学术问题。参加工作后，我参加了众多的考古研究项目，所涉范围也比较广，我本人对所做的考古工作，一直都比较专注，但从未形成一个较为集中的研究时段，个人的兴趣也相对宽泛。考虑到黑龙江的考古工作中，金代考古一直较为薄弱，将来需要去做些开拓性的工作和研究，许老师建议，可以从金代墓葬研究入手，未来进一步深化金代考古学研究。之后，又和陈雍老师进行了沟通请教，陈老师亦表示赞同。自此，在多位先生的鼓励与支持下，我走上了金代考古学研究之路，直至后来开始的金上京遗址考古发掘研究，都离不开先生们的指导和点拨。

2016年，博士答辩六年后，以此论文申报了国家社科基金项目（编号：16BKG017）。课题申报之初，原本设想以此为基础，对论文内容范围及相关框架结构进行一番深入的补充和完善，但遗憾的是工作缠身，限于精力，无暇做更细致的研究和深度的思考，因此在课题的基础结构方面，基本保留了论文的原框架。相较于博士论文，所完成的项目课题成果，一是补充了近年来新报道的相关材料；二是重新完善修订了原论文的各类图表，以利于更宏观地了解墓葬遗存的基本概况；三是运用新材料，进一步对原论文的结构和框架内容进行充实和修订，并对以往部分的认识予以补充，对金墓研究中的一些重点关注的问题进行深化和补充。本书所呈现的基本是项目课题结项时的样貌。

本书的完成，得益于诸多师长同仁的帮助和支持。特别感谢林沄、魏存成、魏坚、傅佳欣、王培新、冯恩学诸位先生参与博士论文的评审和答辩，为论文的最后修订提出宝贵的意见和建议。感谢国家社科基金项目立项和结项评审专家的评审意见和建议。

黑龙江大学硕士研究生李登峰、黄金玉、张慧对课题材料补充方面做了大量检索和核对工作。

感谢上海古籍出版社对本书出版的大力支持，感谢责任编辑宋佳女士认真细致的编校工作和付出的辛劳，以及在编校过程中对我的帮助。

赵永军

2024 年 9 月

图书在版编目(CIP)数据

金代墓葬的考古学研究 / 赵永军著. -- 上海：上海古籍出版社,2024.12. -- ISBN 978-7-5732-1426-3

Ⅰ. K878.84

中国国家版本馆CIP数据核字第2024Z9D680号

金代墓葬的考古学研究
赵永军　著

上海古籍出版社出版发行

（上海市闵行区号景路 159 弄 1-5 号 A 座 5F　邮政编码 201101）

（1）网址：www.guji.com.cn
（2）E-mail：guji1 @ guji.com.cn
（3）易文网网址：www.ewen.co

苏州市越洋印刷有限公司印刷

开本 787×1092　1/16　印张 23.75　插页 8　字数 462,000

2024 年 12 月第 1 版　2024 年 12 月第 1 次印刷

ISBN 978-7-5732-1426-3

K·3752　定价：128.00 元

如有质量问题，请与承印公司联系